NOUVEAU PROGRAMME 2020

Géographie Term

Sous la direction d'**Éric Janin**

Coordinateur pédagogique : **Patrick MARQUES**

Viviane BORIES
Professeure dans l'académie de Montpellier (34)

Thomas CHOQUET
Professeur au lycée Albert-Châtelet à Saint-Pol-sur-Ternoise (62)

Lise FOURNIER
Professeure au lycée Saint-John-Perse à Pau (64)

Cécile GNAHORÉ-BARATA
Professeure en classes préparatoires au lycée Lakanal à Sceaux (92)

Éric JANIN
Professeur en classes préparatoires au lycée Lakanal à Sceaux (92)

Heinrich JANNOT
Professeur au lycée Étienne-Bézout à Nemours (77)

Nicolas LE BRAZIDEC
Professeur en classes préparatoires au lycée Georges-Clemenceau à Nantes (44)

Antoine MARIANI
Professeur en classes préparatoires au lycée Fénelon à Paris (75)

Patrick MARQUES
Professeur au lycée Anita-Conti à Bruz (35)

Christian NOËL
Professeur au lycée Jacques-Prévert à Savenay (44)

Nathan

À LA DÉCOUVERTE DE VOTRE MANUEL

À chaque ouverture, un **sommaire** vous aide à vous repérer.

- Chaque thème se divise en 3 temps, matérialisés par un onglet :

Se préparer → SE PRÉPARER

Les chapitres → CHAPITRE 1 / CHAPITRE 2

Réviser le thème → RÉVISER

SE PRÉPARER

Vous avez acquis beaucoup de connaissances au collège, en Seconde et en Première.
C'est le moment de les réactiver !

Des cartes pour vérifier vos repères géographiques.

Des exercices sur les connaissances et les notions vues les années précédentes.

LES CHAPITRES

Chaque thème du programme est décliné en deux chapitres.

CHAPITRE 1

CHAPITRE 2

Études de cas
Exemples

Dans ces pages, vous trouverez les documents sur lesquels vous allez travailler toute l'année.

Des exemples supplémentaires.

Toutes les **études de cas** du programme.

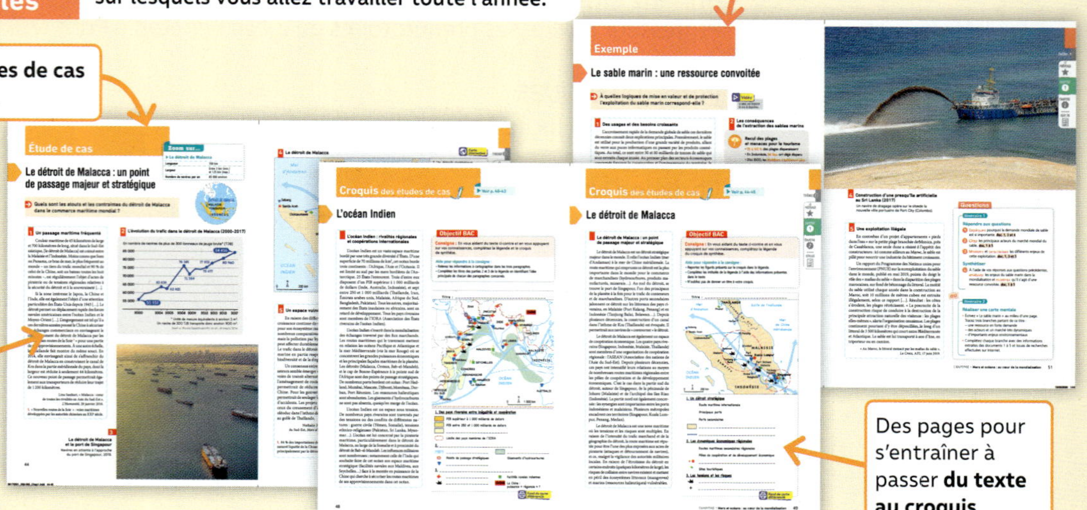

De nombreux documents sélectionnés avec soin pour vous aider à comprendre les notions, illustrer vos exposés et enrichir vos copies.

Des pages pour s'entraîner à passer **du texte au croquis**.

© Nathan 2020 – 92, avenue de France, 75013 Paris – ISBN : 978-2-09-172531-4

Cartes **Cours** Vous trouverez dans ces pages tous les repères et connaissances indispensables.

Géo Autrement **Géo Débat** Des pages pour faire de la géographie de façon originale et active : débattez, créez des affiches, des story-boards…

Les cartes du programme.

Le vocabulaire nécessaire pour comprendre le cours et des chiffres clés.

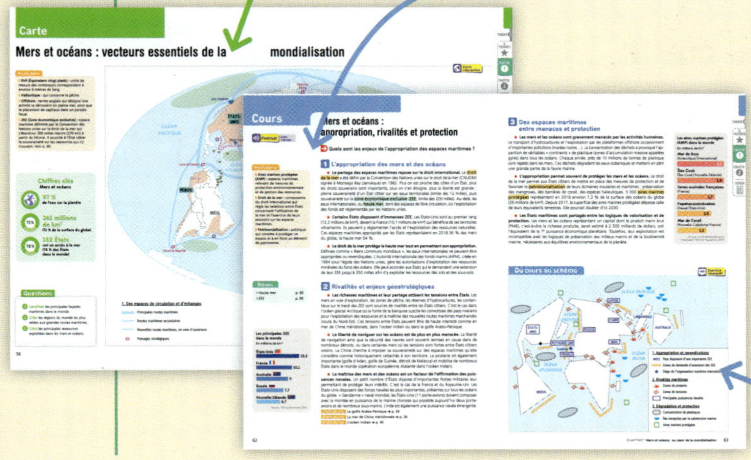

Un schéma pour retenir le cours autrement.

RÉVISER LE THÈME

La dernière partie du thème vous donne toutes les clés pour préparer le bac efficacement.

RÉVISER

La synthèse du thème et toutes **les notions** du programme expliquées et accompagnées d'un schéma.

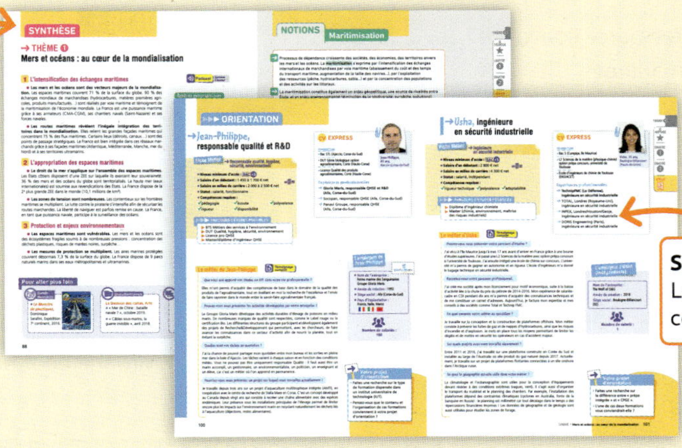

Spécial orientation ! La géographie au cœur des métiers.

BAC Des pages pour se préparer aux épreuves communes.

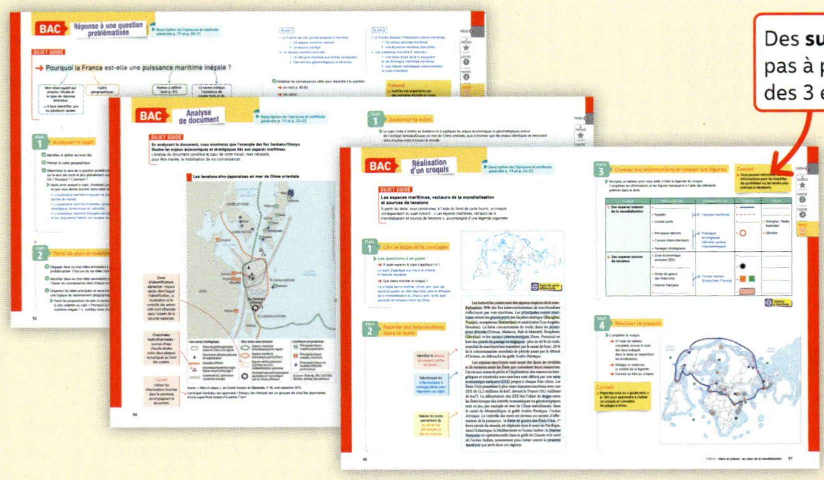

Des **sujets guidés** pas à pas pour chacune des 3 épreuves.

Et la Terminale ?

E3C, épreuves finales, Parcoursup, Grand Oral… pas facile de s'y retrouver ! Votre guide, en partenariat avec l'ONISEP (p. 11), est là pour vous aider à y voir plus clair.

(p. 11)

SOMMAIRE

Les territoires dans la mondialisation : entre intégrations et rivalités

THÈME 2 Dynamiques territoriales, coopérations et tensions dans la mondialisation

CHAPITRE 3 Dynamiques territoriales, coopérations et tensions dans la mondialisation

CHAPITRE 4 La France dans la mondialisation

RÉVISER LE THÈME 2

THÈME 3 L'Union européenne dans la mondialisation : des dynamiques complexes

CHAPITRE 5 L'Union européenne dans la mondialisation : des dynamiques complexes

CHAPITRE 6 La France : les dynamiques différenciées des territoires transfrontaliers

RÉVISER LE THÈME 3

THÈME 4

La France et ses régions dans l'Union européenne et dans la mondialisation

CHAPITRE 7 La France et ses régions dans l'Union européenne et dans la mondialisation

RÉVISER LE THÈME 4

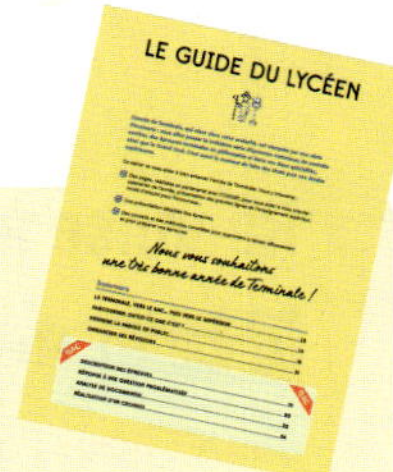

LE GUIDE DU LYCÉEN

GÉO AUTREMENT

Une manière originale et ludique d'aborder la géographie !

GÉO DÉBAT

Apprenez à débattre sur des enjeux de société.

BAC Les sujets de bac dans votre manuel

Réponse à une question problématisée

Réalisation d'un croquis

Analyse de document(s)

PROGRAMME DE GÉOGRAPHIE Term

BO spécial n° 8 du 25 juillet 2019

« Les territoires dans la mondialisation : entre intégrations et rivalités » (48 heures)

- La mondialisation est envisagée comme une intensification des liens et une hiérarchisation croissante des territoires à l'échelle mondiale. Après avoir abordé les principales composantes et dynamiques spatiales du monde contemporain en classes de seconde et de première, il s'agit, en classe terminale, d'étudier les conséquences, sur les territoires, du processus de mondialisation – entre intégrations et rivalités – et d'analyser le jeu des acteurs, cadre où s'opère la fragilisation ou l'affirmation des puissances.
- Un intérêt accru est porté aux espaces stratégiques que sont les mers et les océans, ainsi qu'aux rapports de force marqués par des concurrences et des coopérations territoriales qui aboutissent à la recherche de gouvernances supranationales. Dans ce cadre, l'étude de l'Union européenne (UE) invite à interroger, d'une part, le fonctionnement, les atouts et les fragilités d'une organisation supranationale très intégrée et, d'autre part, son positionnement sur l'échiquier géopolitique mondial. L'étude de la France et de ses régions, dans le cadre de l'Union européenne et dans le contexte de la mondialisation, vise à mobiliser les connaissances, capacités et méthodes acquises au lycée, pour analyser les enjeux et les effets des politiques d'aménagement des territoires.

THÈME 1 Mers et océans : au cœur de la mondialisation (13-15 heures)

Questions	Commentaire
• Mers et océans : vecteurs essentiels de la mondialisation. • Mers et océans : entre appropriation, protection et liberté de circulation.	La maritimisation des économies et l'ouverture des échanges internationaux confèrent aux mers et aux océans un rôle fondamental tant pour la fourniture de ressources (halieutiques, énergétiques, biochimiques...) que pour la circulation des hommes et les échanges matériels ou immatériels. L'importance des routes et les itinéraires diffèrent selon la nature des flux (de matières premières, de produits intermédiaires, industriels, d'informations...). Mais les territoires sont inégalement intégrés dans la mondialisation. Les routes maritimes et les câbles sous-marins, tout comme les ports et les zones d'exploitation, restent concentrés sur quelques axes principaux. D'importants bouleversements s'opèrent, ce qui accroît les enjeux géostratégiques et les rivalités de puissance, notamment autour des canaux et des détroits internationaux. La mise en valeur et l'utilisation des mers et des océans relèvent d'une logique ambivalente, entre liberté de circulation et volonté d'appropriation, de valorisation et de protection. La délimitation des zones économiques exclusives (ZEE) est aujourd'hui la principale cause de tensions entre les États en raison des ressources présentes dans ces zones et de la volonté de ces États de les exploiter.
Études de cas possibles : • Le golfe Arabo-Persique : un espace au cœur des enjeux contemporains. • La mer de Chine méridionale : concurrences territoriales, enjeux économiques et liberté de circulation. • L'océan Indien : rivalités régionales et coopérations internationales. • Le détroit de Malacca : un point de passage majeur et stratégique.	
Question spécifique sur la France	**Commentaire**
La France : une puissance maritime ?	La France (métropolitaine et ultramarine), du fait de ses départements et territoires d'outre-mer, contrôle la deuxième zone économique exclusive (ZEE) mondiale et s'affirme encore comme une puissance maritime malgré la perte de compétitivité de ses ports. Les mers et océans demeurent, pour la France, des enjeux à la fois économiques, environnementaux et géostratégiques.

THÈME 2 Dynamiques territoriales, coopérations et tensions dans la mondialisation (13-15 heures)

Questions	Commentaire
• Des territoires inégalement intégrés dans la mondialisation. • Coopérations, tensions et régulations aux échelles mondiale, régionale et locale.	La mondialisation contemporaine conduit à l'affirmation ou à la réaffirmation de puissances et à l'émergence de nouveaux acteurs. Les territoires, quelle que soit l'échelle considérée (États, régions infra- et supra-étatiques, métropoles...) ont inégalement accès à la mondialisation. La distance est encore un facteur contraignant, d'autant plus que des protections et des barrières sont mises en place, limitant les échanges internationaux. La hiérarchie des centres de décision mondiaux est en constante évolution. Parmi les plus grands centres financiers, cinq sont aujourd'hui en Asie, trois en Europe (Londres, Zurich et Francfort) et deux en Amérique du Nord. Concernant les inégalités territoriales, l'Union européenne a permis un rattrapage considérable du sud de l'Europe par rapport au nord. Les disparités inter-régionales se réduisent toutefois plus lentement. Dans le reste du monde, de nombreux accords régionaux économiques se sont réalisés (ASEAN, ALENA, MERCOSUR), mais certains sont peu porteurs de développement.

Études de cas possibles :	
• Les îles de la Caraïbe et des Antilles : entre intégration régionale et ouverture mondiale. • La Russie, un pays dans la mondialisation : inégale intégration des territoires, tensions et coopérations internationales. • Les corridors de développement en Amérique latine : un outil d'intégration et de désenclavement. • L'Asie du Sud-Est : inégalités d'intégration et enjeux de coopération.	
Question spécifique sur la France	**Commentaire**
La France : un rayonnement international différencié et une inégale attractivité dans la mondialisation.	La France affirme sa place dans la mondialisation, d'un point de vue diplomatique militaire, linguistique, culturel et économique. Elle entre en rivalité avec les autres pays et cherche à consolider ses alliances. La France maintient son influence à l'étranger via son réseau diplomatique et éducatif, des organisations culturelles, scientifiques et linguistiques (instituts français, Organisation internationale de la francophonie, Louvre Abu Dhabi, lycées français à l'étranger...), mais également à travers les implantations de filiales d'entreprises françaises. Elle attire sur son territoire, plus particulièrement à Paris et dans les principales métropoles, des sièges d'organisations internationales, des filiales d'entreprises étrangères, des manifestations sportives et culturelles aux retombées mondiales, des touristes...

THÈME 3 L'Union européenne dans la mondialisation : des dynamiques complexes (12-14 heures)

Questions	Commentaire
• Des politiques européennes entre compétitivité et cohésion des territoires. • L'Union européenne, un espace plus ou moins ouvert sur le monde.	L'Union européenne présente une grande diversité de territoires, tout en étant l'organisation régionale au degré d'intégration le plus marqué au monde. L'UE est le premier pôle commercial mondial. Elle est cependant exposée à des défis et tensions externes et internes (difficulté à établir une politique commune en matière de défense, d'immigration, de fiscalité...), ce qui limite son affirmation comme puissance sur la scène mondiale. Les politiques européennes de cohésion économique, sociale et territoriale visent deux objectifs : d'une part la réduction des inégalités territoriales, d'autre part la valorisation des atouts des territoires des États membres pour faire face à la concurrence mondiale.
Études de cas possibles : • L'Allemagne : une puissance européenne aux territoires inégalement intégrés dans la mondialisation. • Les transports dans l'Union européenne : un outil d'ouverture, de cohésion et de compétitivité. • La politique agricole commune (PAC) : les effets territoriaux d'une politique européenne. • La cartographie d'une agglomération industrielle ou technologique en France.	
Question spécifique sur la France	**Commentaire**
La France : les dynamiques différenciées des territoires transfrontaliers.	Les territoires transfrontaliers se caractérisent par des échanges et des mobilités de part et d'autre de la frontière. L'Union européenne encourage les coopérations transfrontalières, en assurant notamment la libre circulation et en instituant un cadre réglementaire. Elle finance des projets et des équipements transfrontaliers par des programmes spécifiques. Les territoires transfrontaliers ont cependant des dynamiques différenciées.

THÈME 4 La France et ses régions dans l'Union européenne et dans la mondialisation : lignes de force et recompositions (6-8 heures)

Questions	Commentaire
• Les lignes de force du territoire français. • Des recompositions territoriales à toutes les échelles, entre attractivité, concurrence et inégalités.	L'étude de la France et de ses régions vise à interroger le rôle des acteurs, à différentes échelles, dans l'intégration européenne et mondiale, et les effets territoriaux différenciés de cette intégration. L'étude de la région du lycée permet de mobiliser les connaissances acquises sur la France pour les appliquer à une autre échelle d'analyse. Il s'agit d'envisager avec les élèves les territoires de proximité et les divers aspects de leur attractivité. Cette approche leur fournit des clés de lecture pour comprendre leur territoire de proximité.

Notions et vocabulaire à maîtriser à l'issue de la classe de Terminale (en complément des notions et vocabulaires acquis en classe de seconde et de première qui seront remobilisés tout comme les repères spatiaux acquis) :

- Mondialisation : notion transversale à l'ensemble des thèmes.
- Haute-mer, maritimisation, puissance, route maritime, zone économique exclusive (ZEE).
- Attractivité, intégration territoriale.
- Agglomération industrielle, écosystème (cluster).
- Territoire transfrontalier.
- Aménagement des territoires, collectivité territoriale, région.

LE GUIDE DU LYCÉEN

L'année de Terminale, qui vient clore votre scolarité, est marquée par une série d'examens : vous allez passer la troisième série d'épreuves communes de contrôle continu, des épreuves terminales en philosophie et dans vos deux spécialités, ainsi que le Grand Oral. C'est aussi le moment de faire des choix pour vos études supérieures.

Ce cahier va vous aider à bien entamer l'année de Terminale. Vous y trouverez :

- Des pages, réalisées en partenariat avec l'ONISEP, pour vous aider à vous orienter : calendrier de l'année, présentation des grandes lignes de l'enseignement supérieur, mode d'emploi pour Parcoursup...
- Une présentation détaillée des épreuves.
- Des conseils et des méthodes concrètes pour apprendre à réviser efficacement et pour préparer vos épreuves.

Nous vous souhaitons une très bonne année de Terminale !

Sommaire

LA TERMINALE VERS LE BAC

Vos disciplines

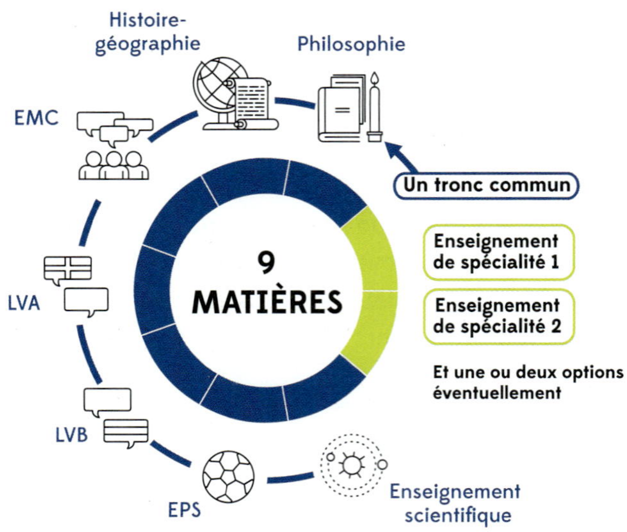

Votre calendrier*

- **Fin Mars** : Deux épreuves écrites de spécialités
- **3e trimestre** *Dates au choix de votre lycée* : Épreuves de contrôle continu (E3C)
- **Juin** : Épreuve écrite de Philosophie et « Grand Oral »

* Informations mises à jour en mars 2020

Toutes importantes, les disciplines seront évaluées et compteront dans votre note du Bac*

Le bulletin
10 % DE LA NOTE

Vos bulletins pour valoriser votre travail régulier de première et terminale — **Coefficient 10**

Les épreuves communes de contrôle continu (E3C)
30 % DE LA NOTE

Dont épreuve de spécialité arrêtée en première
Coefficient 5

Histoire-Géographie et Enseignement scientifique
Épreuves écrites
Coefficient 5
pour chaque matière
y compris E3C de première

LVA et LVB
Épreuves écrites et orales
Coefficient 5
pour chaque langue
y compris E3C de première

EPS
Évaluation tout au long de l'année
Coefficient 5

Les épreuves terminales
60 % DE LA NOTE

Dont notes des Épreuves anticipées de français passées en première
Coefficient 10

Une épreuve écrite de 3 ou 4 heures pour **vos deux enseignements de spécialité**

+ Numérique et Sciences Informatiques, Physique-Chimie Biologie et écologie et SVT
Une épreuve pratique de 1 heure

+ Arts, Langues littérature et cultures étrangères et régionales
Une épreuve orale

Coefficient 16
pour chaque enseignement de spécialité

Philosophie
Épreuve écrite de 4 heures — **Coefficient 8**

Le « Grand Oral »
20 minutes de préparation
+ 20 minutes d'épreuve

› Sur une question adossée à l'une de vos spécialités
› Échange sur votre projet d'orientation

Coefficient 10

Total des coefficients 100

* Informations mises à jour en mars 2020

... PUIS VERS LE SUPÉRIEUR

Les grands itinéraires de l'Enseignement supérieur

Université | Lycée | Ecole

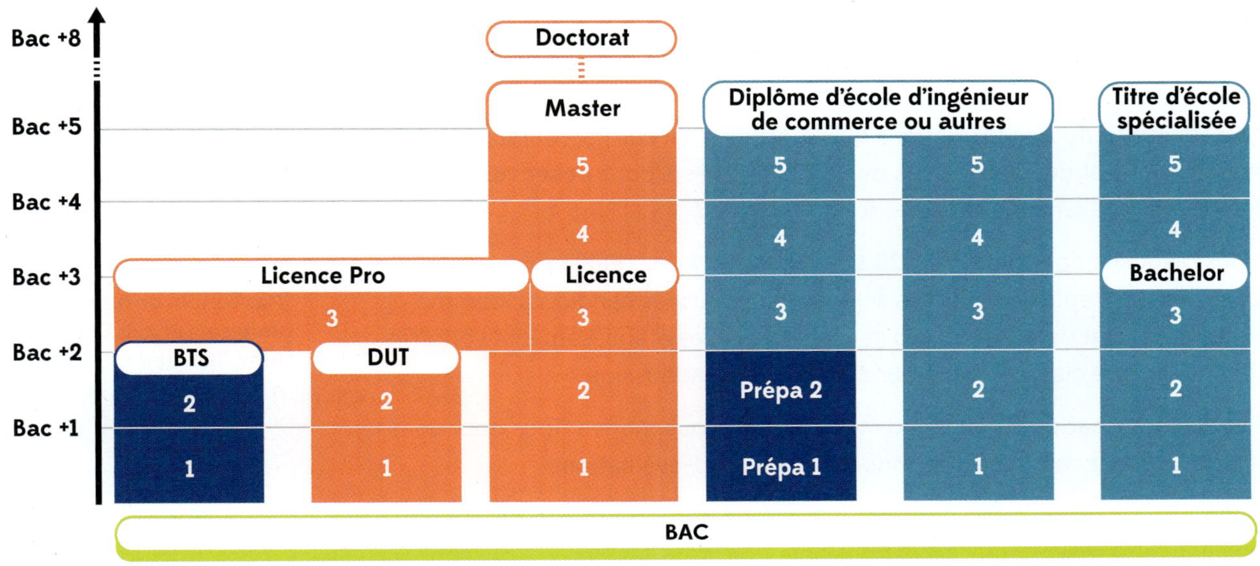

Ils témoignent de leur première année après le Bac

THÉO,
Première année de licence de sciences de la vie

« J'ai choisi l'Université car elle offre plusieurs parcours d'études et des matières nouvelles pour moi. Même si nous sommes plus encadrés que je ne l'imaginais, il faut travailler en autonomie et bien s'organiser entre les cours théoriques et les TP. J'espère partir en échange à l'étranger dès la L3. »

ZINEB,
Première année de prépa économique et commerciale

« Je voulais faire une école de commerce. Je craignais la prépa, j'en ai discuté avec des profs pendant les Portes ouvertes qui m'ont convaincue que je pouvais y arriver. Chaque semaine, 31 heures de cours, des colles orales, des devoirs sur table, et beaucoup de boulot à la maison pour assimiler des contenus volumineux très vite. Mais je ne regrette pas ! Il y a beaucoup de solidarité dans la classe. C'est stimulant. »

SARAH,
École d'ingénieurs

« J'aimais les sciences et les TP au lycée, je voulais devenir ingénieure sans savoir dans quel domaine. J'ai réussi à intégrer une école généraliste qui me permettra de me spécialiser plus tard. Dans l'école, j'apprécie les projets en groupe, l'accès permanent à un matériel de pointe et la vie associative. »

MAELLE,
IUT info-comm

« Grâce à mon dossier, j'ai pu entrer en IUT : un cursus court à l'université, bien encadré avec la possibilité de poursuivre mes études. Je découvre des disciplines théoriques (marketing, droit...) et pratiques (graphisme, infographie...). C'est passionnant. J'ai hâte de débuter mon premier stage ! »

DIMITRI,
IFSI

« J'ai toujours voulu être infirmier en bloc opératoire. Mon dossier était un peu juste mais ma motivation et mes activités associatives m'ont permis de réussir l'entretien d'entrée. On alterne les cours théoriques et cliniques à la fac ou dans l'IFSI et on a beaucoup de travail. J'ai effectué un premier stage et je suis encore plus motivé ! »

Un lien ONISEP utile pour votre orientation : *Ma première année en...*

PARCOURSUP, QU'EST-CE QUE C'EST ?

C'est la plateforme nationale de préinscription à l'enseignement supérieur pour tous les élèves de terminale. En 2019, 97 % des bacheliers généraux ont reçu au moins une proposition.

1 UN LARGE CHOIX DE VŒUX NON HIÉRARCHISÉS ET DES INFORMATIONS

- **Quasiment toutes les formations du supérieur** sont sur Parcoursup (15 000 formations !) avec de très **nombreuses informations** et des possibilités de contacts directs pour **poser vos questions** sur les contenus, les critères d'examen des vœux, les débouchés.
- Vous disposez de **10 vœux (et 20 sous-vœux)** : soyez **réaliste** et **ambitieux** (tentez des filières sélectives !). Tous les candidats, comme vous, déposent de nombreuses candidatures : les établissements vont très loin dans leurs classements pour proposer une admission.
- **Les attendus nationaux et locaux** sont là pour vous motiver (pas pour vous inquiéter), tout comme les questionnaires d'auto-évaluation.
- Enfin, vous avez **le droit à l'erreur** : il existe de nombreuses passerelles en cours de formation et un changement d'orientation est possible pour tous les Bac + 1 qui sont accueillis sur Parcoursup.

Astuce

Pas besoin de hiérarchiser vos vœux et l'établissement de la formation que vous demandez n'est pas informé de vos autres vœux.

2 UNE PROCÉDURE AVEC UN CALENDRIER PRÉCIS ET DES OBLIGATIONS

Calendrier et check-list

- **Un calendrier**
  Ce calendrier vous laisse du temps de réflexion, coordonné avec le Bac et adapté à votre intégration dans le supérieur.
- **Des modalités d'inscription**
  ▸ Pour constituer votre dossier personnel à partir de votre INE, vous fournissez :
  - des informations sur votre état civil,
  - vos coordonnées, celles de vos représentants légaux (si vous êtes mineur),
  - des informations sur votre scolarité passée en complément de celles fournies par votre lycée (bulletins de première et terminale, Fiche Avenir avec les appréciations de vos enseignants et l'avis du chef d'établissement).

  ▸ Vous rédigez un **projet de formation motivé** personnalisé adapté à chaque formation.

  ▸ Vous remplissez soigneusement la rubrique « **Mes activités et centres d'intérêt** » qui peut renforcer vos candidatures.

  ▸ Vous envoyez les documents complémentaires que demandent parfois certaines formations.

À savoir

Le respect de la procédure par tous les élèves et les établissements est la condition de son bon fonctionnement.

3 DES ENSEIGNANTS QUI ÉTUDIENT VOTRE DOSSIER ET VOUS RÉPONDENT

- **Parcoursup n'est pas un robot ni un algorithme qui déciderait de votre orientation !**
  Toutes les formations vous répondront mais pas forcément en même temps : **surveillez les réponses** (sms, mail...) et votre compte Parcoursup.
- **N'oubliez pas de répondre** à chaque proposition dans les délais indiqués. Si plusieurs propositions vous sont faites, il vous faudra choisir, puis valider votre choix final et **vous inscrire définitivement**.

VOUS INFORMER SUR LES FORMATIONS

UNE DÉMARCHE À ANTICIPER

Votre démarche d'orientation ne doit évidemment pas attendre l'ouverture de Parcoursup. Peut-être ne savez-vous pas vraiment ce que vous voulez faire, vous avez plusieurs idées, ou encore vous avez une idée assez nette de ce que vous voulez faire. Dans tous les cas, **vous devrez vous informer sur les formations, leurs contenus, leurs modalités** (durée, sélective/non sélective, privée/publique, possibilité d'alternance ou de poursuite d'études, proximité...) et **leurs débouchés**.

S'INFORMER AVEC L'ONISEP

L'ONISEP (**Office national d'information sur les enseignements et les professions**) vous fournit toute l'info sur les métiers et les formations :

- Le site onisep.fr, notamment la rubrique *Ma première année en...*
- monorientationenligne.fr vous met en contact avec un conseiller par téléphone, mail ou par tchat.
- Le site *Terminales* à retrouver sur orientation-lycees.fr
- Des revues, des guides, des salons...
- Vous disposez de nombreuses sources d'informations potentielles : contacts sur Parcoursup, journées Portes ouvertes, salons, forums, sites, semaines de l'orientation et bien entendu vos enseignants, et les conseillers près de chez vous...

Notez bien que vos motivations pour une formation ou des débouchés, ainsi que vos démarches d'orientation vous seront aussi utiles lors du Grand Oral.

VOTRE CALENDRIER PARCOURSUP

Novembre – Janvier	Recherche des informations sur Parcoursup
Janvier – Février	Inscription sur Parcoursup (voir votre check-list ci-contre)
Février – Avril	Constitution de votre dossier complet, saisie et confirmation de vos vœux
Mai – Juillet	Propositions des établissements : vous devez y répondre !
Juillet – Septembre	Éventuellement, phase complémentaire

Pensez à vous inscrire dans votre futur établissement !

VOTRE CHECK-LIST POUR VOUS INSCRIRE SUR PARCOURSUP

- **Une adresse électronique** que vous utiliserez jusqu'à la fin de la procédure.
- **Votre numéro INE** : il est composé de 11 caractères (1 ou 2 lettres, 10 ou 9 chiffres). Vous le trouverez sur vos bulletins scolaires. Si besoin, demandez-le à votre établissement.
- **Votre relevé de notes** aux épreuves anticipées du baccalauréat.
- **Le dernier avis d'imposition** de votre (vos) parents(s) ou tuteur(s) si vous demandez une classe préparatoire avec internat ou si vous souhaitez simuler une attribution de bourse.
- **Vos bulletins** de première et terminale.
- **Votre projet de formation** motivé en 1 500 caractères, pour chaque formation.

PENSEZ AUSSI À :

- **Remplir les questionnaires d'auto-évaluation** demandés par certaines formations universitaires. Ils sont anonymes et vos résultats ne sont pas communiqués.
- **Remplir la rubrique « Mes activités et centres d'intérêt »**
- **Fournir dans les temps les documents complémentaires** que certaines filières peuvent vous demander (CV, lettre de motivation...).

PRENDRE LA PAROLE EN PUBLIC

Même si l'histoire-géographie est une matière du tronc commun non concernée par le Grand Oral, vous pouvez quand même en profiter pour multiplier les occasions de prendre la parole : ce sera un moyen de vous entraîner et donc de vous rassurer pour cette épreuve que vous allez passer en fin d'année dans vos enseignements de spécialité.

ENTRAÎNEZ-VOUS !

Prendre la parole, ça s'apprend ! Votre préparation et vos entraînements vous permettront d'améliorer votre travail et de vous mettre en confiance. La réussite d'une prise de parole vient d'abord de votre maîtrise du contenu et d'un entraînement régulier.

Entraînez-vous régulièrement :

- à **maîtriser le temps**, en vous chronométrant ;
- **en classe avec vos professeurs, avec vos amis, votre famille**, devant un miroir, avec un smartphone, une montre...

Conseil

Entraînez-vous à plusieurs mais surtout, soyez bienveillants les uns envers les autres !

DÉDRAMATISEZ !

Prendre la parole en public, que ce soit pour un exposé ou pour le Grand Oral, n'est pas un concours d'éloquence, ni une performance.

On entend fréquemment :

- « *J'ai le trac...* » : le trac est normal, il vous permet de vous concentrer et de bien démarrer. Il disparaîtra vite car vous maîtrisez votre contenu.
- « *Je ne suis pas à l'aise à l'oral...* » : votre entraînement vous apportera plus d'aisance.
- « *Je ne sais pas quoi faire de mes jambes et de mes mains* » : ne surestimez pas l'importance du « non-verbal » ou des gestes parasites (ni même des tics verbaux). Concentrez-vous sur le contenu.
- « *Dois-je apprendre mes réponses par cœur ou les rédiger intégralement ?* » : ne changez pas vos habitudes, mais ne donnez pas l'impression de réciter.

Conseil

Rassurez-vous, les très bons orateurs vus à la télé ou sur Internet ont beaucoup d'expérience et ils cherchent à briller. Ça n'est pas ce qu'on vous demande. C'est la préparation et l'entraînement qui vous feront réussir.

ADOPTEZ UNE POSTURE SEREINE ET DES GESTES EXPRESSIFS

Faites simple : restez le plus naturel possible.

- **Ancrez-vous dans le sol**, les pieds bien droits et légèrement écartés, la tête haute, tournée vers l'auditoire. Conservez cette posture, évitez de vous balancer et ne bougez pas trop.
- **Ce sont vos mains qui vont parler pour vous**. Assurez-vous qu'elles sont propres.
- **Soyez naturel** avec vos mains, vous n'êtes ni une personnalité politique en campagne ni un mime ! Évitez de croiser les bras, ne gardez pas vos mains jointes, utilisez-les plutôt **pour appuyer ce que vous dites.**

Conseil

Apprenez à déceler vos gestes parasites. « Je me balance, je croise les jambes, je regarde le ciel ou en bas ou au fond de la salle ». Entraînez-vous à les combattre, mais ça n'est pas grave si vous n'y arrivez pas. Concentrez-vous sur autre chose : l'auditoire, le contenu...

PRÊTEZ ATTENTION À VOTRE VOIX

La voix est le premier instrument de l'orateur. Ses différentes composantes sont mêlées, mais vous pouvez en travailler les différents éléments.

- **Le volume**
  Entraînez-vous à parler de manière **suffisamment audible**, puis **variez les volumes** (plus bas/plus fort) et les distances.

- **Le débit (vitesse/rythme)**
  ▸ Le rythme de votre prise de parole influera sur la qualité de sa réception.
  ▸ Vous attirerez et garderez l'attention en **variant votre débit** en fonction de vos propos. Par exemple, en parlant plus vite quand vous racontez une anecdote, moins vite quand vous arrivez en fin d'une sous-partie ou que vous voulez insister sur un point.
  ▸ Si vous avez l'habitude de parler vite, ce sera difficile à modifier. Dans ce cas, évitez les phrases trop longues et, surtout, faites des pauses !

- **L'intonation**
  C'est le ton que vous prendrez pour vous adresser à votre auditoire, en accord avec le texte. Entraînez-vous à bien l'adapter à différents contenus et surtout à le varier pour **éviter la monotonie**.

Conseil

Ne commencez pas à parler dès qu'on vous donne la parole. Silence, d'abord. Vous attirerez l'attention et vous en profiterez pour respirer un grand coup. Les pauses vous permettent de marquer le début ou la fin d'une sous-partie, de réfléchir avant de répondre, et d'attirer l'attention sur ce que vous allez dire ensuite.

SOIGNEZ VOTRE VOCABULAIRE

Même si vous n'en avez pas toujours conscience, il se peut que vous utilisiez un langage trop familier, trop quotidien.

- **Éliminez** tous les termes qui vous paraissent **relever d'un langage trop familier**. Même si ce n'est pas toujours facile, essayez de bannir vos tics de langage (*ben, comment, euh, de base, trop, carrément, en mode, bof...*).

- **Employez des termes précis** : vous devez connaître les définitions de toutes les notions que vous employez.

- **Vous pouvez nuancer votre réponse** en utilisant des modalisateurs (« *Il m'a semblé... / J'ai trouvé... / J'ai apprécié... / En revanche...* »).

Conseil

Entraînez-vous à plusieurs : un élève présente son exposé, les autres relèvent les mots issus d'un langage trop familier. Cherchez ensemble des synonymes ou des expressions plus adaptés.

REGARDEZ ET SOURIEZ

Créez un lien visuel avec l'auditoire dès le début.

- **Souriez régulièrement**, c'est un ingrédient important d'un oral réussi.

- Entraînez-vous à regarder votre public plutôt que vos pieds ou le plafond. Vous pouvez fixer votre regard sur plusieurs personnes, en alternant. Cela permettra d'attirer l'attention.

Conseil

Pensez à saluer l'auditoire en commençant et à le remercier en terminant.

INSPIREZ-VOUS !

- **Vous pouvez regarder des vidéos** pour les analyser et y trouver de bonnes idées. Rendez-vous sur le site Nathan pour trouver des exemples de vidéos de présentation du Grand Oral. Vous pouvez aussi visionner les conférences TED, « Ma thèse en 180 s », des discours politiques, même en langue étrangère pour n'étudier que les postures et les gestes.
- **Attention** : les personnes que vous verrez sont bien plus âgées que vous et hyper entraînées. Ne vous dites pas : « Je ne pourrai jamais faire ça ! »

Vidéo — Nathan GRAND ORAL

ORGANISER SES RÉVISIONS

Pour réussir vos épreuves, il faut vous organiser à l'avance et commencer tôt les révisions ! En effet, réviser son bac ne se prépare pas à la dernière minute. C'est un travail qui débute dès les premières semaines de septembre. Voici quelques pistes qui pourront vous aider.

1 TRAVAILLER RÉGULIÈREMENT ET AVEC RIGUEUR, EN CLASSE COMME À LA MAISON

- Dès le début de l'année, vous devez veiller à :
  - être attentif et concentré en classe ;
  - participer et poser des questions ;
  - prendre la parole régulièrement pour vous entraîner au Grand oral de Terminale.

Les avantages de cette méthode

- Votre implication permettra d'éviter le stress de dernière minute.
- Travailler régulièrement allège votre travail de révision.

2 ORGANISER UN PLANNING DE RÉVISION

- Commencez par lister tous les chapitres ou thèmes à revoir dans chaque matière, puis, dans un tableau hebdomadaire, placez les révisions qu'il faudra effectuer.
- La première série d'épreuves a lieu fin mars, il faut donc commencer à réviser dès le début de l'année scolaire !
- Soyez réaliste, n'envisagez pas de longues ou de nombreuses séances de révisions si vous savez que votre planning ou votre capacité à travailler ne le permettra pas.
- Chaque jour, mixez les matières que vous révisez. Vous vous lasserez moins et aurez moins de pression.
- Lors des vacances scolaires ou le week-end, augmentez le volume de vos séances de révision, car vous avez plus de temps. Les quelques semaines avant les épreuves, le volume horaire des révisions devra être plus important : passez de 4 à 6 séances de travail par jour au moins.

Conseil

Cochez au fur et à mesure sur votre planning le travail effectué. Vous prendrez conscience de l'avancée de vos révisions, ce qui est plutôt encourageant, et planifierez à nouveau le travail non fait.

3 CRÉER DE BONNES CONDITIONS DE TRAVAIL

- **Réviser en équipe est un moyen efficace pour se motiver.** Créez des fiches de révision en groupe, interrogez-vous mutuellement, organisez des séances de révision à plusieurs, mutualisez vos cours et vos outils de révisions. Vous profiterez ainsi des compétences de chacun.

- **Détendez-vous !**
  ▸ **Des pauses** sont nécessaires pendant les périodes de révision : il faut s'aérer le corps et l'esprit, penser à autre chose. Faites du sport, regardez un film ou une série, sortez avec vos amis, pratiquez des exercices de relaxation ou de respiration… **Pensez à le faire quotidiennement**.

Les avantages de cette méthode

À plusieurs, il est plus facile de se motiver. Vous appréhenderez moins vos séances de révision.

Les avantages de cette méthode

Un esprit sain dans un corps sain est le meilleur moyen d'affronter sereinement les épreuves du bac : mangez bien et accordez-vous un temps de sommeil suffisant.

LES ÉPREUVES COMMUNES DE CONTRÔLE CONTINU DE TERMINALE EN HISTOIRE-GÉOGRAPHIE

BAC

Deux parties :
- Question problématisée 10 PTS
- Analyse de document(s) OU Réalisation d'une production graphique 10 PTS

Si la première partie du sujet porte sur l'Histoire, la seconde porte sur la Géographie et inversement.

2 h — coeff. 5 — 3e trimestre

OBJECTIFS DE L'ÉVALUATION

Les épreuves communes de contrôle continu ont pour objectif d'évaluer votre aptitude à :
- mobiliser, au service d'une réflexion historique et géographique, des connaissances fondamentales pour la compréhension du monde et la formation civique et culturelle du citoyen ;
- rédiger des réponses construites et argumentées, montrant une maîtrise correcte de la langue ;
- exploiter, organiser et confronter des informations ;
- analyser un document de source et de nature diverses ;
- comprendre, interpréter et pratiquer différents langages graphiques.

L'ÉPREUVE

Cette épreuve comprend **deux parties**. Les deux sujets sont obligatoires : l'un porte sur l'Histoire, l'autre sur la Géographie.

PARTIE 1 – Réponse à une question problématisée 10 PTS

Il s'agit d'une réponse rédigée et construite. Vous devez montrer que vous avez acquis des capacités d'analyse, que vous maîtrisez des connaissances, savez les sélectionner et les organiser de manière à répondre à la problématique de la question.

En Terminale, contrairement aux épreuves de Première, l'intitulé de la question ne suggère pas les éléments de construction de la réponse.

PARTIE 2 10 PTS

Analyse de document(s)

L'analyse de document(s) est accompagnée d'une consigne suggérant une problématique. Le ou les document(s), en Histoire comme en Géographie, comporte(nt) un titre et, si nécessaire, un nombre limité de notes explicatives.

En Terminale, si la consigne suggère une problématique, elle ne donne pas, contrairement aux épreuves de Première, les éléments de construction de l'analyse.

OU

Réalisation d'une production graphique

Lorsque la production graphique est un croquis, ce croquis est réalisé à partir d'un texte élaboré pour l'exercice qui présente une situation géographique. Un fond de carte est fourni.
Vous devez faire preuve d'une plus grande autonomie qu'en Première pour identifier, organiser et hiérarchiser les éléments à représenter et construire la légende.
Dans le cas d'une autre production graphique, les consignes et les données servant à l'élaboration de cette production sont fournies avec l'exercice.

En Terminale, contrairement aux épreuves de Première, le texte ne comporte pas de sous-titres qui indiquent les grandes orientations pour la réalisation du croquis et la construction de la légende.

BAC

RÉPONSE À UNE QUESTION PROBLÉMATISÉE

1 h

Étape 1
Analyser la question

Étape 2
Mobiliser et organiser ses connaissances

Étape 3
Rédiger la réponse à la question

Travail préparatoire au brouillon → Travail au propre sur la copie → Relecture

ÉTAPE 1 ANALYSER LA QUESTION PROBLÉMATISÉE

AU BROUILLON

La question constitue la problématique à laquelle le devoir doit répondre.
Il faut donc bien l'analyser pour ne pas se tromper.

Pourquoi la France est-elle une puissance maritime inégale ?

- Pourquoi : Mot interrogatif qui oriente l'étude et le type de réponse attendue
- la France : Échelle du sujet
- puissance maritime : Notion à définir
- inégale : Ce terme indique l'existence de points forts et de points faibles.

ÉTAPE 2 MOBILISER ET ORGANISER SES CONNAISSANCES

AU BROUILLON

À l'inverse des sujets proposés en Première, ceux de Terminale ne suggèrent pas les grandes lignes du plan : il vous faut proposer, à l'aide de vos connaissances, les grandes idées qui vont vous permettre de répondre à la problématique.
Votre plan peut regrouper deux ou trois parties, en fonction de la question.

Mobiliser ses connaissances

Dresser la liste de vos connaissances personnelles :
- Notions
- Faits, idées
- Données chiffrées
- Exemples à utiliser

Organiser →

Construire le plan détaillé

1. Idée clé
- Arguments
- Exemples

2. Idée clé
- Arguments
- Exemples

3. Idée clé
- Arguments
- Exemples

ÉTAPE 3 RÉDIGER LA RÉPONSE À LA QUESTION

SUR VOTRE COPIE

BAC

ÉTAPE 1 Rédiger l'introduction

Marquer un alinéa

La puissance maritime se définit par la capacité d'un État à s'assurer d'une influence durable sur l'ensemble du domaine maritime mondial, à la fois en termes militaires et stratégiques, mais aussi économiques.

La puissance maritime de la France repose sur les atouts d'un vaste domaine maritime, mais présente des faiblesses.

Présenter le thème de la question ; définir la notion centrale

Énoncer le plan

ÉTAPE 2 Rédiger le développement en deux ou trois parties

Marquer un alinéa au début de chaque partie

Revenir à la ligne pour chaque sous-partie

Sauter une ligne entre chaque partie

Commencer par une phrase énonçant l'idée clé de la première partie.

Sous-partie 1 : développer l'argument 1 et l'illustrer par des exemples.

Sous-partie 2 : développer l'argument 2 et l'illustrer par des exemples.

Faire une transition

Rédiger une phrase énonçant l'idée clé de la deuxième partie.

Sous-partie 1 : développer l'argument 1 et l'illustrer par des exemples.

Sous-partie 2 : développer l'argument 2 et l'illustrer par des exemples.

Faire une transition

Rédiger une phrase énonçant l'idée clé de la troisième partie.

Sous-partie 1 : développer l'argument 1 et l'illustrer par des exemples.

Sous-partie 2 : développer l'argument 2 et l'illustrer par des exemples.

Faire une transition

ÉTAPE 3 Rédiger une courte conclusion

La puissance maritime de la France est contrastée. Cette puissance est avant tout spatiale et repose sur l'immense potentiel que lui confèrent son domaine maritime et ses ressources. L'économie maritime française souffre globalement d'une sous-valorisation et d'un manque de compétitivité dans la mondialisation.

Bilan du développement

ANALYSE DE DOCUMENT(S)

1 h

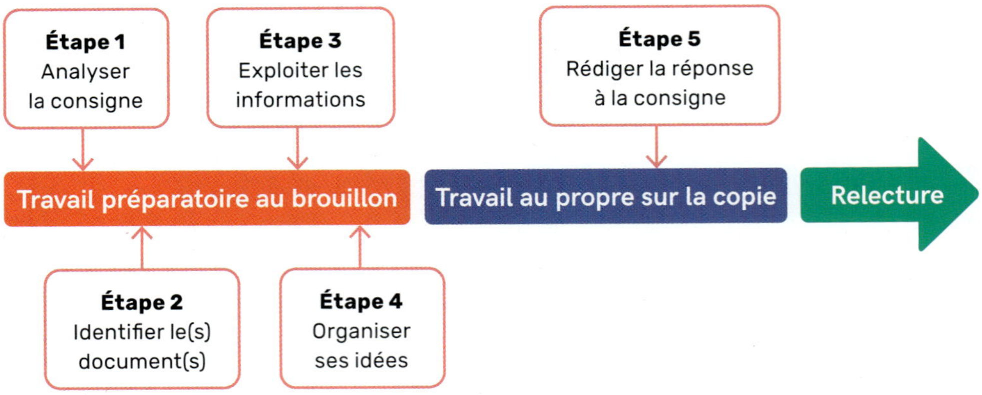

ÉTAPE 1 ANALYSER LA CONSIGNE

AU BROUILLON

- Vous devez expliciter les informations du (des) document(s) avec vos connaissances personnelles.
- La problématique est suggérée par l'énoncé du sujet.

ÉTAPE 2 IDENTIFIER LES DOCUMENTS

AU BROUILLON

- Chaque document doit être au cœur de la consigne. Il faut donc l'identifier de manière précise.
- Pour cela, vous devez définir la nature, la source, la date, le thème et la localisation de chaque document.

En géographie, la nature des documents est très variée : il peut s'agir d'un texte, d'une photographie, d'une carte, de statistiques...

Texte	• Identifiez la source, la date, l'auteur du texte et sa nature : article de presse, revue scientifique, texte de loi, extrait d'ouvrage...	• Relevez les mots clés, les idées et les arguments de l'auteur. • Montrez l'intérêt et les éventuelles limites de texte.
Carte	• Définissez le thème de la carte. Quel est l'espace concerné ? • Exploitez la légende et définissez les termes employés.	• Mettez en avant des contrastes, des concentrations, des flux... • Évoquez les facteurs économiques, historiques, naturels.
Données statistiques	• Déterminez les thèmes sur lesquels portent les données, les indicateurs et unités de mesure. • Repérez la source des données et leurs dates.	• Relevez les données les plus fortes et les plus faibles. • Présentez les grandes évolutions, comparez par période... • Expliquez les évolutions observées et montrez l'intérêt, voire les limites de ces statistiques.
Image	• Identifiez la nature de l'image (photographie, affiche promotionnelle, dessin) et le thème. • Décrivez le paysage, les personnages, les objets, le rapport texte/image.	• Analysez les différents plans, les arguments (pour une affiche)... • Portez un regard critique : quels sont les enjeux spatiaux ? Les arguments sont-ils fondés, pertinents ?

BAC

ÉTAPE 3 EXPLOITER LES INFORMATIONS

AU BROUILLON

Analyser les documents

- Informations répondant au sujet
- Notions à définir

→

Confronter les documents

Si le sujet comporte deux documents :

- Informations répondant au sujet
- Les informations des documents se complètent-elles ? S'opposent-elles ?

ÉTAPE 4 ORGANISER SES IDÉES

AU BROUILLON

Informations fournies par les documents

Voir étape 3

→

Connaissances personnelles

Vous devez utiliser vos connaissances pour expliquer les informations, l'intérêt et les limites du ou des document(s)

→

Plan

Dégagez les deux ou trois idées clés à partir de l'analyse

1. Idée clé

- Arguments
- Exemples

2. Idée clé

- Arguments
- Exemples

ÉTAPE 5 RÉPONDRE À LA CONSIGNE

SUR VOTRE COPIE

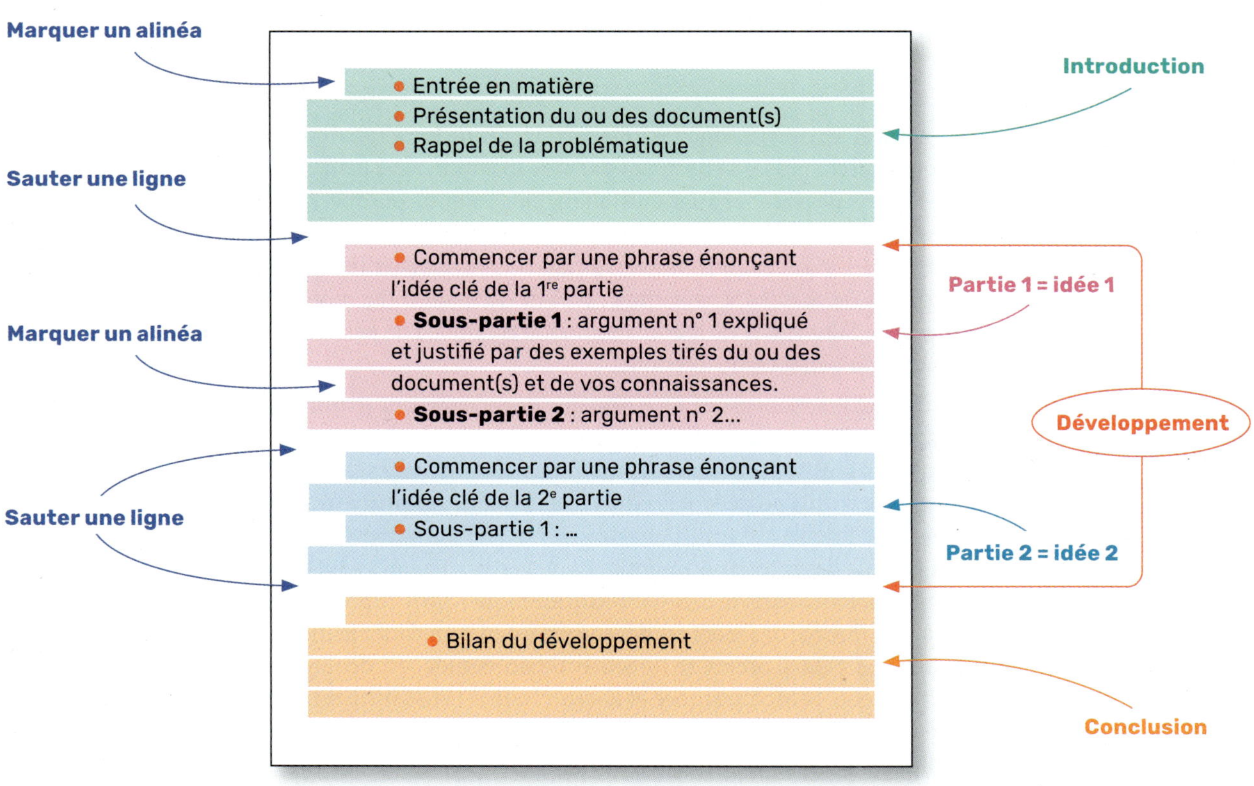

BAC

RÉALISATION D'UN CROQUIS

1 h

Étape 1
Déterminer l'objectif du croquis

Étape 3
Classer les informations et choisir les figurés

Étape 4
Réaliser le croquis

Travail préparatoire au brouillon → Travail au propre sur la copie → Relecture

Étape 2
Sélectionner les informations dans le texte

ÉTAPE 1 DÉTERMINER L'OBJECTIF DU CROQUIS

AU BROUILLON

Les espaces maritimes, vecteurs de la mondialisation et sources de tensions

- espaces maritimes → Thème principal : espaces concernés par le sujet
- vecteurs → Supports, transmetteurs
- mondialisation → Notion à définir
- sources de tensions → Lieux et facteurs de rivalité

ÉTAPE 2 SÉLECTIONNER LES INFORMATIONS DANS LE TEXTE

AU BROUILLON

- La première phrase du paragraphe indique l'idée principale d'une partie
- Informations à représenter
- Les lieux concernés

Les mers et les océans sont des espaces majeurs de la mondialisation. 90 % des flux intercontinentaux de marchandises s'effectuent par voie maritime. Les principales routes maritimes relient les grands ports des façades asiatique (Shanghai, Tianjin), européenne (Rotterdam) et américaine (Los Angeles, Houston). La forte concentration du trafic dans les principaux détroits (Ormuz, Malacca, Bab el-Mandeb, Bosphore, Gibraltar) et les canaux interocéaniques (Suez, Panama) en fait des points de passage stratégiques : plus de 40 % du trafic mondial de marchandises transite par le canal de Suez ; 20 % de la consommation mondiale de pétrole passe par le détroit d'Ormuz, au débouché du golfe Arabo-Persique.

Les espaces maritimes sont aussi des lieux de rivalités et de tensions entre les États qui convoitent leurs ressources. L'accès aux zones de pêche et l'exploitation des ressources énergétiques et minérales sous-marines sont définis par une zone économique exclusive (ZEE) propre à chaque État côtier. Les États-Unis possèdent le plus vaste domaine maritime avec une ZEE de 12,2 millions de km², devant la France (10,1 millions de km²). La délimitation des ZEE fait l'objet de litiges entre les États lorsque des intérêts économiques ou géostratégiques sont en jeu, par exemple en mer de Chine méridionale, dans le canal du Mozambique, dans le golfe Arabo-Persique, dans l'océan Arctique. Le contrôle des mers est devenu est un moyen d'affirmation de la puissance : la flotte de guerre des États-Unis, première force navale du monde, est déployée dans le nord du Pacifique, dans l'Atlantique, la Méditerranée et l'océan Indien ; la Marine française est opérationnelle dans le golfe de Guinée et le nord de l'océan Indien, notamment pour lutter contre la piraterie maritime qui sévit dans ces régions.

ÉTAPE 3 CLASSER LES INFORMATIONS ET CHOISIR LES FIGURÉS

AU BROUILLON

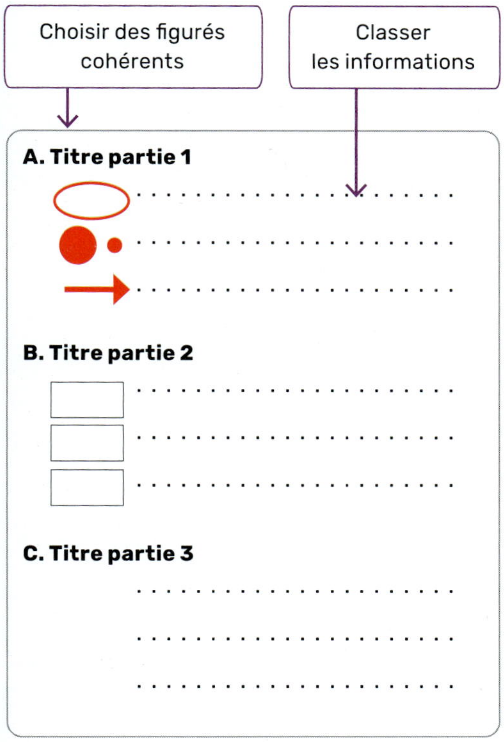

Le langage cartographique

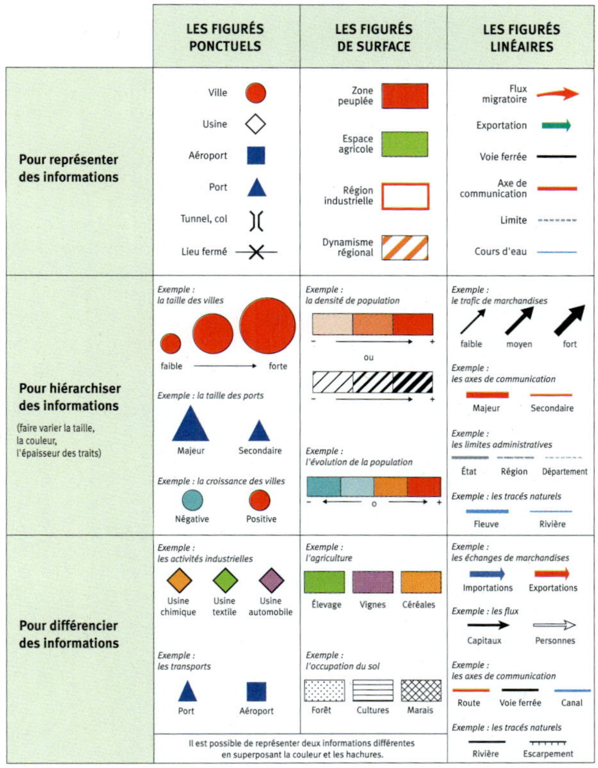

ÉTAPE 4 RÉALISER LE CROQUIS

SUR VOTRE COPIE

Donnez un titre au croquis et soignez la présentation.

+ Fond de carte fourni
+ Cadre pour la légende sur une feuille à part

TERMINAL BURCHARDKAI
TERMINAL BURCHARDKAI
TERMINAL BURCHARDKAI
TERMINAL BURCHARDKAI
CMA CGM
Géolocalisation
Hambourg
ALLEMAGNE

THÈME 1

Mers et océans : au cœur de la mondialisation

**Les mers et les océans contribuent à la maritimisation des économies, à l'intensification des échanges commerciaux et constituent des espaces ressources.
Les questions d'exploitation de ces espaces, d'appropriation, de protection et de liberté de circulation sont sources de tensions géopolitiques.
Les espaces maritimes représentent des enjeux pour la France qui aspire au statut de puissance maritime grâce à ses territoires ultramarins.**

Comment les espaces maritimes s'insèrent-ils dans la mondialisation ?

Le porte-conteneurs français *Antoine de Saint-Exupéry* (armateur CMA-CGM) dans le port de Hambourg (Allemagne), mars 2018.

Pour entrer dans le thème

Mers et océans : au cœur de la mondialisation

VU AU COLLÈGE ET EN 1re

- en 4e : Mers et océans : un monde maritimisé
- en 3e : Aménager les territoires ultramarins français
- en 1re : Métropolisation, littoralisation des espaces productifs et accroissement des flux

Cours du collège et de 1re

A Vérifier ses repères géographiques

doc. 1 Les échanges maritimes dans le monde

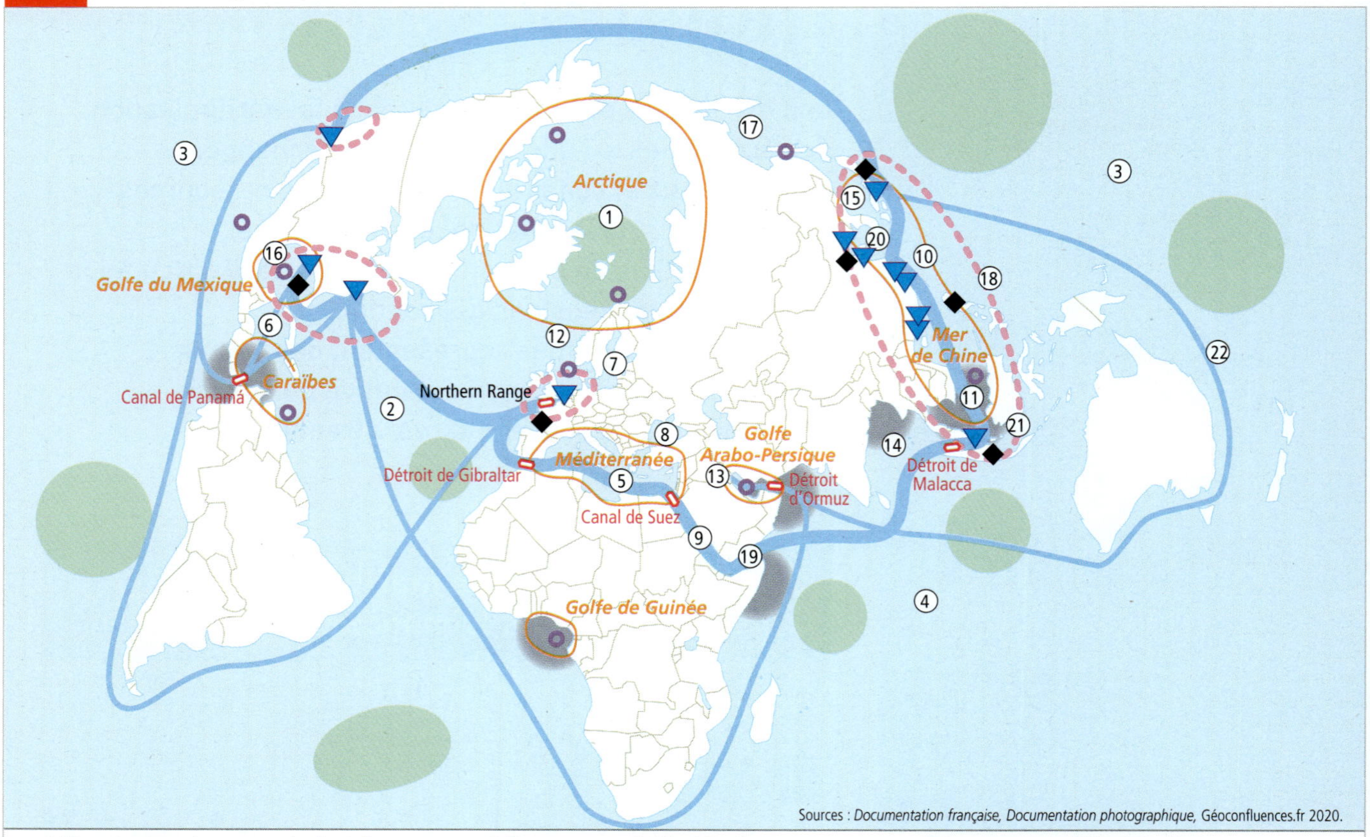

Sources : *Documentation française, Documentation photographique*, Géoconfluences.fr 2020.

1. Mers et océans, des espaces de circulation
- Principales routes maritimes
- Principales façades maritimes
- Principaux ports
- Principaux passages

2. Des espaces exploités et fragiles
- Principales zones de pêche
- Gisements d'hydrocarbures offshore
- Principales marées noires

3. Des espaces exploités et fragiles
- Espaces maritimes au cœur de tensions
- Principales zones de piraterie maritime

EXO Exercice interactif

1 Localisez et associez les numéros sur la carte ci-dessus avec les mers et les océans de la liste suivante :

a. Les principaux espaces maritimes :

Océan Indien | Océan Pacifique | Mer Baltique | Mer Méditerranée | Mer du Nord | Mer de Chine méridionale | Océan Atlantique | Océan Arctique | Mer des Caraïbes | Mer de Chine orientale | Mer Noire | Mer Rouge

b. Et pour aller plus loin… Localisez et associez les espaces maritimes secondaires suivants :

Golfe d'Aden | Golfe du Bengale | Mer du Japon (Mer de l'Est) | Mer de Corail | Golfe du Mexique | Golfe Arabo-Persique | Mer de Java | Mer Jaune | Mer d'Okhotsk | Mer des Philippines

2 Localisez les façades maritimes qui concentrent les principaux ports mondiaux.

3 Citez les continents qui apparaissent à l'écart des grandes routes du commerce maritime mondial.

doc. 2 La France : mers et océan

Exercice interactif

4 **Localisez et placez sur la carte ci-contre :**

a. Les mers et les océans suivants :

Manche | Océan Atlantique | Océan Indien | Mer du Nord | Mer Méditerranée | Mer des Caraïbes

b. Et pour aller plus loin…
Les mers et points de passage suivants :

Golfe de Gascogne | Golfe du Lion | Cap Griz-Nez | Cap Cerbère | Rail d'Ouessant

5 **Localisez et placez sur la carte ci-dessous les territoires ultramarins suivants :**

Saint-Martin | Saint-Pierre-et-Miquelon | Polynésie française | Guadeloupe | Martinique | Guyane | Nouvelle-Calédonie | Saint-Barthélemy | Mayotte | TAAF | Wallis-et-Futuna | La Réunion | Clipperton

doc. 3 La France ultramarine au cœur des mers et océans de la planète

Exercice interactif

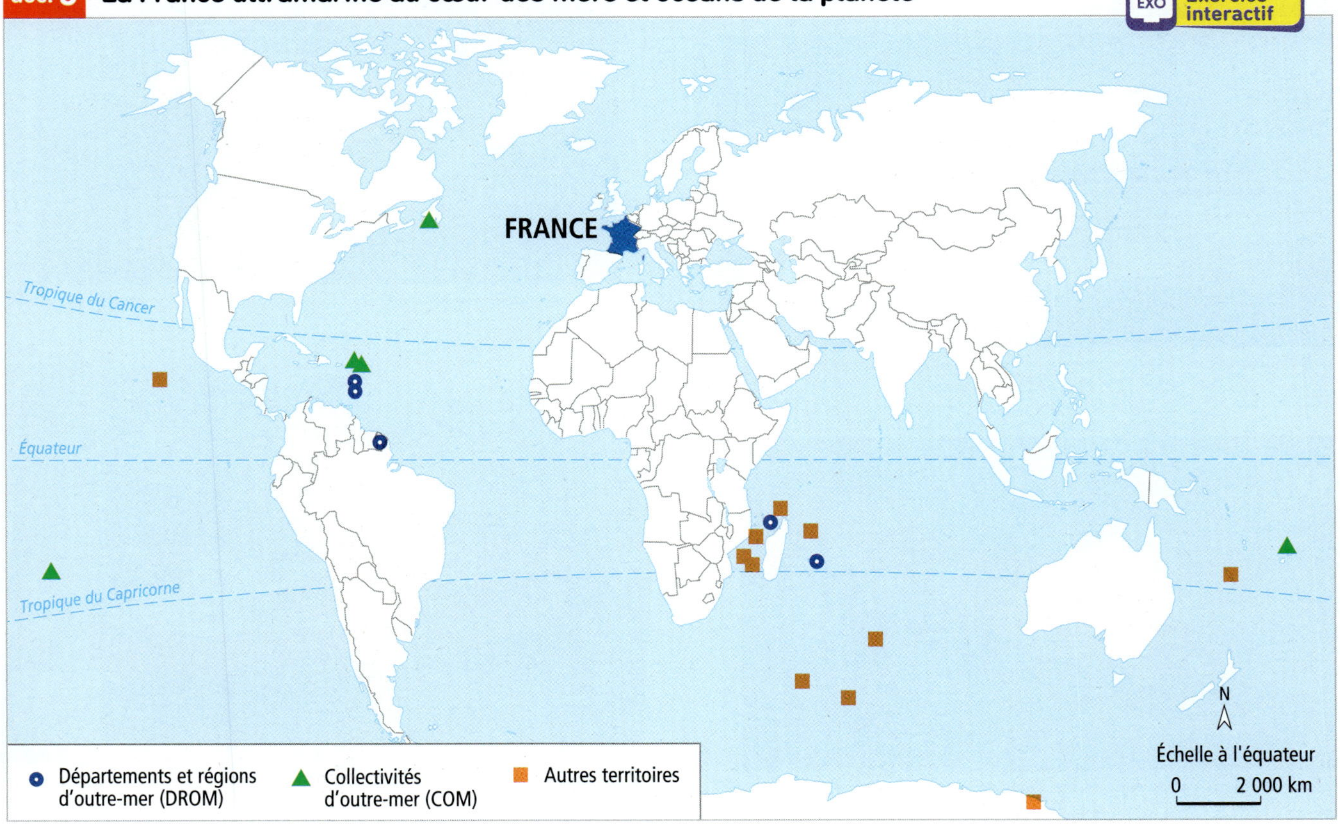

B Tester ses connaissances

Version interactive des exercices

6 **Le détroit permettant de passer de l'océan Atlantique à la mer Méditerranée se nomme le :**

a détroit de Gibraltar
b détroit de Malacca
c détroit de Béring

7 **Le port européen qui dispose du plus important trafic de marchandises est :**

a Anvers
b Rotterdam
c Marseille

8 **La superficie totale des mers et des océans représente … de la planète.**

a 51 %
b 71 %
c 91 %

9 **Le canal permettant de passer de la mer Méditerranée à la mer Rouge est le :**

a canal de Panama
b canal de Suez
c canal de Beagles

10 **Un conteneur se définit comme :**

a un caisson métallique de transport aux dimensions standardisées
b un bateau spécialisé équipé pour le transport de marchandises
c un espace portuaire où sont contenues des marchandises échangées

11 **La distance des 200 milles marins d'une ZEE (zone économique exclusive) correspond à :**

a 170 km
b 270 km
c 370 km

12 **Associez chaque photographie à un type de navire :**

a. Porte-conteneurs
b. Pétrolier (supertanker)
c. Chalutier
d. Navire de croisière
e. Méthanier

C Mobiliser le vocabulaire et les notions

13 Reliez chaque mot à sa définition :

a. Isthme	1. Bande de terre étroite entre deux mers.
b. Archipel	2. Voie navigable artificielle.
c. Conteneur	3. Grande caisse métallique, de dimension standard, utilisée pour transporter des marchandises diverses (produits manufacturés).
d. Canal	4. Ressources de la pêche.
e. Détroit	5. Ensemble d'îles.
f. Océan	6. Bras de mer entre deux terres.
g. Façade maritime	7. Région littorale formée de plusieurs grands ports proches.
h. Ressources halieutiques	8. Vaste étendue d'eau salée qui couvre une grande partie de la surface du globe terrestre.
i. Territoire ultramarin	9. Territoire situé en dehors du continent, éloigné de la métropole.

D Expliquer des situations géographiques

doc. 4 Le port de Dunkerque (2019)

14 En vous appuyant sur la photographie ci-dessus, décrivez et expliquez en quelques phrases les situations géographiques suivantes : ORAL

a. Les mers et les océans contribuent à intégrer les territoires dans la mondialisation des échanges.
b. Les espaces portuaires sont des interfaces entre les espaces maritimes et les espaces continentaux.
c. Les grands ports sont des espaces polyfonctionnels.
d. La mondialisation participe à l'extension des espaces portuaires.

THÈME 1

CHAPITRE 1 Mers et océans : au cœur de la mondialisation

Pourquoi les mers et les océans sont-ils devenus des espaces majeurs de la mondialisation et sources de nombreux enjeux entre États ?

Textes DYS
TOUS LES TEXTES EN VERSION DYS
lyceen.nathan.fr/geoterm-2020

SOMMAIRE

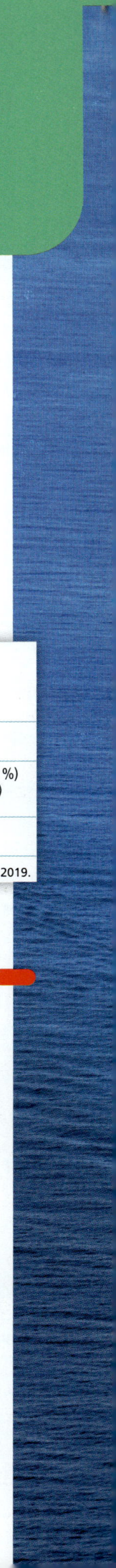

Zoom sur…

L'éolien offshore

Capacité mondiale installée (2018)	23 gigawatts
Principaux pays producteurs	Royaume-Uni (34 %) Allemagne (27 %) Chine (20 %)
Part de l'électricité mondiale produite	0,3 %

Source : Global Wind Report, CWEC, 2019.

Parc éolien au large des côtes de Blackpool (Royaume-Uni), septembre 2018.

Pour entrer dans le chapitre

« Le plus grand champ éolien du monde inauguré en mer d'Irlande »,
BFMTV, 6 septembre 2018.

Vidéo

Géolocalisation
Blackpool
ROYAUME-UNI

Le golfe Arabo-Persique : un espace au cœur des enjeux contemporains

Zoom sur...

▶ Le golfe Arabo-Persique

Superficie	240 000 km²
Nombre de pays riverains	8
Population riveraine (est.)	32 millions d'hab. (2020)

➔ Pourquoi le golfe Arabo-Persique est-il un espace maritime sous tension ?

1 Un espace maritime au cœur d'échanges et de tensions

Parole de géographe

Le golfe Arabo-Persique est une mer bordière[1] de l'océan Indien qui communique par le détroit d'Ormuz avec le golfe d'Oman, autre mer bordière de cet océan. Depuis l'Antiquité, le Golfe s'articule à l'océan Indien, à la mer Rouge et au-delà à la Méditerranée, grâce aux ports, mais aussi aux oasis des déserts par lesquels s'effectuent les échanges. Le Golfe est ainsi une interface entre ses deux rives, tantôt réunies, tantôt opposées. Il est un espace de circulation des personnes, des biens, des idées entre Orient et Occident, bien plus qu'un fossé séparant monde arabe et monde persan.

Cette situation stratégique est renforcée à partir du XXe siècle par l'exploitation des hydrocarbures, jusqu'à en faire un enjeu international majeur et le théâtre de tensions ou de conflits combinant facteurs nationaux, régionaux et mondiaux. Tandis que les eaux du Golfe sont parcourues par des centaines de pétroliers, méthaniers et porte-conteneurs, des villes ultramodernes comme Dubaï, Abu Dhabi ou Doha deviennent de riches centres d'affaires et attirent les touristes du monde entier. [...]

Au cours des dernières décennies, la montée des tensions sur le marché mondial des hydrocarbures, largement liée au développement industriel de l'Asie, a exacerbé les rivalités entre les divers États autour du Golfe.

Philippe Cadène, professeur d'université, spécialiste du golfe Arabo-Persique, 2020.

1. Mer située en bordure de continent, ouverte sur un océan dont elle est l'extension naturelle.

2 Une région sous tension

Une des *Échos*, 14 juin 2019.

Vidéo
Pourquoi le détroit d'Ormuz est-il si stratégique ?

3 Les pays du Golfe producteurs d'hydrocarbures

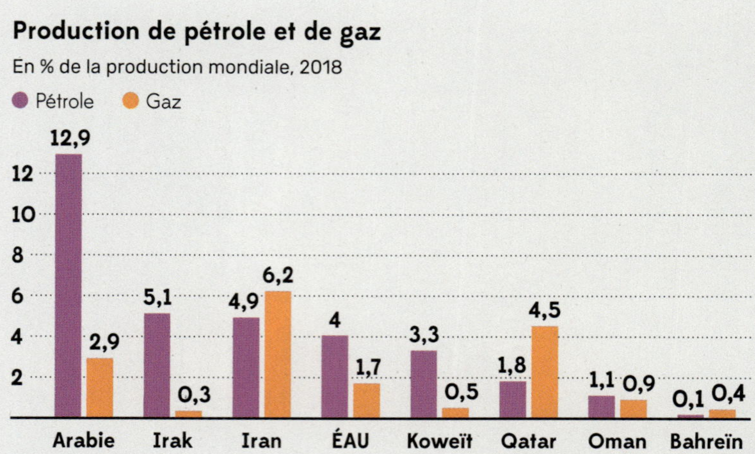

Source : BP Statistical Review of World Energy, 2019.

4 Les enjeux dans le golfe Arabo-Persique

Carte interactive

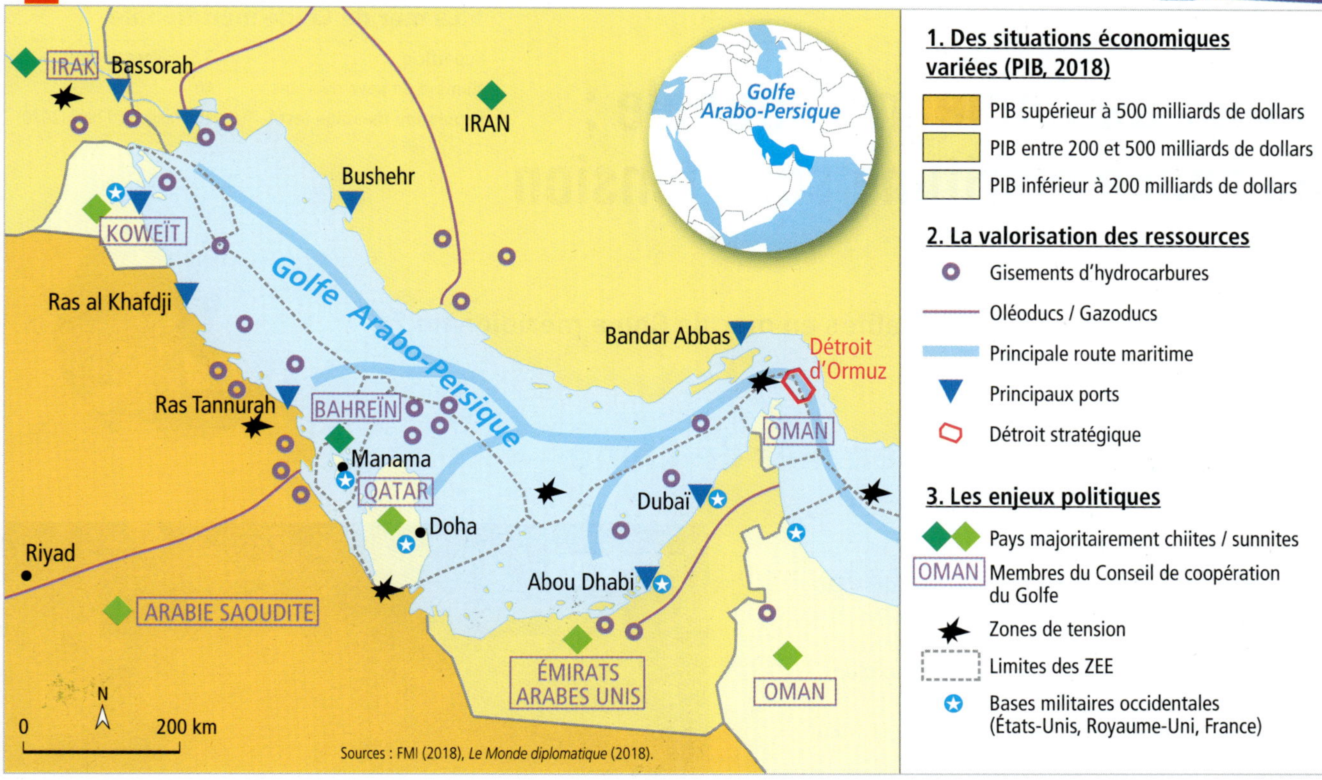

Sources : FMI (2018), *Le Monde diplomatique* (2018).

5 Des rivalités régionales

Parole de géographe

Les tensions religieuses entre sunnites et chiites ne sont que l'expression la plus visible des rivalités entre l'Arabie Saoudite et l'Iran, deux États qui aspirent à asseoir leur puissance au niveau régional [...].

Les Arabes et les Perses ont dominé de vastes territoires et se sont retrouvés dans des rapports de soumissions, d'hostilité ou de rivalités à de nombreuses reprises au cours de l'histoire [...]. La guerre [entre l'Iran et l'Irak] a conduit à la création du Conseil de coopération du Golfe (CCG) le 25 mai 1981 par l'Arabie Saoudite, Bahreïn, les Émirats arabes unis, le Koweït, Oman et le Qatar[1]. Il est d'abord une organisation de sécurité collective, dont l'objectif est de prémunir ses membres de l'expansionnisme iranien. [Mais] le Conseil représente au final une simple structure de coopération qui fait montre de solidarité et de cohésion en cas de menaces extérieures, mais dont l'efficacité fait le plus souvent défaut en raison de divergences d'intérêts et des rivalités entre les États membres [...].

La demande de sécurité auprès des États-Unis, première puissance militaire au monde, émane des États de la région, Arabie Saoudite en tête [...]. Depuis les années 1950, les États-Unis ont établi des bases militaires avant tout navales et aéronavales dans tous les pays arabes du Golfe [...].

Frank Tétart, spécialiste du Moyen-Orient,
La Péninsule arabique : cœur géopolitique du Moyen-Orient,
Armand Colin, coll. « U », 2017.

1. Depuis le 6 juin 2017, les pays du CCG ont rompu leurs relations diplomatiques avec le Qatar, accusant ce dernier de financer le terrorisme dans la région.

Questions

Itinéraire 1

Répondre aux questions

1. **Relevez** les ressources importantes dont dispose le golfe Arabo-Persique. **doc. 1, 3 et 4**
2. **Décrivez** et **analysez** l'origine et la nature des tensions dans cette région. **doc. 1, 2, 4 et 5**
3. **Montrez** que le golfe Arabo-Persique est un espace maritime aux enjeux stratégiques mondiaux. **doc. 2, 3 et 5**

Synthétiser

4. **Expliquez** pourquoi le golfe Arabo-Persique est un espace maritime sous tension. **Argumentez** en présentant les différents enjeux – régionaux et mondiaux – au cœur de cet espace. **doc. 1 à 5**

ou

Itinéraire 2

Aide et méthode

Réaliser un dossier d'actualité

- Effectuez des recherches sur Internet en vous aidant des documents 1 à 5.
- Collectez des articles de presse récents.
- Vous pouvez aborder les thèmes suivants :
  – Des atouts et des ressources
  – Un espace sous tension
  – Un espace de coopération fragile

Croquis de l'étude de cas

▶ p. 46

La mer de Chine méridionale : un espace maritime sous tension

Zoom sur...

La mer de Chine méridionale

Superficie	3,5 millions de km²
Nombre de pays riverains	10
Population riveraine (est.)	380 millions d'hab. (2020)

Quels sont les enjeux des rivalités en mer de Chine méridionale ?

A Les revendications en mer de Chine

Vocabulaire

- **Haute mer :** espace maritime situé au-delà des ZEE, non soumise à la souveraineté des États côtiers. Voir p. 90.
- **Territorialisation :** processus d'appropriation d'un espace par un État.
- **ZEE (Zone économique exclusive) :** espace maritime délimité par la Convention des Nations unies sur le droit de la mer qui s'étend sur 200 milles marins (370 km) à partir du littoral. Il accorde à l'État côtier la souveraineté sur les ressources qui s'y trouvent.

1 La territorialisation en mer de Chine

Parole de géographes

Les différends maritimes en mer de Chine méridionale se sont multipliés ces dernières années en lien avec la croissance économique des pays riverains, la montée des mouvements nationalistes, les craintes que suscite l'émergence de la République populaire de Chine, l'augmentation des dépenses militaires et les spéculations sur les ressources présentes dans cet espace maritime. Cependant, aucun des différends n'est nouveau étant donné que la plupart des espaces sont des zones de frictions entre États depuis plusieurs décennies, sinon des siècles dans certains cas [...].

Les querelles portent sur la souveraineté revendiquée par les différents protagonistes sur les différentes formations insulaires [...] et sur l'extension des espaces maritimes revendiqués par les États riverains [...]. Sept États (Chine, Taïwan, Philippines, Indonésie, Brunei, Malaisie, Vietnam) revendiquent une partie ou la totalité de cet espace maritime [...]. La Chine revendique entre 80 % et 90 % de la superficie de cette mer.

E. Mottet, F. Lasserre, B. Courmont, *Géopolitique de la mer de Chine méridionale : eaux troubles en Asie du Sud-Est*, Presses de l'Université du Québec, 2017.

E. Mottet et F. Lasserre sont professeurs de géographie au Canada. B. Courmont est directeur de recherches à l'Institut de relations internationales et stratégiques.

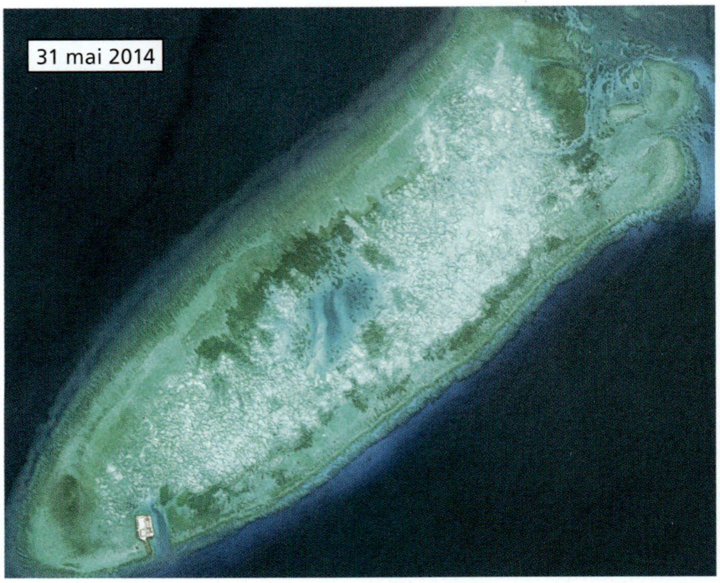

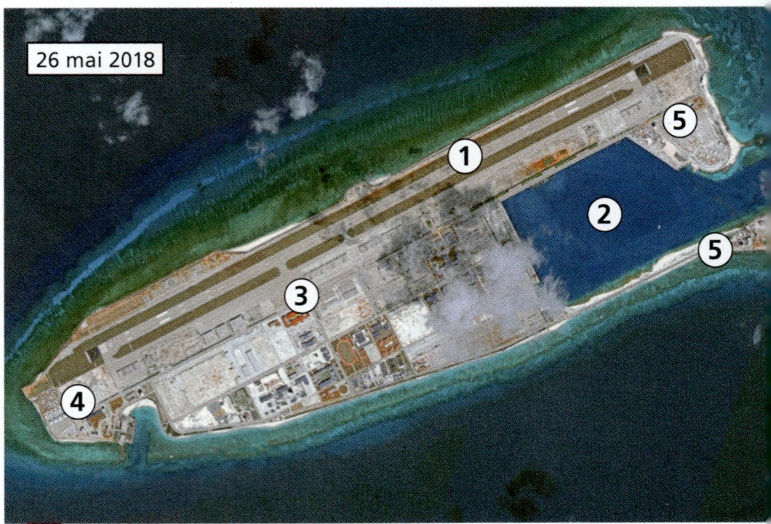

2 L'appropriation de l'îlot Fiery Cross par la Chine

Fiery Cross est situé dans l'archipel des Spratleys. La Chine le contrôle depuis 1988, l'a artificialisé et militarisé.

① Piste d'atterrissage
② Bassin portuaire
③ Hangars militaires
④ Stockage de missiles
⑤ Stations de radars

Vidéo

3 Un partage difficile malgré le droit de la mer

Carte interactive

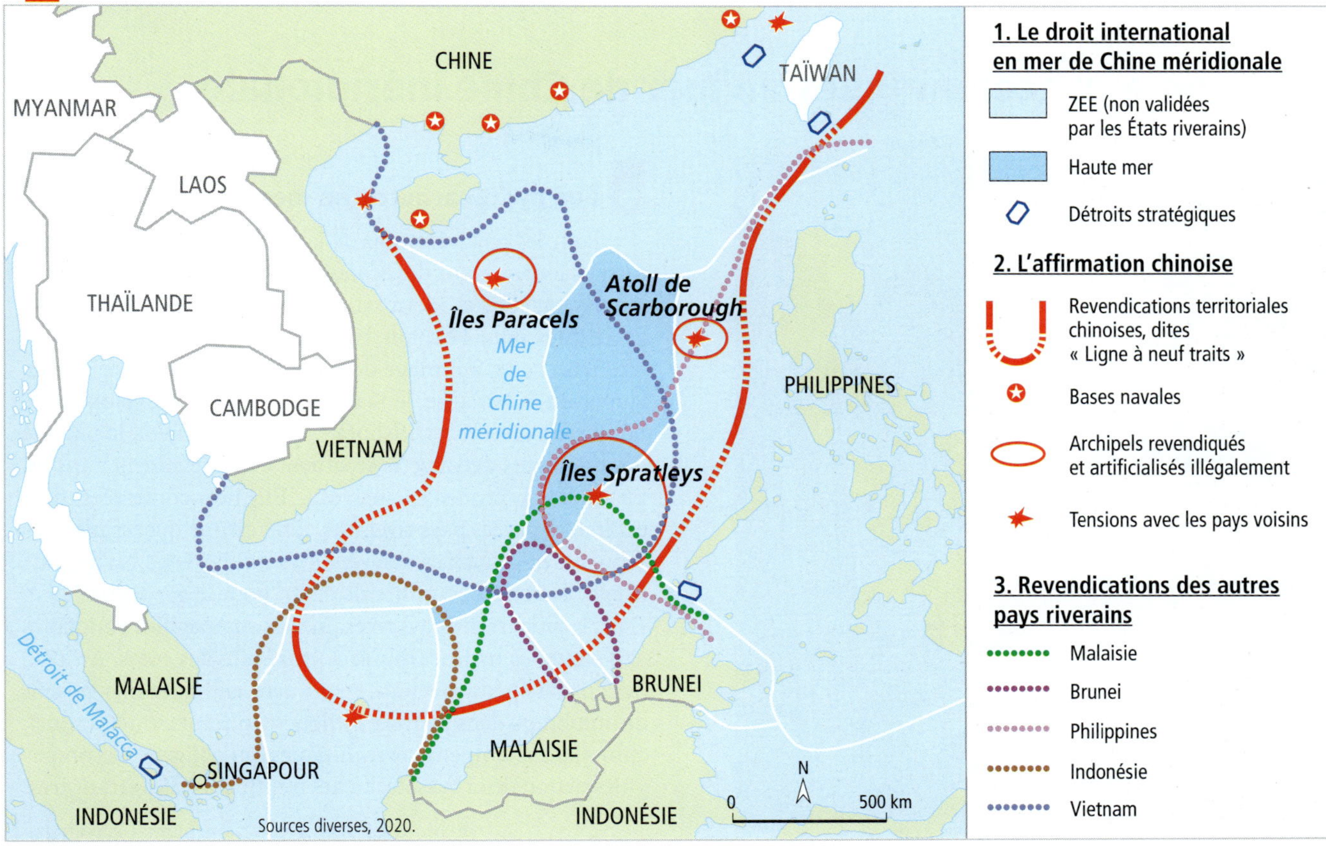

Sources diverses, 2020.

4 L'arbitrage entre la Chine et les Philippines

Pour dénoncer l'occupation d'îlots par la Chine, les Philippines ont saisi le Tribunal international du droit de la mer en 2016.

Le droit international a joué un rôle politique non négligeable en mer de Chine méridionale. Sous la présidence de Benigno Aquino (2010-2016), les Philippines prennent l'initiative d'aller à l'arbitrage, une option prévue par l'annexe VII de la Convention des Nations unies sur le droit de la mer[1]. La Chine refuse d'accepter une procédure qu'elle juge « introduite unilatéralement par les Philippines » et ne participe pas à son déroulement […].

La sentence rendue en juillet 2016 donne raison aux Philippines point par point en invalidant toute l'argumentation chinoise construite autour de la notion de « droits historiques ». Le tribunal juge qu'aucun élément dans les Spratleys n'est une « île » au sens légal du terme, c'est-à-dire au sens de territoire donnant lieu à une zone économique exclusive […]. Enfin, la sentence qualifie de hors-la-loi des pans entiers de la politique chinoise en mer de Chine méridionale : la construction d'îles artificielles manque ainsi aux obligations légales de la Chine en matière de protection de l'environnement maritime.

Mathieu Duchâtel, *Géopolitique de la Chine*, PUF, coll. « Que sais-je ? », 2019.

1. Convention (1982) qui fixe le droit international de la mer.

Questions

Itinéraire 1

Répondre aux questions

1. **Citez** les États impliqués dans la revendication d'une souveraineté sur les eaux de la mer de Chine méridionale et **localisez** les espaces de conflictualités. **doc. 1 à 4**
2. **Montrez** que la Chine est au cœur des contestations territoriales en mer de Chine méridionale. **doc.1 à 4**
3. **Justifiez** la décision du Tribunal international du droit de la mer. **doc. 4**

Synthétiser

4. **Décrivez** les revendications actuelles en mer de Chine méridionale. **doc. 1 à 4**

ou

Itinéraire 2

Aide et méthode

Présenter un exposé oral (1/2) ORAL

- Réalisez un exposé oral sur les rivalités et les enjeux contemporains en mer de Chine méridionale.
- Structurez votre propos selon le plan suivant, en faisant référence aux documents de l'étude de cas et en effectuant des recherches sur Internet :
  - introduction : localisation de la mer de Chine
  - 1re partie : revendications et territorialisation
  - 2e et 3e parties : voir p. 39

Vidéo
Les eaux convoitées de mer de Chine méridionale.

B Les enjeux économiques en mer de Chine méridionale

5 L'exploitation des ressources aquacoles
Aquaculture dans la baie d'Along (Vietnam), 2019.

6 Les hydrocarbures en mer de Chine — Parole de géographes

Pour les pays riverains de la mer de Chine, les énergies fossiles sont au cœur des économies et des politiques de développement et de modernisation [...]. Le contrôle des espaces maritimes pour l'exploitation des hydrocarbures pourrait être fructueux, à l'image de ce qu'il est déjà dans le sud de la mer où la Malaisie, le Brunei et le Vietnam exploitent de nombreux gisements offshore [...]. Actuellement, la plupart des gisements découverts se situent essentiellement dans les zones économiques exclusives (ZEE) non contestées, déjà exploitées par les pays riverains. [On] estime que les réserves prouvées et probables s'élèvent à 11 milliards de barils pour le pétrole et à 5 400 milliards de m^3 pour le gaz naturel [...]. Dans la plupart des pays riverains, les compagnies nationales exploitent les hydrocarbures à proximité des côtes. Au-delà des conflits géopolitiques, les forages en haute mer posent de nombreux défis hydrographiques (courants sous-marins), climatiques (tempêtes) et techniques qui obligent les compagnies nationales à s'associer à des multinationales étrangères.

E. Mottet, F. Lasserre, B. Courmont, *Géopolitique de la mer de Chine méridionale : eaux troubles en Asie du Sud-Est*, Presses de l'Université du Québec, 2017.

7 La mer de Chine méridionale : ressources et espace économique

Carte interactive

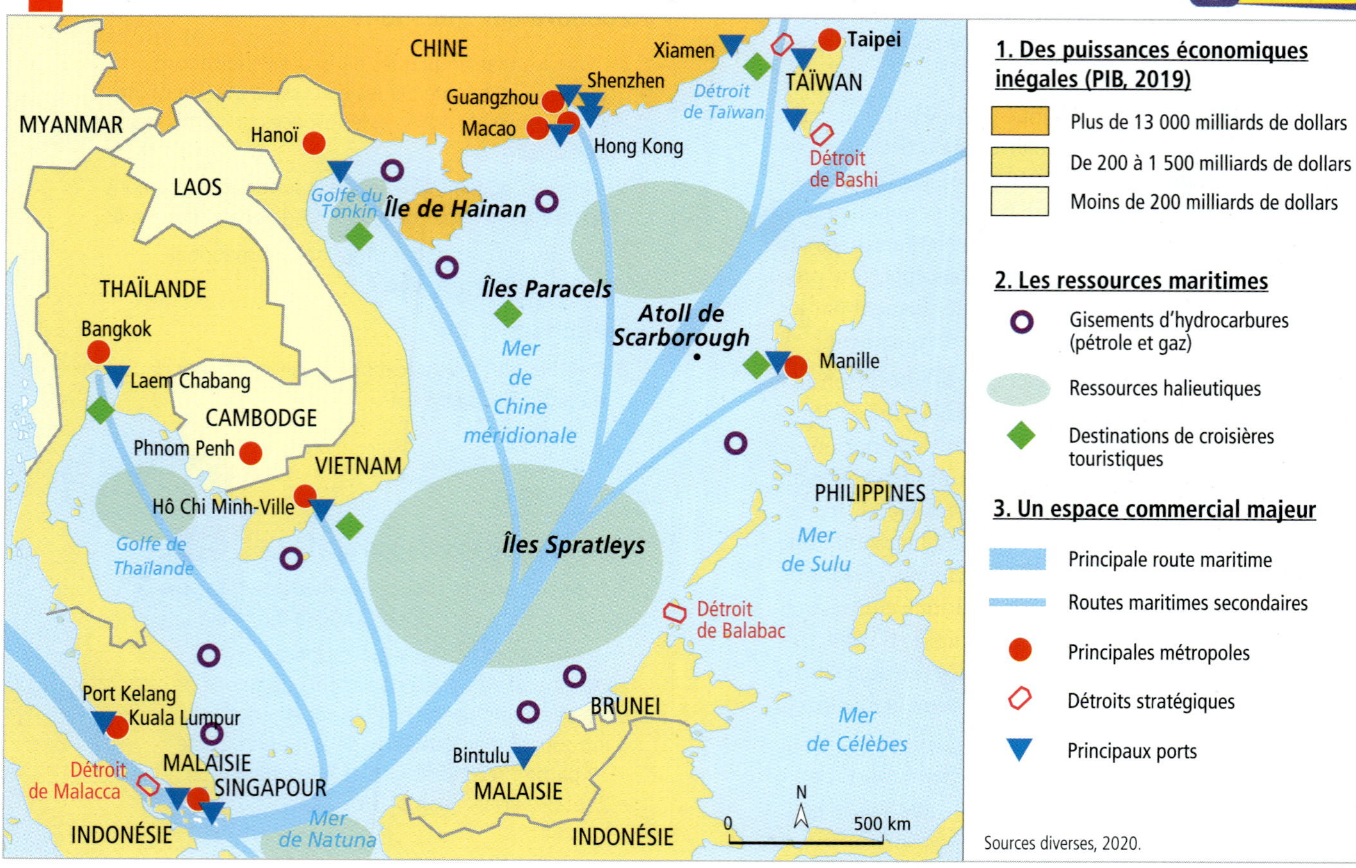

C Une liberté de circulation remise en cause ?

8 Les entraves à la navigation vues par un dessinateur de presse

Dessin de Mark Knight, publié dans le *Herald Sun*, quotidien australien, 13 juillet 2016.

Traduction :
« Que fait la Chine en mer de Chine méridionale ? »
« Marche arrière capitaine... »

9 La remise en question de la liberté de navigation

Les incidents se succèdent à un rythme inquiétant en mer de Chine méridionale. Le 20 mai 2019, deux navires de guerre [américain et australien] ont mené une mission de liberté de navigation en s'approchant de l'atoll de Scarborough, revendiqué par Beijing depuis 2012 et sur lequel des installations militaires chinoises sont en construction. « Des unités militaires chinoises, navales et aériennes, ont ordonné aux navires de s'éloigner », a commenté le gouvernement chinois. « Le [navire américain] a navigué à 12 milles nautiques du récif, afin de défier les revendications maritimes excessives de la Chine et de préserver la liberté de navigation telle que définie par les règles internationales », a de son côté affirmé le porte-parole de la 7e flotte américaine. [...]

En 2016, la Cour permanente d'arbitrage de La Haye[1] avait pourtant été très claire, estimant que les revendications chinoises dans la région n'avaient « aucun fondement juridique ». [...]

Depuis le début de l'année 2019, le déclenchement par Donald Trump[2] de la guerre commerciale entre les États-Unis et la Chine semble avoir été accompagné de l'intensification par l'US Navy des missions de liberté de navigation, dites « FONOP » (*Freedom of Navigation Operation*). [...] Début avril 2019, la Marine nationale française avait, elle aussi, fait les frais des revendications chinoises exagérées : la frégate *Vendémiaire* avait été interceptée dans le détroit de Taïwan.

Guerric Poncet, « Mer de Chine : l'US Navy accompagne la guerre commerciale contre Pékin », *Le Point*, 22 mai 2019.

1. Instance chargée de régler des conflits internationaux par l'arbitrage et « autres moyens pacifiques ».
2. Président des États-Unis élu en 2016.

Questions

Itinéraire 1

Répondre aux questions

5 **Localisez** et **décrivez** les différentes ressources en mer de Chine méridionale. **doc. 5 à 7**

6 **Analysez** les problèmes relatifs à la liberté de circulation en mer de Chine méridionale. **doc. 8 et 9**

7 **Montrez** que la mer de Chine est un espace maritime sous tension. **doc. 5 à 9**

Synthétiser

8 À l'aide des réponses précédentes, **résumez** les enjeux économiques et commerciaux liés aux rivalités en mer de Chine. **doc. 5 à 9**

ou

Itinéraire 2

Présenter un exposé oral (2/2) ORAL

- Terminez votre exposé commencé p. 37. Grâce aux **docs 5 à 9**, suivez le plan suivant :
  – 2e partie : les enjeux économiques (régionaux et mondiaux)
  – 3e partie : les risques d'entrave à la liberté de navigation

Croquis de l'étude de cas

▶ p. 47

Étude de cas

Zoom sur...

▸ L'océan Indien (2020)

Superficie	70 millions de km²
Nombre de pays riverains	25
Population riveraine (est.)	2,7 milliards d'hab. (33 % de la pop. mondiale)

L'océan Indien : rivalités régionales et coopérations internationales

➔ **Pour quelles raisons l'océan Indien est-il un espace de rivalités et de coopération à différentes échelles ?**

A Un océan dans la mondialisation

1 Le commerce maritime dans l'océan Indien

Cet océan a la particularité d'être bordé par de nombreux pays aux histoires et civilisations très différentes, tout en concentrant la majeure partie des échanges commerciaux internationaux. Du point de vue économique, les routes maritimes les plus importantes en densité de trafic aujourd'hui restent celles qui relient la Chine au Moyen-Orient, à l'Europe et aux États-Unis. [...]. En termes de flux commerciaux et de voies maritimes, l'océan Indien est donc un espace pivot pour les échanges internationaux [...]. L'océan Indien abrite 25 % du trafic maritime international [...].

70 % des hydrocarbures du Moyen-Orient affluent vers l'Asie *via* les routes maritimes reliant le détroit d'Ormuz à celui de Malacca. [...] Avec 39 % des échanges maritimes de pétrole et 33 % de ceux de gaz naturel liquéfié (GNL), le détroit d'Ormuz est d'une importance capitale pour les importations d'hydrocarbures, essentiellement à destination des économies asiatiques (70 % du pétrole, 20 % du GNL) [...]. L'Extrême-Orient dépend en très grande partie [de l'océan Indien] pour son pétrole, son gaz et ses échanges conteneurisés.

Jean-Pierre Numa, « Océan Indien : étude géopolitique et stratégique des flux maritimes, risques et menaces », www.diploweb.fr, 28 janvier 2018.

Animation Croquis

2 Le tourisme insulaire dans l'océan Indien

L'Eden Island Luxury Accommodation à Mahé, l'île principale des Seychelles, 2019.

3 Port Réunion (France) : un carrefour marchand dans l'océan Indien

Port Réunion concentre un trafic annuel de marchandises de 5,5 millions de tonnes.

Brochure, 2018.

4 Un océan marchand

Carte interactive

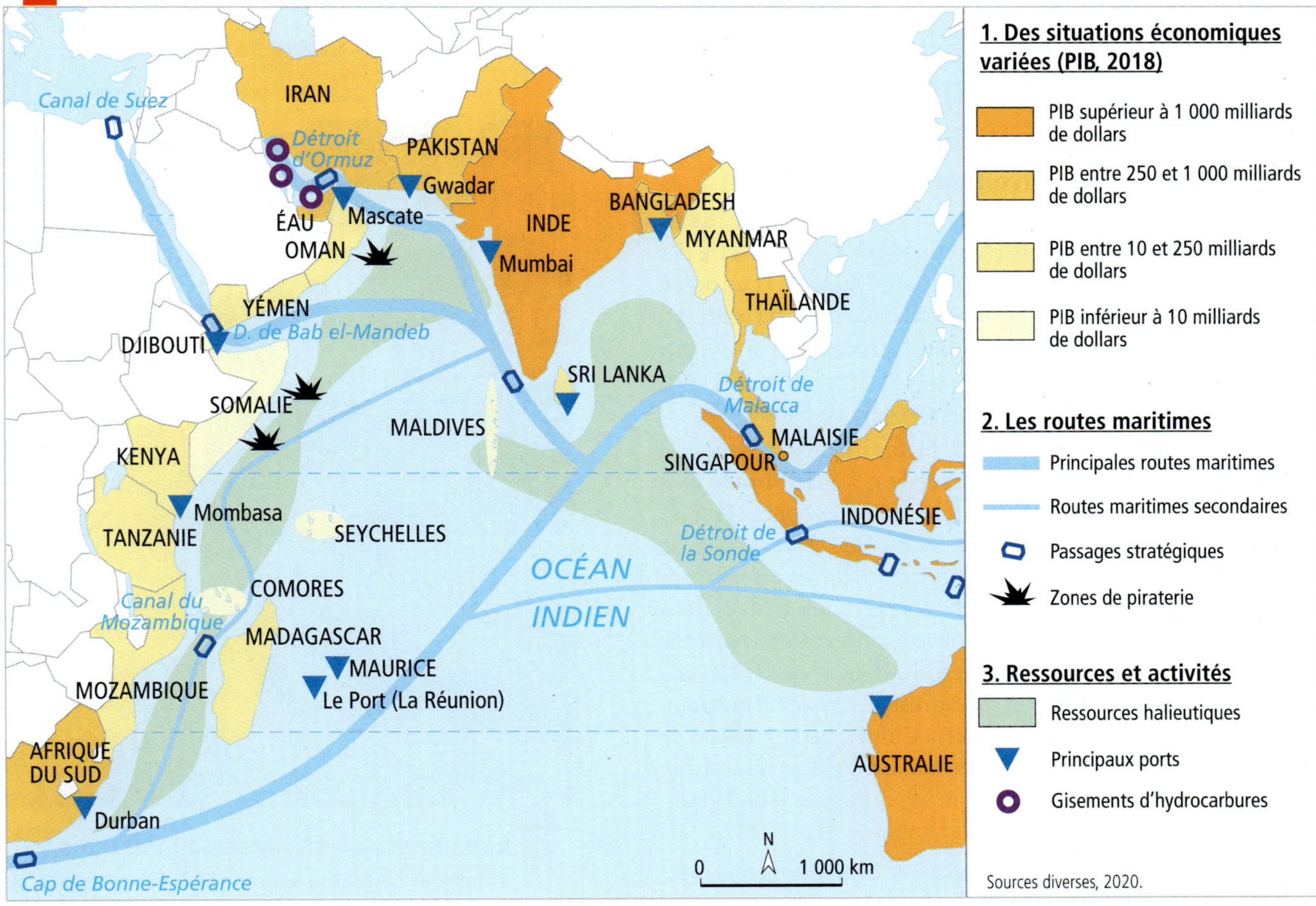

Sources diverses, 2020.

5 Les passages les plus fréquentés par les pétroliers

Questions

Itinéraire 1

Répondre aux questions

1. **Expliquez** le passage souligné dans le document 1 à l'aide des documents 1, 3, 4 et 5.
2. **Caractérisez** la diversité des pays riverains de l'océan Indien. **doc. 2 à 4**
3. **Expliquez** pourquoi l'océan Indien est un espace d'intenses flux commerciaux. **doc. 1, 3, 4 et 5**

Synthétiser

4. **Analysez** la place de l'océan Indien dans la mondialisation. **doc. 1 à 5**

ou

Itinéraire 2

Organiser l'information dans un tableau (1/2)

- À l'aide des documents 1 à 5, commencez à compléter le tableau suivant.

	1. Un océan mondialisé	2. Un espace maritime de rivalités	3. Des formes de coopération
doc. 1			
…			

Étude de cas

L'océan Indien : rivalités régionales et coopérations internationales

Vidéo
Le port de Gwadar au Pakistan devient un pont vers le monde.

B Des tensions régionales

6 Les rivalités de pouvoir dans l'océan Indien

C'est un lieu essentiel de la mondialisation [...] où se côtoient les ambitions des deux géants régionaux, qui aspirent à être des puissances maritimes mondiales : la Chine et l'Inde. C'est un océan dénommé « Indien » que New Delhi considère comme son pré carré[1] [...]. Dès 1947, J. Nehru, le Premier ministre indien, expliquait que l'Inde, désormais indépendante, ne souhaitait pas la présence dans sa zone d'influence des forces des anciens pays colonisateurs [...].

L'océan Indien, autrefois « lac britannique », a connu la confrontation américano-soviétique pendant la guerre froide, puis la prédominance des États-Unis, dont les forces sont présentes sur la base navale de Diego Garcia. La montée en puissance de la Chine, alliée du Pakistan, et la rénovation de ses armées, ont conduit l'Inde à se préparer à un désir d'hégémonie chinois dans l'océan Indien. Le pays a ainsi redécouvert son territoire maritime et consacré des moyens au soutien de l'Indian Navy, héritière de la marine britannique. Elle s'est modernisée à coups d'acquisition de porte-avions et de sous-marins et la Chine a bâti un réseau de bases militaires et logistiques lui permettant d'assurer la sécurité de ses voies d'approvisionnement, au Myanmar, au Bangladesh, au Pakistan, en Thaïlande et au Sri Lanka.

François Bougon, « L'océan Indien deviendra-t-il chinois ? », *Le Monde*, hors-série n° 22, Atlas de l'eau et des océans, 2017.

1. Expression signifiant « propriété », « souveraineté ».

7 Les ambitions chinoises au Pakistan

Un soldat pakistanais protège un navire chinois dans le port de Gwadar (Pakistan), relais sur les nouvelles « routes de la Soie » maritimes chinoises (2016).

8 Les tensions dans l'océan Indien

Carte interactive

C Un espace de coopérations internationales

9 Les coopérations économiques régionales

Carte interactive

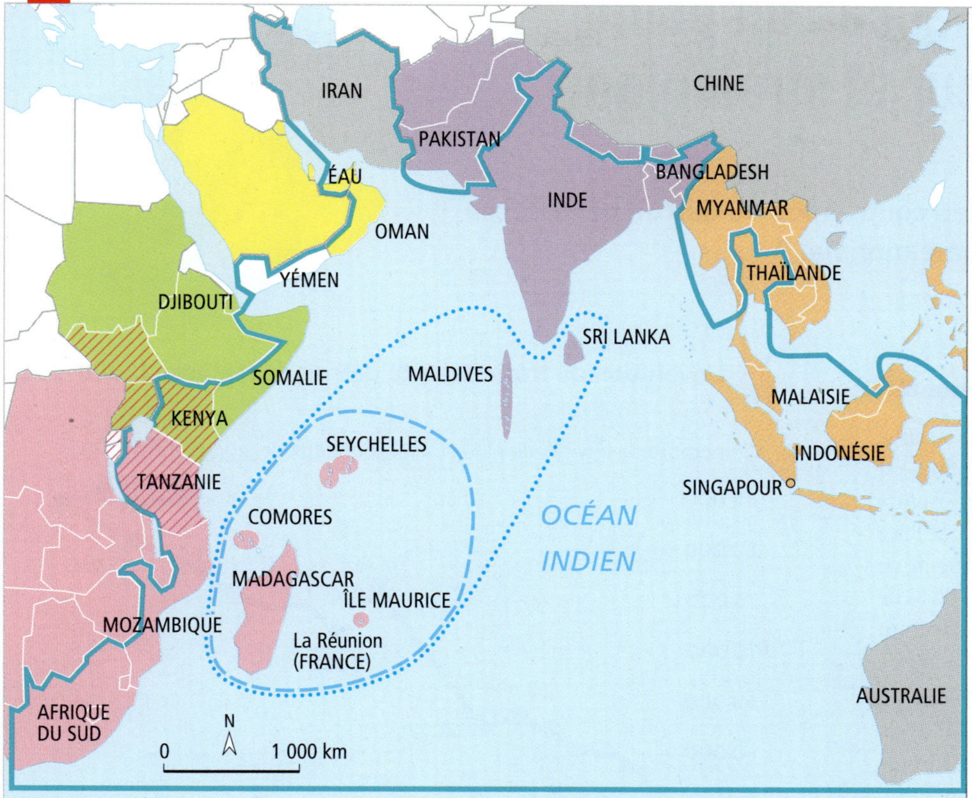

1. Les organisations régionales

- SAARC (Association sud-asiatique pour la coopération régionale)
- ASEAN (Association des nations de l'Asie du Sud-Est)
- EAC (Communauté d'Afrique de l'Est)
- SADC (Communauté de développement de l'Afrique australe)
- CCG (Conseil de coopération du Golfe)
- IGAD (Autorité intergouvernementale pour le développement)

2. Des organisations centrées sur l'océan Indien

- IORA (Association des États riverains de l'océan Indien)
- Commission de l'océan Indien
- Forum économique des îles de l'océan Indien

3. Puissances régionales « périphériques »

- Chine, Australie et Iran

Vocabulaire

Nouvelles « routes de la Soie » maritimes : voies maritimes développées par les autorités chinoises au XXIe siècle.

10 La lutte contre la piraterie : l'opération Atalante

Mission européenne de lutte contre la piraterie dans les eaux de l'océan Indien

Atalante, EU Navfor Somalie

QG opérationnel : Northwood (R.-U.)

Pays : Allemagne, Belgique, Espagne, France, Grèce, Pays-Bas, Royaume-Uni, Suède

Zone de surveillance : 2 millions de km²

Forces en présence :
- 1 500 militaires
- 8 navires
- 2 avions de reconnaissance

Mission : protection des navires du Programme alimentaire mondial (PAM) et des navires vulnérables dans le golfe d'Aden et au large des côtes de Somalie

Questions

Itinéraire 1

Répondre aux questions

5. **Citez** les puissances rivales dans l'océan Indien et **expliquez** les tensions qui s'y développent. **doc. 6 à 8**
6. **Décrivez** comment l'Inde et la Chine affirment leur puissance dans l'océan Indien. **doc. 6 à 8**
7. **Relevez** et **décrivez** les différentes formes de coopération autour de l'océan Indien. **doc. 9 et 10**

Synthétiser

8. À l'aide de vos réponses aux questions précédentes, **montrez** et **analysez** les formes de rivalité et de coopération dans l'océan Indien. **doc. 6 à 10**

ou

Itinéraire 2

Utiliser un tableau pour un exposé oral (2/2)

- À l'aide des documents 6 à 10, complétez et achevez le tableau commencé p. 41.
- Puis utilisez-le pour préparer le texte d'un exposé oral. ORAL

Croquis de l'étude de cas

▶ p. 48

Étude de cas

Le détroit de Malacca : un point de passage majeur et stratégique

Zoom sur...

▶ Le détroit de Malacca

Longueur	700 km
Largeur	Entre 3 km (min.) et 125 km (max.)
Nombre de navires par an	85 000 environ

Quels sont les atouts et les contraintes du détroit de Malacca dans le commerce maritime mondial ?

1 Un passage maritime fréquenté

Couloir maritime de 45 kilomètres de large et 700 kilomètres de long, situé dans le Sud-Est asiatique, [le détroit de Malacca] est coincé entre la Malaisie et l'Indonésie. Moins connu que Suez ou Panama, ce bras de mer, le plus fréquenté au monde – un tiers du trafic mondial et 90 % de celui de la Chine, soit un bateau toutes les huit minutes –, est régulièrement l'objet d'actes de piraterie ou de tensions régionales relatives à la sécurité du détroit et à la souveraineté [...].

Si la zone intéresse le Japon, la Chine et l'Inde, elle est également l'objet d'une attention particulière des États-Unis depuis 1945 [...]. Le détroit permet un déplacement rapide des forces navales américaines entre l'océan Indien et le Moyen-Orient [...]. L'engorgement est tel qu'il a ces dernières années poussé la Chine à sécuriser ses échanges commerciaux en envisageant le contournement du détroit de Malacca par les « nouvelles routes de la Soie [1] » pour une partie de ses approvisionnements. À une autre échelle, la Thaïlande fait montre du même souci. En 2014, elle envisageait ainsi de s'affranchir du détroit de Malacca en construisant le canal de Kra dans la partie méridionale du pays, dont la largeur est réduite à seulement 44 kilomètres. Ce nouveau point de passage permettrait également aux transporteurs de réduire leur trajet de 1 200 kilomètres.

Lina Sankari, « Malacca : cœur de toutes les rivalités en Asie du Sud-Est », *L'Humanité*, 29 janvier 2016.

1. « Nouvelles routes de la Soie » : voies maritimes développées par les autorités chinoises au XXIe siècle.

2 L'évolution du trafic dans le détroit de Malacca (2000-2017)

* Unité de mesure équivalente à environ 3 m³. Un navire de 300 TJB transporte donc environ 900 m³.

Source : Marine Department Peninsular Malaysia, 2019.

3 Le détroit de Malacca et le port de Singapour

Navires en attente à l'approche du port de Singapour, 2019.

4 Le détroit de Malacca

Carte interactive

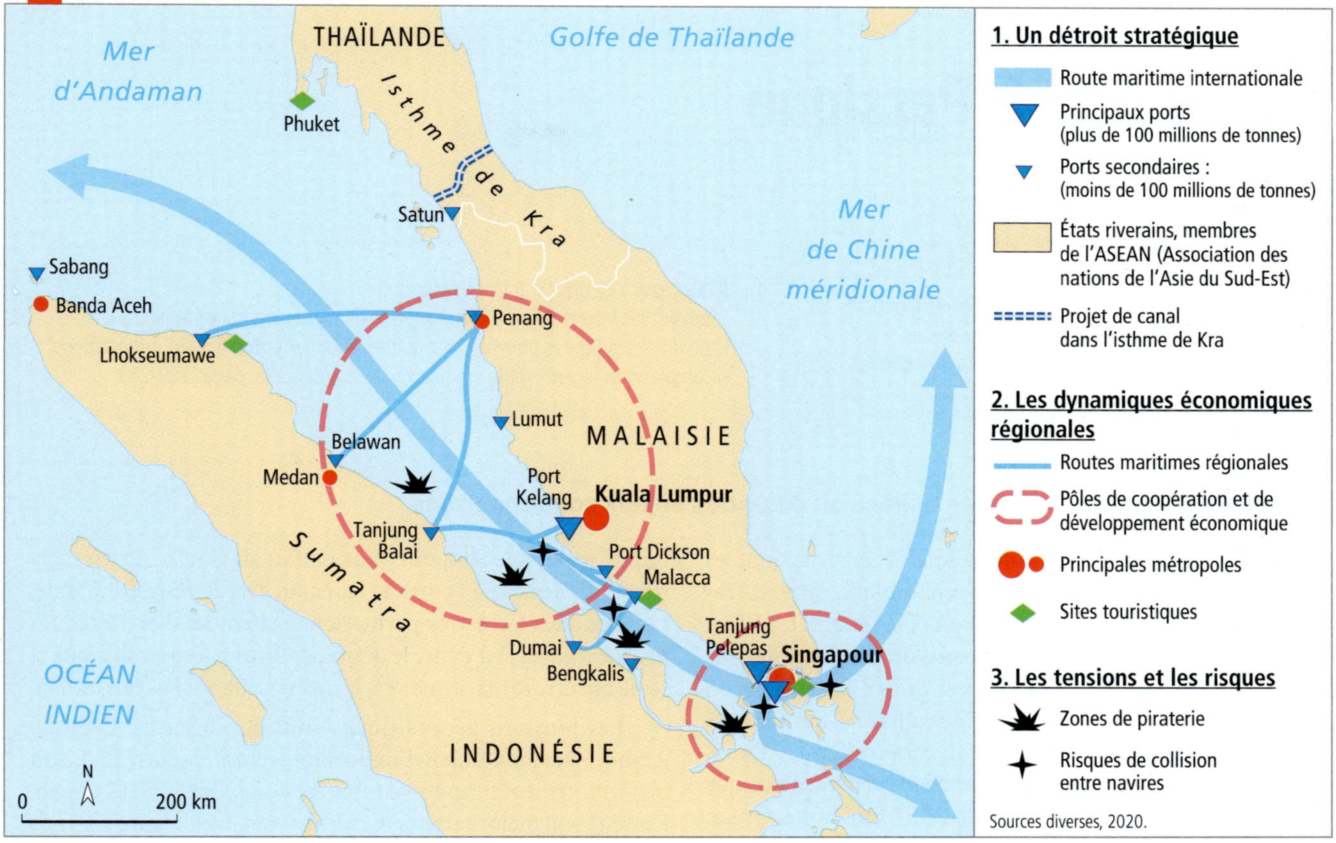

5 Un espace vulnérable

Parole de géographe

En raison des difficultés de navigation dans le détroit, la croissance continue du trafic constitue une véritable menace pour son écosystème marin […]. Les accidents sont certes peu nombreux comparativement au nombre de navires en transit mais la pollution par hydrocarbures ou substances toxiques peut affecter durablement et gravement les écosystèmes […]. Le trafic dans le détroit engendre par ailleurs une pollution marine en partie responsable de l'appauvrissement de la biodiversité et de la disparition de la mangrove.

Un consensus entre certains États riverains et États utilisateurs semble émerger sur la nécessité de mettre en place des voies de transit alternatives. Pour le gouvernement chinois, l'aménagement de routes logistiques contournant le détroit permettrait de réduire la vulnérabilité énergétique[1] de la Chine. Pour les gouvernements malaisien et indonésien, il permettrait de soulager le trafic et de diminuer ainsi les risques d'accidents. Les projets les plus fréquemment débattus sont ceux du creusement d'un canal ou de la construction d'un oléoduc dans l'isthme de Kra afin de relier la mer d'Andaman au golfe de Thaïlande.

Nathalie Fau (dir.), universitaire spécialiste de l'Asie du Sud-Est, *Mers d'Asie du Sud-Est : coopérations, intégration et sécurité*, CNRS Éditions, 2018.

1. 84 % des importations de pétrole et 48 % de celles de gaz naturel liquéfié de la Chine sont transportées par voie maritime, principalement par le détroit de Malacca.

Questions

Itinéraire 1

Répondre aux questions

1. **Décrivez** les caractéristiques géographiques du détroit de Malacca. **doc. 1 et 4**
2. **Analysez** les enjeux stratégiques du détroit. **Justifiez** votre réponse. **doc. 1 à 4**
3. **Expliquez** pourquoi le détroit de Malacca est un espace vulnérable. **doc. 5**

Synthétiser

4. **Montrez** que le détroit de Malacca est un lieu stratégique du commerce maritime mondial. **doc. 1 à 5**

ou

Itinéraire 2

Conseils et méthode

Réaliser un diaporama

- Réalisez un diaporama sur la dimension stratégique et mondiale du détroit de Malacca. Vous pouvez suivre le plan suivant :
  a. Un détroit très fréquenté…
  b. … aux forts enjeux économiques
  c. Un espace vulnérable
- Présentez le diaporama à l'oral devant vos camarades de classe. ORAL

Croquis de l'étude de cas

▶ p. 48

▶ Voir p. 34-35

Le golfe Arabo-Persique

Objectif BAC

Consigne : En vous aidant du texte ci-dessous et en vous appuyant sur vos connaissances, complétez la légende et le croquis de synthèse.

Aide pour répondre à la consigne :
- Relevez les informations à cartographier dans les trois paragraphes.
- Identifiez les figurés pouvant être utilisés pour cartographier ces informations.
- Complétez la légende et le croquis, en vous aidant des pages 282-283.

Le golfe Arabo-Persique : un espace au cœur des enjeux contemporains

Le golfe Arabo-Persique est un espace maritime dont les États riverains disposent d'un poids économique varié. L'Arabie Saoudite (18e puissance économique planétaire) est l'État le plus puissant de la région et dispose d'un produit intérieur brut (PIB) de 780 milliards de dollars en 2019. Elle devance un groupe d'États constitué de l'Iran (458 milliards), des Émirats arabes unis (405 milliards) et de l'Irak (224 milliards). Enfin, dans une dernière catégorie, se rassemblent les petits États que sont le Qatar (192 milliards), le Koweït (137 milliards), Oman (76 milliards) et Bahreïn (38 milliards).

Les hydrocarbures intègrent l'économie régionale dans la mondialisation. Les pays du Golfe sont tous producteurs de pétrole et de gaz. Les gisements situés dans les régions littorales complètent les gigantesques gisements offshore, dans les eaux du Golfe, au large d'Oman, des ÉAU, du Qatar, du Koweït et de l'Irak, parfois partagés entre deux États (Qatar et Iran). Les hydrocarbures transitent dans les nombreux ports (Ras Tannurah en Arabie Saoudite, Ras Laffan au Qatar…) reliés à la route maritime qui connecte la région avec le reste du monde. Les oléoducs terrestres permettent également d'exporter ces hydrocarbures et d'éviter le détroit d'Ormuz, lieu stratégique et seule ouverture maritime vers la mer d'Oman et l'océan Indien.

Les tensions géopolitiques sont nombreuses. Le golfe Arabo-Persique connaît d'importantes tensions entre États soit majoritairement sunnites (Arabie Saoudite, Qatar, ÉAU, Oman, Koweït), soit majoritairement chiites (Iran, Irak, Bahreïn). Tous les pays arabes (à l'exception de l'Irak) sont membres du Conseil de coopération du Golfe afin de contrer l'influence de l'Iran dans la région. Les zones de tension entre les États sont nombreuses en mer (limites des ZEE près du détroit d'Ormuz) et sur terre (frontière Qatar-Arabie Saoudite). Les tensions existent aussi au sein des États (sud de l'Irak). Les bases militaires occidentales (aux ÉAU, au Qatar, au Koweït…) contribuent à sécuriser l'ensemble de la région.

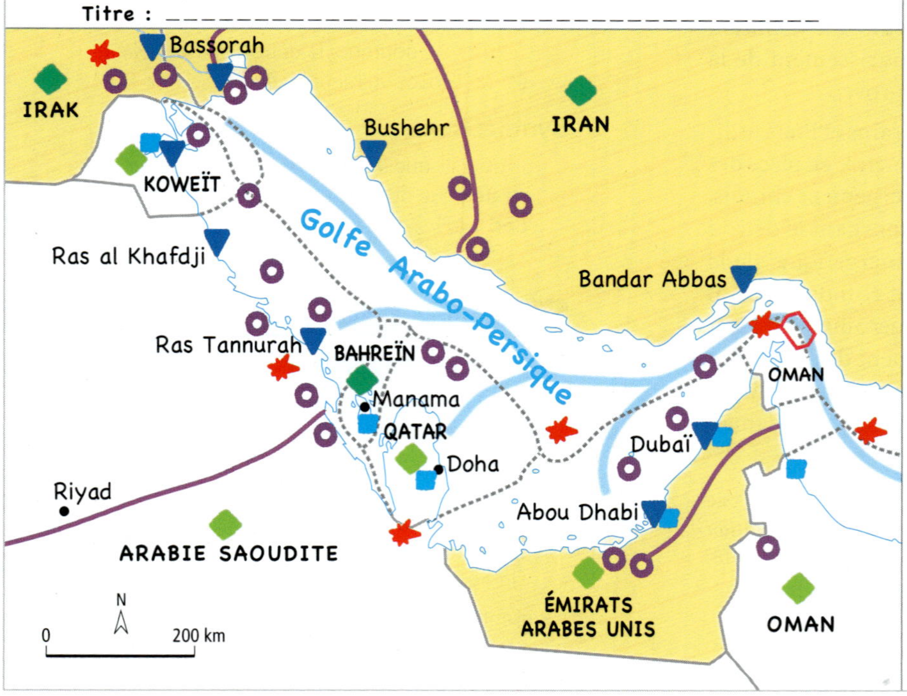

1. Des situations économiques variées (2018)
- PIB supérieur à 500 milliards de dollars
- PIB entre 200 et 500 milliards de dollars
- ___________________

2. La valorisation des ressources
- Gisements d'hydrocarbures
- Oléoducs / Gazoducs
- ___________________
- Principaux ports
- Détroit stratégique

3. Les tensions géopolitiques
- Pays majoritairement chiites / sunnites
- Membres du Conseil de coopération du Golfe
- ___________________
- Limites des ZEE
- Bases militaires occidentales

Fond de carte différencié

Croquis des études de cas

▶ Voir p. 36-39

La mer de Chine méridionale

Objectif BAC

Consigne : En vous aidant du texte ci-dessous et en vous appuyant sur vos connaissances, complétez le croquis de synthèse à partir de la légende.

Aide pour répondre à la consigne :
- Utilisez du matériel approprié : crayons de couleurs pour les figurés de surface et feutres fins pour les figurés ponctuels et la nomenclature.
- Aidez-vous des cartes de l'étude de cas pour la nomenclature et pour la localisation des figurés.

La mer de Chine méridionale : un espace maritime sous tension

La mer de Chine méridionale est un espace maritime bordé par de nombreux pays. Au nord de cette vaste mer (3,5 millions de km²), la Chine est le plus vaste d'entre eux, le plus puissant économiquement (2e PIB mondial) et militairement. Historiquement, elle domine ces eaux maritimes, d'où le nom éponyme de cette mer. Face à elle, Taïwan, souvent appelée « l'autre Chine » est puissante sur le plan économique (20e PIB mondial) mais non reconnue officiellement par la plupart des pays du monde. Au sud, le Vietnam, le Cambodge, la Thaïlande, la Malaisie, Singapour, l'Indonésie, Brunei et les Philippines sont tous membres d'une organisation de coopération régionale, l'ASEAN (Association des nations de l'Asie du Sud-Est). L'économie régionale est portée par de nombreuses grandes métropoles (Guangzhou, Hong Kong, Manille, Singapour, Hô Chi Minh-Ville…), généralement portuaires.

La mer de Chine méridionale dispose de nombreuses ressources. Elle est traversée par plusieurs routes maritimes qui permettent d'importants échanges commerciaux entre les pays d'Asie à forte croissance et les autres pôles de la mondialisation (golfe Arabo-Persique, Europe, Amérique du Nord). La mer de Chine dispose de ressources en hydrocarbures, principalement offshore, au large des pays riverains à l'exception de Singapour et de Taïwan. D'importantes réserves halieutiques sont situées dans le golfe du Tonkin, dans le golfe de Thaïlande, en mer des Natuna et dans le nord de la mer de Chine.

La mer de Chine méridionale est souvent considérée comme une « mer chinoise ». La Chine revendique sa souveraineté sur la totalité de cet espace maritime au moyen de sa doctrine de la « Ligne à neuf traits » établie au-delà des ZEE des pays riverains. Les archipels des Paracels et des Spratleys ont été artificialisés et aménagés par les autorités chinoises ces dernières décennies. Les tensions sont fréquentes avec le Vietnam, les Philippines et l'Indonésie. Les détroits stratégiques (Malacca, de Taïwan et de Balabac) sont également des lieux sensibles.

Titre : ________________________________

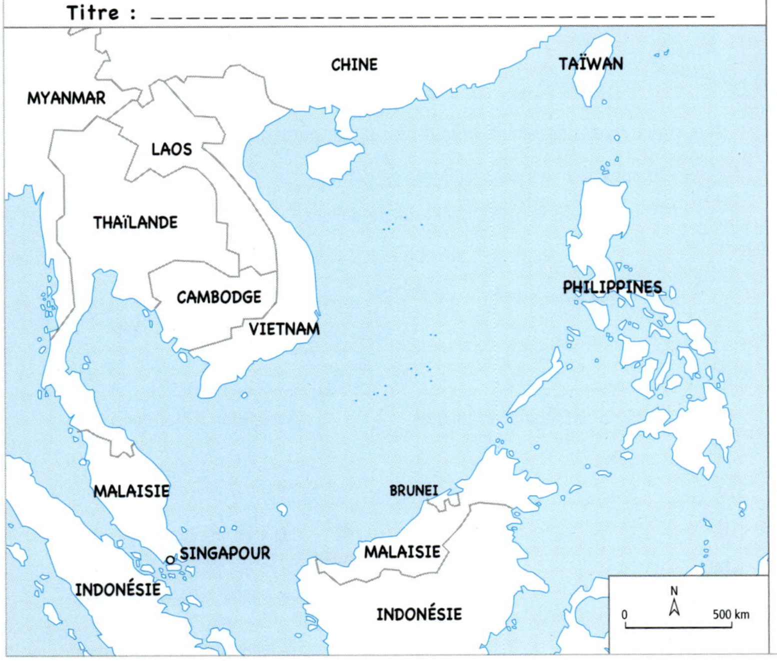

1. Les pays riverains
- La Chine, puissance régionale et mondiale
- Taïwan : Chine nationaliste
- Pays membres de l'ASEAN (Association des Nations de l'Asie du Sud-Est)
- Principales métropoles portuaires

2. Les ressources maritimes
- Route maritime principale
- Gisements d'hydrocarbures
- Ressources halieutiques

3. L'affirmation chinoise
- Revendication chinoise, dite « Ligne à neuf traits »
- Bases navales
- Archipels revendiqués et artificialisés illégalement
- Tensions avec les pays voisins

Fond de carte différencié

▶ Voir p. 40-43

L'océan Indien

L'océan Indien : rivalités régionales et coopérations internationales

L'océan Indien est un vaste espace maritime bordé par une très grande diversité d'États. D'une superficie de 70 millions de km², cet océan borde trois continents : l'Afrique, l'Asie et l'Océanie. Il est limité au sud par les mers bordières de l'Antarctique. 25 États l'entourent. Trois d'entre eux disposent d'un PIB supérieur à 1 000 milliards de dollars (Inde, Australie, Indonésie), et sept entre 250 et 1 000 milliards (Thaïlande, Iran, Émirats arabes unis, Malaisie, Afrique du Sud, Bangladesh, Pakistan). Tous les autres, majoritairement des États insulaires ou africains, sont en retard de développement. Tous les pays riverains sont membres de l'IORA (Association des États riverains de l'océan Indien).

L'océan Indien s'inscrit dans la mondialisation des échanges traversé par des flux marchands. Les routes maritimes qui le traversent mettent en relation les océans Pacifique et Atlantique et la mer Méditerranée (*via* la mer Rouge) où se concentrent les grandes puissances économiques et les principales façades maritimes de la planète. Les détroits (Malacca, Ormuz, Bab-el-Mandeb), et le cap de Bonne-Espérance à la pointe sud de l'Afrique sont des points de passage stratégiques. De nombreux ports bordent cet océan : Port Hedland, Mumbai, Mascate, Djibouti, Mombasa, Durban, Port Réunion. Les ressources halieutiques sont abondantes. Les gisements d'hydrocarbures ne sont pas absents, quoiqu'en marge de l'océan.

L'océan Indien est un espace sous tension. De nombreux pays riverains sont traversés par des tensions ou des conflits de différentes natures : guerre civile (Yémen, Somalie), tensions ethnico-religieuses (Pakistan, Sri Lanka, Myanmar…). L'océan est lui concerné par la piraterie maritime, particulièrement dans le détroit de Malacca, au large de la Somalie et à proximité du détroit de Bab-el-Mandeb. Les influences militaires sont nombreuses ; notamment celle de l'Inde qui souhaite faire de cet océan son espace maritime stratégique (facilités navales aux Maldives, aux Seychelles…) face à la montée en puissance de la Chine qui cherche à sécuriser les routes maritimes de ses approvisionnements dans cet océan.

Objectif BAC

Consigne : En vous aidant du texte ci-contre et en vous appuyant sur vos connaissances, complétez la légende et le croquis de synthèse.

Aide pour répondre à la consigne :
- Relevez les informations à cartographier dans les trois paragraphes.
- Complétez les titres des parties 2 et 3 de la légende en identifiant l'idée principale de chacun des paragraphes concernés.

Titre : ____________________________________

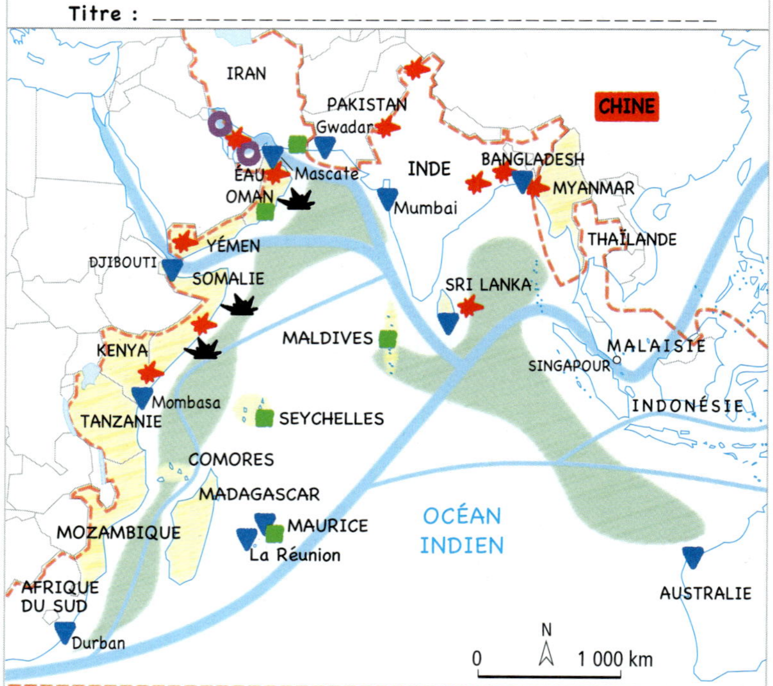

1. Des pays riverains entre inégalités et coopération
- PIB supérieur à 1 000 milliards de dollars
- PIB entre 250 et 1 000 milliards de dollars
- ____________________
- Limite des pays membres de l'IORA

2. ____________________
- ____________________
- ____________________ (gisements, zone verte)
- Points de passage stratégiques
- Gisements d'hydrocarbures
- ____________________

3. ____________________
- ____________________
- Facilités navales indiennes
- ____________________
- CHINE : La Chine : puissance « régionale » ?

Fond de carte différencié

Croquis des études de cas

▶ Voir p. 44-45

Le détroit de Malacca

Le détroit de Malacca : un point de passage majeur et stratégique

Le détroit de Malacca est un détroit stratégique majeur dans le monde. Il relie l'océan Indien (mer d'Andaman) à la mer de Chine méridionale. La route maritime qui emprunte ce détroit est la plus importante dans le monde pour le commerce de marchandises (hydrocarbures, produits manufacturés, minerais…). Au sud du détroit, se trouve le port de Singapour, l'un des principaux de la planète à la fois pour le trafic de conteneurs et de marchandises. D'autres ports secondaires jalonnent ce détroit sur les littoraux des pays riverains, en Malaisie (Port Kelang, Penang) et en Indonésie (Tanjung Balai, Belawan…). Depuis plusieurs décennies, la construction d'un canal dans l'isthme de Kra (Thaïlande) est évoquée. Il permettrait aux navires de « contourner » le détroit.

Le détroit de Malacca est également un espace de coopération économique. Les quatre pays riverains (Singapour, Indonésie, Malaisie, Thaïlande) sont membres d'une organisation de coopération régionale : l'ASEAN (Association des nations de l'Asie du Sud-Est). Depuis plusieurs décennies, ces pays ont intensifié leurs relations au moyen de nombreuses routes maritimes régionales entre les pôles de coopération et de développement économiques. C'est le cas dans la partie sud du détroit, autour de Singapour, de la péninsule de Johore (Malaisie) et de l'archipel des îles Riau (Indonésie). La partie nord est également concernée : les synergies sont importantes entre les ports indonésiens et malaisiens. Plusieurs métropoles encadrent ces territoires (Singapour, Kuala Lumpur, Penang, Medan).

Le détroit de Malacca est une zone maritime où les tensions et les risques sont multiples. En raison de l'intensité du trafic marchand et de la géographie du détroit, la route maritime est réputée pour être l'une des plus exposées aux actes de piraterie (attaques et détournement de navires), et ce, malgré la vigilance des autorités militaires locales. En raison de l'étroitesse du détroit en certains endroits (quelques kilomètres de large), les risques de collision entre navires existent et mettent en péril des écosystèmes littoraux (mangroves) et marins (ressources halieutiques) vulnérables.

Objectif BAC

Consigne : En vous aidant du texte ci-contre et en vous appuyant sur vos connaissances, complétez la légende du croquis de synthèse.

Aide pour répondre à la consigne :
- Reportez les figurés présents sur le croquis dans la légende.
- Complétez les intitulés de la légende à l'aide des informations présentes dans le texte.
- N'oubliez pas de donner un titre à votre croquis.

Titre : ________________________________

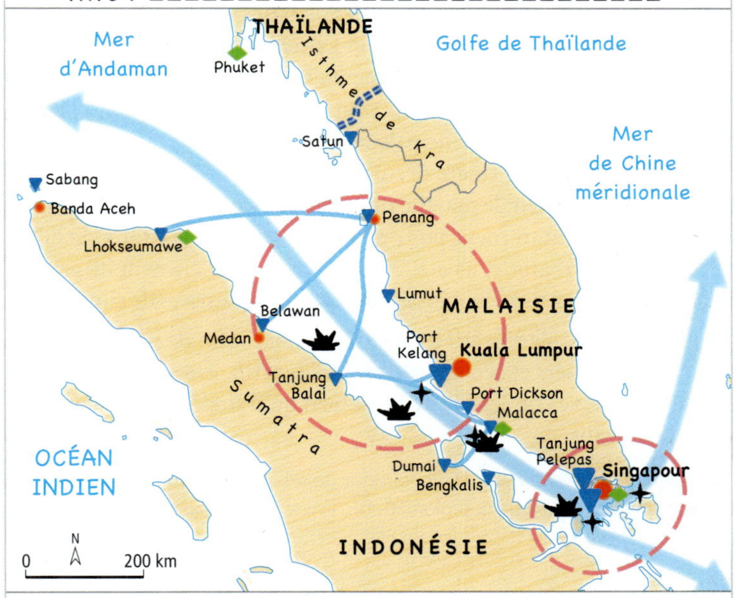

1. Un détroit stratégique

Route maritime internationale

Principaux ports

Ports secondaires

____

____

2. Les dynamiques économiques régionales

Routes maritimes secondaires régionales

Pôles de coopération et de développement économique

____

Sites touristiques

3. Les tensions et les risques

____

____

Fond de carte différencié

Exemple

Le sable marin : une ressource convoitée

À quelles logiques de mise en valeur et de protection l'exploitation du sable marin correspond-elle ?

Vidéo
Le sable, une ressource en voie de disparition.

1 Des usages et des besoins croissants

L'accroissement rapide de la demande globale de sable ces dernières décennies connaît deux explications principales. Premièrement, le sable est utilisé pour la production d'une grande variété de produits, allant du verre aux puces informatiques en passant par les produits cosmétiques. Au total, ce sont entre 30 et 50 milliards de tonnes de sable qui sont extraits chaque année. Au premier plan des secteurs économiques concernés figurent la construction et l'aménagement du territoire, le sable étant une composante fondamentale de la production de ciment. Cette dernière a été multipliée par trois depuis 1995. En second lieu, la hausse de la demande est principalement attribuée à la croissance rapide des pays asiatiques ces trente dernières années. Aujourd'hui, la Chine domine très largement le marché mondial du ciment. Le Parti communiste chinois a notamment pour objectif d'arriver à un taux de 60 % de population urbaine d'ici à 2020 et conduit parallèlement de grands projets d'infrastructures mobilisant des quantités massives de ciment [...].

Un autre cas significatif est celui de Dubaï : afin de poursuivre ses projets immobiliers et la construction d'îles artificielles, l'émirat a déjà épuisé les réserves de ses littoraux, si bien qu'il importe désormais du sable d'Australie.

Julien Bueb et Lina Pamart, « Géopolitique du sable. Entre rareté, conséquences environnementales et enjeux diplomatiques », www.diploweb.com, 14 avril 2019.

2 Les conséquences de l'extraction des sables marins

Recul des plages et menaces pour le tourisme
- **75 à 90 %** des plages disparaissent
- En Indonésie, **24 îles** ont déjà disparu
- D'ici 2100, les **Maldives n'existeront plus**
- **9 plages sur 10** sont en train d'être submergées en Floride

Danger pour l'agriculture
L'eau de mer s'infiltre dans les nappes phréatiques et rend les **terres arables impropres à l'agriculture**

Danger pour la faune
Les navires de dragage **détruisent l'habitat naturel** de nombreuses espèces sous-marines

Instabilité des bâtiments

Source : Novethic.fr, 2019.

3 L'extension spatiale de Singapour

Carte interactive

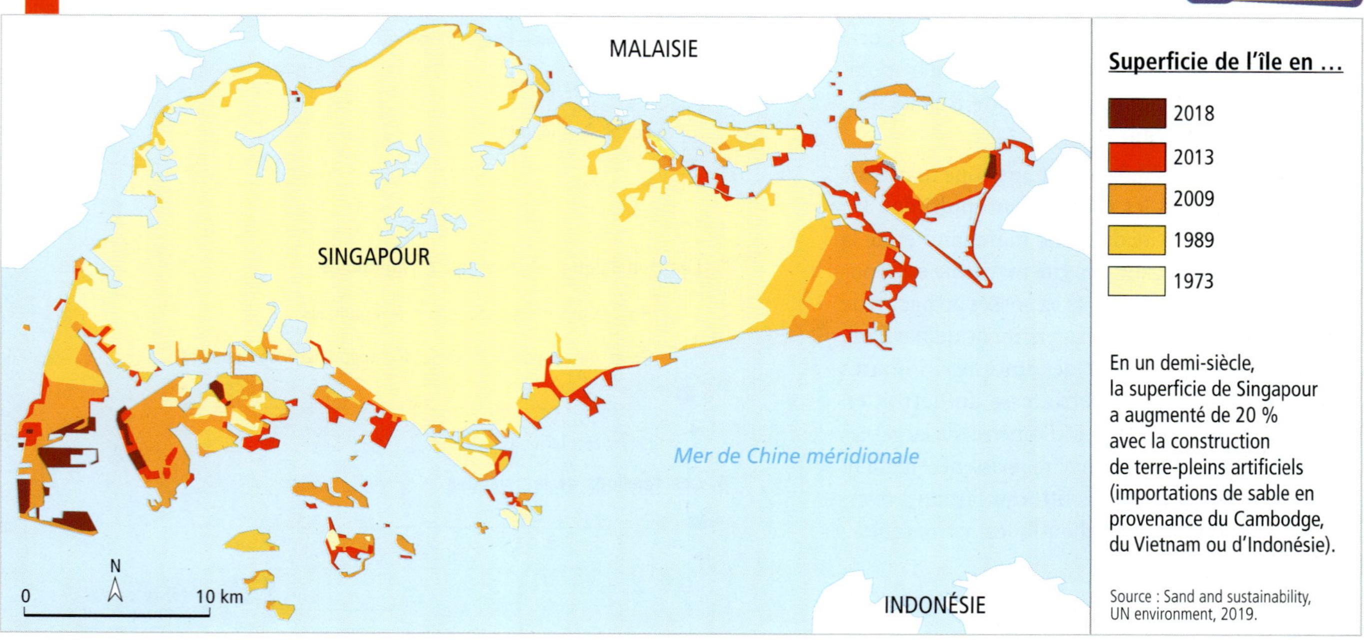

En un demi-siècle, la superficie de Singapour a augmenté de 20 % avec la construction de terre-pleins artificiels (importations de sable en provenance du Cambodge, du Vietnam ou d'Indonésie).

Source : Sand and sustainability, UN environment, 2019.

4 Construction d'une presqu'île artificielle au Sri Lanka (2017)

Un navire de dragage opère sur le site de la nouvelle ville portuaire de Port City (Colombo).

5 Une exploitation illégale

En contrebas d'un projet d'appartements « pieds dans l'eau » sur la petite plage branchée de Monica, près de Casablanca, une seule dune a résisté à l'appétit des constructeurs : ici comme ailleurs au Maroc, le sable est pillé pour nourrir une industrie du bâtiment croissante.

Un rapport du Programme des Nations unies pour l'environnement (PNUE) sur la surexploitation du sable dans le monde, publié en mai 2019, pointe du doigt le rôle des « mafias du sable » dans la disparition des plages marocaines, sur fond de bétonnage du littoral. La moitié du sable utilisé chaque année dans la construction au Maroc, soit 10 millions de mètres cubes, est extraite illégalement, selon ce rapport [...]. Résultat : les côtes s'érodent, les plages rétrécissent. « La poursuite de la construction risque de conduire à la destruction de la principale attraction naturelle des visiteurs : les plages elles-mêmes », alerte l'organisation onusienne. Les plages continuent pourtant d'y être dépouillées, le long d'un littoral de 3 500 kilomètres qui court entre Méditerranée et Atlantique. Le sable est lui transporté à dos d'âne, en triporteur ou en camion.

« Au Maroc, le littoral menacé par les mafias du sable », *La Croix*, AFP, 17 juin 2019.

Questions

Itinéraire 1

Répondre aux questions

1. **Expliquez** pourquoi la demande mondiale de sable est si importante. **doc. 1, 3 et 4**
2. **Citez** les principaux acteurs du marché mondial du sable. **doc. 1 à 5**
3. **Montrez** et **caractérisez** les différents enjeux de cette exploitation. **doc. 1, 2, 3 et 5**

Synthétiser

4. À l'aide de vos réponses aux questions précédentes, **analysez** les enjeux du sable marin dans la mondialisation et **montrez** qu'il s'agit d'une ressource convoitée. **doc. 1 à 5**

ou

Itinéraire 2

Réaliser une carte mentale

- Écrivez « Le sable marin » au milieu d'une page. Tracez trois branches partant de ce titre :
  – une ressource en forte demande
  – des acteurs et un marché très dynamiques
  – d'importants enjeux environnementaux
- Complétez chaque branche avec des informations extraites des documents 1 à 5 et issues de recherches effectuées sur Internet.

Exemple

Les nouvelles routes maritimes de l'océan Arctique

Comment l'ouverture de nouvelles routes maritimes accroît-elle les enjeux géostratégiques et les rivalités de puissance en Arctique ?

Vidéo
Les nouvelles routes maritimes de l'océan Arctique.

1 Transport de gaz en Arctique

Le navire *Christophe de Margerie* à destination du port norvégien de Honningsvåg (février 2019).

2 Le passage du nord-ouest : une nouvelle route commerciale ?

Les avantages de la navigation commerciale *via* le passage du Nord-Ouest, la libération des glaces [due au réchauffement climatique] advenant au moins une partie de l'année, sont indéniables. [...] Entre la première traversée complète du passage du Nord-Ouest (1903-1906) et 2017, plus de 287 navires ont réussi à voyager d'un océan à l'autre *via* le passage du Nord-Ouest. De ce nombre, plus de la moitié des traversées ont été réalisées par des navires de plaisance (56 navires de croisière, 118 yachts et une vingtaine de voiliers). Les autres ont été réalisées par des brise-glaces dont plusieurs battant pavillon étranger, au moins trois pétroliers et un baleinier. Plusieurs pays non liés à l'Arctique entrevoient avec optimisme l'occasion de diversifier leur économie et d'assurer leur croissance économique par l'entremise du passage du Nord-Ouest [...].

Ce n'est pas un hasard si cinq pays d'Asie (la Chine, l'Inde, le Japon, la Corée du Sud et Singapour) ont fait leur entrée en 2013 au sein du Conseil de l'Arctique – un forum créé à l'origine par et pour les pays de l'Arctique [...]. Cette situation ne réjouit pas le Canada qui revendique la souveraineté sur l'ensemble du passage du Nord-Ouest – une position que ne reconnaissent ni les États-Unis, ni l'Union européenne.

Alain-Adrien Grenier, spécialiste du tourisme polaire, « Le décloisonnement du passage du Nord-Ouest », *IDeAs* n° 12 [en ligne], 19 novembre 2018.

3 Des routes maritimes arctiques plus courtes

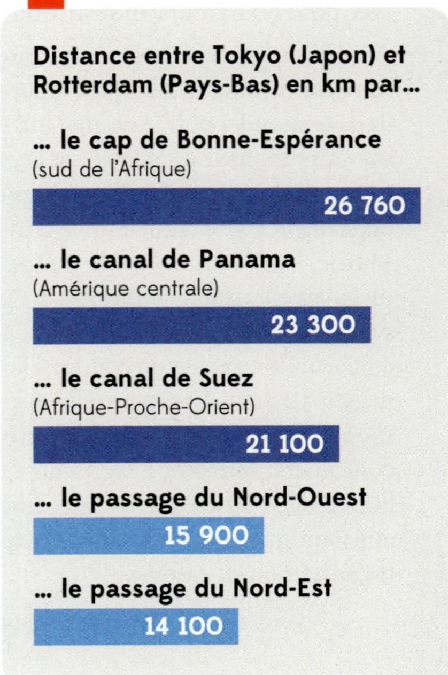

4 Les nouvelles routes de l'Arctique

Carte interactive

1. Un milieu recomposé par le changement climatique
- Limites du milieu arctique
- Extension maximale de la banquise d'hiver en 2018
- Extension maximale de la banquise d'été en 2018

2. Les nouvelles routes maritimes
- Route maritime du Nord-Est
- Route maritime du Nord-Ouest
- Détroit stratégique
- Principaux ports

3. Une région sous tensions
- Limites de ZEE
- Zones disputées
- Gisements d'hydrocarbures

Sources diverses, 2020.

5 Une navigation à risques

La navigation en Arctique fait face à des risques qui [ont des conséquences] sur le coût de la navigation. Le facteur le plus connu est la présence de glace. Sa variation d'une zone à l'autre et d'une année sur l'autre rendent la navigation complexe. De plus, elle peut endommager le navire – sa coque ou ses équipements – et le déstabiliser en cas d'accumulation de glace sur le pont trop importante. Quant aux périodes d'obscurité et de froid extrême, elles rendent le travail des marins difficile. Le faible nombre de ports accessibles le long des côtes, ainsi que le nombre limité de brise-glace font qu'un navire peut potentiellement très vite se trouver isolé. Cela représente une circonstance aggravante en cas de sinistre, qui resterait minime dans une autre mer […]. Si la route maritime du Nord connaît un essor, ce dernier reste relatif en comparaison des autres routes maritimes. Il reste très dépendant des conditions de navigation, des réglementations nationales et internationales, ainsi que des conditions édictées par les compagnies d'assurances, imposant l'utilisation d'un certain type de navire, l'assistance d'un brise-glace et un équipage expérimenté et compétent. Ces obligations représentent un surcoût important pour tout nouvel acteur du transport et sont des facteurs qui limitent le développement de cette route.

« La route maritime du Nord, eldorado ou miroir aux alouettes ? », *The Conversation*, 15 août 2017.

Questions

Itinéraire 1

Répondre aux questions

1. **Citez** et **localisez** les nouvelles routes maritimes de l'Arctique. **doc. 3 et 4**
2. **Montrez** que ces nouvelles routes offrent des avantages pour les acteurs du transport maritime, mais que les contraintes demeurent importantes. **doc. 1 à 5**
3. **Relevez** les rivalités qui apparaissent en Arctique pour maîtriser ces nouveaux espaces maritimes de transport. **doc. 2 et 4**

Synthétiser

4. À l'aide de vos réponses aux questions précédentes, **expliquez** comment l'ouverture des routes maritimes accroît les enjeux géostratégiques et les rivalités de puissance en Arctique. **doc. 1 à 5**

ou

Itinéraire 2

Organiser l'information dans un tableau

- À l'aide des documents 1 à 5, complétez le tableau suivant.

	Doc. 1	Doc. 2	Doc. 3	…
Localisation des nouvelles routes de l'Arctique				
Acteurs spatiaux et atouts de ces nouvelles routes maritimes				
Contraintes et rivalités de ces nouvelles routes maritimes				

Exemple

Les câbles sous-marins : les routes de l'information

Quel est le rôle des espaces maritimes dans la mondialisation des réseaux de télécommunications ?

Vidéo
Mondialisation : 20 000 câbles sous les mers.

Carte interactive

1 Le réseau mondial des câbles sous-marins

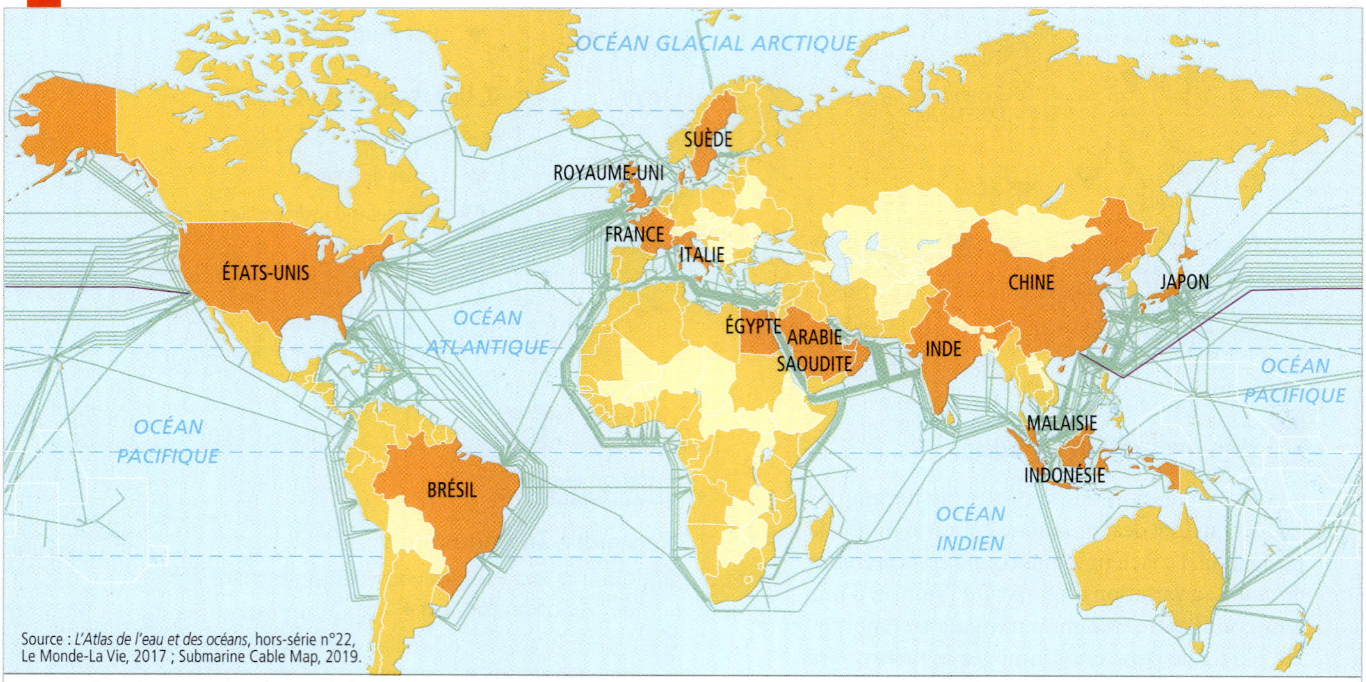

Source : *L'Atlas de l'eau et des océans*, hors-série n°22, Le Monde-La Vie, 2017 ; Submarine Cable Map, 2019.

1. Nombre de connexions de câbles sous-marins par pays (2017)
- De 0 à 5
- De 5 à 20
- Plus de 20

2. Géographie des câbles
- Câbles sous-marins en service
- Câble sous-marin en construction (2020)

2 Les océans dans la mondialisation des télécommunications

Contrairement à une idée reçue, les satellites jouent un rôle minime dans le fonctionnement d'Internet. Près de 99 % du trafic international de téléphone et de données passent par des câbles sous-marins. [...] En 2018, les communications intercontinentales étaient assurées par 1,2 million de kilomètres de câbles sous-marins. Même quand une liaison terrestre est possible, les opérateurs préfèrent souvent le câble sous-marin, bien caché, moins vulnérable. Le câble (2 cm d'épaisseur) est posé au fond de l'eau, jusqu'à 9 km de profondeur, où il devra fonctionner au moins 25 ans [...].

La demande s'accroît [...] avec les géants américains du Web (Google, Facebook, Microsoft), qui ouvrent de nouvelles routes, en fonction de leurs besoins. Google a ainsi investi dans plusieurs câbles vers l'Asie, en partenariat avec des compagnies télécoms locales. Parallèlement, Microsoft et un groupe d'opérateurs asiatiques ont lancé la construction [d'un câble] entre les États-Unis, la Chine, le Japon et la Corée du Sud. De son côté, Facebook a participé au financement d'un câble régional.

Yves Eudes, « La toile mondiale se tisse sous la mer », hors-série n° 22, *L'Atlas de l'eau et des océans*, Le Monde-La Vie, 2017.

Objectif BAC

Consigne : En analysant les documents, vous expliquerez le rôle des espaces maritimes dans la mondialisation des télécommunications.

Aide pour répondre à la consigne :
- Soulignez la place essentielle des câbles sous-marins dans les télécommunications planétaires.
- Précisez les différents acteurs impliqués dans la pose de câbles sous-marins.
- Montrez que les territoires sont inégalement connectés au réseau planétaire des câbles sous-marins.

Exemple

Les ressources halieutiques marines dans le monde

Vocabulaire

- **Aquaculture :** élevage industriel de poissons, de coquillages, de crustacés, d'algues dans les eaux maritimes ou fluviales.
- **Puissance halieutique :** pays qui dispose d'une importante économie de la pêche.

1 Pêche marine et consommation de poissons dans le monde (2016)

Carte interactive

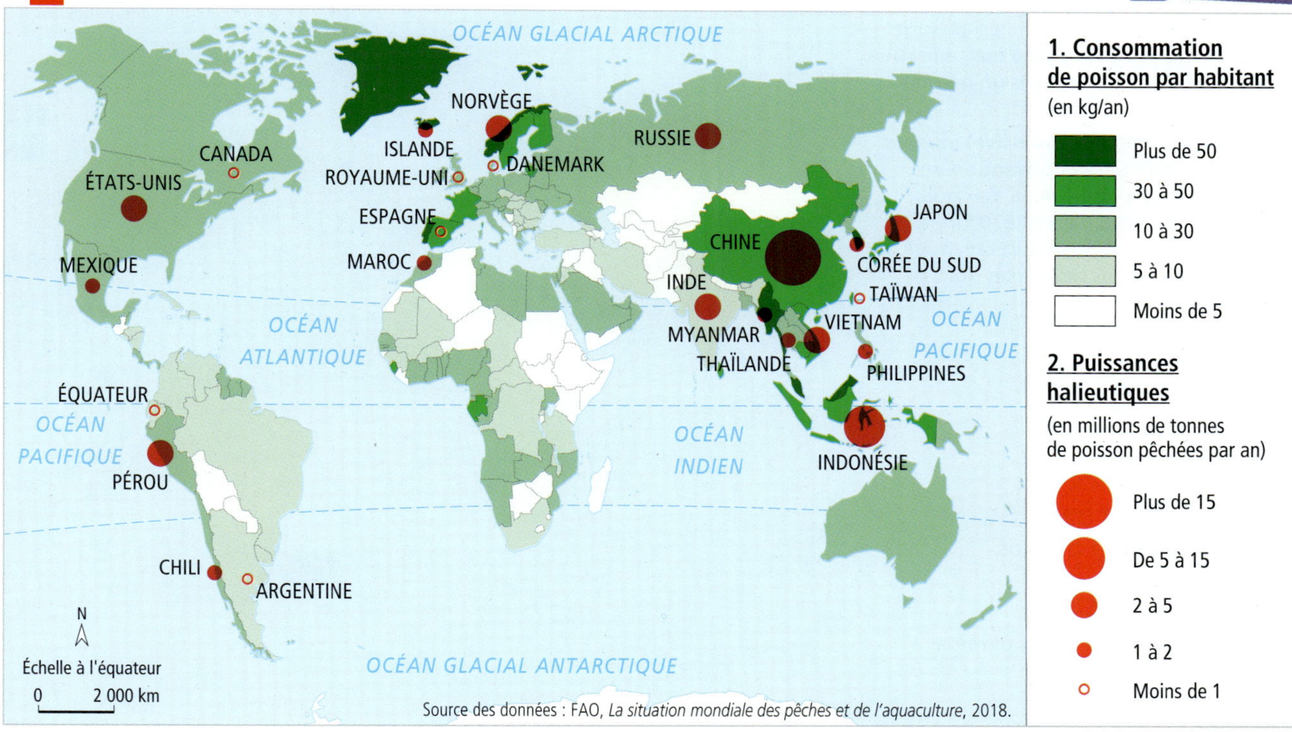

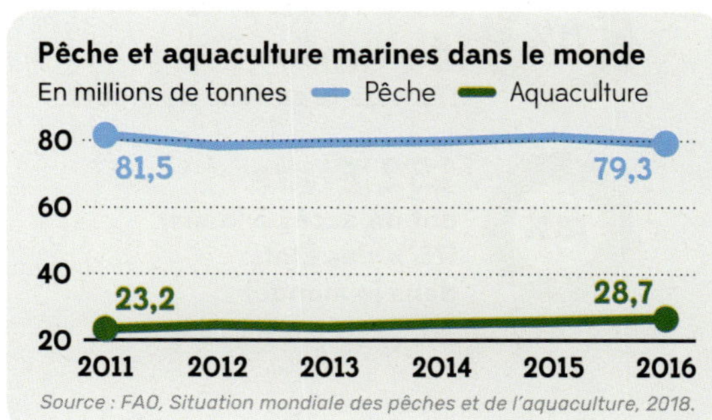

2 L'épuisement des ressources halieutiques

Les techniques de pêche ne cessent de s'améliorer, au risque de vider la mer d'une partie de ses ressources. En 2017, 92,5 millions de tonnes de poissons et de fruits de mer ont été capturés dans le monde, soit plus de quatre fois plus qu'en 1950. Cette progression s'explique par l'accroissement de la population, et par une consommation en hausse par habitant. Mais les ressources de la mer ne sont pas inépuisables.

Un tiers des stocks de poissons sont surexploités dans le monde, selon la FAO […]. Face à la surexploitation, ONG et scientifiques plaident pour une pêche plus raisonnée. Pour les ONG, il faut lutter contre la pêche illégale, les subventions encourageant la surpêche, remettre en cause la pêche minotière qui sert à nourrir d'autres animaux, promouvoir les méthodes de pêche passives (casiers, filets fixes...), mettre en place des aires marines protégées, créer des labels plus stricts, soutenir les pêcheries permettant aux stocks de se reconstituer […]

Le changement climatique risque [d'aggraver la situation]. Il va provoquer une certaine redistribution dans les stocks de poissons et il est à craindre que les régions tropicales et les petits États insulaires doivent probablement faire face aux impacts les plus négatifs […].

« La surpêche menace les océans », AFP, 3 mai 2019.

Objectif BAC

Consigne : Montrez que les mers et océans constituent des espaces-ressources fragiles.

Aide pour répondre à la consigne :

- Localisez les principales puissances halieutiques.
- Expliquez les raisons de l'épuisement des ressources halieutiques.
- Montrez que le secteur de la pêche marine connaît une profonde mutation.

Mers et océans : vecteurs essentiels de la

Vocabulaire

- **EVP (Équivalent vingt pieds) :** unité de mesure des conteneurs correspondant à environ 6 mètres de long.
- **Halieutique :** qui concerne la pêche.
- **Offshore :** terme anglais qui désigne une activité se déroulant en pleine mer, ainsi que le placement de capitaux dans un paradis fiscal.
- **ZEE (Zone économique exclusive) :** espace maritime délimité par la Convention des Nations unies sur le droit de la mer qui s'étend sur 200 milles marins (370 km) à partir du littoral. Il accorde à l'État côtier la souveraineté sur les ressources qui s'y trouvent. Voir p. 90.

Chiffres clés
Mers et océans

- **97 %** de l'eau sur la planète
- 71% — **361 millions de km²** (71 % de la surface du globe)
- 78 % — **152 États** ont un accès à la mer (78 % des États dans le monde)

Questions

1. **Localisez** les principales façades maritimes dans le monde.
2. **Citez** les régions du monde les plus reliées aux grandes routes maritimes.
3. **Citez** les principales ressources exploitées dans les mers et océans.

1. Des espaces de circulation et d'échanges

- Principales routes maritimes
- Routes maritimes secondaires
- Nouvelles routes maritimes, en voie d'ouverture
- Passages stratégiques

mondialisation

Carte interactive

2. Des espaces maritimes exploités

- Principales zones de pêche
- CHINE Principales puissances halieutiques
- Principaux gisements d'hydrocarbures offshore

3. La maritimisation des économies dans la mondialisation

- Principaux espaces productifs intégrés à la mondialisation
- Principaux ports de conteneurs (+ de 20 millions d'EVP/an)
- Principales façades maritimes
- Principaux pays de construction navale
- Paradis fiscaux offshore

Mers et océans : appropriation, protection et

Vocabulaire

- **Aires marines protégées (AMP) :** espaces maritimes relevant de mesures de protection environnementale et de gestion des ressources.
- **Pavillon de complaisance :** immatriculation d'un navire sous une juridiction nationale différente de celle du ou des propriétaire(s), généralement choisie pour son caractère peu contraignant, en matière de fiscalité, de sécurité du navire ou de droit du travail auquel est soumis l'équipage, par exemple.
- **ZEE (zone économique exclusive) :** espace maritime délimité par la Convention des Nations unies sur le droit de la mer qui s'étend sur 200 milles marins (370 km) à partir du littoral. Il accorde à l'État côtier la souveraineté sur les ressources qui s'y trouvent. Voir p. 90.

Chiffres clés

Mers et océans (2018)

- 36 % — **ZEE : 36 % de la surface des mers et des océans de la planète = 130 millions de km²**
- 64 % — **Haute mer : 64 % de la surface des mers et des océans de la planète = 231 millions de km²**
- 7,3 % — **Aires marines protégées : 7,3 % de la surface des mers et des océans de la planète = 26 millions de km²**

Questions

1. **Relevez** les espaces maritimes qui font l'objet de vives rivalités dans le monde.
2. **Situez** les mers et océans les plus soumis aux demandes d'extension des ZEE.
3. **Citez** les principales menaces qui pèsent sur les espaces maritimes.

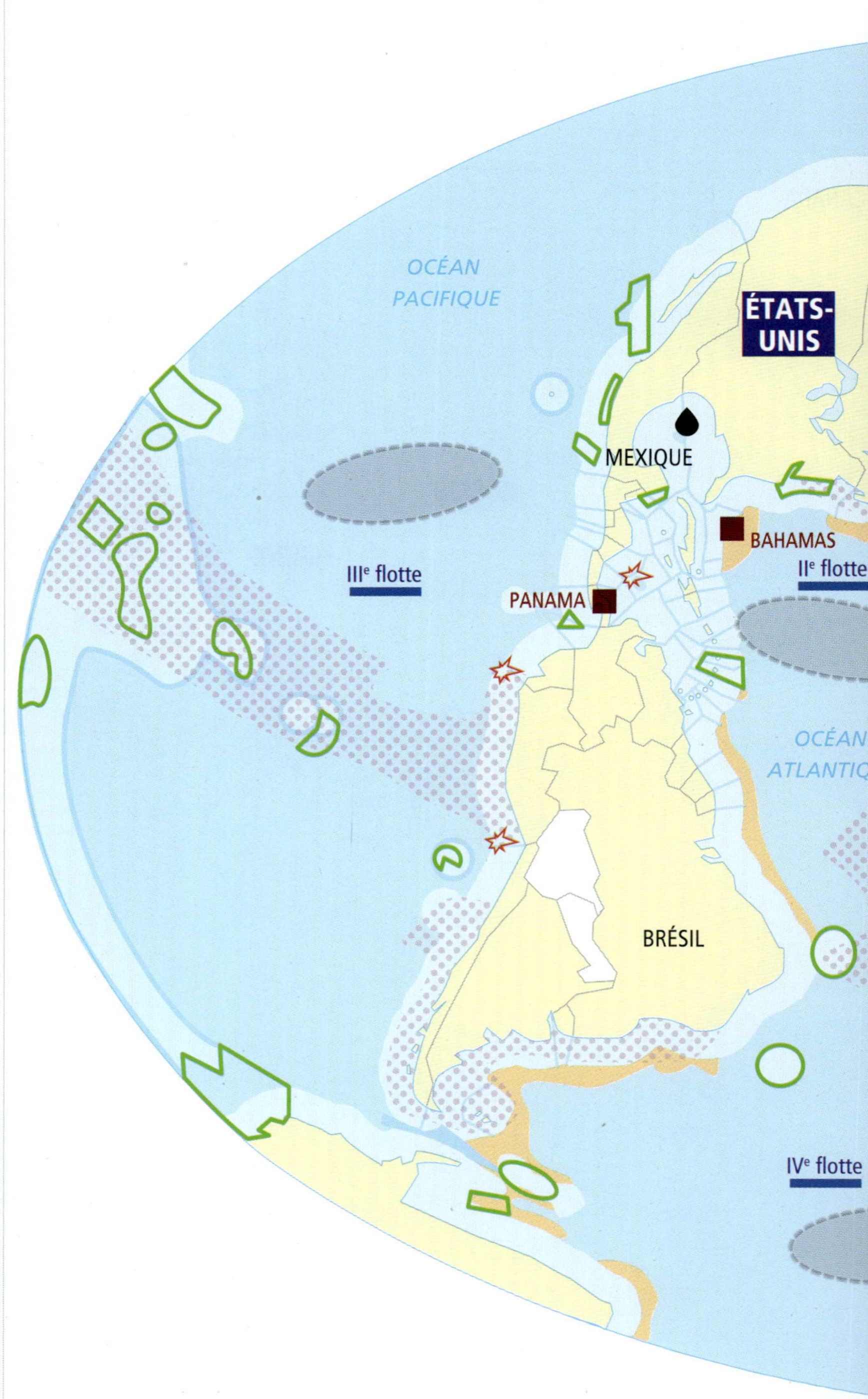

1. Appropriation et revendications

- États maritimes disposant d'une ZEE
- ZEE
- Zones de demande d'extension des ZEE
- Siège de l'organisation maritime internationale
- Les 5 principaux pavillons de complaisance

2. Conflictualités maritimes

- ÉTATS-UNIS — Les États-Unis, hyper-puissance navale *(Seapower)*
- IIe flotte — Flottes de guerre des États-Unis
- INDE — Autres puissances navales

liberté de circulation

Carte interactive

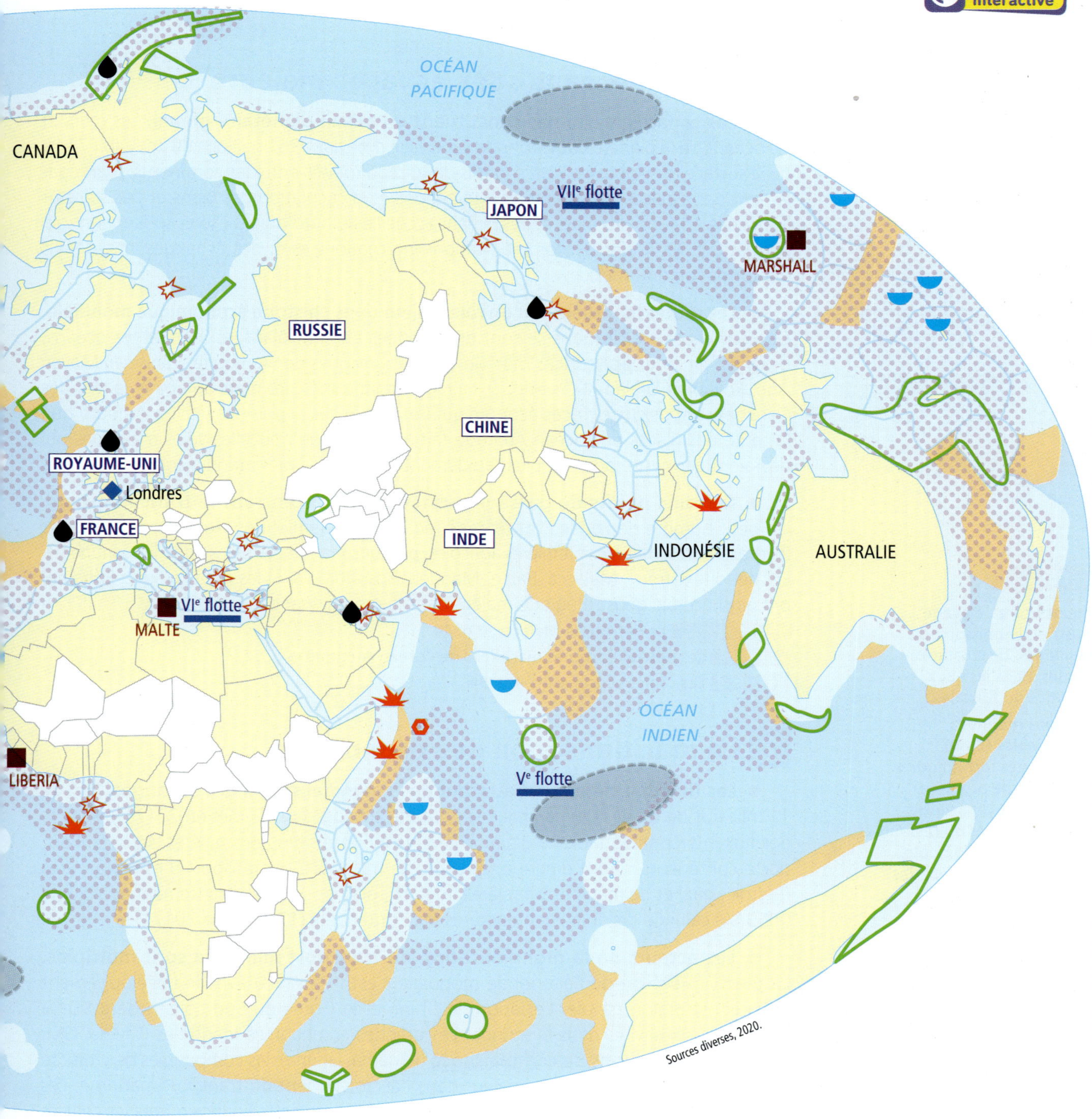

- Zones de piraterie
- Opération Atalante (lutte contre la piraterie dans l'océan Indien)
- Zones de tension liées aux frontières maritimes

3. Des espaces entre dégradation et protection

- Zones de surpêche
- Concentration de déchets (gyres, « continents » de plastique)
- Catastrophes écologiques récentes (marées noires)
- Îles menacées par l'élévation du niveau de la mer
- Principales aires marines protégées (AMP)

Cours

Podcast Cours à écouter

Mers et océans : vecteurs essentiels de la mondialisation

Comment les espaces maritimes contribuent-ils à la mondialisation ?

1 Mers et océans : des espaces majeurs

● **Les espaces maritimes constituent un océan planétaire global.** Les mers et les océans de la planète couvrent une superficie d'environ 361 millions de km², soit 71 % de la surface du globe. Ce sont à la fois des discontinuités entre les continents, mais également des espaces, favorisant les interactions et la circulation des biens et des sociétés humaines. Le fond des mers et des océans accueille aujourd'hui les câbles sous-marins qui permettent 99 % des télécommunications internationales et des échanges immatériels d'information (Internet).

● **Les routes maritimes ont un rôle majeur dans l'histoire économique mondiale.** De nombreuses civilisations se sont développées en contrôlant les mers et les océans, devenant ainsi des puissances maritimes (cités grecques de l'Antiquité, Venise au Moyen Âge, Royaume-Uni au XIXe siècle…). La mer Méditerranée, les mers de Chine, la mer des Caraïbes sont des interfaces économiques et culturelles depuis des siècles. Aujourd'hui, la fonte des glaces de l'océan Arctique fait apparaître de nouvelles voies maritimes qui devraient permettre de relier plus rapidement les grands ports mondiaux.

● **Certains points de passage stratégiques concentrent le trafic maritime.** Un petit nombre de routes maritimes regroupe l'essentiel des flux de marchandises (hydrocarbures, matières premières agricoles, produits manufacturés…) entre les continents. Les détroits (Ormuz, Malacca, Bab el-Mandeb, Bosphore…), et les canaux (Suez, Panama) ont ainsi un rôle géostratégique majeur dans la mondialisation.

ÉTUDE DE CAS Le détroit de Malacca → p. 44
EXEMPLE Les nouvelles routes maritimes de l'océan Arctique → p. 52
EXEMPLE Les câbles sous-marins → p. 54

2 La maritimisation des économies

● **Les flux maritimes sont au cœur de la mondialisation des échanges.** Près de 11 milliards de tonnes de marchandises ont été échangés par la mer en 2017, soit 90 % des flux intercontinentaux. Le gigantisme et la modernisation des navires (supertankers, porte-conteneurs…) ont diminué les coûts de transport. Le transport d'hydrocarbures (pétrole, gaz) et de matières premières (métaux, grains…) domine nettement en volume (82,9 %) celui de produits manufacturés par conteneurs (17,1 %) en 2017.

● **Les acteurs de la mondialisation du transport maritime sont multiples.** La maritimisation de l'économie mondiale s'est intensifiée avec le développement de la construction navale. Le Japon, la Chine et la Corée du Sud construisent 90 % des nouveaux navires dans le monde. Les grandes compagnies maritimes (CMA-CGM, Cosco…), les pavillons de complaisance (Panama, Libéria), les compagnies de croisière (Royal Caribbean) ont un rôle majeur dans l'accroissement du transport maritime. Les flux illicites (migrants clandestins, trafics de drogues, transferts financiers vers les centres offshore) contribuent également à faire des mers et des océans des espaces mondialisés.

● **Les territoires sont inégalement intégrés dans la maritimisation de l'économie.** 75 % des échanges maritimes s'effectuent entre les façades maritimes européennes (Northern Range), asiatiques et nord-américaines, où se concentrent les principaux ports (Ningbo, Singapour, Rotterdam, Los Angeles), les grands centres économiques et les métropoles mondiales. La maritimisation de l'économie mondiale fait des États enclavés des régions périphériques dans la mondialisation.

GÉO AUTREMENT Les marins, acteurs de la mondialisation → p. 64

Vocabulaire

- **Aquaculture** : élevage industriel de poissons, de coquillages, de crustacés, d'algues, dans les eaux maritimes ou fluviales.
- **Énergies marines renouvelables (EMR)** : ensemble des technologies permettant de produire de l'électricité à partir de différentes forces ou ressources du milieu marin : la houle, les courants, les marées, les températures des eaux.
- **Façade maritime** : espace littoral concentrant plusieurs ports permettant de mettre en relation l'espace continental de l'arrière-pays avec le reste du monde.
- **Flux** : circulation de biens, de personnes, de capitaux ou d'informations.
- **Halieutique** : voir p. 56.
- **Interface** : zone de contact entre deux espaces géographiques distincts. Elle génère le plus souvent des flux, mais parfois aussi des tensions.
- **Offshore** : voir p. 56.
- **Pavillon de complaisance** : voir p. 58.

3 Des espaces-ressources

● **Les ressources maritimes sont d'abord halieutiques.** Environ 80 millions de tonnes de poissons sont pêchés en mer chaque année. Ce chiffre stagne depuis plusieurs années en raison de la surexploitation et de l'épuisement des ressources. La Chine, l'Indonésie et les États-Unis sont les trois principaux pays pour les captures. Le Pacifique regroupe la moitié des captures marines dans le monde devant l'Atlantique (environ 20 %). Dans le même temps, l'aquaculture marine ne cesse de se développer (30 millions de tonnes par an), particulièrement en Asie.

● **Les océans constituent un gisement majeur de ressources énergétiques.** Les hydrocarbures offshore représentent 1/3 de la production mondiale de pétrole et de gaz et 1/4 des réserves connues. Les progrès techniques récents permettent des forages de plus en plus profonds dans de nombreuses zones d'exploitation (Arctique, golfe du Mexique, Alaska, golfe de Guinée…). Les espaces maritimes offrent également des perspectives de production d'énergies marines renouvelables (EMR) grâce aux vents, aux marées, aux courants ou à la houle.

● **D'autres ressources sont convoitées.** C'est le cas du sable, très recherché dans le secteur de la construction dans les pays émergents (Chine, Singapour, Dubaï), ou des métaux précieux. La bioressource marine, d'origine animale ou végétale, est exploitée dans de nombreuses industries (agroalimentaires, chimiques, cosmétiques…). Les biotechnologies marines, liées à la biodiversité des mers et à leur préservation, devraient se développer dans les prochaines années.

EXEMPLE Le sable marin, une ressource convoitée → p. 50
EXEMPLE Les ressources halieutiques marines → p. 55

Répartition du transport maritime international par aire géographique
En %

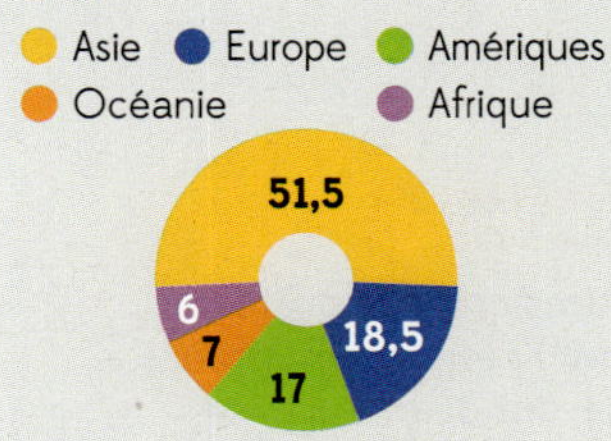

Source : UNCTAD, Review of Maritime Transport, 2018.

Notions

▸ Maritimisation p. 89
▸ Puissance maritime p. 91
▸ Route maritime p. 91

Du cours au schéma

EXO Exercice interactif

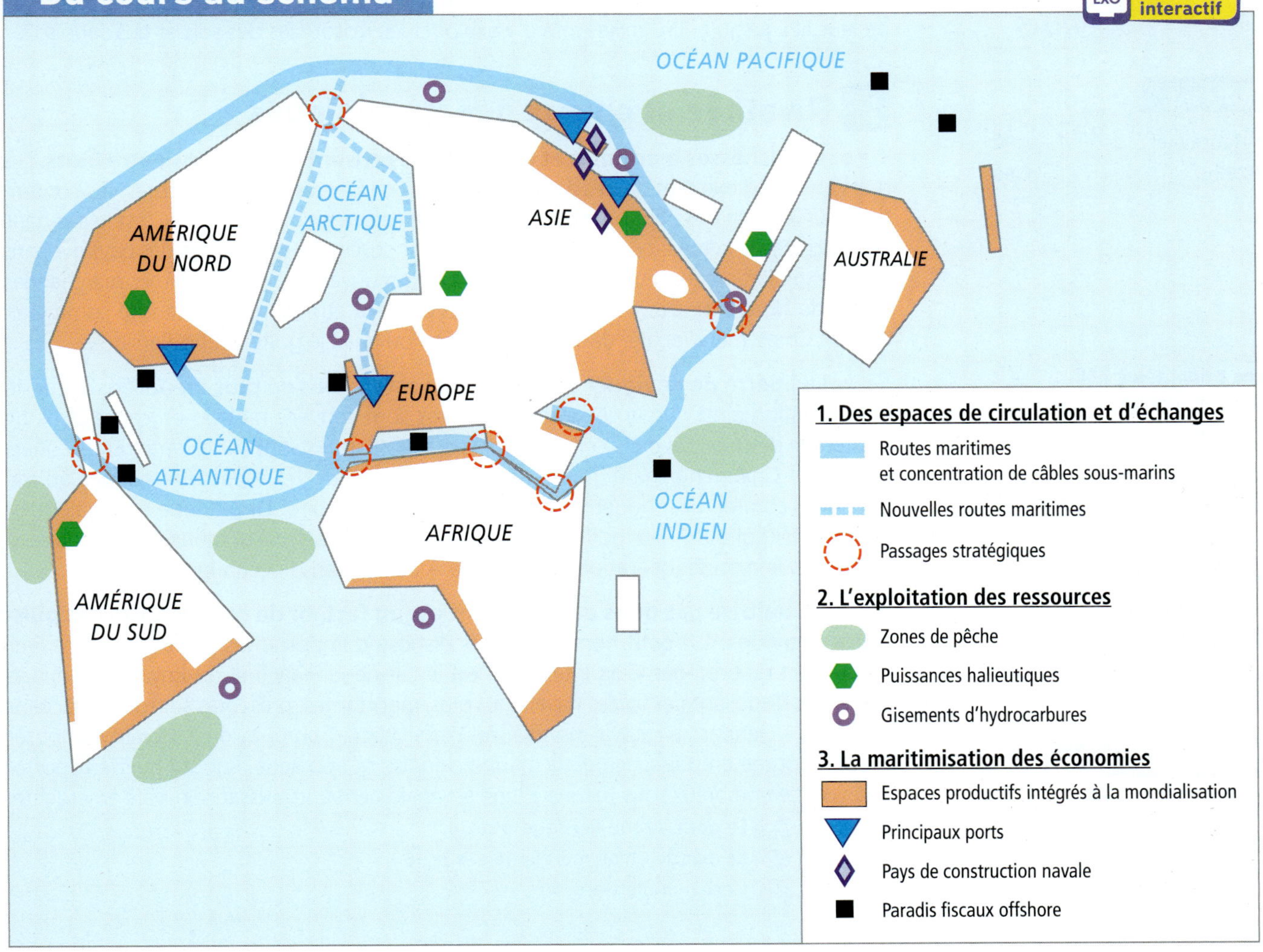

Podcast Cours à écouter

Mers et océans : appropriation, rivalités et protection

Quels sont les enjeux de l'appropriation des espaces maritimes ?

1 L'appropriation des mers et des océans

● **Le partage des espaces maritimes repose sur le droit international.** Le droit de la mer a été défini par la Convention des Nations unies sur le droit de la mer (CNUDM) signée à Montego Bay (Jamaïque) en 1982. Plus on est proche des côtes d'un État, plus les droits souverains sont importants, plus on s'en éloigne, plus la liberté est grande : pleine souveraineté d'un État côtier sur ses eaux territoriales (limite des 12 milles), puis souveraineté sur la zone économique exclusive (ZEE, limite des 200 milles). Au-delà, les eaux internationales, ou haute mer, sont des espaces de libre circulation, où l'exploitation des fonds est réglementée par les Nations unies.

● **Certains États disposent d'immenses ZEE.** Les États-Unis sont au premier rang (12,2 millions de km²), devant la France (10,1 millions de km²) qui bénéficie de ses territoires ultramarins. Ils peuvent y réglementer l'accès et l'exploitation des ressources naturelles. Ces espaces maritimes appropriés par les États représentaient en 2018 36 % des mers du globe, la haute mer 64 %.

● **Le droit de la mer protège la haute mer tout en permettant son appropriation.** Définies comme « Biens communs mondiaux », les eaux internationales ne peuvent être appropriées ou revendiquées. L'Autorité internationale des fonds marins (AIFM), créée en 1994 sous l'égide des Nations unies, gère les autorisations d'exploitation des ressources minérales du fond des océans. Elle peut accorder aux États qui le demandent une extension de leur ZEE jusqu'à 350 milles afin d'y exploiter les ressources des sols et des sous-sols.

2 Rivalités et enjeux géostratégiques

● **Les richesses maritimes et leur partage attisent les tensions entre États.** Les mers en voie d'exploration, les zones de pêche, les réserves d'hydrocarbures, les contentieux sur le tracé des ZEE sont sources de rivalités entre les États côtiers. C'est le cas dans l'océan glacial Arctique où la fonte de la banquise suscite les convoitises des pays riverains pour l'exploitation des ressources et la maîtrise des nouvelles routes maritimes marchandes (route du Nord-Est). Ces tensions entre États peuvent être de haute intensité comme en mer de Chine méridionale, dans l'océan Indien ou dans le golfe Arabo-Persique.

● **La liberté de naviguer sur les océans est de plus en plus menacée.** La liberté de navigation ainsi que la sécurité des navires sont souvent remises en cause dans de nombreux détroits, ou dans certaines mers où les tensions sont fortes entre États côtiers voisins. La Chine cherche à imposer sa souveraineté sur des espaces maritimes qu'elle considère comme historiquement rattachés à son territoire. La piraterie est également importante (golfe d'Aden, golfe de Guinée, détroit de Malacca) et mobilise de nombreux États dans le monde (opération européenne Atalante dans l'océan Indien).

● **La maîtrise des mers et des océans est un facteur de l'affirmation des puissances navales.** Un petit nombre d'États dispose d'importantes flottes militaires leur permettant de protéger leurs intérêts. C'est le cas de la France et du Royaume-Uni. Les États-Unis disposent des forces navales les plus importantes, présentes sur tous les océans du globe. « Gendarme » naval mondial, les États-Unis (11 porte-avions) doivent composer avec la montée en puissance de la marine chinoise qui possède aujourd'hui deux porte-avions et de nombreux sous-marins. L'Inde est également une puissance navale émergente.

ÉTUDE DE CAS Le golfe Arabo-Persique → p. 34
ÉTUDE DE CAS La mer de Chine méridionale → p. 36
ÉTUDE DE CAS L'océan Indien → p. 40

Vocabulaire

- **Aires marines protégées (AMP) :** espaces maritimes relevant de mesures de protection environnementale et de gestion des ressources.
- **Droit de la mer :** composante du droit international qui règle les relations entre États concernant l'utilisation de la mer et l'exercice de leurs pouvoirs sur les espaces maritimes.
- **Patrimonialisation :** politique qui consiste à protéger un espace et à en faire un élément de patrimoine.

Notions

- Haute mer p. 90
- ZEE p. 90

Les principales ZEE dans le monde
En millions de km²

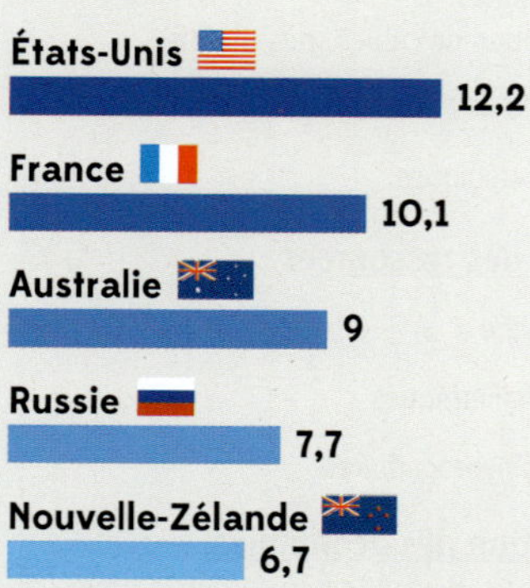

Source : Géoconfluences, 2019.

3 Des espaces maritimes entre menaces et protection

● **Les mers et les océans sont gravement menacés par les activités humaines.** Le transport d'hydrocarbures et l'exploitation par les plateformes offshore occasionnent d'importantes pollutions (marées noires…). La concentration des déchets a provoqué l'apparition de véritables « continents » de plastique (zones d'accumulation massive appelées gyres) dans tous les océans. Chaque année, près de 10 millions de tonnes de plastique sont rejetés dans les mers. Ces déchets dégradent les eaux océaniques et mettent en péril une grande partie de la faune marine.

● **L'appropriation permet souvent de protéger les mers et les océans.** Le droit de la mer permet aux États côtiers de mettre en place des mesures de protection et de favoriser la patrimonialisation de leurs domaines insulaires et maritimes : préservation des mangroves, des barrières de corail, des espèces halieutiques. 5 000 aires marines protégées représentent en 2018 environ 7,3 % de la surface des océans du globe (26 millions de km²). Depuis 2017, la superficie des aires marines protégées dépasse celle de leurs équivalents terrestres. Elle pourrait doubler d'ici 2030.

● **Les États maritimes sont partagés entre les logiques de valorisation et de protection.** Les mers et les océans représentent un capital dont le produit marin brut (PMB), c'est-à-dire la richesse produite, serait estimé à 2 500 milliards de dollars, soit l'équivalent de la 7ᵉ puissance économique planétaire. Toutefois, leur exploitation est incompatible avec les logiques de préservation des milieux marins et de la biodiversité marine, nécessaires aux équilibres environnementaux de la planète.

1,9

Terres australes françaises (France)
1,7

Papahanaumokuakea (Hawaï/États-Unis)
1,5

Mer de Corail (Nouvelle-Calédonie/France)
1,3

Source : UN Environment World Conservation Monitoring Centre, 2018.

RÉVISER

Du cours au schéma

EXO Exercice interactif

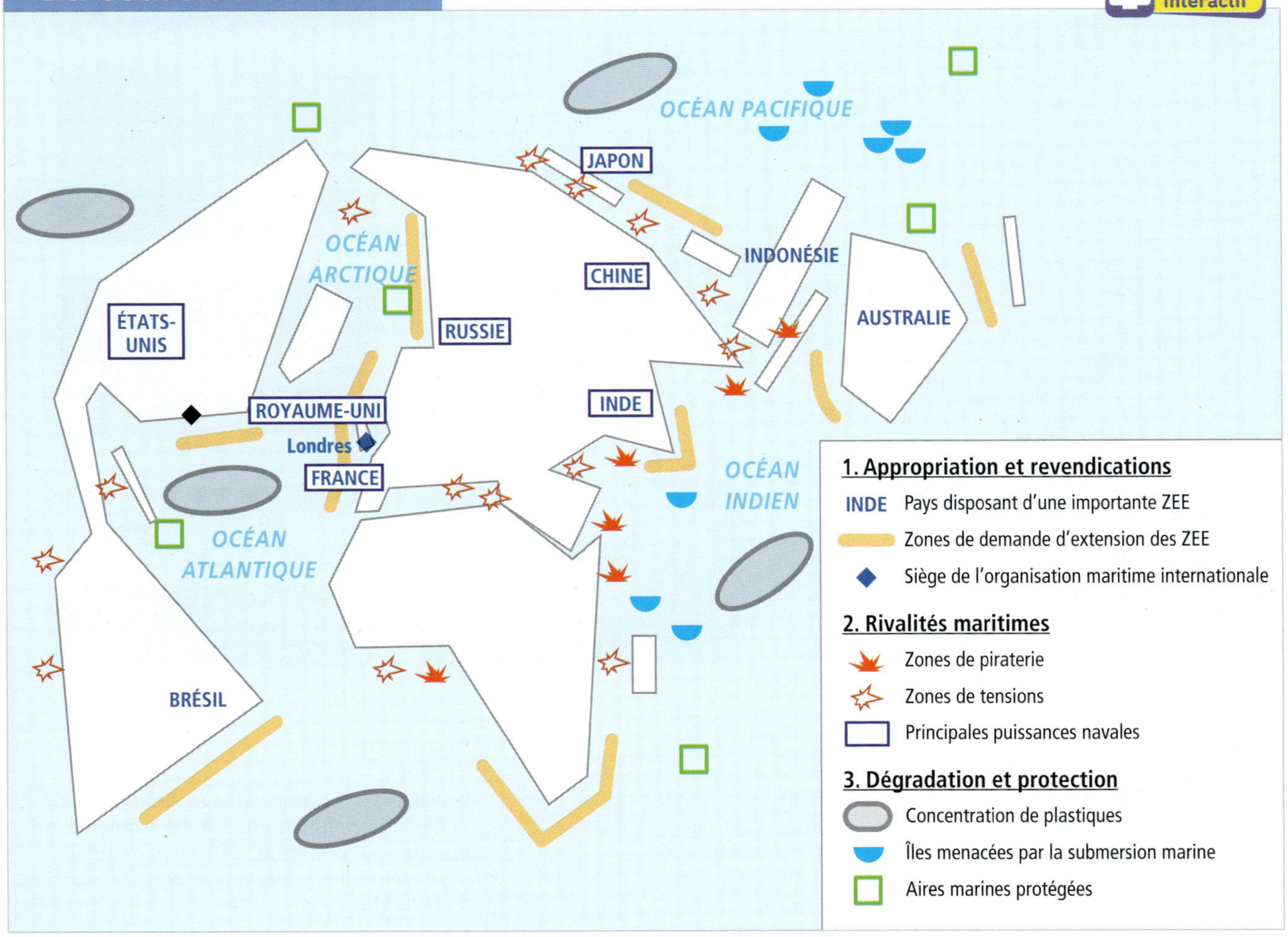

TREMENT

marins, acteurs de la mondialisation

L'accroissement des échanges internationaux a renforcé l'importance des océans. Les marins de commerce sont des acteurs majeurs et des témoins de la mondialisation depuis les mers. Aujourd'hui estimés entre 1,5 et 2 millions d'individus, ils sont majoritairement originaires des pays en développement d'Asie (Philippines, Chine, Indonésie, Inde).

→ **Que nous apprend la vie des marins sur la mondialisation des échanges maritimes ?**

Le saviez-vous ?

▶ On appelle « marins de commerce » tous les marins dont l'activité n'est pas liée à la pêche professionnelle : marine marchande, transport de marchandises et de passagers, activités portuaires...
Les femmes représentent entre 2 et 3 % des marins dans le monde.

1 30 jours à bord d'un porte-conteneurs

Timelapse

Jeffrey est officier hongkongais de la marine marchande à bord du *OOCL BRUSSELS* (366 m/48 m), un porte-conteneurs sous le pavillon de Hong Kong. Pendant 30 jours de mer, il prend 80 000 photographies à intervalles réguliers pour créer un timelapse de 10 minutes qu'il publie sur Youtube le 9 septembre 2017.

Vocabulaire

Timelapse : animation vidéo réalisée par une série de photographies prises à des moments différents pour présenter, en un laps de temps court, l'évolution de l'objet photographié sur une période longue.

2 Vivre en mer

Parole de géographe

Les marins de commerce au long cours forment une petite communauté d'environ 1,5 million de travailleurs. Ils participent de la mondialisation par leur rôle actif dans le transport maritime mondial.

Le marin de commerce appréhende les paysages de haute mer à travers la technicité de la machine complexe qu'est devenue le navire moderne. La haute mer est perçue comme un espace vide, monotone, éloigné des centres de sécurité et par là même dangereux.

Habiter un navire, c'est habiter son lieu de travail qui imprime bruit, balancement et vibration en continu. C'est aussi vivre dans un lieu mobile et isolé par la masse océanique. Sur de nombreux navires, les conditions de vie ne sont pas optimales et les tensions entre membres de l'équipage qui en résultent sont une réalité peu exprimée mais bien présente, exacerbée par les longues navigations et les multiples cultures présentes à bord. Violence, conduite à risques, harcèlement, dépression sont des phénomènes courants mais difficiles à quantifier.

Le marin cohabite avec de nombreuses autres nationalités au sein d'équipages sans cesse recomposés. Les nationalités multiples à bord reflètent la mobilité des hommes à l'échelle mondiale : sur un cargo d'une vingtaine de marins, il n'est pas rare de trouver jusqu'à cinq nationalités qui communiquent en anglais maritime.

Guy Baron, chercheur à l'université de Picardie Jules-Verne, « Habiter les navires de commerce au long cours, avant-poste de la mondialisation », *Géoconfluences*, octobre 2014.

3 Un commandant philippin à son poste de pilotage

Le *Pearl Ace* est un navire marchand de 188 m battant pavillon panaméen. L'équipage est composé de 23 marins philippins et 2 marins japonais.

Photographie de Lucie Mach, prise au Havre, juin 2018.

4 Les activités des marins de commerce

Dans les grands ports industrialisés, étendus, ultra-sécurisés, les escales d'aujourd'hui n'ont plus rien à voir avec celles d'autrefois. Les nécessités du commerce globalisé font loi et les terminaux se conforment aux injonctions de rapidité et de sécurité, gages d'efficacité économique. Éviter tout grain de sable dans l'énorme machine, réduire le temps à quai – *Transit Time* –, marteler les règles de sécurité – *Safety First*...

Les escales des navires sont ainsi de plus en plus brèves et fréquentes. Les machines doivent tourner, les marchandises doivent circuler. Mais les marins n'ont pas disparu. Derrière les façades d'acier des coques et des containers, la place de l'homme se réduit, le marin est oublié, accessoire. Règles de sécurité, contrôle des frontières, éloignement des centres-villes, disparition des bars et lieux de vie, tout s'oppose à la descente à terre des équipages. Équipages internationalisés et réduits au strict minimum. Le plus grand des porte-conteneurs est aujourd'hui manœuvré par une vingtaine d'hommes, parfois moins. Les marins sont devenus des ouvriers mondialisés. Confrontés à la solitude et à l'isolement en mer, ils restent invisibles lors des escales qui leur permettent rarement de briser cet isolement.

Originaires en majorité des Philippines, où les très nombreuses écoles de formation du pays leur promettent de « *See the world for free and have a girl in every port* [1] », ils s'endettent parfois pour payer leur formation.

Mais le monde à découvrir gratuitement se révèle limité à des ports-usines déshumanisés, des entrepôts ou parkings gigantesques.

Laure Boyer, « Transit Time - Ship Is My Home », *Studio Hans Lucas* [en ligne], 2017.

1. « Découvrir le monde gratuitement et avoir une copine dans chaque port. »

Questions

Présenter les documents

1. **Présentez** les documents en insistant sur leur nature.
2. **Identifiez** les aspects de la vie des marins de commerce présenté par chaque document.

Analyser les documents

3. **Relevez** les difficultés liées à la vie de marin.
4. **Expliquez** comment la mondialisation a transformé le métier de marin et pour quelles raisons.

Faire le lien avec la géographie

5. **Montrez** que les récits de vie quotidienne des marins de commerce sont une source pour l'étude de la géographie des échanges dans la mondialisation.

C'est à vous !

→ Imaginez le récit d'un carnet de bord d'un capitaine de navire marchand lors d'un voyage (itinéraire, quotidien, marchandises, dangers…).

→ Vous avez le libre choix de la production finale : lettre, diaporama, vidéo…

THÈME 1

CHAPITRE 2 La France : une puissance maritime ?

La France métropolitaine et ses territoires d'outre-mer bénéficient des nombreux atouts d'un vaste espace maritime, le deuxième dans le monde par sa superficie. Les mers et les océans représentent, pour la France, des enjeux à la fois économiques, environnementaux et géostratégiques.

Dans quelle mesure les espaces maritimes contribuent-ils à la puissance de la France ?

Textes DYS
TOUS LES TEXTES EN VERSION DYS
lyceen.nathan.fr/geoterm-2020

SOMMAIRE

Zoom sur...

L'IFREMER

Nom	Institut français de recherche pour l'exploitation de la mer (créé en 1984)
Statut	Établissement public
Missions	Recherches et expertises pour protéger, restaurer l'océan, exploiter ses ressources de manière responsable

Source : Ifremer, 2020.

Ifremer

Mise à l'eau du sous-marin *HROV Ariane* de l'Ifremer permettant d'explorer et de cartographier les grandes profondeurs sous-marines, Méditerranée, 2015.

Vidéo

Pour entrer dans le chapitre

« C'est quoi ce chiffre : 270 milliards d'euros... Que pèse l'économie maritime en France ? »,
Les Echos, 2017.

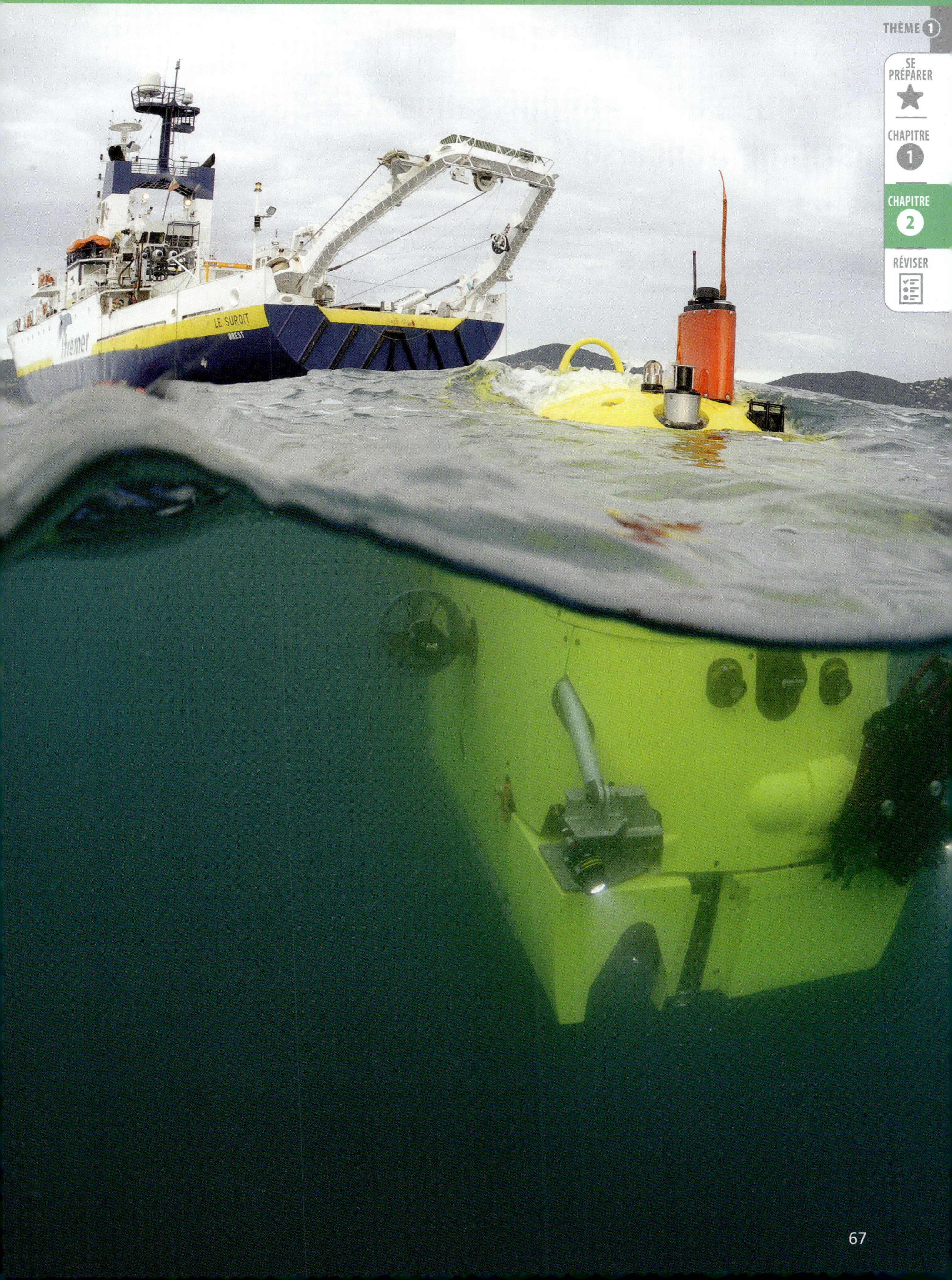
Ifremer
LE SUROIT
BREST

Les Antilles dans la puissance maritime française

Zoom sur…

▶ Les Antilles françaises

4 territoires	Guadeloupe, Martinique, Saint-Martin, Saint-Barthélemy
Population	792 597 hab.
Densité	413 hab./km²

Source : Insee, 2019 (DROM), 2016 (COM).

➜ **Comment les territoires des Antilles participent-ils à la puissance maritime de la France ?**

A Les Antilles, des atouts pour la France

1 Les espaces maritimes des Antilles françaises

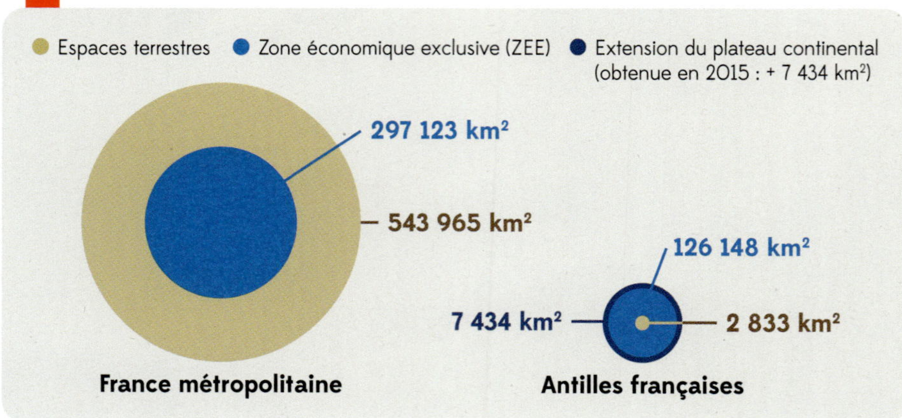

Vocabulaire

- **COM (Collectivités d'Outre-Mer) :** territoires d'outre-mer disposant d'institutions et de statuts particuliers.
- **DROM (Départements et Régions d'Outre-Mer) :** collectivités territoriales disposant du même statut qu'un département ou une région métropolitaine : les lois et règlements français et européens s'y appliquent.

2 Ports et routes maritimes de la Caraïbe

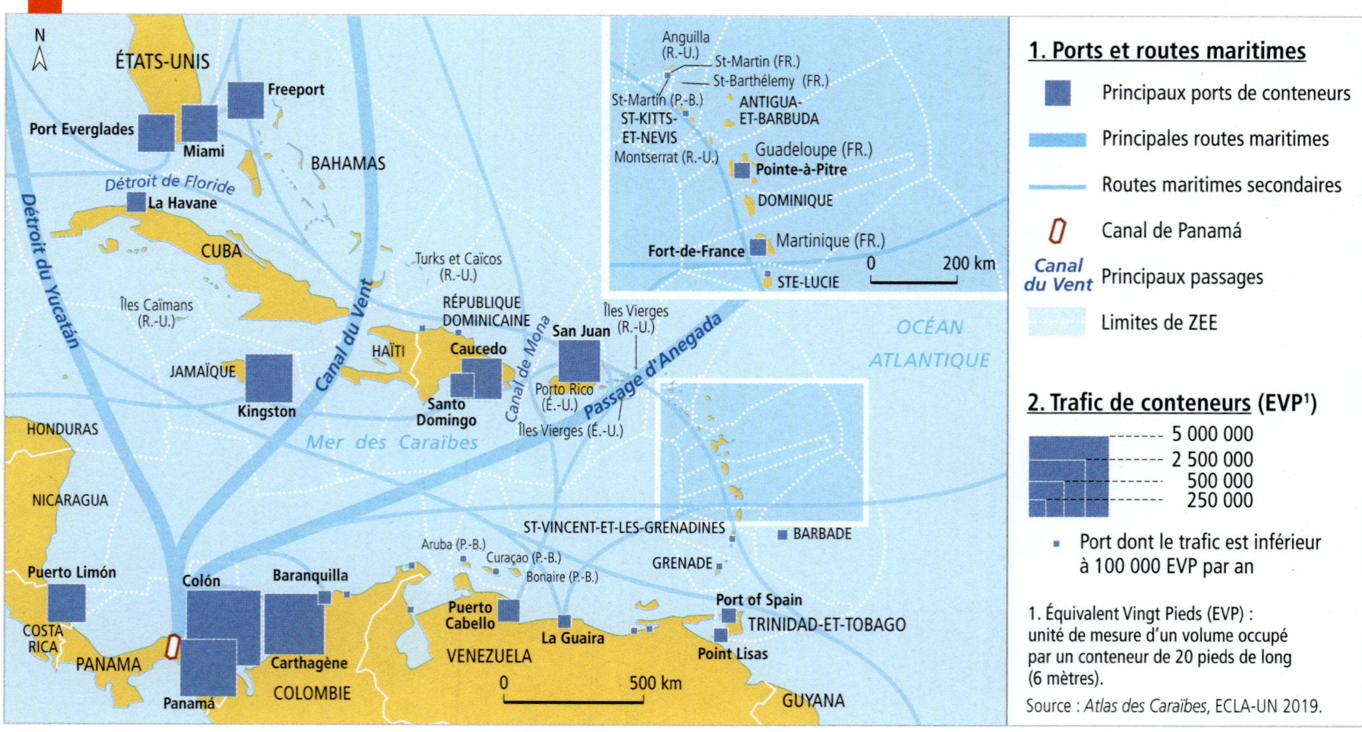

1. Équivalent Vingt Pieds (EVP) : unité de mesure d'un volume occupé par un conteneur de 20 pieds de long (6 mètres).

Source : *Atlas des Caraïbes*, ECLA-UN 2019.

3 Le tourisme, une activité majeure de l'économie maritime de la Martinique
Baie du Marin (Martinique), 2018.

Vidéo
Martinique : destination plongée.

4 Les ressources maritimes de la Guadeloupe et de la Martinique

Avec 31 communes sur 32 disposant d'une façade maritime, la Guadeloupe est le département d'outre-mer (DOM) qui bénéficie du plus grand linéaire côtier (plus de 620 km). L'économie de la mer s'impose de ce fait naturellement à l'archipel qui se situe au cœur d'une zone économique exclusive (ZEE) élargie depuis 2015[1]. Le tourisme maritime y est particulièrement présent et se positionne comme un facteur de croissance important. Les installations performantes du Grand Port favorisent ainsi le développement du transport maritime et des activités portuaires, supplantant le secteur traditionnel de la pêche qui apparaît sous-valorisé. Ces activités marchandes constituent aujourd'hui le socle de l'économie maritime de l'archipel et recèlent de forts potentiels [...].

S'agissant de l'espace maritime martiniquais, celui-ci est, depuis toujours, exploité pour ses ressources naturelles, principalement la pêche ; mais, depuis une dizaine d'années, face à un durcissement de la réglementation et une réduction des aides accordées aux pêcheurs, la production de pêche a considérablement diminué et l'aquaculture n'a pas pris le relais. L'espace maritime est en outre utilisé, *via* les ports, pour le développement des échanges commerciaux. [...] Enfin, la Martinique bénéficie de conditions environnementales et d'une biodiversité qui doivent encore être valorisées afin de permettre le développement d'activités innovantes.

Institut d'émission des départements d'outre-mer (IEDOM), Notes expresses n° 431 et n° 496, janvier 2017 et mars 2018.

1. Le domaine maritime français a été étendu de près de 500 000 km² en septembre 2015, notamment autour des Antilles françaises.

Questions

Itinéraire 1

Répondre aux questions

1. **Situez** et **décrivez** les territoires français dans la Caraïbe. **doc. 2 et 3**
2. **Montrez** que les Antilles représentent un espace maritime important pour la France. **doc. 1 et 2**
3. **Décrivez** la valorisation et l'exploitation de l'espace maritime guadeloupéen et martiniquais. **doc. 3 et 4**

Synthétiser

4. **Présentez** les différents atouts des Antilles françaises. **doc. 1 à 4**

ou

Itinéraire 2

Préparer une présentation orale (1/2) ORAL

Aide

- À l'aide des documents 1 à 4, préparez une présentation orale de 3 minutes mettant en évidence les atouts des Antilles françaises dans de nombreux domaines.
- Entraînez-vous à utiliser un vocabulaire spécifique et précis et n'employez aucun mot ou expression qui relève du langage familier.
- Assurez-vous d'être en mesure de définir toutes les notions que vous citerez dans votre présentation.

B Développement et enjeux maritimes des Antilles françaises

Animation croquis

Vidéo

5 L'aménagement du port de Jarry en Guadeloupe (2020)

Mené depuis 2015, le « Grand projet de port » a permis l'accès à des porte-conteneurs de plus grande taille (4 500 EVP). L'aménagement d'un nouveau terminal conteneurs devrait permettre d'accueillir des bateaux d'une capacité de 12 000 EVP.

Grand Port Maritime de la Guadeloupe, *Projet stratégique 2019-2023*, 2020.

6 Limites et opportunités de développement des ports antillais

Si la Guadeloupe et la Martinique sont respectivement classées 48e et 55e parmi les 80 ports de la zone Amérique latine-Caraïbe en termes de trafic conteneurs, les deux départements affichent leurs ambitions de devenir le hub de transbordement[1] dans la région.

Toutefois, même avec un renforcement de la compétitivité des infrastructures, et en dépit de leur positionnement stratégique, les ports antillais peuvent souffrir d'une situation économique et sociale fragile. En effet, d'autres ports [dans les Caraïbes] sont déjà bien positionnés dans le secteur du transbordement international et bénéficient de charges sociales et salariales faibles, d'une fiscalité plus attrayante et de normes environnementales moins contraignantes.

Mais si la Caraïbe Nord et Ouest concentre quelques plateformes orientées vers les flux à destination des États-Unis (République dominicaine, Jamaïque et Bahamas), il n'existe pas de plateforme dans la Caraïbe Sud capable d'accueillir et de redistribuer ces flux. Or, la Guadeloupe et la Martinique bénéficient d'une position géographique qui les place au centre d'une zone d'échanges active (trafic trans-Amérique, transatlantique, et Asie-Europe).

D'après *L'Économie bleue dans l'Outre-mer*, IEDOM, 2018.

1. Port où s'effectue un transfert de marchandises entre des très grands navires et des plus petits, chargés de l'acheminement sur de courtes distances et dans des ports de faible profondeur.

7 Les chiffres clés de l'économie maritime antillaise

Les trafics portuaires en 2018 (● Guadeloupe ● Martinique)

	Guadeloupe	Martinique
Trafic de conteneurs (EVP)	209 663	172 522
Nombre de passagers transportés	1 196 432	1 030 132

Source : Insee Conjoncture Martinique n° 5, 2019 ; Insee Conjoncture Guadeloupe n° 5, 2019.

Les principaux partenaires commerciaux en 2018, en millions d'euros

Guadeloupe

Exportations	
Guyane	48
France métropolitaine	122
Martinique	44

Importations	
UE (hors France)	381
France métropolitaine	1 710
États-Unis	215

Martinique

Exportations	
Guadeloupe	61
France métropolitaine	156
Guyane	86

Importations	
UE (hors France)	306
France métropolitaine	1 551
Norvège	204

Vocabulaire

- **Association des États de la Caraïbe (AEC) :** organisation régionale favorisant la coordination des politiques économiques et environnementales.
- **Organisation des États de la Caraïbe orientale (OECO) :** organisme de coopération entre plusieurs pays des Antilles orientales en matière de commerce, de transport, de tourisme durable et de gestion des catastrophes naturelles.

8 Les enjeux géostratégiques

Carte interactive

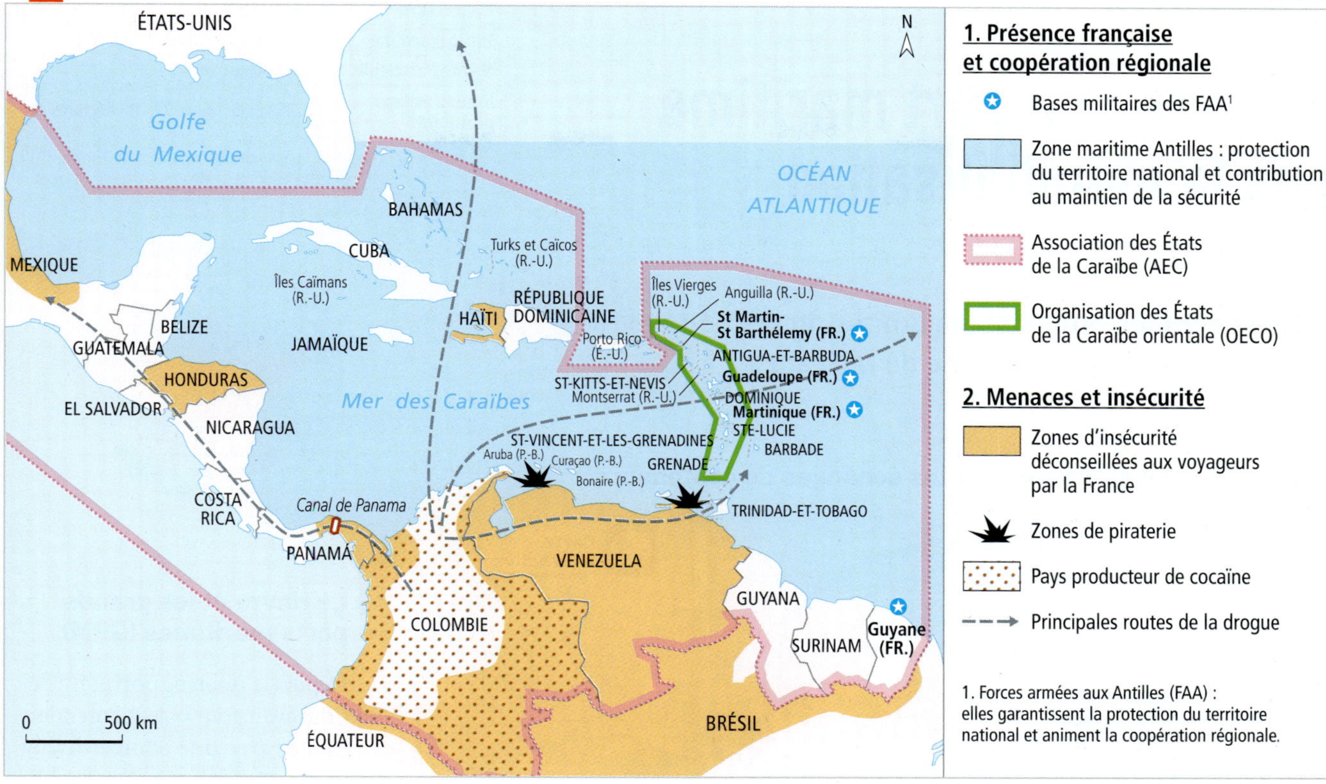

9 Coopération et enjeux environnementaux

Participant activement aux différents processus de coopération régionale, la France est représentée tant auprès de l'Organisation des États de la Caraïbe orientale (OECO) et de la communauté des Caraïbes (CARICOM), qu'auprès de l'Association des États de la Caraïbe (AEC) […].

Face au risque de catastrophes naturelles (ouragans, séismes, tsunamis, éruptions volcaniques) auquel sont confrontées les Caraïbes, la France privilégie une logique de prévention. Elle pilote notamment l'initiative CREWS (Climate Risk Early Warning Systems), en lien avec trois partenaires européens et l'Australie. Cette initiative vise à renforcer les systèmes d'alerte précoce face aux événements extrêmes, en prenant appui sur les services météorologiques et de protection civile.

Plus largement, la coopération française participe à la protection des écosystèmes. La France est notamment signataire de la convention de Carthagène pour la protection et la mise en valeur du milieu marin dans la région des Caraïbes. Elle a également signé avec la République dominicaine, en marge du sommet One planet, un accord de coopération entre Agoa, le sanctuaire pour mammifères marins des Antilles françaises et le sanctuaire pour les mammifères marins de la République dominicaine.

Ministère de l'Europe et des Affaires étrangères [en ligne], 27 avril 2018.

Questions

Itinéraire 1

Répondre aux questions

5 **Caractérisez** l'économie maritime des Antilles françaises. **doc. 6 et 7**

6 **Présentez** les limites de l'activité portuaire antillaise et **expliquez** les opportunités de développement futures. **doc. 5 et 6**

7 **Relevez** les enjeux environnementaux et géostratégiques des Antilles pour la France. **doc. 8 et 9**

Synthétiser

8 **Montrez** les limites et les enjeux maritimes des Antilles françaises. **doc. 5 à 9**

ou

Itinéraire 2

Préparer une présentation orale (2/2) ORAL

Aide

- À l'aide des documents 5 à 9, préparez une présentation orale de 3 minutes mettant en évidence les limites et les enjeux des Antilles françaises pour la puissance maritime de la France.
- Vous n'avez pas le droit d'avoir des notes. Filmez votre prestation, puis visionnez-la à 2 ou 3 reprises en listant 10 questions que pourrait vous poser un jury.

Croquis de l'étude de cas

▶ p. 74

Étude de cas

Le Havre : un port maritime dans la mondialisation

Zoom sur…

▶ Le port du Havre (2018)

Trafic maritime	71 millions tonnes (2e en France)
Navires accueillis	6 000 par an
Infrastructures portuaires	35 km de quais, 77 700 hectares

Source : Haropa Port du Havre, 2019.

➔ Quels sont les atouts et les limites du port du Havre dans la puissance maritime de la France ?

1 L'avant-pays du Havre pour les échanges de conteneurs

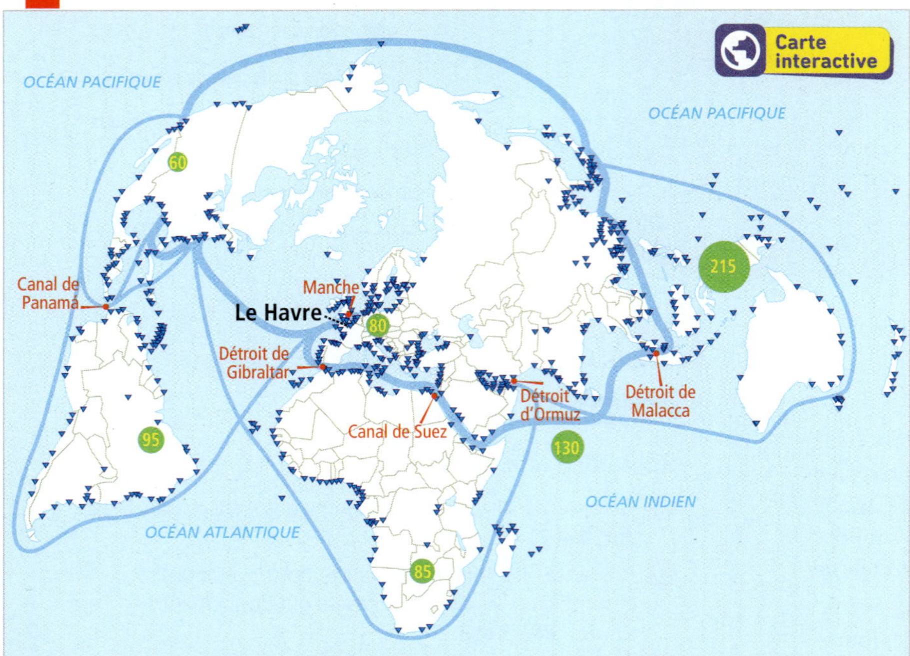

1. Lignes maritimes reliées au Havre en 2020
- (85) Nombre de ports reliés au Havre (665 ports au total)
- Ports reliés au Havre (représentation non exhaustive)

2. Le réseau de transport maritime mondial
- Principales routes maritimes
- Canal de Suez : Points de passage stratégiques

Source : Haropa Le Havre Port, 2020.

2 L'activité du port du Havre (2018)

Le Havre, un port de la Northern Range

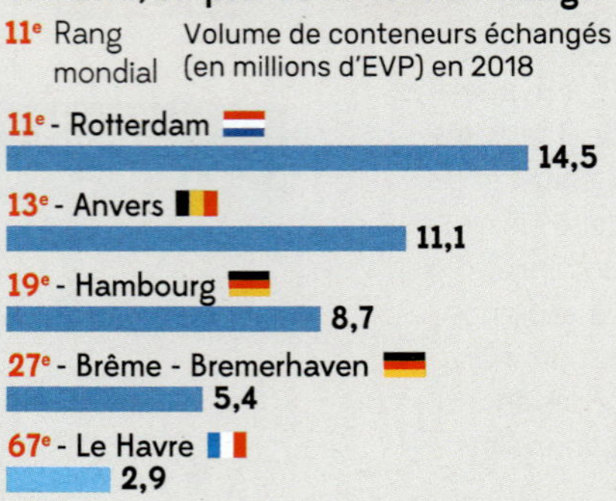

Source : Lloyd's List, One Hundred Ports, 2019.

Trafic des 7 grands ports maritimes (GPM) de métropole en 2018, en %

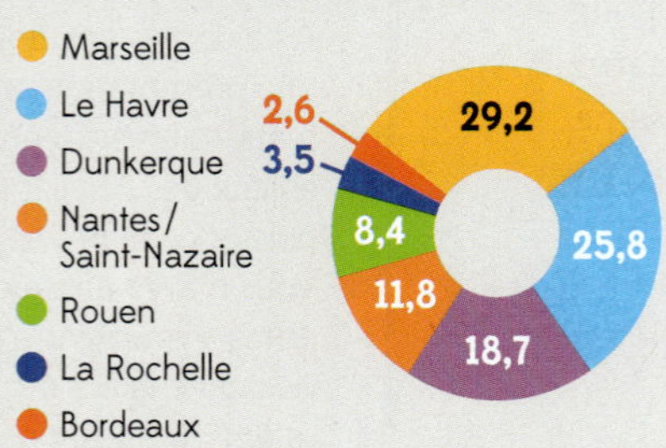

Source : Service de la donnée et des études statistiques (SDES), Ministère de la transition écologique et solidaire, 2019.

3 Le Havre et les grands ports maritimes (GPM)

Depuis la réforme portuaire de 2008, qui avait pour objectif premier de renouer avec une compétitivité qui avait eu tendance à s'éroder en comparaison des ports européens concurrents, la part des grands ports maritimes (GPM) de France métropolitaine dans le marché français des conteneurs s'est nettement améliorée (de 47 % en 2008 à 58 % en 2017). Toutefois, des marges d'amélioration importantes subsistent : selon les estimations, plus de 40 % des conteneurs à destination de la France métropolitaine transitent toujours par d'autres ports européens, principalement belges (Anvers) et néerlandais (Rotterdam).

Les GPM continuent de connaître des coûts plus élevés que ceux des principaux ports concurrents ; une fluidité perfectible, du fait d'une grande difficulté à desservir l'*hinterland*, ce qui explique la prédominance du transport routier ; d'une image de fiabilité encore incertaine en raison […] des grèves.

Le modèle économique des GPM est handicapé par ces freins à la compétitivité, dans un contexte de vive concurrence européenne.

La transformation du modèle économique des grands ports maritimes, Conseil général de l'environnement et du développement durable, rapport n° 012059-01, novembre 2018.

Animation Croquis

Vocabulaire

- **Arrière-pays (*hinterland*) :** zone d'influence et d'attraction économique d'un port, reliée à lui par les réseaux de transport.
- **Avant-pays (*foreland*) :** espace outre-mer relié à un port.
- **Grand port maritime (GPM) :** statut créé en 2008 et attribué aux plus grands ports français dont l'envergure est européenne et qui se positionnent sur le marché mondial.

4 **Le terminal Port 2000 du Havre (2019)**

Vidéo

5 Un port en quête de compétitivité

Parole de géographe

Second port français pour le trafic global derrière Marseille, Le Havre est le premier port pour le trafic des conteneurs (2,9 millions de boîtes en 2018). L'essentiel du trafic (40 millions de tonnes sur 71 en 2018) est constitué par les vracs liquides[1], en majorité le pétrole brut. Le Havre est la pointe terminale d'un vaste complexe pétrochimique réunissant plusieurs raffineries et qui s'étend vers l'amont sur la Seine.

Le Havre demeure le 5e port de la Northern Range[2] pour le trafic conteneur. Pour autant, se pose une question essentielle pour la compétitivité du port : les acheminements et les dessertes. Les terre-pleins des postes de Port 2000 ne sont pas reliés à une ligne de voie ferrée et/ou à la desserte fluviale. […] Dans l'immédiat, 86 % des conteneurs utilisent la route, 10 % le fleuve et seulement 4 % le rail alors qu'à Anvers la route ne compte que pour 52 %, le rail 8 % et le fleuve 37 %.

Si la situation géographique du port du Havre est un atout à l'entrée de la Manche, le potentiel démographique et économique de son arrière-pays, ou *hinterland*, est plus faible que celui de ses concurrents plus centraux et mieux desservis en infrastructures terrestres, en particulier Rotterdam et Anvers sur le delta du Rhin et desservant une large partie de l'Allemagne.

Jean-François Joly, professeur de géographie en CPGE, « Le Havre : le port du Grand Paris, un port de la Northern Range européenne », *Géoimage* [en ligne], CNES, 2018.

1. Produits transportés sous forme liquide dans des navires adaptés (pétroliers, méthaniers, chimiquiers…).
2. Façade maritime en Europe du Nord-Ouest s'étendant le long du littoral méridional de la Manche et de la mer du Nord, du Havre à Hambourg.

Questions

Itinéraire 1

Répondre aux questions

1. **Situez** et **décrivez** l'activité portuaire du Havre en France et dans le monde. **doc. 1, 2 et 4**
2. **Hiérarchisez** les régions du monde avec lesquelles le port du Havre établit des liaisons maritimes. **doc. 1**
3. **Expliquez** les limites du port du Havre dans la mondialisation des échanges. **doc. 2 à 5**

Synthétiser

4. **Montrez** les atouts et les limites du port du Havre dans la puissance maritime de la France. **doc. 1 à 5**

ou

Itinéraire 2

Réaliser une affiche

En groupe, réalisez une affiche sur l'activité du grand port maritime du Havre. Cartes, photographies, graphiques et schémas fléchés peuvent être mobilisés.

- Localisez et situez le port dans la mondialisation des échanges.
- Soulignez les atouts du port pour la puissance maritime française.
- Présentez les limites en termes de compétitivité du port dans la mondialisation.

Croquis de l'étude de cas

▶ p. 75

Croquis des études de cas

▶ Voir p. 68-71

Les Antilles

Les Antilles dans la puissance maritime française

Les Antilles sont des îles tropicales qui s'étendent du golfe du Mexique (Cuba) jusqu'au large des côtes du Venezuela (Curaçao, Aruba), entre la mer des Caraïbes et l'océan Atlantique. Deux régions et départements d'outre-mer (DROM) – la Guadeloupe et la Martinique – et deux collectivités d'outre-mer (COM) – Saint-Martin et Saint-Barthélemy – assurent à la France une présence stratégique dans l'espace maritime caribéen. Les Antilles françaises disposent ainsi d'une ZEE de 133 582 km² riche de ressources dont la surveillance est assurée par quatre bases militaires des Forces armées aux Antilles (FAA). La France est également membre de l'Organisation des États de la Caraïbe orientale (OECO), et de l'Association des États de la Caraïbe (AEC).

Les territoires ultramarins antillais placent la France au cœur d'un vaste espace d'échanges commerciaux maritimes. Empruntant des passages stratégiques entre les principales îles, de nombreuses voies maritimes convergent vers le canal de Panamá. De grands ports à conteneurs polarisent les échanges de la mer des Caraïbes : Colón (Panama), Puerto Limón (Costa Rica), Kingston (Jamaïque), La Havane (Cuba), Caucedo (République dominicaine), Puerto Cabello (Port of Spain au Venezuela). Les ports français de Pointe-à-Pitre-Jarry (Guadeloupe) et Fort-de-France (Martinique) affichent un manque d'attractivité et de compétitivité dans cette concurrence portuaire régionale, mais se modernisent.

La puissance maritime de la France aux Antilles doit faire face à de nombreux enjeux. Les zones d'insécurité, comme au Nicaragua, en Colombie ou au Venezuela, fragilisent le contexte géopolitique régional. Au large de ces deux derniers pays, la Marine nationale française lutte contre les activités de piraterie et les flux illicites du trafic de drogue. La France est également engagée dans la préservation de l'environnement avec le parc national de Guadeloupe, le parc naturel marin de Martinique, ou le sanctuaire marin Agoa étendu sur toute la ZEE guadeloupéenne et martiniquaise.

Titre : ____

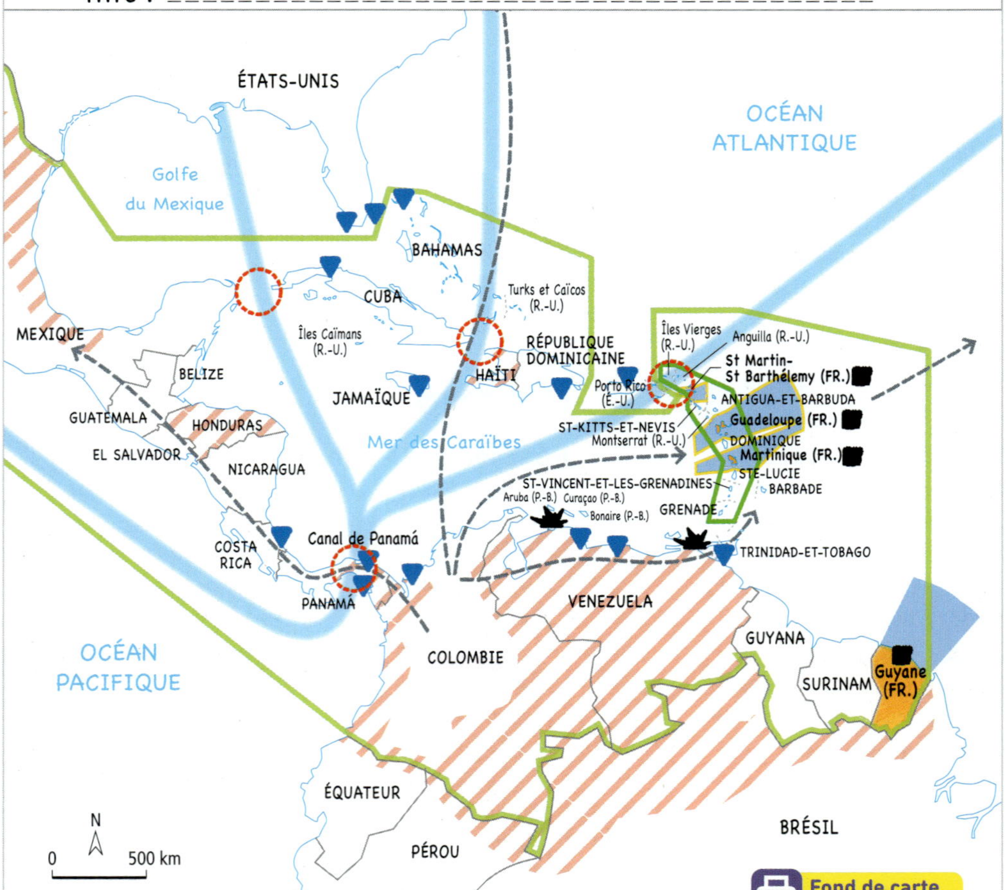

Fond de carte différencié

Objectif BAC

Consigne : À partir du texte ci-dessus, et en vous appuyant sur vos connaissances, rédigez la légende du croquis de synthèse.

Aide pour répondre à la consigne :
- Relevez les informations dans le texte.
- Identifiez les idées principales de chaque paragraphe pour ordonner la légende.
- Complétez la légende à l'aide de l'étude de cas p. 68-71.
- Assurez-vous que chaque figuré représenté sur le croquis est reporté dans la légende.

▶ Voir p. 72-73

Le Havre

Le Havre : un port maritime dans la mondialisation

Le port de commerce maritime du Havre est composé principalement de Port 2000, une immense langue de terre bien située face à la Manche, et transformée en un port à conteneurs en eau profonde capable d'accueillir des porte-conteneurs géants. Situé sur l'estuaire de la Seine et à proximité d'une des principales routes maritimes mondiales, Le Havre est proche de deux grandes villes mondiales, Paris et Londres. Le port est aussi intégré à une vaste façade maritime nord européenne, appelée la Northern Range. Le Havre est ainsi relié à 665 ports dans le monde. Un avant-pays principalement localisé dans les trois grandes aires d'échanges que sont l'Europe, l'Asie orientale et l'Amérique du Nord.

Par son activité commerciale, le port du Havre se positionne au 2e rang national en volume de marchandises échangées derrière Marseille (1er), et devant Calais (4e) et les autres grands ports maritimes français (GPM) : Dunkerque (3e), Nantes-Saint Nazaire (5e), Rouen (6e), La Rochelle (7e) et enfin Bordeaux (8e). Toutefois, si Le Havre est le plus grand port à conteneurs de France, et le seul port français à se classer parmi les 100 premiers mondiaux, il ne se situe en 2018 qu'au 67e rang mondial, loin derrière les autres ports de la Northern Range : Rotterdam (11e), Anvers (13e), Brême (29e) et Hambourg (19e). Le bilan de son activité commercial est donc contrasté.

La concurrence des ports du nord de l'Europe est très forte, et souligne le manque de compétitivité du port du Havre, notamment son manque de connexion aux réseaux fluvial et ferroviaire. Alors qu'à Anvers ou à Rotterdam, presque la moitié des conteneurs sont chargés sur des trains, le fret ferroviaire au Havre ne représente que 4 % du trafic dans le port normand. Or la route est un mode de transport compétitif dans un rayon de 300 kilomètres, mais pas au-delà. Ce qui explique que son arrière-pays ne s'étende guère au-delà du bassin parisien, sans parvenir à desservir des grandes métropoles européennes comme Lyon, Genève ou Milan.

Objectif BAC

Consigne : À partir du texte ci-contre, et en vous appuyant sur vos connaissances, complétez la légende et le croquis de synthèse.

Aide pour répondre à la consigne :

- Relevez les informations dans le texte.
- Identifiez les figurés pouvant être utilisés pour cartographier ces informations.
- Aidez-vous de l'étude de cas p. 72-73 et des cartes p. 80-81 pour localiser les lieux sur votre croquis.

Titre : ________________________________

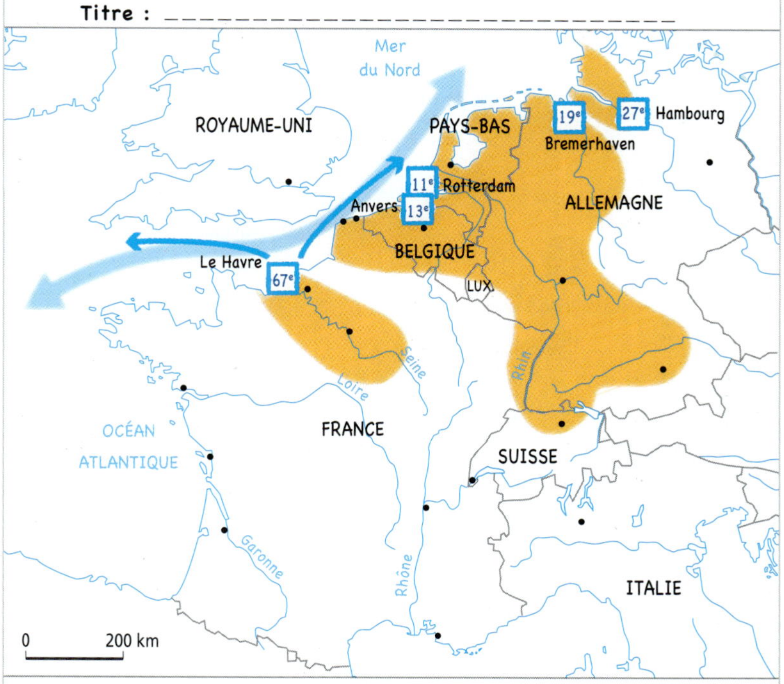

1. Une situation favorable pour les échanges

- Grande route maritime
- (figuré en tirets rouges) ____________________
- (point rouge) ______________
- (flèche bleue) ____________________________

2. Les dynamiques économiques régionales

- Ports de conteneurs et leur rang parmi les 100 premiers mondiaux
- (triangle bleu) Grands ports maritimes (GPM) français et Calais, et leur rang national en volume de marchandises

3. Une interface limitée avec l'arrière-pays

- (aplat orange) ____________________________
- Flux commerciaux avec l'arrière-pays
- (point rouge) Grandes métropoles européennes

Fond de carte différencié

Exemple

Les îles Éparses et la puissance maritime française

Zoom sur…

Les îles Éparses

5 îles	Europa Bassas da India Juan de Nova îles Glorieuses Tromelin
Superficie	40 km²
ZEE	624 000 km²

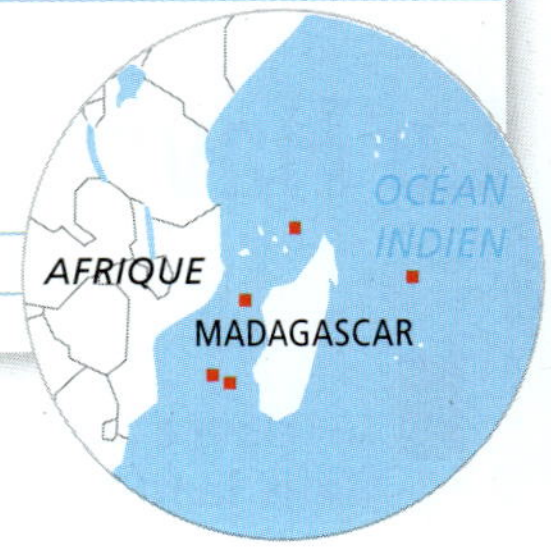

Les îles Éparses dans l'océan Indien

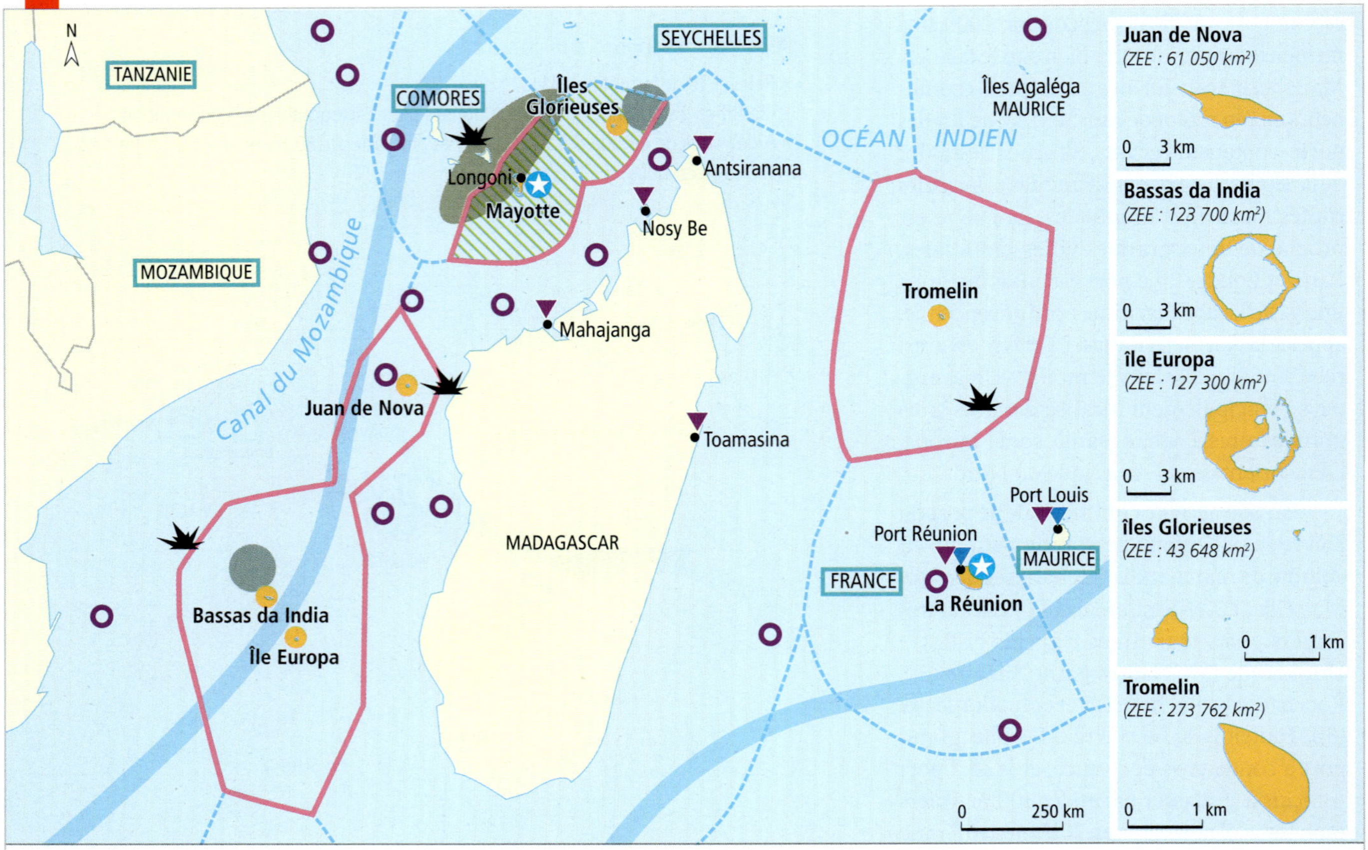

1. La présence française
- Territoires français
- Limites de ZEE :
  - reconnues
  - contestées
- Bases navales françaises
- COMORES Membres de l'Association des riverains de l'océan Indien (IORA) pour l'économie régionale et l'Indian Ocean Naval Symposium (IONS) pour la sécurité maritime.

2. Commerce et ressources maritimes
- Grandes routes maritimes
- Principaux ports de conteneurs
- Principaux terminaux pétroliers
- Gisements d'hydrocarbures et de minerais

3. Des enjeux variés
- Zone d'immigration illégale
- Zone de trafics illicites et d'actes de piraterie
- Zone de pêche illicite
- Parc naturel marin

Inhabitées, les cinq îles Éparses sont aujourd'hui intégrées aux Terres australes et antarctiques françaises (TAAF). L'ensemble de ces territoires correspond à des sites protégés.

Carte interactive

Vocabulaire

Terres australes et antarctiques françaises (TAAF) : ensemble de territoires ultramarins français inhabités et dispersés dans l'océan Indien et dans l'océan glacial Antarctique. Leur fréquentation est réservée aux scientifiques et aux militaires. L'ensemble des TAAF est classé réserve naturelle depuis 2006. Depuis 2007, les îles Éparses ont été intégrées à la collectivité d'outre-mer des TAAF.

Objectif BAC

Consigne : À l'aide du document, analysez et expliquez comment les îles Éparses participent à la puissance maritime de la France.

Aide pour répondre à la consigne :
- Situez et décrivez les îles Éparses dans l'océan Indien.
- Citez les atouts de ces espaces insulaires et maritimes.
- Définissez leurs enjeux économiques, géostratégiques et environnementaux.

Clipperton : la France dans la course aux métaux en haute mer

1 L'exploration de la zone de fracture Clarion-Clipperton

Carte interactive

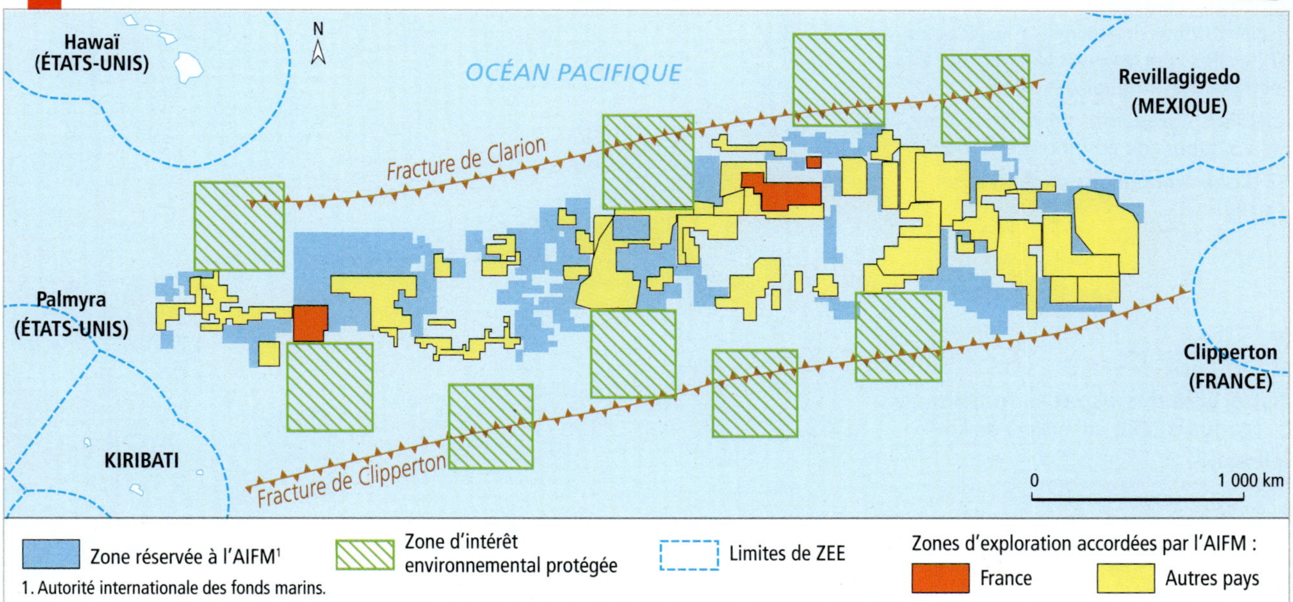

2 Des ressources sous-marines

Parole de scientifiques

Depuis des années, plusieurs États et entreprises prospectent les grands fonds marins à la recherche de nickel, de cuivre, de cobalt et d'autres métaux de valeur. Parmi les différents types de gisements, les plus intéressants consistent en des accumulations, à plusieurs milliers de mètres de profondeur, de concrétions rocheuses de la taille du poing et riches en métaux : ce sont les nodules polymétalliques.

Pour les récolter, les industriels imaginent des machines capables de travailler à ces profondeurs [...].

À ce jour, l'Autorité internationale des fonds marins (AIFM) a accordé 16 permis d'exploration à la recherche de nodules dans la zone de fracture de Clarion-Clipperton. L'exploitation minière des grands fonds marins est ainsi sur le point de devenir une réalité. Étant donné son intérêt économique et stratégique croissant, certains États pourraient lancer une exploitation pilote dans les 5 à 10 prochaines années. Il est souhaitable dans cette perspective que toutes les parties concernées coopèrent, comme elles l'ont fait jusqu'à présent [...]. Si les différents acteurs en présence parviennent à collaborer, l'exploitation minière du plancher océanique sera une référence éthique, puisque, jusqu'à présent, la réglementation n'a été établie qu'après la mise en exploitation d'une ressource naturelle. Nous pouvons cette fois réfléchir et réguler avant d'exploiter à tort et à travers.

Thomas Peacock et Matthew Alford, « Les fonds des océans font grise mine », *Pour la Science*, hors-série, n° 104, août-septembre 2019.

Vocabulaire

- **Nodules polymétalliques :** petites accumulations rocheuses très riches en minerais (manganèse, fer, silicium, aluminium ou cobalt) utilisées dans la production de produits électroniques (smartphones...). Ces nodules tapissent les fonds marins dans certains océans.
- **Zone de fracture :** longue et étroite faille sous-marine, séparant des zones océaniques de profondeurs différentes.

Objectif BAC

Consigne : Montrez que l'exploration et l'exploitation des fonds marins en haute mer constituent un enjeu économique, environnemental et géostratégique pour la France.

Aide pour répondre à la consigne :
- Relevez les ressources des fonds marins exploitées en haute mer.
- Montrez que la zone de fracture de Clipperton représente un enjeu économique et géostratégique pour les États.
- Expliquez en quoi l'exploitation des fonds marins est une source d'enjeux environnementaux majeurs.

Carte

L'espace maritime français : atouts et enjeux

Vocabulaire

- **Terres australes et antarctiques françaises (TAAF) :** ensemble des territoires ultramarins français inhabités et dispersés dans l'océan Indien et dans l'océan glacial Antarctique. Leur fréquentation est réservée aux scientifiques et aux militaires. Depuis 2007, les îles Éparses ont été intégrées à la collectivité d'outre-mer des TAAF.
- **Territoires ultramarins :** territoires français situés en dehors du continent européen.
- **ZEE (Zone économique exclusive) :** voir p. 90.

Chiffres clés

Superficie des espaces maritimes français (ZEE en milliers de km²)

Métropole	**297**
Mer du Nord	**0,5**
Méditerranée	**86**
Manche-Atlantique	**210**
Outre-mer	**9 914**
Polynésie française	**4 538**
TAAF	**2 034**
Nouvelle-Calédonie	**1 316**
La Réunion-Mayotte-îles Éparses	**999**
Clipperton (Pacifique Nord)	**435**
Antilles-Guyane	**326**
Wallis-et-Futuna	**257**
St-Pierre-et-Miquelon	**9**

Source : limitesmaritimes.gouv.fr, 2020.

Questions

1. **Relevez** et **classez** les superficies des espaces maritimes appartenant à la France sur tous les océans.
2. **Citez** des ressources disponibles dans les espaces maritimes des territoires français ultramarins.
3. **Montrez** que les enjeux de sécurité sont nombreux pour la France à travers le monde.

1. Un espace maritime français principalement ultramarin

- France métropolitaine
- Guyane : Départements et régions d'outre-mer (DROM) ou Collectivité territoriale unique
- St-Martin : Collectivités d'outre-mer (COM)
- TAAF : Statut particulier
- Zone économique exclusive (200 milles marins)

de puissance

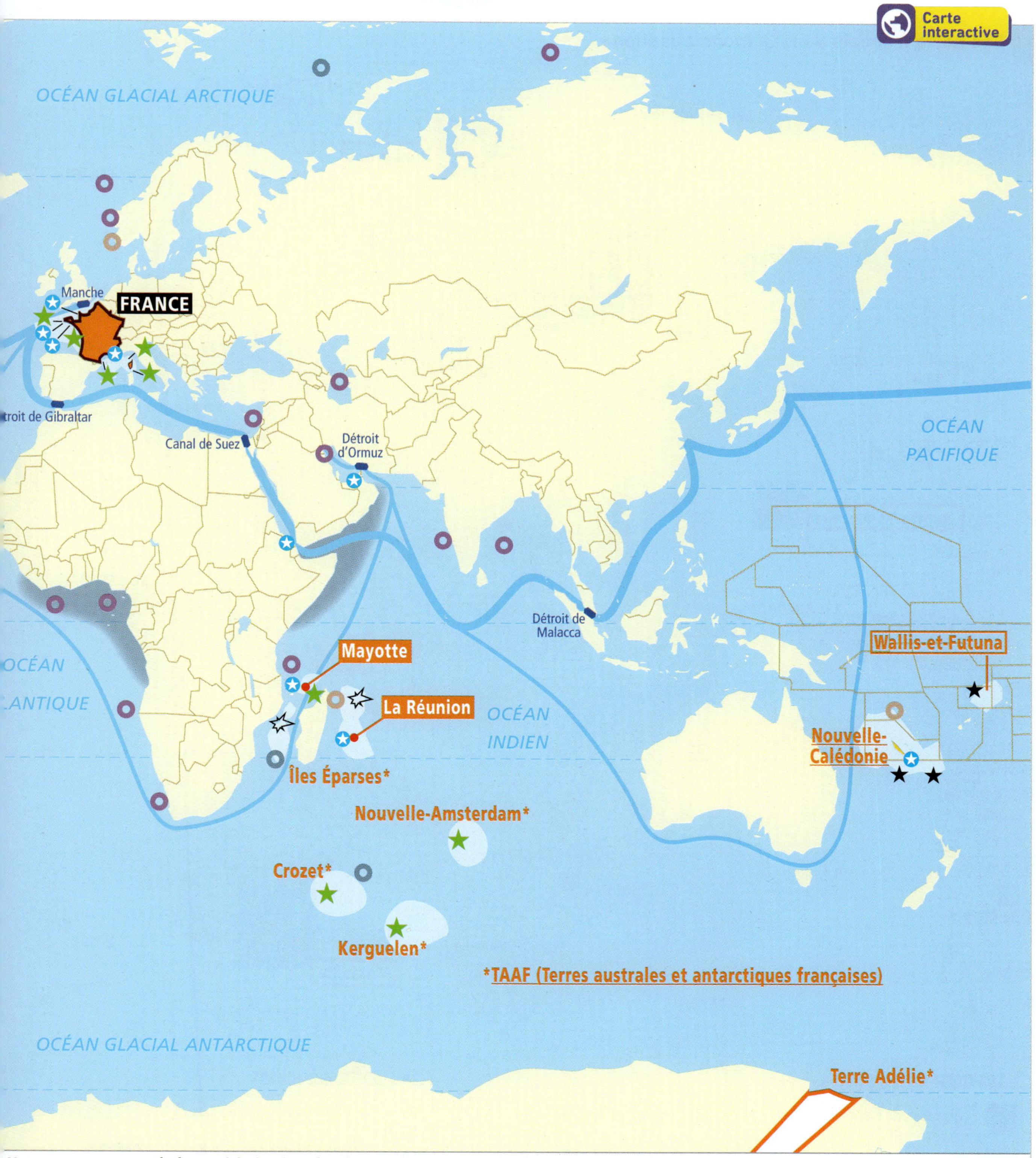

Un espace au cœur de la maritimisation des économies

- Principales routes maritimes
- Détroits et canaux
- Ressources halieutiques
- Ressources en hydrocarbures
- Ressources minérales non exploitées

3. Des enjeux géostratégiques et environnementaux

- Extension du plateau continental en projet ou validé (350 milles max.)
- Bases de la Marine française
- Litiges frontaliers impliquant la France
- Criminalité maritime (piraterie, drogues, clandestins, etc.)
- Aires marines protégées

Source : *L'Atlas de l'eau et des océans*, Hors-série n°22, Le Monde-La Vie, 2017 ; Marine nationale, 2020.

Cartes

La maritimisation de la puissance française

1 Les ports français dans la mondialisation

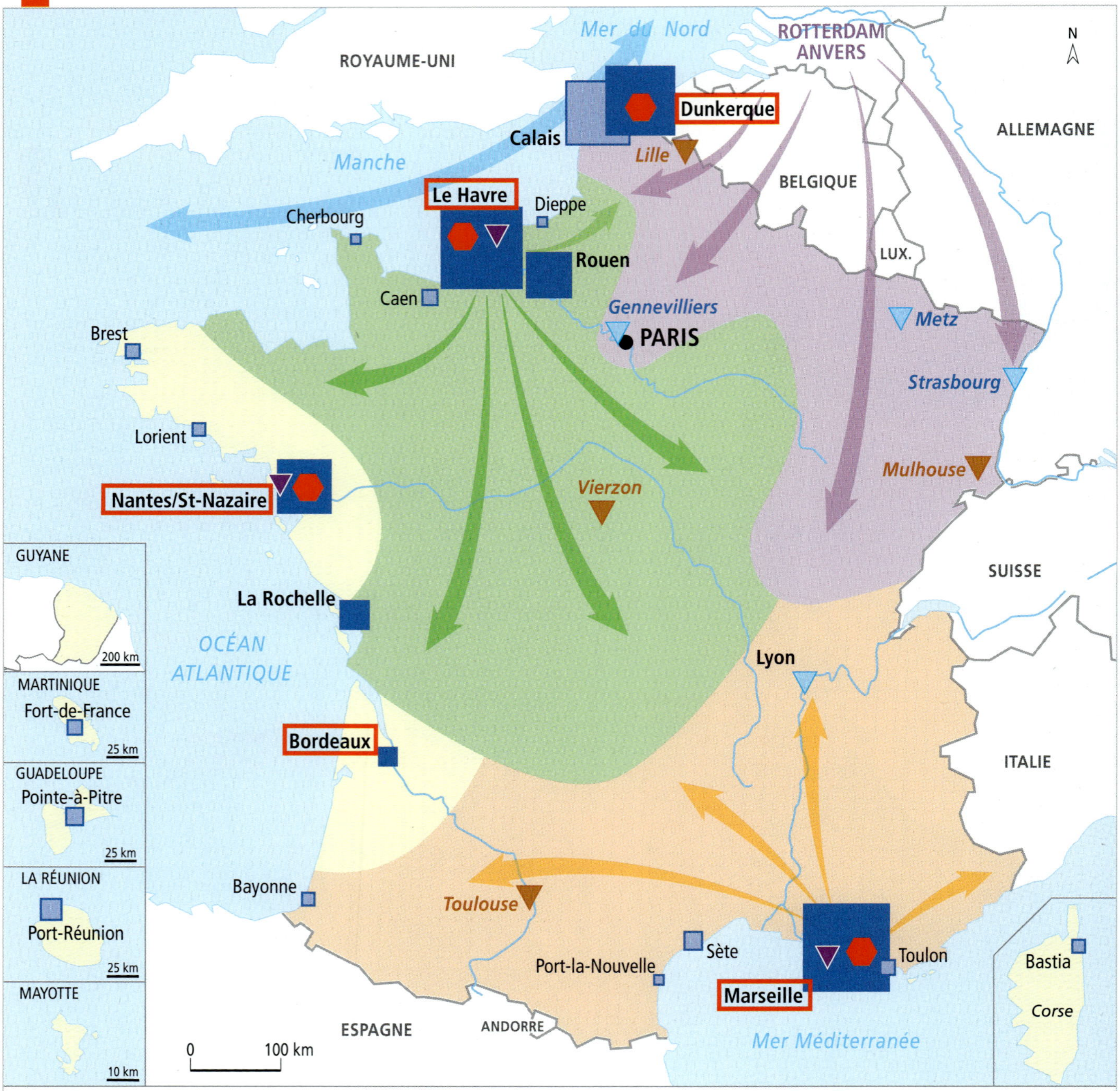

1. Les ports de commerce

- Grands ports maritimes (GPM)
- Autres ports

Trafics portuaires (en millions de tonnes)

81
50
30
10
2

- Hinterland des GPM
- Zones de diffusion des GPM
- Zones industrialo-portuaires (ZIP)

2. Des ports spécialisés

- Ports d'importation de pétrole
- Ports spécialisés dans le trafic de conteneurs
- Intégration des ports de la Manche dans la Northern Range
- Ports fluviaux connectés aux ports maritimes
- Ports secs : bases continentales d'appui des ports maritimes

Carte interactive

2 La croissance de l'économie maritime

Carte interactive

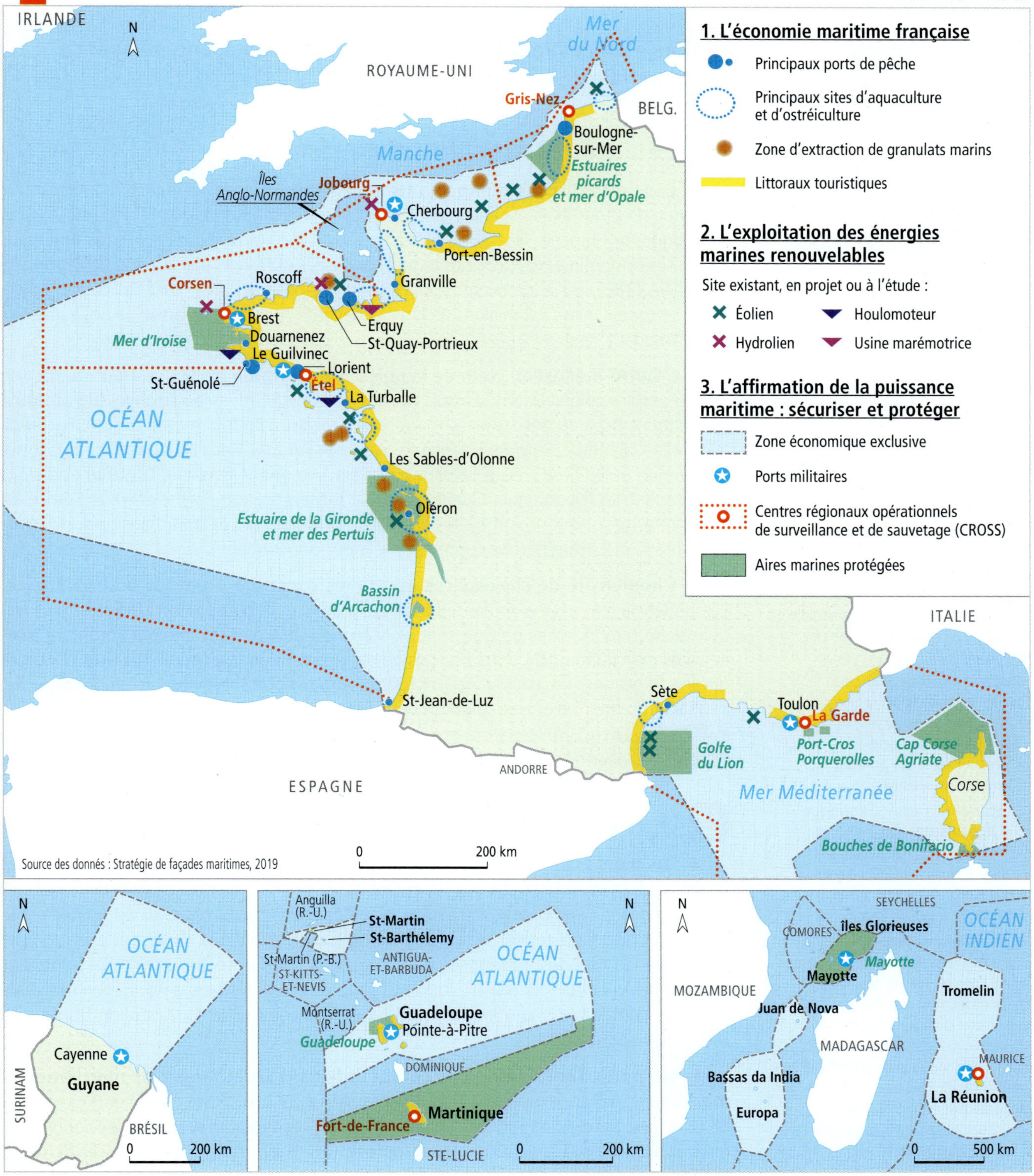

Vocabulaire

- **Grand port maritime (GPM) :** statut créé en 2008 et attribué aux plus grands ports français dont l'envergure est européenne et qui se positionnent sur le marché mondial.
- **Granulats marins :** matériaux extraits de la mer (sable, graviers).
- **Halieutique :** qui concerne la pêche.
- ***Hinterland* (arrière-pays) :** voir p. 73.
- **Zone industrialo-portuaire (ZIP) :** espace portuaire aménagé afin d'accueillir des activités industrielles (sidérurgie, pétrochimie).

Questions

1. **Relevez** et **classez** les grands ports maritimes français selon leur trafic de marchandises.
2. **Citez** les activités économiques françaises liées à l'exploitation des espaces maritimes.
3. **Montrez** que la France répond par, et pour, ses espaces maritimes aux enjeux environnementaux d'aujourd'hui.

La France : une puissance maritime ?

Podcast Cours à écouter

Les espaces maritimes font-ils de la France une puissance mondiale ?

Marine nationale française
- 7e rang mondial (en tonnage)
- 117 bâtiments
- 10 sous-marins nucléaires
- 1 porte-avions

1 Les atouts maritimes de la France

● **La France dispose d'importants espaces maritimes.** La France métropolitaine constitue un atout majeur par les multiples ouvertures maritimes qu'elle offre sur l'océan Atlantique, la Manche, la mer du Nord et la mer Méditerranée. Si les terres émergées françaises sont infimes (0,45 % des terres mondiales), la France, par sa zone économique exclusive (ZEE), est le deuxième espace maritime mondial (10,1 millions de km^2) juste après les États-Unis (12,2 millions de km^2) et devant l'Australie, la Russie, le Royaume-Uni et le Canada.

● **L'Outre-mer est au cœur de la puissance maritime française.** Héritages de son ancien empire colonial dans les trois océans de la planète, les territoires ultramarins concentrent 96,5 % des surfaces maritimes françaises dont la moitié dans le Pacifique (Nouvelle-Calédonie, Polynésie française, Wallis-et-Futuna), dans l'océan Indien (Mayotte, La Réunion et les TAAF), dans l'Atlantique (Saint-Pierre-et-Miquelon, Guyane) et dans la mer des Antilles (Martinique, Guadeloupe, Saint-Martin, Saint-Barthélemy). La France est ainsi présente sur quasiment toutes les mers du monde. Les délimitations de son espace maritime sont encore parfois contestées (Clipperton, Tromelin).

● **L'immensité de ses espaces maritimes constitue un atout pour la France.** Elle bénéficie ainsi d'une implantation stratégique sur les routes maritimes les plus fréquentées du monde (rail de Ouessant en Manche, canal du Mozambique) profitant à ses activités marchandes (66 ports français de commerce maritime) ou de défense (10 bases navales françaises). Les eaux françaises fournissent d'importantes ressources pour la pêche, l'aquaculture marine et l'exploitation des fonds marins.

ÉTUDE DE CAS Les Antilles dans la puissance maritime française → p. 68
EXEMPLE Clipperton : la France dans la course aux métaux en haute mer → p. 77

2 Une puissance économique maritime contrastée

● **Les mers françaises sont le support d'une grande variété d'activités.** De la pêche aux biotechnologies bleues (agroalimentaire, chimie), un demi-million de personnes travaillent dans l'économie maritime, soit 2 % de l'emploi national. La France est le premier producteur européen de biotechnologie marine (chimie, cosmétique, pharmacie) et compte de grandes entreprises internationales dans le secteur maritime (armateur CMA-CGM, constructeur Naval Group). La place de la France dans la navigation mondiale est cependant faible et déclinante : 407 navires de commerce sous pavillon français en 2019 (30e rang mondial).

● **Les ports français sont peu compétitifs dans les échanges de marchandises mondiaux.** La France occupe le 8e rang européen pour le trafic de conteneurs (5 millions de conteneurs manutentionnés). Les ports français échangent avec tous les continents, mais principalement avec des ports européens (36 % du trafic). Les sept grands ports maritimes (GPM) rassemblent 76 % du trafic métropolitain. Le Havre, premier port français pour le trafic de conteneurs, et 11e d'Europe, n'occupe seulement que la 60e place mondiale. Port-Réunion, Pointe-à-Pitre, Fort-de-France et Nouméa se classent parmi les 10 premiers ports à conteneurs français.

● **Les facteurs de ce manque de compétitivité sont nombreux.** Dans le contexte de mondialisation des échanges, la France a peu développé son trafic de conteneurs. Un conteneur sur deux à destination de la France ne passe pas par un des ports français. Ces derniers ont été confrontés depuis plusieurs décennies au sous-investissement, à la complexité administrative, à la mauvaise connexion avec l'arrière-pays (*hinterland*) ou à des voies fluviales navigables.

ÉTUDE DE CAS Le Havre : un port maritime dans la mondialisation → p. 72

Vocabulaire

- **Aires marines protégées :** voir p. 58.
- **Biotechnologie marine :** application de la science et de la technologie aux organismes vivants, à d'autres matériaux vivants ou non vivants, pour la production de savoirs, biens et services.
- **Cluster maritime français (CMF) :** organisation créée en 2006 par et pour les professionnels afin de rassembler tous les acteurs du secteur maritime.
- **Conteneur :** caisse métallique pour le transport de marchandises de dimensions standardisées, soit 6,05 mètres de longueur ou « Équivalent vingt pieds » (EVP).
- **Économie maritime :** économie reposant sur l'ensemble des activités liées aux océans, mers et côtes, du secteur primaire (pêche et aquaculture), secondaire (agroalimentaire, construction navale, production énergétique...), et tertiaire (commercialisation des produits de la mer, transport...).
- **Grand port maritime (GPM) :** statut créé en 2008 et attribué aux plus grands ports français dont l'envergure est européenne et qui se positionnent sur le marché mondial.
- **Halieutique :** qui concerne la pêche.
- **Territoires ultramarins :** territoires français situés en dehors du continent européen.

3 Les enjeux maritimes à venir

● **La France dispose d'importants atouts en termes de croissance bleue.** Le patrimoine maritime représente un atout géopolitique et économique majeur : ressources halieutiques (pêches), gisements pétroliers offshore (au large de la Guyane), terres rares (minerais) des plaines abyssales, biochimie marine (sucres alimentaires, gélifiants, médicaments, biocarburants…), énergie marine renouvelable (éolien, hydrolien). Toutefois, les ressources sont encore difficilement quantifiables et exploitables. Le Cluster maritime français (CMF) axe ses projets sur l'innovation maritime.

● **La France développe des plans d'action pour répondre aux enjeux environnementaux marins.** Elle agit contre les effets des changements climatiques sur les océans et définit des aires marines protégées (parc naturel marin d'Iroise, de Mayotte et des îles Glorieuses, de Martinique). La France, quatrième pays au monde par l'étendue de ses récifs coralliens, est l'un des pays fondateurs de l'International Coral Reef Initiative (ICRI) visant à ralentir la dégradation de ces écosystèmes marins riches de nombreuses ressources halieutiques.

● **L'espace maritime français présente des enjeux géostratégiques et nécessite d'être sécurisé.** Les routes maritimes ont une importance stratégique (énergétique, économique, souveraineté) qui exige le maintien d'une sûreté. Les menaces maritimes sont nombreuses : pêche illégale en Guyane ; narcotrafic dans les Caraïbes ; piraterie dans l'océan Indien et le golfe de Guinée. La France demeure une puissance navale mondiale : elle est l'un des cinq pays dotés d'une force de dissuasion nucléaire océanique.

EXEMPLE Les îles Éparses et la puissance maritime française → p. 76
GÉO DÉBAT Le « risque requin » à La Réunion : peut-on concilier enjeu économique et enjeu environnemental ? → p. 84

L'économie maritime

- 2e espace maritime mondial
- 10,1 millions de km² (97 % ultramarins)
- 355 000 emplois (2019)
- 91 milliards € de chiffres d'affaires (2019)
- 1er producteur européen de biotechnologies marines (2019)

Source : CMF (Cluster maritime français), 2019.

Notions

- Haute mer p. 90
- Puissance maritime p. 91
- Route maritime p. 91
- Zone économique exclusive (ZEE) p. 90

Du cours au schéma

EXO Exercice interactif

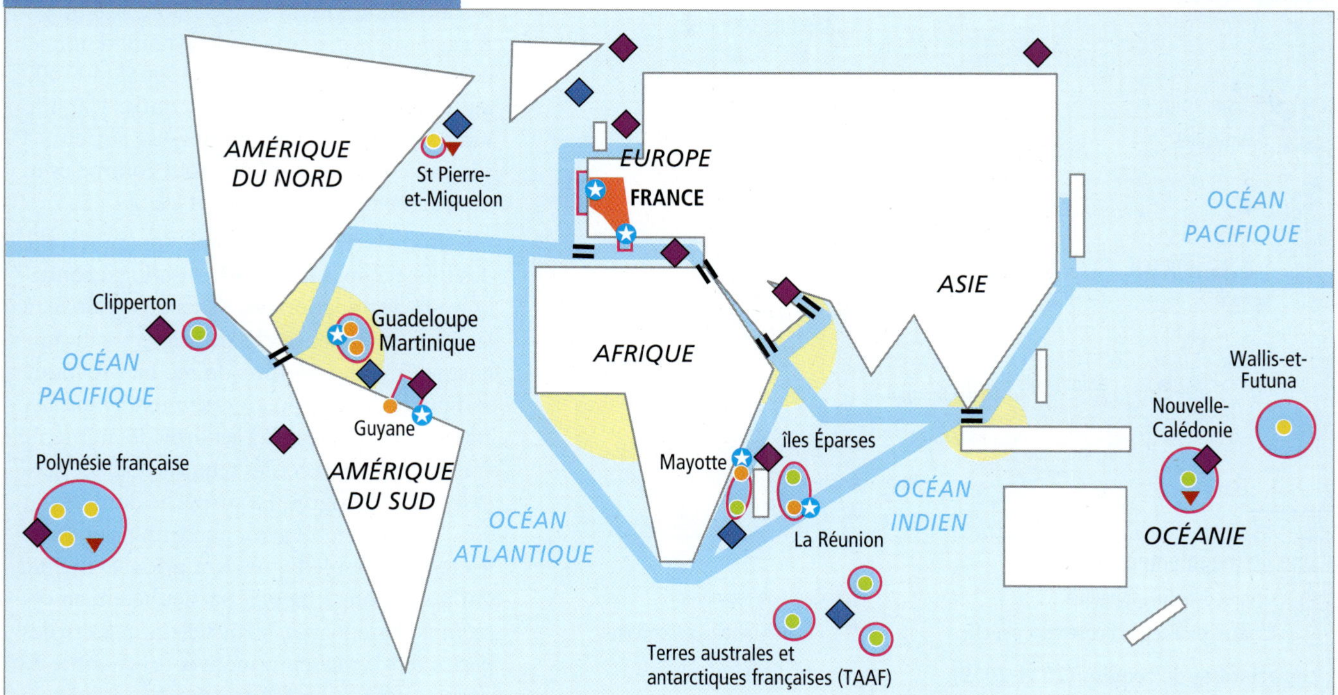

1. Des espaces maritimes français
- Départements et régions d'outre-mer (DROM)
- Collectivités d'outre-mer (COM)
- Collectivités et territoires à statut particulier
- ZEE française (200 milles marins)
- Bases de la Marine française

2. Des ressources et des enjeux
- Principales routes maritimes
- Détroits et canaux
- Ressources halieutiques
- Ressources en hydrocarbures et minerais
- Criminalité maritime

Géo DÉBAT

ORAL

Le « risque requin » à La Réunion : peut-on concilier enjeu économique et enjeu environnemental ?

1 « La crise requin » en dates

- **1999** : Protection des requins par l'UICN (Union internationale de la conservation de la nature)
- **2007** : Création de la réserve naturelle marine
- **2011** : Attaque d'un surfeur : début de « la crise requin ».
- **2013** : Baignade et surf interdits ; crise touristique
- **2015** : Programme de pêche de protection « Cap Requins »
- **2015-2020** : Plan gouvernemental de prévention du « risque requin »
- **2019** : 27 attaques de requins depuis 2011

Vocabulaire

- **« Crise requin »** : expression désignant l'incapacité des pouvoirs publics à gérer le « risque requin » face à l'augmentation des attaques de requins.
- **« Risque requin »** : expression désignant l'exposition d'individus à une menace représentée par la présence de requins.

2 La Réunion : une île touristique face au « risque requin »

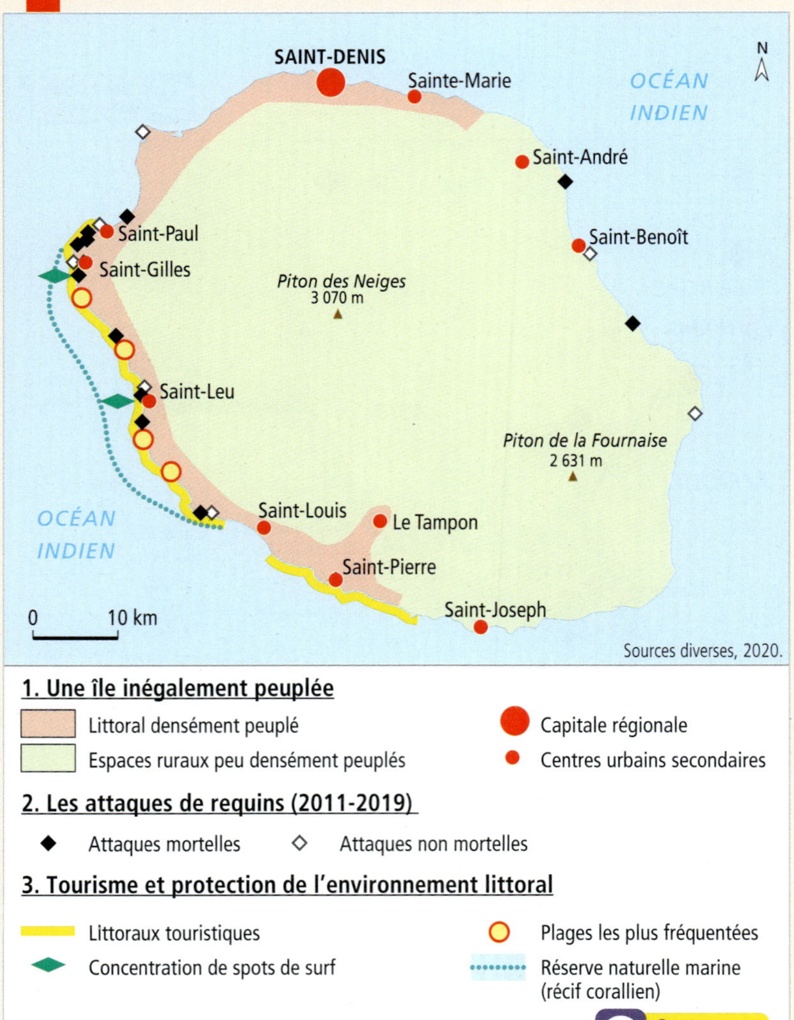

Carte interactive

3 L'activité humaine en cause

De 1980 à 2016, la population de La Réunion a crû de 67 %, passant de 500 000 à 850 000 habitants, tandis que les zones urbaines se sont étendues de 287 % (de 59 km² à 260 km²). Au cours de la même période, le nombre annuel de touristes sur l'île a bondi de 330 % (400 000 au début des années 2000, contre 120 000 vingt ans plus tôt). Le nombre de surfeurs a suivi une courbe similaire, tout comme celui des baigneurs et des plongeurs. […]

Outre la croissance démographique et celle des usagers de la mer, l'urbanisation a contribué à la dégradation des récifs de coraux et à la diminution des stocks de pêche, tandis que la surpêche des requins de récif a provoqué leur quasi-disparition. Ces requins territoriaux étaient moins agressifs à l'endroit des humains et tenaient à distance les requins bouledogues et les requins-tigres. La surpêche dont ils ont été victimes semble avoir libéré un habitat que les requins bouledogues ont pris. De même, l'urbanisation attire plus particulièrement ces requins charognards : le ruissellement accru des pluies vers la mer entraîne avec lui quantité de déchets dont ils sont aussi friands.

Entretien avec Agathe Allibert, « Attaques de requin sur les côtes de La Réunion : l'activité humaine probablement en cause », www.nouvelles.umontreal.ca, 17 avril 2018.

4 La stratégie des barrières successives

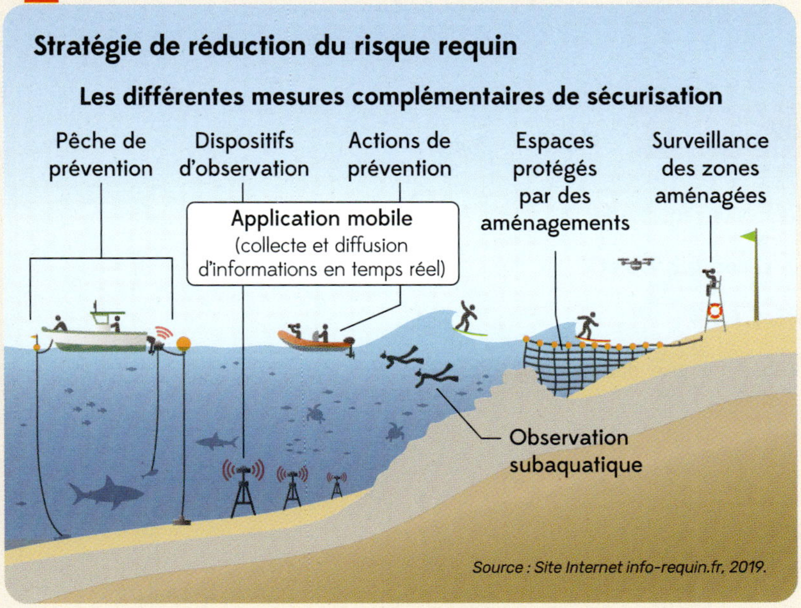

Source : Site Internet info-requin.fr, 2019.

5 Des mesures contestées

Les institutions et les municipalités littorales successives continuent inlassablement de tomber dans le piège de l'État français qui leur demande l'impossible : sécuriser des proies humaines – baigneurs, surfeurs… – dans une « réserve à requins bouledogues », à laquelle il refuse de toucher. Près de 10 millions d'euros ont été dépensés jusqu'à présent sans résultat significatif : les plus belles plages de l'île sont désespérément fermées. Les vigies sont une bonne chose, mais restent un dispositif contraignant et élitiste, impossible à généraliser. L'ensemble des filets a été détruit après avoir montré ses limites […]. Les requins ont vite compris que ces enclos ne présentaient aucun danger pour eux et, à l'instar des prédateurs terrestres, ont cherché une faille pour venir se nourrir à l'intérieur de ce qu'ils ont considéré comme un simple « parc à nourriture ». […] L'île de La Réunion a de très belles montagnes mais elle a surtout un patrimoine côtier unique au monde, avec des vagues exceptionnelles : ne soyez pas, vous aussi, les témoins passifs de la mort de notre poule aux « eaux » d'or.

« Des associations interpellent les députés et sénateurs réunionnais », *Imaz Press Réunion*, 17 février 2018.

6 Des mesures d'interdiction sur les plages

Plage de Saint-Gilles-les-Bains, février 2019.

7 Protéger les requins de récif

Parole d'acteur

SHARK CITIZEN
REQUINS & SOCIÉTÉS

Protéger les requins de récif est une nécessité qui prend une place importante dans l'actualité de La Réunion et de la problématique requins. Alors que toute l'attention est portée sur les requins bouledogues et les requins-tigres, nous avons décidé en 2013 de nous pencher attentivement sur les autres espèces, sur lesquelles un certain flou artistique régnait.

Le 13 février 2015, cinq espèces de requins de récif ont par ailleurs bénéficié d'une protection totale, par arrêté préfectoral. […] De manière générale, tous les organismes ont un rôle écologique important. La nature est en équilibre et chaque organisme participe à la stabilité de cet équilibre. Il en est de même pour les requins. Ils sont eux aussi importants pour l'équilibre de l'écosystème corallien et plus largement de l'écosystème marin en régulant les populations de poissons, d'espèces invasives et en éliminant les plus faibles et les plus malades.

Site internet de Shark Citizen, association engagée dans la protection des requins, 2019.

C'est à vous !

Géo DÉBAT Le « risque requin » à La Réunion : peut-on concilier enjeu économique et enjeu environnemental ?

ÉTAPE 1 Comprendre et préparer le débat

1. **Situez** les lieux ayant connu les principales attaques de requins. **doc. 2**
2. **Citez** les acteurs concernés par la « crise requin ». **doc. 1, 2, 4, 5 et 7**
3. **Décrivez** la « crise requin » et ses enjeux. **doc. 3, 5, 6 et 7**
4. **Montrez** les actions menées et leurs limites face à cette crise. **doc. 1, 4, 5, 6 et 7**

ÉTAPE 2 Participer au débat

5. Avant le débat, prélevez les arguments des différents acteurs. Reportez-les dans le tableau.
6. Avant le débat, en prenant appui sur les documents et votre point de vue personnel, notez vos arguments dans le tableau.
7. Pendant le débat, notez les arguments des autres élèves.

Conseils

- Écoutez et respectez la parole des autres.
- Pour convaincre, il est important de s'appuyer sur des exemples précis (localisés, datés, chiffrés).
- Ne lisez pas vos notes et présentez vos arguments en regardant vos auditeurs. Relisez vos notes avant de prendre la parole.

	Il est possible de concilier enjeu économique et enjeu environnemental dans la gestion du « risque requin »	**Il est impossible de concilier enjeu économique et enjeu environnemental dans la gestion du « risque requin »**
Acteurs	• • •	• • •
Arguments des acteurs	• • •	• • •
Mes arguments	• • •	• • •
Les arguments des autres élèves	• • •	• • •

Vidéo

« Le surf, malgré la crise requin à l'île de La Réunion », AFP reportage, 23 mars 2019.

ÉTAPE 3 Conclure le débat

8. À la suite du débat en classe, exprimez votre point de vue personnel et argumenté sur la cohabitation entre activités humaines et espèces vivantes à La Réunion.
9. Les arguments échangés lors du débat vous ont-ils amené(e) à revoir votre position de départ ? Expliquez pourquoi.

THÈME 1 Mers et océans : au cœur de la mondialisation

RÉVISER LE THÈME

Le porte-conteneurs français *Antoine de Saint-Exupéry* (armateur CMA-CGM) dans le port de Hambourg (Allemagne), mars 2018.

RÉVISER

- Maritimisation
- ZEE (Zone économique exclusive)
- Haute mer
- Puissance (maritime)
- Route maritime

SE TESTER

Vérifier ses connaissances

EXO Exercices interactifs

S'ENTRAÎNER POUR LE BAC

Aller plus loin

→ p. 88

Film
Musée / Expo
Site internet
BD
Podcast

S'ORIENTER

→ p. 100-101

Jean-Philippe
→ Responsable qualité et R&D

Usha
→ Ingénieure en sécurité industrielle

SYNTHÈSE

→ THÈME 1

Mers et océans : au cœur de la mondialisation

1 L'intensification des échanges maritimes

● **Les mers et les océans sont des vecteurs majeurs de la mondialisation.** Les espaces maritimes couvrent 71 % de la surface du globe. 90 % des échanges mondiaux de marchandises (hydrocarbures, matières premières agricoles, produits manufacturés…) sont réalisés par voie maritime et témoignent de la maritimisation de l'économie mondiale. La France est une puissance maritime grâce à ses armateurs (CMA-CGM), ses chantiers navals (Saint-Nazaire) et ses forces navales.

● **Les routes maritimes révèlent l'inégale intégration des territoires dans la mondialisation.** Elles relient les grandes façades maritimes qui concentrent 75 % des flux maritimes. Certains lieux (détroits, canaux…) sont des points de passage stratégiques. La France est bien intégrée dans ces réseaux marchands grâce à ses façades maritimes (Atlantique, Méditerranée, Manche, mer du Nord) et à ses territoires ultramarins.

2 L'appropriation des espaces maritimes

● **Le droit de la mer s'applique sur l'ensemble des espaces maritimes.** Les États côtiers disposent d'une ZEE sur laquelle ils exercent leur souveraineté. 36 % des mers et des océans du globe sont territorialisés. La haute mer (eaux internationales) est soumise aux revendications des États. La France dispose de la 2e plus grande ZEE dans le monde (10,1 millions de km²).

● **Les zones de tension sont nombreuses.** Les contentieux sur les frontières maritimes se multiplient. La lutte contre la piraterie s'intensifie afin de sécuriser les routes marchandes. La liberté de naviguer est parfois remise en cause. La France, en tant que puissance navale, participe à la surveillance des océans.

3 Protection et enjeux environnementaux

● **Les espaces maritimes sont vulnérables.** Les mers et les océans sont des écosystèmes fragiles soumis à de nombreuses pressions : concentration des déchets plastiques, risques de marées noires, surpêche…

● **Les mesures de protection se multiplient.** Les aires marines protégées couvrent désormais 7,3 % de la surface du globe. La France dispose de 9 parcs naturels marins dans ses eaux métropolitaines et ultramarines.

Podcast Synthèse à écouter

Repères géographiques

- Les principales routes maritimes p. 56-57
- Les ports et les façades maritimes p. 56-57
- Les ressources des mers et des océans p. 58-59
- Les zones de tensions et de conflits maritimes p. 58-59
- Les territoires ultramarins français p. 78-79
- Les principaux ports en France p. 80-81

Chiffres clés

361 millions de km² de mers et d'océans dans le monde, soit **71 %** de la superficie planétaire

11 milliards de tonnes de marchandises transportées par voie maritime chaque année

10,1 millions de km² : ZEE de la France

36%

36 % des mers et des océans sont territorialisés

7,3 % de la superficie des mers et des océans sont protégés

Pour aller plus loin

Bande dessinée

● *Le Monstre de plastiques,* Dominique Serafini, Expédition 7e continent, 2016.

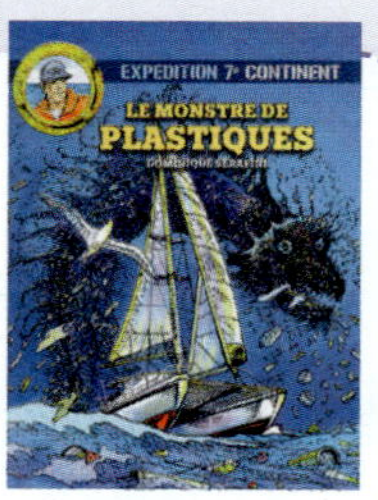

Documentaires

Le Dessous des cartes, Arte

● « Mer de Chine : bataille navale ? », octobre 2019.

● « Câbles sous-marins, la guerre invisible », avril 2018.

Site internet

● **Ministère français des Outre-Mer :** www.outre-mer.gouv.fr/

NOTIONS Maritimisation

→ Processus de dépendance croissante des sociétés, des économies, des territoires envers les mers et les océans. La **maritimisation** s'exprime par l'intensification des échanges internationaux de marchandises par voie maritime (abaissement du coût et des temps du transport maritime, augmentation de la taille des navires...), par l'exploitation des ressources (pêche, hydrocarbures, sable...) et par la concentration des populations et des activités sur les littoraux.

→ La maritimisation constitue également un enjeu géopolitique, une source de rivalités entre États, et un enjeu environnemental (diminution de la biodiversité, surpêche, pollutions).

Vidéo
2 min pour comprendre la maritimisation

LA MER : un espace stratégique et économique majeur

- Mondialisation des échanges
- Épuisement des ressources terrestres
- Concentration des activités sur les littoraux
- Importance stratégique des forces navales

↕

MARITIMISATION

ENJEUX ÉCONOMIQUES

- Commerce maritime (conteneurisation)
- Construction navale
- Infrastructures portuaires
- Exploitation des ressources maritimes (pêche, minerais, hydrocarbures, sable)
- Production d'énergie (hydroliennes)
- Tourisme de croisière

ENJEUX GÉOPOLITIQUES ET GÉOSTRATÉGIQUES

- Extension des ZEE
- Appropriation des mers
- Liberté de navigation
- Rivalités entre puissances
- Lutte contre la piraterie
- Contrôle des routes maritimes
- Respect du droit de la mer

ENJEUX ENVIRONNEMENTAUX

- Gestion durable des espaces maritimes
- Protection (aires marines protégées)
- Pollution (marée noire, plastique...)
- Lutte contre le changement climatique

NOTIONS

ZEE (Zone économique exclusive)

→ La **ZEE** est l'espace maritime d'un État côtier qui s'étend sur 200 milles marins (370 km) à partir du littoral et sur lequel l'État est souverain en matière d'exploitation et d'exploration des ressources de la mer.
Les autres États y jouissent du « droit de passage inoffensif » (navires, avions) et de la pose de conduites d'hydrocarbures et de câbles sous-marins.
Dans certains cas, les États peuvent étendre leurs droits sur les fonds marins jusqu'à 350 milles marins.

▷ Vidéo
2 min pour comprendre la ZEE

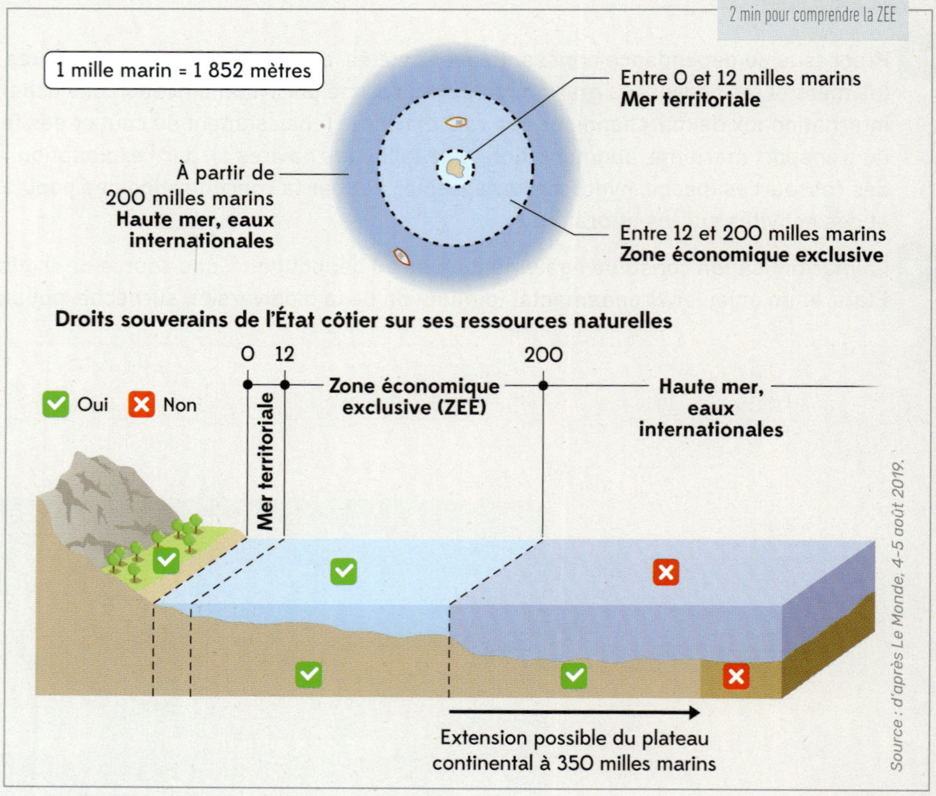

Haute mer

→ La **haute mer** (ou eaux internationales) est l'espace maritime situé au-delà des ZEE, non soumis à la souveraineté des États côtiers. Elle couvre 64 % des mers et des océans.
La navigation y est libre, ainsi que l'exploitation des ressources vivantes ou la pose de câbles sous-marins ou de conduites d'hydrocarbures. Les sols marins et leurs richesses minérales y sont considérés comme un « bien commun de l'humanité » à préserver.

▷ Vidéo
2 min pour comprendre la haute mer

STATUT JURIDIQUE	LA HAUTE MER ET SES ESPACES	ATOUTS	ENJEUX
Aucune souveraineté	Eaux de surface	Liberté de survol Liberté de navigation	Lutter contre la pêche illégale
Aucune souveraineté	Colonne d'eau Sol	› Exploitation libre des ressources vivantes (pêche, biogénétique) › Pose libre de câbles et de conduites	› Créer des aires marines protégées en haute mer › Préserver les ressources vivantes › Sécuriser les câbles et les conduites
« Bien commun de l'humanité » ; exploitation réglementée	Sous-sol	Richesse des ressources minérales	Ressources minérales très convoitées

NOTIONS

Puissance (maritime)

→ État (ou union d'États) qui se distingue par sa capacité d'influence sur l'espace mondial dans les domaines économique, culturel, militaire et diplomatique.

→ Une **puissance maritime** exerce son influence sur les mers et les océans. La notion de « puissance maritime dominante » a été théorisée en 1890 par l'amiral américain, Alfred Thayer Mahan, en se fondant sur l'exemple de la Grande-Bretagne.

Vidéo
2 min pour comprendre la puissance maritime

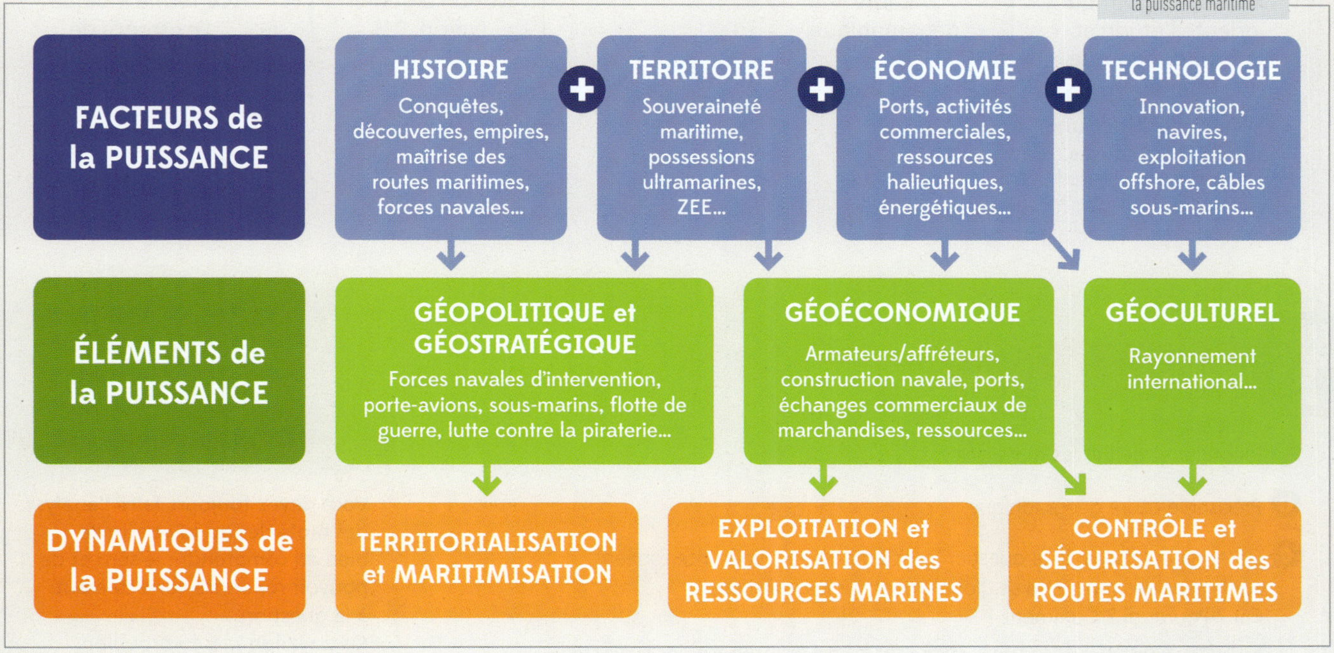

Route maritime

→ Itinéraire suivi par des navires de commerce assurant le transport sur des distances longues. Il s'agit de tracés rectilignes, même si certaines routes doivent tenir compte de contraintes : détroits, canaux, glaces hivernales, tracés des côtes, excès météorologiques (tempêtes), voire zones de piraterie.

→ Les **routes maritimes** les plus importantes sont généralement transocéaniques et relient les ports aux trafics les plus importants.

Vidéo
2 min pour comprendre la route maritime

BAC Réponse à une question problématisée

▶ Description de l'épreuve p. 19 et méthode générale p. 20-21

SUJET GUIDÉ

→ **Pourquoi la France est-elle une puissance maritime inégale ?**

- **Pourquoi** : Mot interrogatif qui oriente l'étude et le type de réponse attendue. → Il faut identifier une ou plusieurs causes.
- **la France** : Cadre géographique.
- **puissance maritime** : Notion à définir (voir p. 91).
- **inégale** : Ce terme indique l'existence de points forts et de points faibles.

ÉTAPE 1 Analyser le sujet

a Identifier et définir les mots clés.

b Préciser le cadre géographique.

c Déterminer le sens de la question problématisée en vous interrogeant sur le sens des mots et plus globalement sur les questions : Où ? Pourquoi ? Comment ?

▶ Après avoir analysé le sujet, choisissez parmi les propositions suivantes ce que vous devrez montrer dans votre devoir :

- La puissance maritime française ne s'exerce que dans certaines parties du monde.
- La puissance maritime française repose sur son influence militaire, stratégique, économique et culturelle.
- La puissance maritime française est caractérisée par des points forts et par des points faibles, aux causes multiples.

Conseil

▶ Vous devez toujours faire l'analyse des mots clés du sujet afin de bien en comprendre le sens et de pouvoir répondre correctement à la question.
Ce travail se fait au brouillon.

Conseil

▶ Quel type de réponse attendue selon le mot interrogatif ?
- Quels → énumérer des éléments
- Pourquoi → identifier des causes
- Comment → analyser des moyens
- Peut-on dire que → « oui / non, mais »

ÉTAPE 2 Faire un plan et mobiliser ses connaissances

a Dégager deux ou trois idées principales à partir de l'analyse de la question problématisée. Chacune de ces idées formera une partie du développement.

b Identifier deux ou trois idées secondaires qui constitueront les sous-parties. Classer les connaissances dans chaque sous-partie.

c Organiser les idées principales et secondaires pour mettre en évidence une logique de raisonnement géographique.

▶ Parmi les propositions de plan ci-contre, choisissez celle qui vous paraît la plus adaptée au sujet « Pourquoi la France est-elle une puissance maritime inégale ? ». Justifiez votre choix.

Conseil

▶ Au brouillon, vous pouvez réaliser une carte mentale pour organiser vos connaissances à mobiliser :
- les idées principales
- les arguments
- les exemples

PLAN 1

I. La France est une grande puissance maritime
   1. Un espace maritime valorisé
   2. Un espace protégé
II. Un espace maritime convoité
   1. Un domaine maritime aux limites contestées
   2. Des intérêts géostratégiques à sécuriser

PLAN 2

I. La France dispose d'importants atouts maritimes
   1. De vastes espaces maritimes
   2. Une économie maritime diversifiée
II. Une puissance maritime à relativiser
   1. Une faible place dans la navigation et les échanges maritimes mondiaux
   2. Des filières halieutiques concurrencées et sous-valorisées

d Mobiliser les connaissances utiles pour répondre à la question :

→ Le cours p. 82-83

→ Les cartes :
– L'espace maritime français p. 78-79
– Les ports français dans la mondialisation p. 80
– La croissance de l'économie maritime p. 81

→ L'étude de cas « Le Havre, un port maritime dans la mondialisation » p. 72-73

→ Les notions : Puissance maritime, Maritimisation, ZEE p. 89 à 91

Conseil

▶ Justifiez vos arguments par des exemples étudiés en cours.
Par ex. :
– Argument : les ports français sont peu compétitifs
– Exemple : le port du Havre est seulement le 67e port mondial en termes de conteneurs échangés (doc. 2 p. 72)

ÉTAPE 3 Rédiger la réponse à la question problématisée

a Vous pouvez rédiger une courte introduction en présentant brièvement le thème central du sujet.

→ Exemple :

La puissance maritime se définit par la capacité d'un État à assurer une influence durable sur l'ensemble du domaine maritime mondial, à la fois en termes militaires et stratégiques, mais aussi économiques. La puissance maritime de la France repose sur les atouts d'un vaste domaine maritime, mais présente des faiblesses.

Conseil

▶ Définissez les mots clés du sujet : les notions, le cadre géographique.

b Rédiger la réponse à la question problématisée en suivant le plan défini.

→ Exemple de rédaction de la 1re sous-partie de la 1re partie (I-1)

La puissance maritime française repose sur de nombreux atouts.
La France dispose d'un vaste domaine maritime. Par son ouverture sur l'océan Atlantique, la mer du Nord, la Manche et la Méditerranée, la France métropolitaine (Corse comprise) dispose d'environ 7 000 kilomètres de côtes. Elle possède la deuxième plus vaste ZEE du monde grâce à ses territoires ultramarins (Nouvelle-Calédonie, Polynésie française, Wallis-et-Futuna dans le Pacifique, Mayotte, La Réunion et les TAAF dans l'océan Indien, Saint-Pierre-et-Miquelon, Guyane dans l'Atlantique et Martinique, Guadeloupe, Saint-Martin et Saint-Barthélemy dans la mer des Caraïbes). La France dispose ainsi, dans tous les océans du monde, de plus de 10 millions de km² de zone économique exclusive (ZEE) sur lesquelles elle exerce sa souveraineté en matière d'exploitation et d'exploration des ressources de la mer.

▶ Rédigez la suite de la réponse à la question problématisée.

Conseil

▶ Rédigez une phrase annonçant le thème de la partie, puis faites des sous-parties comportant chacune une idée importante du thème, des explications et des exemples.

c Vous pouvez rédiger une courte conclusion : une réponse synthétique à la question problématisée.

Entraînez-vous !

Sujet blanc

• Peut-on dire que l'appropriation des espaces maritimes est uniquement source de conflictualités ?

BAC Analyse de document

▶ Description de l'épreuve p. 19
et méthode générale p. 22-23

SUJET GUIDÉ

En analysant le document, vous montrerez que l'exemple des îles Senkaku/Diaoyu illustre les enjeux économiques et stratégiques liés aux espaces maritimes.
L'analyse du document constitue le cœur de votre travail, mais nécessite, pour être menée, la mobilisation de vos connaissances.

Les tensions sino-japonaises en mer de Chine orientale

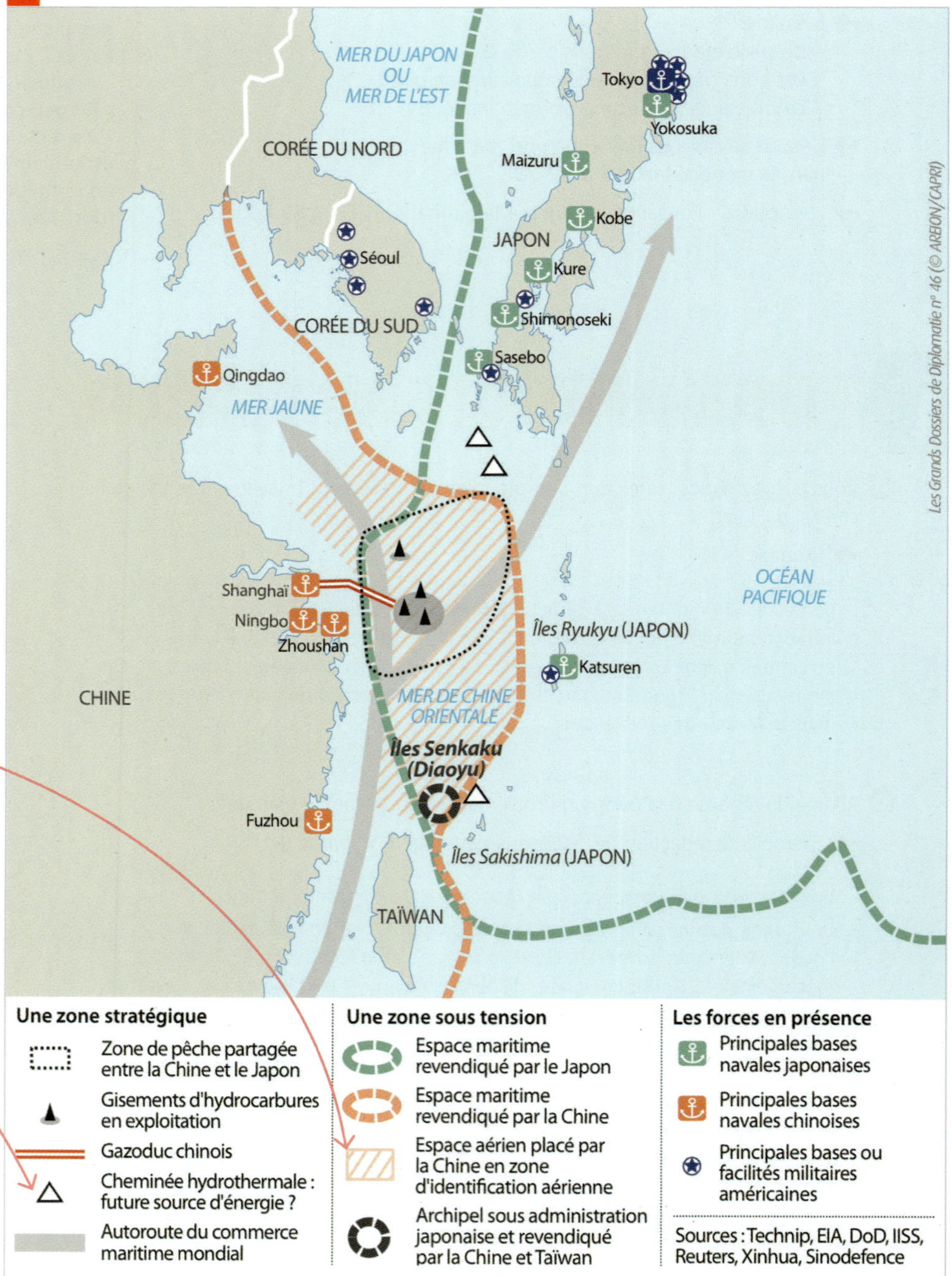

Source : « Mers et océans », Les Grands Dossiers de *Diplomatie*, n° 46, août-septembre 2018.

L'archipel Senkaku (en japonais) / Diaoyu (en chinois) est un groupe de cinq îles japonaises, d'une superficie totale d'à peine 7 km².

Zone d'identification aérienne : espace aérien dans lequel l'identification, la localisation et le contrôle des avions civils sont effectués dans l'intérêt de la sécurité nationale.

Cheminées hydrothermales : sources d'eau chaude situées entre deux plaques tectoniques au fond des océans.

Conseil
Utilisez les informations fournies dans le paratexte accompagnant le document.

ÉTAPE 1 Analyser le sujet

▶ Le sujet invite à mettre en évidence et à expliquer les enjeux économiques et géostratégiques autour de l'archipel Senkaku/Diaoyu en mer de Chine orientale, puis à montrer que des enjeux identiques se retrouvent dans d'autres mers à travers le monde.

ÉTAPE 2 Analyser le document : la carte

▶ Les questions à se poser :

- Quel est l'espace cartographié ?
- Quelles informations sont fournies par les titres et les éléments de la légende ?
- Quels sont les acteurs évoqués ? Où sont-ils localisés ? Comment agissent-ils sur l'espace ?
- Quels sont les intérêts en jeu dans cet espace ?

▶ Les connaissances à mobiliser :

- Le vocabulaire : territorialisation, droit de la mer, ressources halieutiques et énergétiques.
- Les notions : Zone économique exclusive (ZEE), Route maritime p. 90-91
- Le cours : § 1 et 2 p. 62
- Les cartes : p. 56-57, p. 58-59

Conseil

▶ Utilisez vos connaissances pour expliciter les informations du document.

ÉTAPE 3 Répondre au sujet

a Rédiger l'introduction.

- Présentez le document.
- Annoncez la problématique.

- Exemple :

En mer de Chine orientale, l'archipel des îles Senkaku/Diaoyu est un exemple de zone maritime stratégique faisant l'objet de tensions entre plusieurs États. Le contrôle des ressources, d'une part, et le leadership régional, d'autre part, en sont les principaux enjeux.

b Rédiger l'analyse du document.

- Exemple de rédaction de la 1re partie :

Administré par le Japon, l'archipel des Senkaku, un ensemble de 7 km² d'îles inhabitées, est convoité par la Chine et par Taïwan. L'enjeu porte sur le contrôle des ressources énergétiques (hydrocarbures, énergie hydrothermale) et halieutiques (zone de pêche). L'exploitation de ces ressources est en principe définie en vertu du droit de la mer (Convention de Montego Bay, 1982) par la délimitation d'une zone économique exclusive pour chaque État riverain, mais la Chine revendique sa souveraineté sur des espaces plus étendus. Les autorités chinoises ont concrétisé la territorialisation croissante de la mer de Chine orientale avec l'exploitation offshore des gisements gaziers et la construction d'un gazoduc les reliant à Shanghai ; cependant, les ressources présentant un intérêt stratégique moindre peuvent donner lieu à des négociations comme le montre l'accord de partage d'une zone de pêche entre la Chine et le Japon.

- Rédigez la 2e partie en vous appuyant sur les idées suivantes :
  - Concurrence pour le leadership régional
  - Intérêt stratégique du contrôle de la route maritime majeure reliant la Chine et le Japon à l'Asie du Sud-Est et au Moyen-Orient
  - Extension de la puissance chinoise en mer de Chine orientale (bases navales, espace aérien de la zone revendiquée sous contrôle chinois)
  - Volonté de limiter les ambitions chinoises dans cette zone (bases navales japonaises et américaines).

c Rédiger la conclusion.

Entraînez-vous !

Document

- Carte « L'espace maritime français : atouts et enjeux de puissance » (ch. 2 p. 78)

Sujet blanc

- En analysant le document, vous montrerez que les espaces maritimes participent à la puissance de la France. L'analyse du document constitue le cœur de votre travail, mais nécessite, pour être menée, la mobilisation de vos connaissances.

BAC Réalisation d'un croquis

▶ Description de l'épreuve p. 19 et méthode générale p. 24-25

SUJET GUIDÉ

Les espaces maritimes, vecteurs de la mondialisation et sources de tensions

À partir du texte, vous construirez, à l'aide du fond de carte fourni, un croquis correspondant au sujet suivant : « Les espaces maritimes, vecteurs de la mondialisation et sources de tensions », accompagné d'une légende organisée.

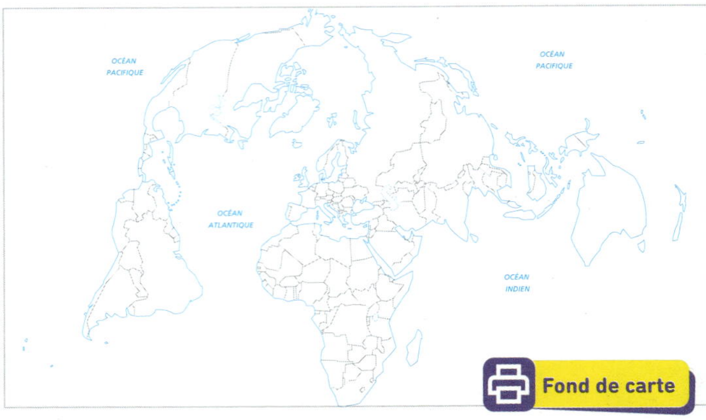

Fond de carte

ÉTAPE 1 Lire le sujet et la consigne

▶ Les questions à se poser :

➜ À quels espaces le sujet s'applique-t-il ?

Le sujet s'applique aux mers et océans à l'échelle mondiale.

➜ Que devra montrer le croquis ?

Le croquis devra montrer, d'une part, que ces espaces jouent un rôle important dans la diffusion de la mondialisation et, d'autre part, qu'ils sont sources de tensions entre les États.

ÉTAPE 2 Relever les informations dans le texte

Identifier le **thème de chaque partie du texte.**

Sélectionner les **informations à cartographier pour répondre au sujet.**

Relever les noms permettant de **localiser les informations sur le croquis.**

Les mers et les océans sont des espaces majeurs de la mondialisation. 90% des flux intercontinentaux de marchandises s'effectuent par voie maritime. Les principales routes maritimes relient les grands ports des façades asiatique (Shanghai, Tianjin), européenne (Rotterdam) et américaine (Los Angeles, Houston). La forte concentration du trafic dans les principaux détroits (Ormuz, Malacca, Bab el-Mandeb, Bosphore, Gibraltar) et les canaux interocéaniques (Suez, Panama) en font des points de passage stratégiques : plus de 40 % du trafic mondial de marchandises transitent par le canal de Suez ; 20 % de la consommation mondiale de pétrole passe par le détroit d'Ormuz, au débouché du golfe Arabo-Persique.

Les espaces maritimes sont aussi des lieux de rivalités et de tensions entre les États qui convoitent leurs ressources. L'accès aux zones de pêche et l'exploitation des ressources énergétiques et minérales sous-marines sont définis par une zone économique exclusive (ZEE) propre à chaque État côtier. Les États-Unis possèdent le plus vaste domaine maritime avec une ZEE de 12,2 millions de km², devant la France (10,1 millions de km²). La délimitation des ZEE fait l'objet de litiges entre les États lorsque des intérêts économiques ou géostratégiques sont en jeu, par exemple en mer de Chine méridionale, dans le canal du Mozambique, le golfe Arabo-Persique, l'océan Arctique. Le contrôle des mers est devenu un moyen d'affirmation de la puissance : la flotte de guerre des États-Unis, 1re force navale du monde, est déployée dans le nord du Pacifique, dans l'Atlantique, la Méditerranée et l'océan Indien ; la Marine française est opérationnelle dans le golfe de Guinée et le nord de l'océan Indien, notamment pour lutter contre la piraterie maritime qui sévit dans ces régions.

ÉTAPE 3 Classer les informations et choisir les figurés

▶ Recopiez ce tableau pour vous aider à faire la légende du croquis. Complétez les informations et les figurés manquants à l'aide des éléments prélevés dans le texte.

Conseil

▶ Vous pouvez reformuler les informations pour les simplifier, les synthétiser ou les rendre plus précises si nécessaire.

Thème	Informations	Reformulation	Figurés	Lieux
1. Des espaces majeurs de la mondialisation	•		•	....
	• Façades	→ Façades maritimes	•	....
	• Grands ports		•	• Shanghai, Tianjin, Rotterdam
	• Principaux détroits • Canaux interocéaniques • Passages stratégiques	→ Passages stratégiques (détroits, canaux interocéaniques)	•	• Gibraltar
2. Des espaces sources de tensions	• Zone économique exclusive (ZEE)		•	....
	•		•	....
	• Flotte de guerre des États-Unis • Marine française	→ Forces navales (États-Unis, France)	•	....
	•		•	....

Tableau à imprimer

ÉTAPE 4 Réaliser le croquis

▶ Compléter le croquis.

➔ À l'aide du tableau complété, écrivez le nom des lieux indiqués dans le texte en respectant les localisations.

➔ Rédigez et ordonnez la totalité de la légende.

➔ Donnez un titre au croquis.

Conseil

▶ Reportez-vous au « guide carto » p. 282 pour apprendre à réaliser un croquis et connaître les pièges à éviter.

BAC Sujets blancs

▶ Description de l'épreuve p. 19 et méthode générale p. 20-25

▶ Réponse à une question problématisée

SUJET

Comment la mondialisation accroît-elle l'importance des espaces maritimes ?

▶ Analyse de document

SUJET

En analysant le document, vous expliquerez les enjeux présents en mer Méditerranée. L'analyse du document constitue le cœur de votre travail, mais nécessite, pour être menée, la mobilisation de vos connaissances.

Trafic maritime et espaces protégés en Méditerranée

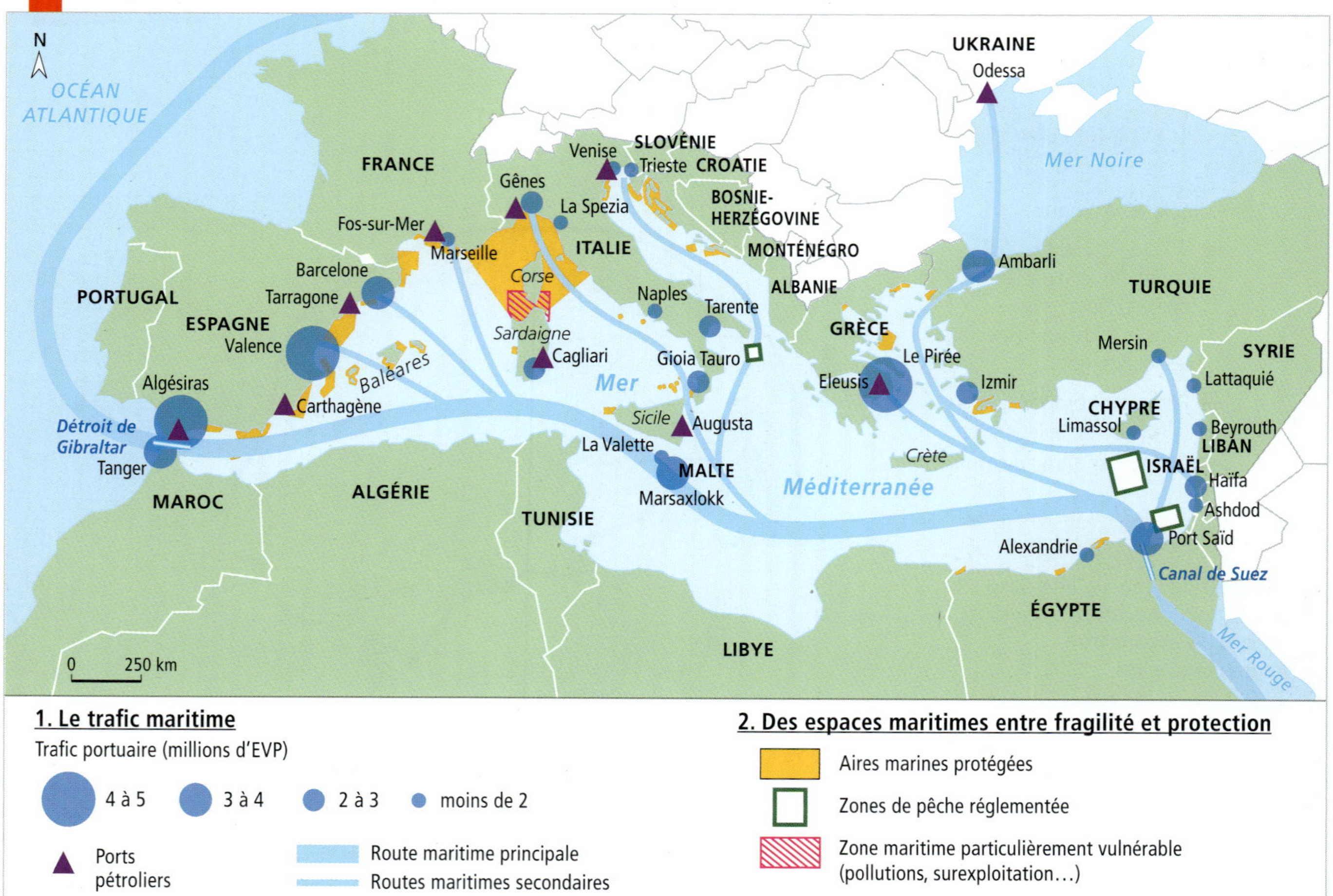

Avec seulement 1 % de la surface des mers, la Méditerranée concentre à elle seule 1/3 du trafic maritime et du trafic pétrolier mondial et 2 % de la pêche mondiale.

Réalisation d'un croquis

SUJET

Les mers et les océans, enjeux économiques pour la France

À partir du texte, vous construirez, à l'aide du fond de carte fourni, un croquis correspondant au sujet suivant : « Les mers et les océans, enjeux économiques pour la France », accompagné d'une légende organisée.

Les mers et les océans constituent un espace de ressources pour de nombreuses activités économiques. La possession de nombreux territoires d'outre-mer, parmi lesquels la Martinique, la Guadeloupe, La Réunion, la Guyane, fait de France la 2e plus vaste zone économique exclusive du monde et lui donne une grande diversité de ressources halieutiques. Ainsi, des zones de pêche sont exploitées non seulement au large du territoire métropolitain, mais aussi dans tous les océans du monde ; le sous-sol des espaces maritimes français est aussi source de richesses constituant un atout géostratégique comme les hydrocarbures (gisement pétrolier offshore au large de la Guyane) et les minerais rares (océan Pacifique).

La maritimisation de l'économie française s'est accentuée avec la mondialisation. L'ouverture du territoire sur l'océan Atlantique, la Manche, la mer du Nord et la mer Méditerranée est un atout pour le développement de l'activité portuaire. Parmi les 66 ports français, sept grands ports maritimes (GPM) concentrent plus de 90 % du trafic métropolitain : Le Havre (premier port français pour le trafic de conteneurs) et Marseille ont un trafic annuel supérieur à 60 millions de tonnes et sont les principaux ports d'importation d'hydrocarbures en France ; Dunkerque, Rouen, Nantes/Saint-Nazaire, La Rochelle et Bordeaux connaissent un trafic plus faible. Ces ports sont connectés aux routes maritimes majeures qui parcourent la Manche (détroit du Pas-de-Calais), l'Atlantique et la Méditerranée (détroit de Gibraltar et canal de Suez). Bien que la France occupe une place modeste dans la navigation mondiale, elle est le siège d'une grande firme transnationale spécialisée dans le transport maritime : la CMA-CGM, basée à Marseille, est le leader mondial du transport en porte-conteneurs.

Fond de carte

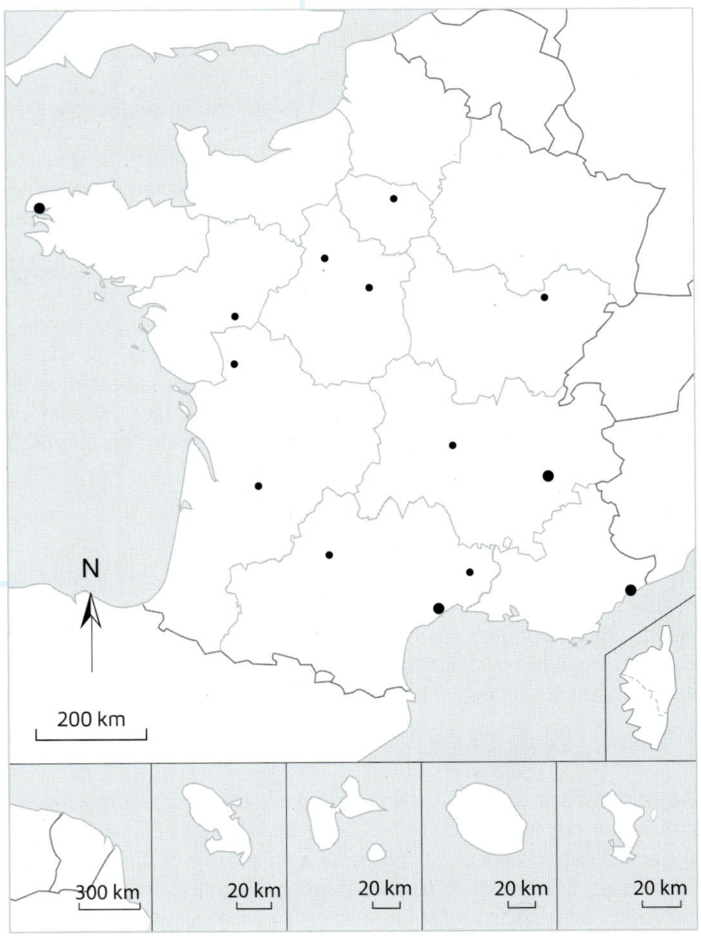

→Jean-Philippe, responsable qualité et R&D

Fiche Métier

→ **Responsable qualité, hygiène, sécurité, environnement**

- **Niveau minimum d'accès :** BAC +3
- **Salaire d'un débutant :** 1 450 à 1 700 € net
- **Salaire en milieu de carrière :** 2 000 à 2 500 € net
- **Statut :** salarié, fonctionnaire
- **Compétences requises :**

✓pédagogie ✓écoute ✓polyvalence ✓rigueur ✓disponibilité

PARCOURS D'ÉTUDES POSSIBLES

- BTS Métiers des services à l'environnement
- DUT Qualité, hygiène, sécurité, environnement
- Licence pro QHSE
- Master/diplôme d'ingénieur QHSE

CV EXPRESS

Jean-Philippe, 40 ans, Ajaccio (Corse-du-Sud)

FORMATION

- Bac STL (Ajaccio, Corse-du-Sud)
- DUT Génie biologique option agroalimentaire, Corte (Haute-Corse)
- Licence Qualité des produits agroalimentaires, Corte (Haute-Corse)

Expériences professionnelles

→ **Gloria Maris, responsable QHSE et R&D (Afa, Corse-du-Sud)**

→ Socopan, responsable QHSE (Afa, Corse-du-Sud)

→ Panavi Groupe, responsable QHSE (Afa, Corse-du-Sud)

Le métier de Jean-Philippe

Témoignage complet

Que vous ont apporté vos études en IUT dans votre vie professionnelle ?

Elles m'ont permis d'acquérir des compétences de base dans le domaine de la qualité des produits de l'agroalimentaire, tout en éveillant en moi la recherche de l'excellence et l'envie de faire rayonner dans le monde entier le savoir-faire agroalimentaire français.

Pouvez-vous nous présenter les activités développées par votre entreprise ?

Le Groupe Gloria Maris développe des activités durables d'élevage de poissons en milieu marin. De nombreuses marques de qualité sont respectées, comme le Label rouge ou la certification Bio. Les différentes structures du groupe participent et développent également des projets de Recherche&Développement qui permettent, avec les chercheurs, de faire avancer les connaissances dans ce secteur d'activité afin de nourrir la planète, tout en évitant la surpêche.

Quelles sont vos tâches au quotidien ?

J'ai la chance de pouvoir partager mon quotidien entre mon bureau et les sorties en pleine mer dans la baie d'Ajaccio. Les tâches varient à chaque saison et en fonction des conditions météo. Vous ne pouvez pas être uniquement responsable Qualité : il faut aussi être un marin accompli, un gestionnaire, un environnementaliste, un politicien, un enseignant et un élève, car c'est un métier où l'on apprend en permanence.

Pourriez-vous nous présenter un projet sur lequel vous travaillez actuellement ?

Je travaille depuis trois ans sur un projet d'aquaculture multitrophique intégrée (AMTI), en coopération avec le centre de recherche de Stella Mare en Corse. C'est un concept développé au Canada depuis vingt ans qui consiste à recréer une chaîne alimentaire avec des espèces endémiques. Leur présence sous les installations principales de l'élevage permet de limiter encore plus les impacts sur l'environnement marin en recyclant naturellement les déchets liés à l'aquaculture (déjections, restes alimentaires).

L'employeur de Jean-Philippe

Gloria Maris GROUPE

- **Nom de l'entreprise :** Ferme marine des Sanguinaires Groupe Gloria Maris
- **Année de création :** 1992
- **Siège social :** Afa (Corse-du-Sud)
- **Pays d'implantation :** France, Italie, Maroc

Nombre de salariés : 180

Votre projet d'orientation

- Faites une recherche sur le type de formation dispensée dans un institut universitaire de technologie (IUT).
- Pensez-vous que le contenu et l'organisation de ces formations conviennent à votre projet d'orientation ?

→ Usha, ingénieure en sécurité industrielle

Fiche Métier

→ **Ingénieure en sécurité industrielle**

- **Niveau minimum d'accès :** BAC +5
- **Salaire d'un débutant :** 2 800 € net
- **Salaire en milieu de carrière :** 4 300 € net
- **Statut :** salarié, indépendant
- **Compétences requises :**

✓ rigueur technique ✓ polyvalence ✓ adaptabilité

PARCOURS D'ÉTUDES POSSIBLES

- Diplôme d'ingénieur chimiste
- Master (chimie, environnement, maîtrise des risques industriels)

CV EXPRESS

Usha, 35 ans, Boulogne-Billancourt (Hauts-de-Seine)

FORMATION

- Bac S (Curepipe, île Maurice)
- L2 Sciences de la matière (physique-chimie) option prépa concours, université de Toulouse
- École d'ingénieurs de chimie de Toulouse (ENSIACET)

Expériences professionnelles

→ **TechnipFMC (La Défense), ingénieure en sécurité industrielle**

→ TOTAL, Londres (Royaume-Uni), ingénieure en sécurité industrielle

→ INPEX, Londres/Houston/Geoje, ingénieure en sécurité industrielle

→ DORIS Engineering (Paris), ingénieure en sécurité industrielle

Le métier d'Usha

Témoignage complet

Pouvez-vous nous présenter votre parcours d'études ?

J'ai vécu à l'île Maurice jusqu'à mes 17 ans avant d'arriver en France grâce à une bourse d'études supérieures. J'ai passé une L2 Sciences de la matière avec option prépa concours à l'université de Toulouse. J'ai ensuite intégré une école de chimie sur concours. L'université m'a permis de gagner en autonomie et en rigueur. L'école d'ingénieurs m'a donné le bagage technique en sécurité industrielle.

Racontez-nous votre parcours professionnel.

J'ai créé ma société après mon licenciement pour motif économique, suite à la baisse d'activité liée à la chute du prix du pétrole de 2014-2016. Mon expérience de salariée-cadre en CDI pendant dix ans m'a permis d'acquérir des connaissances techniques et de me constituer un carnet d'adresses. Aujourd'hui, je facture mon expertise et mes conseils à des sociétés comme Total et Technip FMC.

En quoi consiste votre métier au quotidien ?

Je travaille sur la conception et la construction de plateformes offshore. Mon métier consiste à prévenir les fuites de gaz et de nappes d'hydrocarbures, ainsi que les risques d'incendie et d'explosion. Je mets en place tous les moyens permettant de limiter les dégâts et de mettre en sécurité les opérateurs en cas d'accident majeur.

Sur quels projets avez-vous travaillé récemment ?

Entre 2011 et 2016, j'ai travaillé sur une plateforme construite en Corée du Sud et installée au large de l'Australie où elle produit du gaz naturel depuis 2017. Actuellement, je travaille sur un projet de plateformes flottantes connectées à un site onshore dans l'Arctique russe.

En quoi la géographie est-elle utile dans votre métier ?

La climatologie et l'océanographie sont utiles pour la conception d'équipements devant résister à des conditions extrêmes (vagues, vent). Il s'agit aussi d'organiser le transport du matériel et le planning des chantiers. Par exemple, l'installation des plateformes dépend des contraintes climatiques (cyclones en Australie, fonte de la banquise en Russie) : le planning est millimétré car tout décalage dans le temps a des répercussions financières énormes ! Les données de géographie et de géologie sont aussi utilisées pour étudier les zones de forage.

L'employeur d'Usha (indépendante)

Nom de l'entreprise : The Wolf of O&G

Année de création : 2018

Siège social : Boulogne-Billancourt (92)

Nombre de salarié : 1

Votre projet d'orientation

- Faites une recherche sur la différence entre « prépa intégrée » et « CPGE ».
- L'une de ces deux formations vous conviendrait-elle ?

La vache qui rit
La vache qui rit
La vache qui rit
Lay from
Géolocalisation
AFRIQUE
Antsirabé
MADAGASCAR

THÈME 2

Dynamiques territoriales, coopérations et tensions dans la mondialisation

La mondialisation renforce l'intégration des territoires à toutes les échelles. L'affirmation de nouvelles puissances et de nouveaux acteurs contribue au creusement des disparités et à l'inégale attractivité des territoires. Dans ce contexte concurrentiel, la mondialisation est facteur de coopérations, mais aussi de tensions.

Pourquoi la mondialisation est-elle source d'inégalités, de tensions, mais aussi de coopérations ?

Commerce informel à Antsirabé (Madagascar), 2016.
La Vache qui rit® est une marque appartenant au groupe agroalimentaire français Bel.

Pour entrer dans le thème

VU AU COLLÈGE ET AU LYCÉE

en 3e
- La France et l'Europe dans le monde

en 2de
- Développement et inégalités
- Des mobilités généralisées

en 1re
- La métropolisation : un processus mondial différencié
- Une diversification des espaces et des acteurs de production

Cours du collège et du lycée

Dynamiques territoriales, coopérations et tensions dans la mondialisation

A Vérifier ses repères géographiques

Carte interactive

doc. 1 Les espaces productifs dans le monde

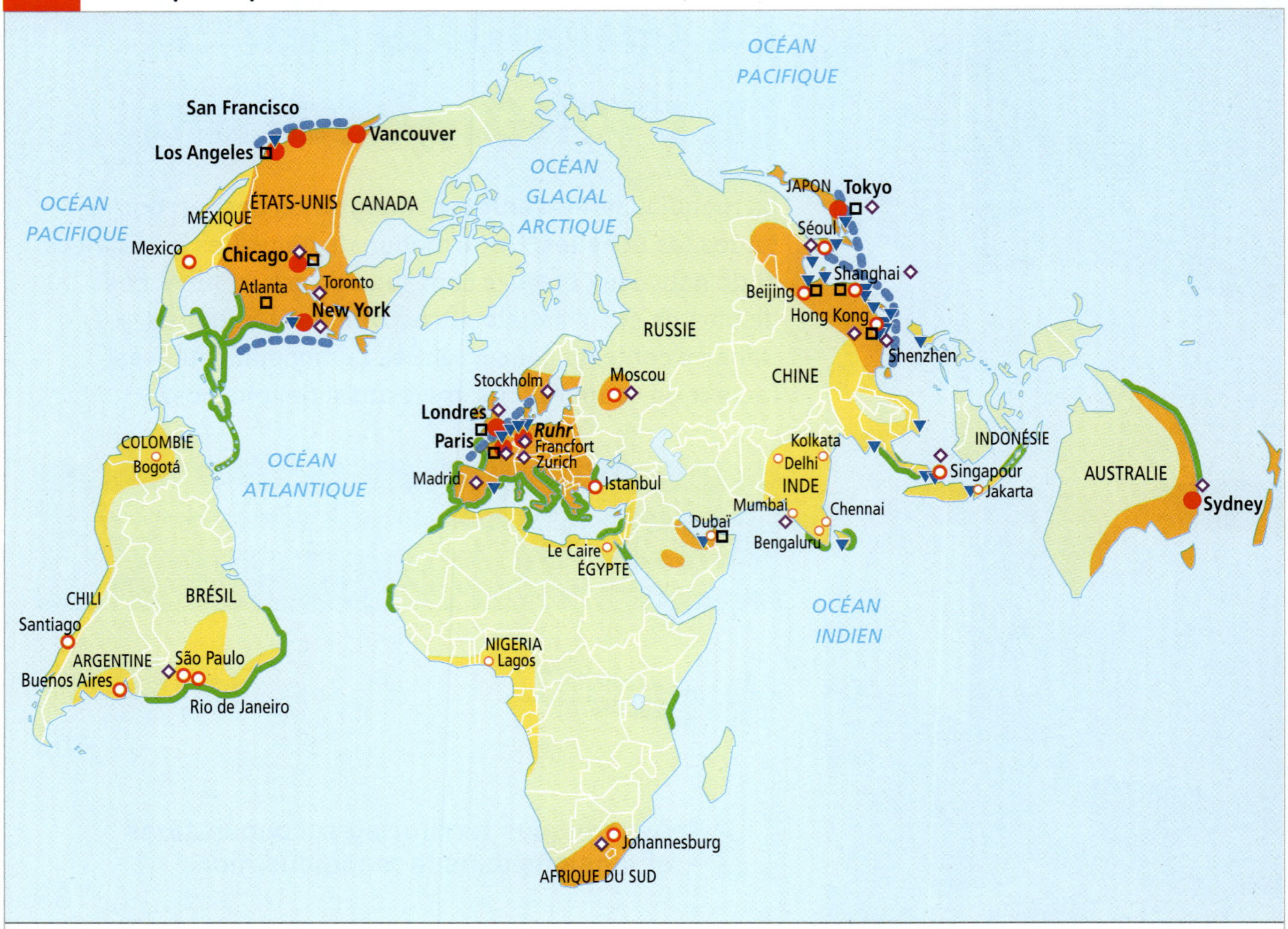

1. Des espaces productifs hiérarchisés

- Principaux espaces productifs mondialisés
- Espaces productifs émergents
- Espaces peu productifs
- Principales façades industrialo-portuaires
- Principaux littoraux touristiques
- Principaux ports

2. Un réseau métropolitain de production

- Métropoles productives mondiales
- Métropoles productives secondaires
- Métropoles productives émergentes
- Principales bourses mondiales
- Principaux aéroports internationaux

1 doc. 1 **Identifiez les régions du monde qui concentrent le plus grand nombre de métropoles productives.**

2 doc. 1 **Localisez les principales façades industrialo-portuaires.**

doc. 2 Les espaces productifs en France

Carte interactive

1. Les espaces des affaires
- Paris, métropole mondiale
- Autres métropoles

2. Les espaces du tourisme
- Principal pôle touristique mondial
- Sites touristiques majeurs
- Régions touristiques (tourisme balnéaire, de montagne, culturel)

3. Les facteurs de localisation des activités de services
- Principaux axes de transport terrestre
- Principaux aéroports
- Littoraux attractifs

3 doc. 2 Identifiez les espaces français dynamisés par le tourisme.

4 doc. 2 Citez le principal pôle touristique mondial et trois exemples de sites majeurs qu'il concentre.

5 doc. 2 Citez et localisez les principaux aéroports internationaux français.

6 doc. 2 Citez les régions françaises bien connectées aux pays européens voisins par des axes de communication majeurs.

7 doc. 3 Citez les régions du monde où le français est une langue nationale.

8 doc. 3 Citez le continent où le nombre de pays ayant le français comme langue nationale est le plus important.

doc. 3 Les langues européennes dans le monde

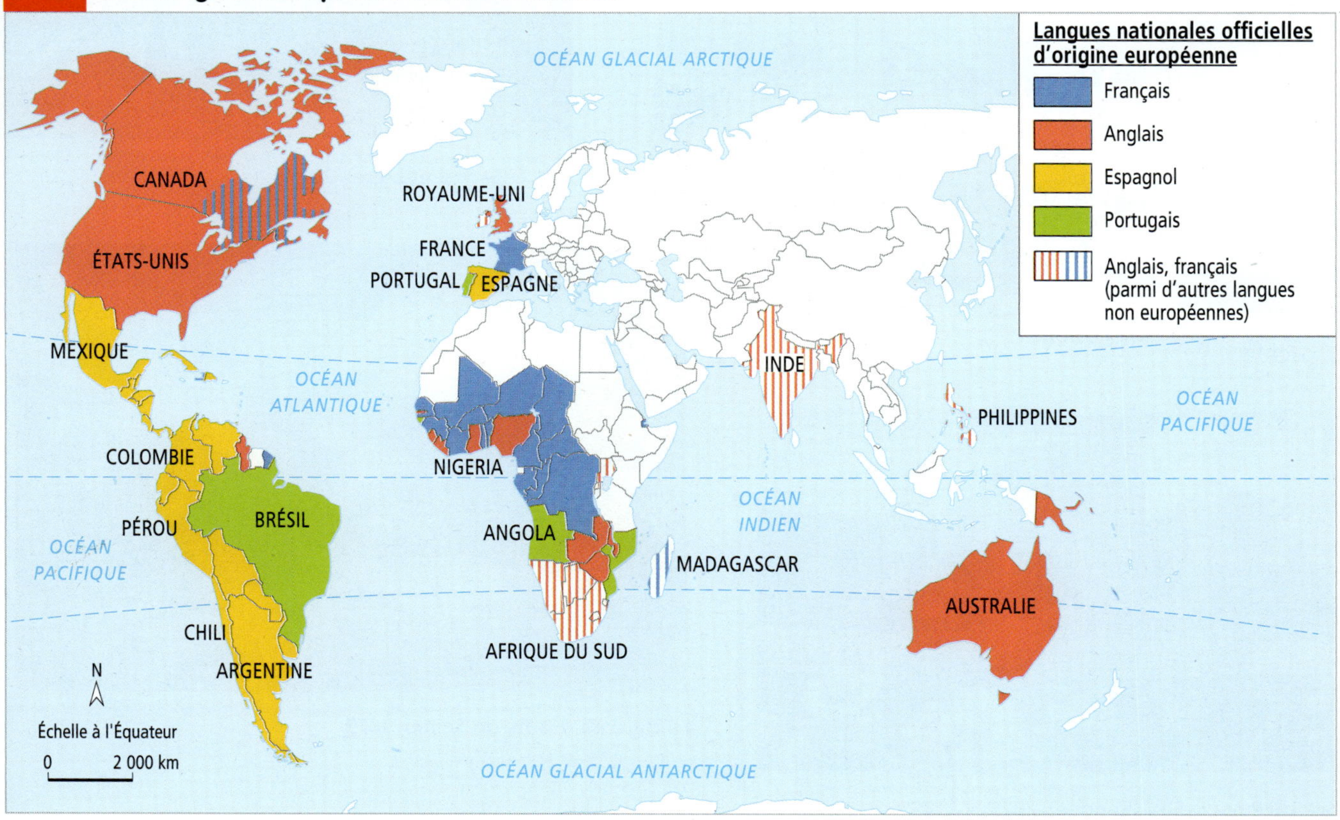

B Tester ses connaissances

9 Parmi ces pays, quelles sont les principales puissances émergentes ?

- a Chine
- b Brésil
- c Canada
- d Turquie
- e Inde
- f Afrique du Sud
- g Russie
- h Australie

10 Singapour :

- a est une place financière mondiale.
- b est l'un des premiers ports mondiaux.
- c est une métropole mondiale située en Chine.
- d a connu un « miracle économique » en quelques décennies.
- e est un pays vaste et riche en ressources naturelles.

11 Parmi ces métropoles, lesquelles sont de rang mondial ?

- a Paris
- b Mumbai
- c Londres
- d New York
- e Johannesburg
- f Tokyo

12 Parmi ces propositions, lesquelles décrivent la situation du continent africain :

- a A terminé sa transition démographique.
- b A une population particulièrement jeune.
- c A un IDH élevé.
- d Est un espace peu productif et peu intégré dans la mondialisation.
- e Ne compte aucune métropole de niveau mondial.
- f Est un espace qui attire les investissements chinois.

13 Le nombre de touristes internationaux dans le monde en 2019 était de :

- a 1,5 milliard
- b 2,5 milliards
- c 3,8 milliards

14 La France est la … puissance économique mondiale (PIB).

- a 4e
- b 7e
- c 9e

15 Le français est la … langue la plus parlée au monde.

- a 1re
- b 3e
- c 5e

16 Pour chacune des photographies suivantes, citez l'élément qui contribue à l'attractivité de la France.

1 Honfleur (Calvados), 2019.

2 Fuissé (Saône-et-Loire), 2019.

3 Parc du Puy-du-Fou (Vendée), 2019.

4 La Défense (Hauts-de-Seine), 2019.

C Mobiliser le vocabulaire et les notions

17 Reliez chaque mot à sa définition.

a. Métropole mondiale
b. Puissance émergente
c. Intégration régionale
d. Centre
e. Firme transnationale (FTN)

1. Puissance connaissant une croissance économique forte depuis les années 1990 et qui souhaite jouer un rôle à l'échelle mondiale face aux grandes puissances.
2. Processus qui consiste à rapprocher les nations entre elles pour supprimer les entraves à la liberté de circulation des biens, des services, des capitaux et des facteurs de production et favoriser les échanges.
3. Lieu de concentration d'activités et de pouvoir de commandement.
4. Entreprise implantée dans de nombreux pays et qui réalise la majeure partie de son chiffre d'affaires en dehors de son pays d'origine.
5. Ensemble urbain dont la taille et le rôle de commandement économique, financier et culturel lui donnent une influence sur le reste du monde.

D Expliquer des situations géographiques ORAL

doc. 4 La Silicon Valley, un territoire innovant

1. Un réseau d'universités et d'entreprises
- Principales universités
- Principales entreprises du numérique

2. Un territoire intégré dans une vaste aire métropolitaine
- Ensemble de villes formant le cœur de la Silicon Valley
- Secteur résidentiel de prestige associé au développement des hautes technologies
- Principaux axes routiers

3. Un espace productif connecté au monde
- Principaux ports
- Aéroports internationaux
- Flux immatériels liés aux entreprises du numérique

Source : D'après *Diplomatie*, n° 85, 2016.

18 En vous appuyant sur la légende de la carte, décrivez et expliquez en quelques phrases la situation géographique de la Silicon Valley.

THÈME 2

CHAPITRE 3 Dynamiques territoriales, coopérations et tensions dans la mondialisation

➔ **Comment la mondialisation recompose-t-elle les territoires ?**

➔ **Quelle gouvernance la mondialisation implique-t-elle ?**

Textes DYS
TOUS LES TEXTES EN VERSION DYS
lyceen.nathan.fr/geoterm-2020

SOMMAIRE

Zoom sur...

L'Azerbaïdjan

Population (2019)	9,9 millions d'hab.
Densité de population (2019)	114 hab./km²
Superficie	86 600 km²
PIB (2018)	47 milliards de dollars (86e rang mondial)
PIB/hab (2018)	4 722 dollars (97e rang mondial)

Source : Banque mondiale et FMI, 2020.

La vieille ville de Bakou et les Flame Towers (Azerbaïdjan), 2019.

Pour entrer dans le chapitre

Vidéo

« La nouvelle route du gaz »,
Avenue de L'Europe,
France 3, 21 novembre 2018.

Géolocalisation

Étude de cas

Les îles de la Caraïbe : entre ouverture mondiale et intégration régionale

Zoom sur...

Les îles de la Caraïbe (2018)

Population	43,4 millions d'hab.
Superficie	235 830 km²
États indépendants	13
Territoires non souverains	17

Comment les îles de la Caraïbe s'intègrent-elles dans la mondialisation ?

A Des territoires inégalement intégrés dans la mondialisation

1 Les îles de la Caraïbe dans la mondialisation

Carte interactive

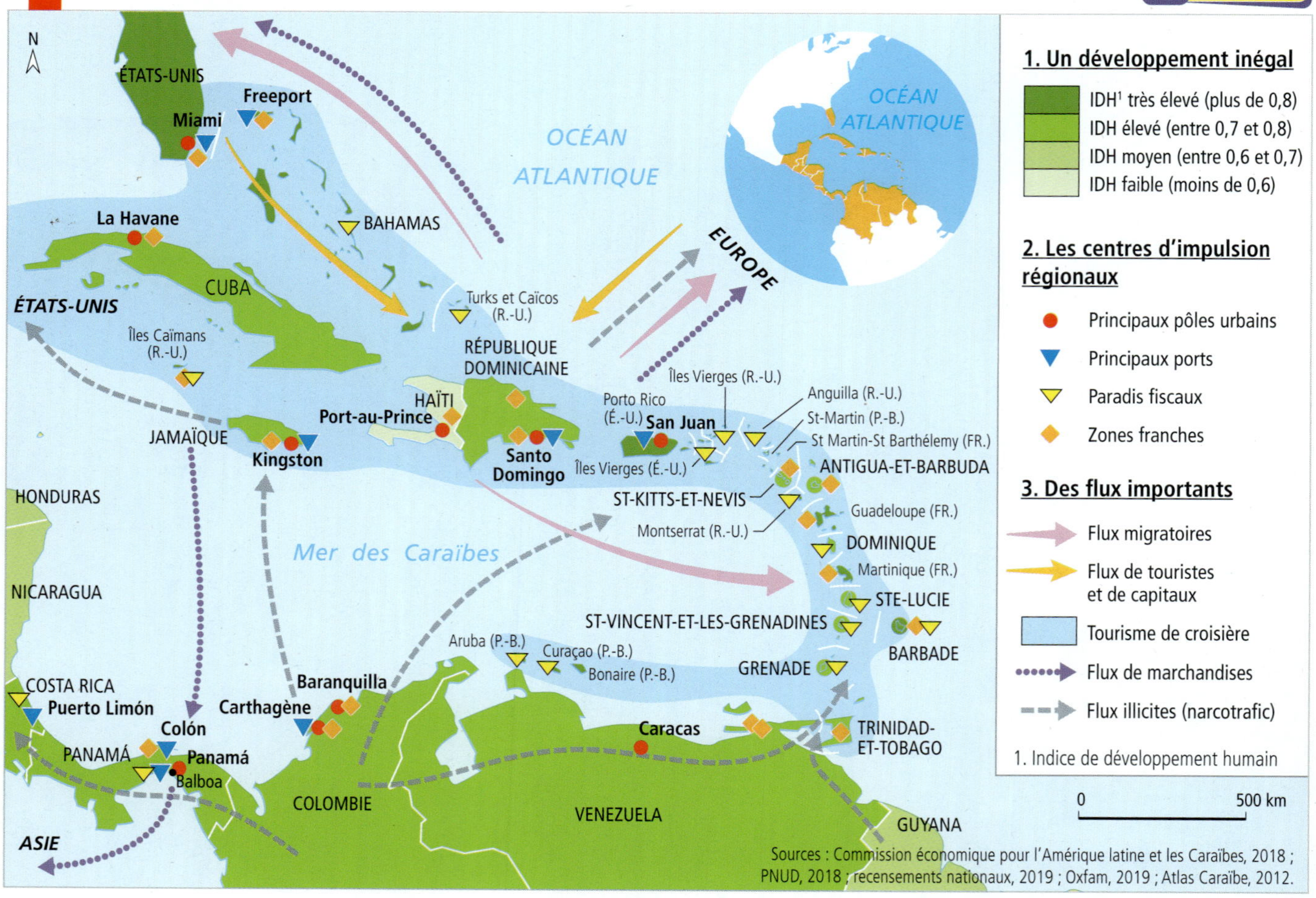

Sources : Commission économique pour l'Amérique latine et les Caraïbes, 2018 ; PNUD, 2018 ; recensements nationaux, 2019 ; Oxfam, 2019 ; Atlas Caraïbe, 2012.

Vocabulaire

- **Connectivité aérienne :** ensemble des connexions d'un territoire à d'autres territoires par voie aérienne.
- **Insularité :** ensemble des caractéristiques qui donnent à un territoire et à sa population les aspects typiques d'une île en fonction de son isolement et/ou de son éloignement.
- **Paradis fiscal :** territoire à la fiscalité avantageuse par rapport à d'autres pays (impôts inexistants ou réduits, législation empêchant l'échange d'informations avec les autres États, tolérance envers les sociétés écrans ayant une activité fictive).
- **Zone franche :** territoire dans lequel la législation économique nationale ne s'applique pas (droits de douane, fiscalité) et où les marchandises entrent et sortent librement.

2 Les 5 îles caribéennes les plus connectées

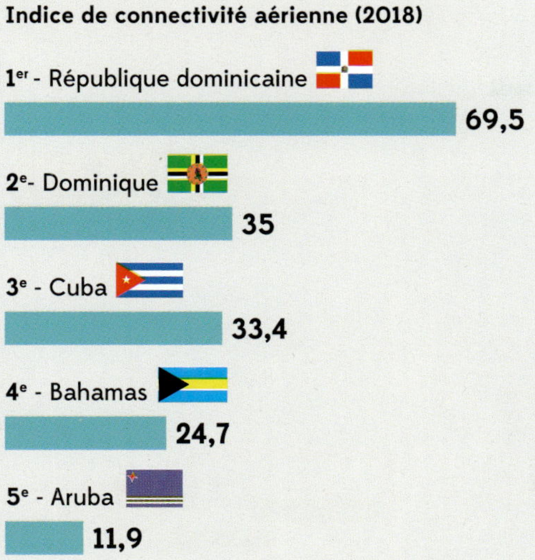

L'indice de connectivité aérienne mesure la qualité du réseau de transport aérien en prenant en compte le nombre de destinations, la fréquence hebdomadaire, le nombre de sièges par vol et la taille de l'aéroport de destination.

Source : Association internationale du transport aérien (IATA), 2018.

3 George Town (îles Caïmans) : une ville dans la mondialisation du tourisme

Les îles Caïmans sont l'un des plus importants paradis fiscaux de la planète. Photographie prise en 2017.

4 Un marché caribéen ouvert sur le monde

Parole de géographes

Les économies insulaires dépendent souvent de leur ancienne, ou actuelle, métropole qui poursuit ses échanges avec ses anciennes colonies, ou ses dépendances territoriales plus ou moins autonomes. Désormais, les territoires insulaires caribéens disposent d'une grande gamme de produits provenant de la planète entière. Les territoires insulaires caribéens ont tendance à s'affranchir de leur dépendance historique par rapport à l'Europe et aux États-Unis. Ils ont renforcé leurs liens avec le reste de l'Amérique, mais surtout avec le reste du monde. Leur ouverture au monde reste timide, mais réelle. Les territoires insulaires caribéens échangent peu avec l'Afrique et l'Océanie. La grande évolution concerne les échanges entre les territoires insulaires caribéens et l'Asie. La Chine prend ainsi peu à peu la place qu'occupaient l'Europe et les États-Unis.

La mondialisation, porteuse d'espoir pour les espaces insulaires, n'a pas été à la hauteur de ceux-ci. Les indicateurs commerciaux demeurent « catastrophiques » pour des territoires indépendants ou autonomes. Malgré les efforts effectués pour s'insérer dans les échanges internationaux de marchandises, leur état de dépendance ne s'est guère amélioré.

Jérôme Verny et Maxime Forriez, *Études caribéennes*, n° 43-44, août-décembre 2019.

Questions

Itinéraire 1

Répondre aux questions

1. **Identifiez** les territoires avec lesquels les îles de la Caraïbe entretiennent des relations commerciales. **doc. 1 et 4**
2. **Relevez** les atouts des États insulaires caribéens pour s'intégrer dans la mondialisation. **doc. 1 à 4**
3. **Expliquez** l'inégale intégration des territoires insulaires caribéens dans le monde. **doc. 1, 2 et 4**

Synthétiser

4. **Montrez** que les îles de la Caraïbe sont inégalement intégrées dans la mondialisation. **doc. 1 à 4**

ou

Itinéraire 2

Construire un argumentaire oral (1/2) ORAL

- Réalisez un exposé sur l'ouverture mondiale et l'intégration régionale des îles de la Caraïbe.
- Construisez votre propos selon le plan suivant :
  - une introduction précisant la localisation de la Caraïbe
  - une 1re partie sur l'inégale intégration dans la mondialisation des îles de la Caraïbe (**doc. 1 à 4**)
  - une 2e partie : voir p. 113

Étude de cas

Les îles de la Caraïbe : entre ouverture mondiale et intégration régionale

B Une intégration régionale incomplète

5 Des îles entre coopération et intégration régionale

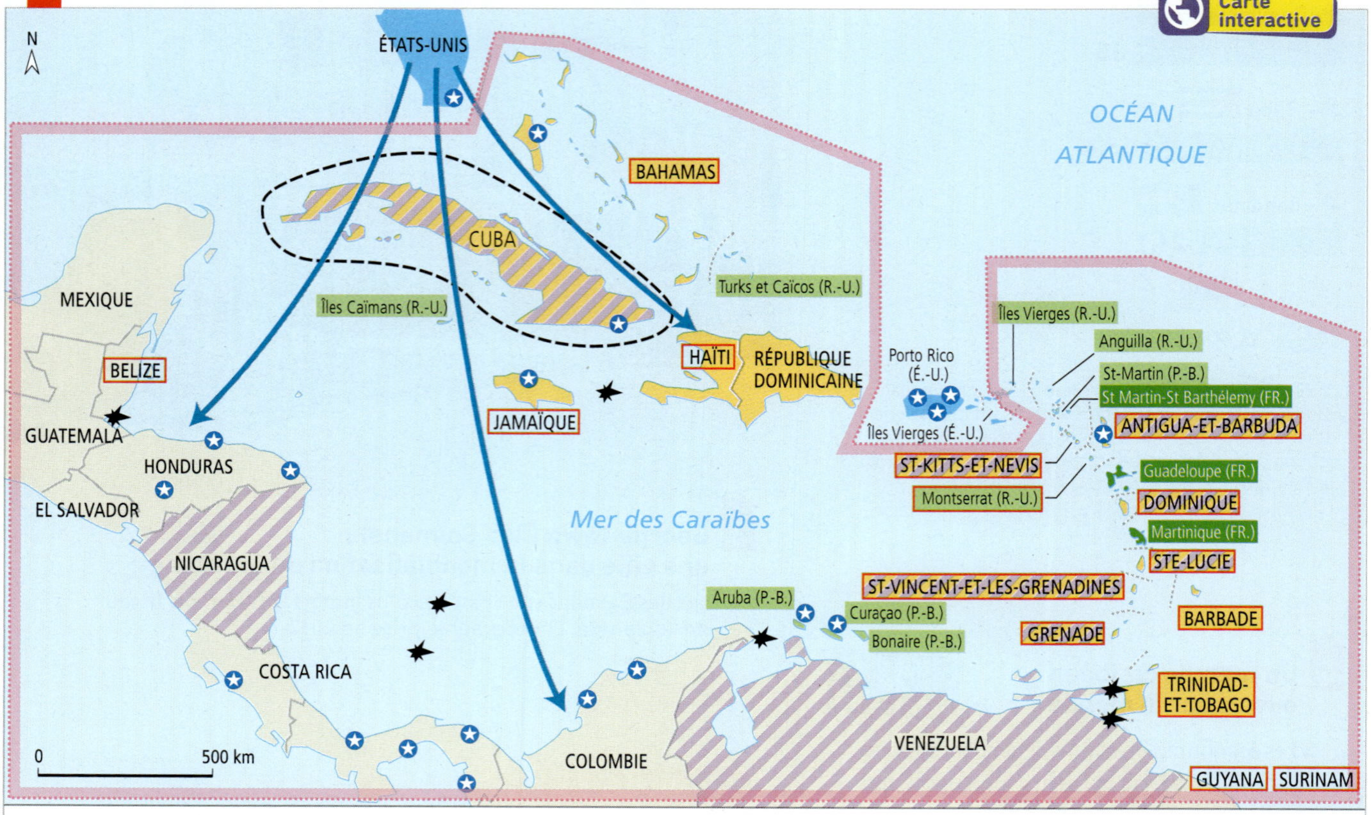

1. Une mosaïque de statuts politiques
- États insulaires indépendants
- Territoires insulaires non souverains
- Territoires insulaires français

2. Des relations régionales entre coopérations et tensions
- Association des États de la Caraïbe
- États membres de la CARICOM
- États membres de l'Alliance bolivarienne pour les Amériques
- Litiges liés à la délimitation des frontières maritimes

3. Une forte influence des États-Unis
- Territoires américains
- Bases militaires américaines
- Pays sous embargo américain
- Aide publique au développement

Sources : Association des États de la Caraïbe, CARICOM, ALBA, 2019 ; *Atlas Caraïbe*, 2012.

6 Une intégration commerciale régionale limitée

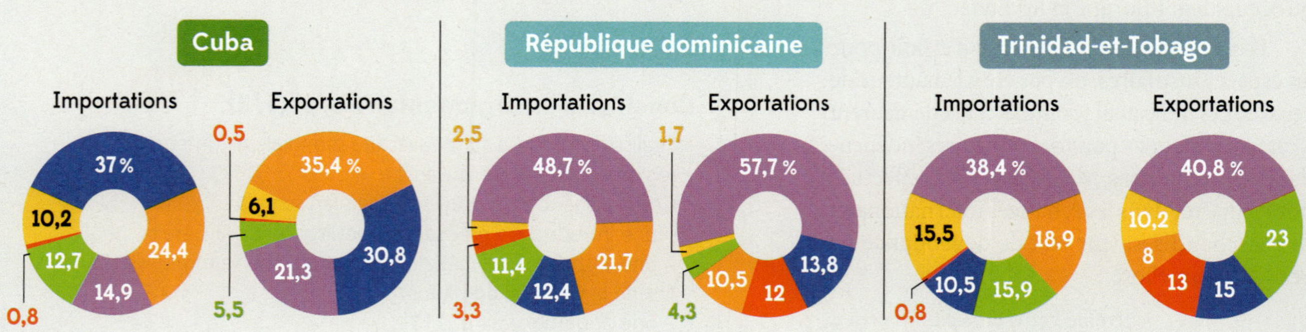

Source : Atlas of economic complexity, Université d'Harvard, 2019.

Vocabulaire

- **Alliance bolivarienne pour les Amériques** : organisation politique et économique d'inspiration socialiste, hostile à « l'impérialisme » des États-Unis.
- **Association des États de la Caraïbe** : organisation régionale favorisant la coordination des politiques économiques et environnementales.
- **CARICOM (Caribbean Community)** : zone de libre-échange.

7 **CARIFESTA, un vecteur de coopération culturelle régionale**

Le Caribbean Festival of Arts (CARIFESTA) est un événement multiculturel organisé périodiquement par les pays des Caraïbes.
Affiche de l'édition 2019.

Site du festival

8 Les limites de l'intégration régionale caribéenne

La Caraïbe est un ensemble de petites îles avec une organisation politique et administrative plurielle héritée de la décolonisation. Les pays de la Caraïbe mènent une politique active d'intégration en constituant des institutions régionales, pourtant ces pays ne semblent pas décoller économiquement.

La dépendance ancienne à l'Europe et aux États-Unis a contraint les micro-États de la Caraïbe à s'intégrer ou s'associer dans le cadre d'organes de coopération inter-étatiques. Cependant, la petite taille du marché Caraïbe, les intérêts nationaux ainsi que la similitude des structures de production et donc l'absence de complémentarité, renforcent la logique de concurrence entre les îles. L'exiguïté du territoire constitue un sévère handicap à l'intégration économique. De fait, la coopération commerciale intra-régionale est restreinte et ne constitue pas pour l'instant un réel facteur de développement économique.

La région Caraïbe a réalisé des progrès significatifs sur le plan de la réduction de la pauvreté et du développement social. Cependant, l'assise économique traditionnelle, qui repose fortement sur le tourisme et les exportations de bananes et de sucre, est fragile depuis la crise économique mondiale de 2009. La criminalité, l'instabilité et la violence constituent de graves problèmes, de même que les catastrophes naturelles à répétition.

Marie Marthe Bredas, « Institutions, démocratie et croissance dans la Caraïbe anglophone : idées préconçues et réalité », université des Antilles, CNRS, 2017.

Questions

Itinéraire 1

Répondre aux questions

5. **Relevez** les moyens mis en œuvre pour favoriser le développement et les échanges régionaux dans les îles de la Caraïbe. **doc. 5, 7 et 8**
6. **Analysez** les limites de l'intégration entre les îles de la Caraïbe et leurs raisons. **doc. 6 et 8**
7. **Expliquez** pourquoi l'influence des États-Unis sur la Caraïbe est à la fois un facteur d'intégration régionale et de tensions. **doc. 5, 6 et 8**

Synthétiser

8. **Montrez** que l'intégration régionale des îles de la Caraïbe est incomplète. **doc. 5 à 8**

ou

Itinéraire 2

Construire un argumentaire oral (2/2)

ORAL

- Réalisez un exposé oral sur l'ouverture mondiale et l'intégration régionale des îles de la Caraïbe.
- Poursuivez votre propos selon le plan suivant :
  – introduction et 1re partie : voir p. 111
  – 2e partie sur l'intégration régionale et ses effets sur le développement de la Caraïbe insulaire. **doc. 5 à 8**

Croquis de l'étude de cas

▶ p. 122

Étude de cas

La Russie dans la mondialisation

Zoom sur…

▸ La Fédération de Russie (2018)

Population	144,48 millions d'hab. (9e rang mondial)
Superficie	17 125 191 km² (1er rang mondial)
PIB	1 657 milliards de dollars (11e rang mondial)

Source : Banque mondiale et FMI, 2019.

➔ Quels sont les atouts de la Russie et les limites de son intégration dans la mondialisation ?

A Des territoires inégalement intégrés dans la mondialisation

1 Les territoires russes dans la mondialisation

Carte interactive

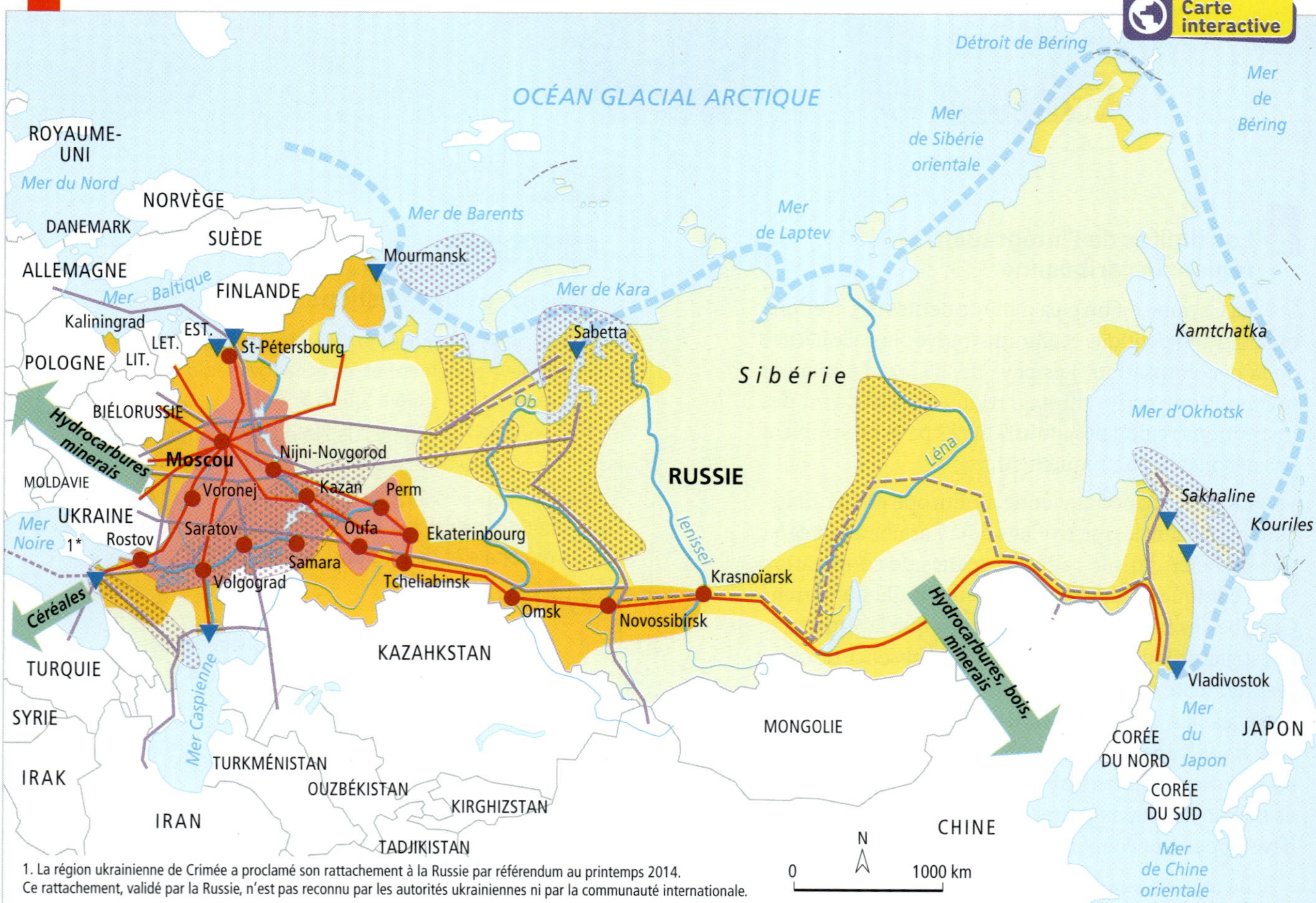

1. La région ukrainienne de Crimée a proclamé son rattachement à la Russie par référendum au printemps 2014. Ce rattachement, validé par la Russie, n'est pas reconnu par les autorités ukrainiennes ni par la communauté internationale.

1. Des territoires inégalement intégrés
- Principales métropoles (plus d'un million d'habitants)
- Territoires fortement métropolisés
- Périphéries intégrées (agriculture, industrie)
- Territoires à fortes contraintes, en voie d'intégration
- Territoires en marge (forêt, peuplement ponctuel)

2. Des ressources énergétiques, facteurs d'intégration
- Principaux gisements d'hydrocarbures
- Principaux oléoducs et gazoducs
  - existants
  - en projet
- Exportations

3. Un réseau de communication déséquilibré
- Principales voies navigables
- Principaux axes terrestres (autoroutes, voies ferrées)
- Principaux ports
- « Route maritime du Nord » en développement

Animation croquis

2 La *skyline* de Moscou (2018)

① La rivière Moskova
② Murailles du Kremlin, siège du pouvoir politique depuis le XVe siècle
③ Ministère des Affaires étrangères (1953)
④ Quartier d'affaires de Moskva City (années 2000-2010)

Vidéo
« Russie : Arctique, la nouvelle frontière », Arte, 2019.

3 Les inégalités du territoire russe

Parole de géographes

La Russie fait partie des pays au sein desquels les disparités entre les régions sont les plus importantes. L'économiste Natalia Zoubarevitch classe les régions en quatre catégories : 1. la nouvelle et l'ancienne capitales, Moscou et Saint-Pétersbourg ; 2. les villes d'extraction de matières premières, les treize autres villes millionnaires en habitants et quelques capitales provinciales attractives ; 3. les régions intermédiaires qui peuvent posséder aujourd'hui encore une industrie locale ; 4. le reste du territoire, pour l'essentiel le nord du pays et la Sibérie, peuplés de villages qui cumulent une faiblesse des réseaux de transport, une population vieillissante et, faute notamment de main-d'œuvre et d'investisseurs, ne possèdent quasiment aucune activité productive.

L'immensité du territoire ainsi que les conditions climatiques et la localisation des ressources en matières premières sont des éléments déterminants pour expliquer les contrastes interrégionaux de développement. […] Les politiques de développement actuellement menées renforcent le morcellement du territoire et polarisent l'activité économique dans un nombre réduit de régions érigées en vitrines russes de la modernité.

Kevin Limonier, maître de conférences à l'Institut français de géopolitique et Vladimir Pawlotsky, doctorant à l'Institut français de géopolitique, « La Russie, une puissance en renouveau », *Documentation photographique*, La Documentation française, novembre-décembre 2018.

Questions

Itinéraire 1

Répondre aux questions

1. **Relevez** des éléments de l'intégration de la Russie dans la mondialisation. **doc. 1 à 3**
2. **Décrivez** les inégalités territoriales qui caractérisent la Russie. **doc. 1 et 3**
3. **Identifiez** les facteurs de ces inégalités territoriales. **doc. 1 et 3**

Synthétiser

4. **Montrez** l'inégale intégration de la Russie dans la mondialisation. **doc. 1 à 3**

ou

Itinéraire 2

Utiliser un tableau pour préparer un exposé

- À l'aide des documents 1 à 3, commencez à compléter le tableau suivant.

	Doc. 1	…
Des territoires inégalement intégrés à la mondialisation		
Un territoire entre coopérations et tensions	Voir p. 117	

THÈME 2 · SE PRÉPARER · CHAPITRE 3 · CHAPITRE 4 · RÉVISER

B Un territoire entre tensions et coopérations internationales

4 Une crédibilité internationale retrouvée

Parole de géopoliticienne

Guerre éclair en Géorgie (2008), annexion de la Crimée (2014), opérations militaires en Syrie, multitude d'exercices de toutes envergures sur le territoire de la Fédération de Russie comme en coopération avec des partenaires étrangers : depuis dix ans, l'armée russe fait un retour remarqué sur la scène internationale. Le président Poutine[1] s'attache à restaurer la crédibilité de la puissance militaire russe, ce qu'il voit comme une condition du prestige de la Russie sur la scène internationale.

La majeure partie des forces russes déployées à l'étranger est concentrée dans son voisinage immédiat (l'ex-URSS). Les manifestations régulières de sa puissance militaire sur la scène internationale (Marine russe en Méditerranée, manœuvres annuelles avec la Marine chinoise depuis 2012, nouvelles installations militaires dans le Grand Nord), ont contribué à rehausser la visibilité internationale de la Russie.

Sur le « front Ouest », le dispositif militaire russe à la frontière russo-ukrainienne connaît un renforcement considérable depuis 2015. Au sud, la Russie s'est attachée à consolider ses partenariats avec les républiques d'Asie centrale, en particulier au sein de l'Organisation du traité de sécurité collective, et à resserrer sa concertation régionale avec la Chine, qui en 2018 participait pour la première fois aux exercices stratégiques russes Vostok, dans la partie orientale de la Fédération de Russie.

Isabelle Facon, spécialiste des politiques de sécurité et de défense russes, « La puissance militaire russe » *in* Bruno Tertrais (dir.), *Atlas militaire et stratégique*, Autrement, 2019.

1. Vladimir Poutine, président de la Fédération de Russie en 2019.

5 Le poids des hydrocarbures dans la diplomatie russe

La Fédération de Russie est un acteur de taille dans le secteur énergétique par ses réserves, sa production et sa propre consommation. En 2016, le pays détenait respectivement 6,4 %, 17,3 % et 14,1 % des réserves mondiales prouvées de pétrole, gaz naturel et charbon. […] au cours du premier semestre de 2016, le complexe énergétique russe, qui comprend l'industrie pétro-gazière, électrique, et charbonnière, représentait 25 % du PIB, 57 % des exportations et 3,6 % de l'emploi total en Russie. […]

À l'échelle nationale, les revenus de la vente du pétrole ont essentiellement une fonction de stabilisation. Ils permettent de maintenir le pays à flot. […]

À l'échelle internationale, l'énergie fait partie intégrante de la diplomatie russe. […]. La croissance économique russe, qui a largement profité de la hausse des prix du pétrole entre 2000 et 2014, a permis au pays de se réaffirmer comme une grande puissance. […] Depuis 2015, la part du pétrole et du gaz dans le budget de l'État a légèrement diminué […] – une conséquence directe de la baisse du prix du baril. […] Cela reflète les faiblesses structurelles de l'économie russe, qui tendent à s'exacerber en période de baisse des prix du pétrole et de détérioration générale des performances économiques.

Aurélie Bros, « Ressources énergétiques : le trésor de la Russie », *Les Grands Dossiers de Diplomatie*, n° 40, août-septembre 2017.

6 La Russie dans la géopolitique mondiale

Une de *Questions internationales*, La Documentation française, n° 101, janvier-février 2020.

7 La Russie, entre coopérations et tensions

Carte interactive

1. Des stratégies de coopération internationale
- Communauté des États indépendants (CEI[2])
- Litiges territoriaux réglés
- Limites de l'ex-URSS

2. Le persistance de tensions territoriales
- Conflits et litiges territoriaux internationaux
- Tensions internes
- Territoires étrangers à forte proportion de russophones
- Espaces maritimes revendiqués par la Russie

3. Des luttes d'influence entre héritages et renouveau
- Pays membres de l'Organisation du traité de l'Atlantique Nord (OTAN)
- Organisation pour la démocratie et le développement (GUAM)
- Principales bases militaires russes
- Sanctions économiques à l'encontre de la Russie
- Cyberattaques attribuées à la Russie

1. La région ukrainienne de Crimée a proclamé son rattachement à la Russie par référendum au printemps 2014. Ce rattachement, validé par la Russie, n'est pas reconnu par les autorités ukrainiennes ni par la communauté internationale.
2. La CEI est une structure créée en 1991, après la chute de l'URSS, et composée de 10 des 15 anciennes républiques soviétiques.

Sources : « Géopolitique de la Russie », *Hérodote*, n° 166-167, 2017 ; Jean Radvanyi, Marlène Laruelle, *Russie : entre peurs et défis*, Armand Colin, 2016 ; Pascal Marchand, *Atlas géopolitique de la Russie*, Autrement, 2016.

Questions

Itinéraire 1

Répondre aux questions

5 **Analysez** le titre de cette une de presse. **doc. 6**

6 **Identifiez** les États rivaux de la Russie et la nature des tensions qu'ils entretiennent avec elle. **doc. 4 et 7**

7 **Relevez** les différentes formes de coopérations entre la Russie et les autres États. **doc. 4, 5 et 7**

Synthétiser

8 **Montrez** que l'insertion de la Russie dans la mondialisation est facteur de tensions et de coopérations. **doc. 4 à 7**

ou

Itinéraire 2

Utiliser un tableau pour préparer un exposé

ORAL

- À l'aide des documents 4 à 7, continuez de compléter le tableau commencé p. 115.

	Doc. 4	...
Des territoires inégalement intégrés à la mondialisation	Voir p. 115	
Un territoire entre tensions et coopérations		

- Utilisez-le pour préparer le texte d'un exposé oral.

Croquis de l'étude de cas

▶ p. 123

Étude de cas

Les corridors de développement en Amérique latine

Zoom sur…

▶ L'Amérique latine

Population (2018)	620 millions d'habitants
Superficie	20 millions de km²
Densité de population	31 hab./km²

Comment les corridors de développement permettent-ils à l'Amérique latine de s'intégrer dans la mondialisation ?

Vocabulaire

- **Corridor de développement :** projet d'intégration régionale reposant sur l'aménagement d'axes de transports (route, rail, voie navigable, port) visant à interconnecter des territoires.
- **Marché commun du Sud ou MERCOSUR** (*Mercado Común del Sur* en espagnol ; *Mercosul* en portugais) : alliance économique des pays d'Amérique du Sud créée en 1991.

1 Les corridors de développement en Amérique latine

Carte interactive

Sources des données : IIRSA/COSIPLAN, 2019 ; Commission économique pour l'Amérique latine et les Caraïbes, 2018.

2 Un regard critique sur les corridors de développement

La « Coalición regional » regroupe des ONG du Brésil, Pérou, Colombie, Équateur et Bolivie défendant la démocratie participative dans la prise de décision en matière d'intégration régionale.

Source : « Coalición regional ».

3 La route du col de la Cumbre côté chilien

Cette route permet de franchir les Andes *via* un col situé à 3 832 mètres d'altitude. Un tunnel a été aménagé en 1980 sur l'axe qui relie Mendoza (Argentine) à Santiago (Chili).

THÈME 2
SE PRÉPARER
CHAPITRE 3
CHAPITRE 4
RÉVISER

4 Les corridors bi-océaniques en Amérique du Sud

Paroles de géographes

Les enjeux [...] latino-américains sont ceux de la construction de façades littorales, ce qui suppose l'existence de ports efficients et d'arrière-pays à la hauteur des enjeux. [...] La façade atlantique y tient le haut du pavé pour des raisons historiques mais, dès la signature des accords [...] établissant le Mercosur en 1991, il avait été décidé de réaliser 36 passages transandins, dont les principaux deviendraient des corridors bi-océaniques. [...] Le Chili entend ainsi incarner un pays port : les exportations de matières premières passeraient par ses ports et les importations asiatiques feraient le chemin inverse, plutôt que de passer par Panamá, par le cap Horn [...]. Ceci suppose de vaincre des distances considérables sur le continent sud-américain, a priori par la route, et de pouvoir traverser les Andes. Entre Santiago du Chili et Buenos Aires (1 500 km), la route du col de la Cumbre (3 832 m) [...] n'est praticable qu'en été [...] ; il existe un projet de tunnel de base, ferroviaire, long de 52,6 km à 2 440 m d'altitude. [...]

Les viticulteurs chiliens et argentins, les exploitants des mines des Andes attendent beaucoup de leur désenclavement. La croissance de l'économie péruvienne est tirée depuis deux décennies par les exportations de produits minéraux vers la Chine.

Nassima Kacimi Zeggaï, spécialiste en aménagement du territoire et Raymond Woessner, spécialiste des transports, *Les Littoraux dans le monde*, Atlande, 2018.

Questions

Itinéraire 1

Répondre aux questions

1. **Identifiez** les objectifs de l'aménagement de corridors de développement en Amérique latine. **doc. 1 et 4**
2. **Analysez** les obstacles à l'intégration régionale en Amérique latine. **doc. 1 à 4**
3. **Montrez** que l'aménagement de corridors de développement en Amérique latine suscite des oppositions. **doc. 2**

Synthétiser

4. **Expliquez** comment les corridors de développement permettent à l'Amérique latine de s'intégrer à la mondialisation des échanges. **doc. 1 à 4**

ou

Itinéraire 2

Travailler l'oral ORAL

- Préparez une présentation orale de 5 minutes pour répondre à la problématique puis enregistrez-vous.
- Écoutez votre prestation pour évaluer sa qualité. Repérez les tics de langage, les signes d'hésitation, un rythme trop rapide ou trop lent… Enregistrez-vous de nouveau en étant attentif aux éléments à modifier.

Croquis de l'étude de cas

▶ p. 124

L'Asie du Sud-Est : inégalités d'intégration et enjeux de coopération

Zoom sur...

▶ L'Asie du Sud-Est (2018)

Population	655 millions d'hab.
Superficie	4,5 millions de km²
PIB	2 971 milliards de dollars

Source : Banque mondiale, 2019.

➔ À quels défis l'Asie du Sud-Est est-elle confrontée dans la mondialisation ?

1 L'Asie du Sud-Est dans la mondialisation

Carte interactive

Source : d'après Hugues Tertrais, *Atlas de l'Asie du Sud-Est*, Autrement, 2014.

1. Les espaces moteurs
- ● Principales métropoles
- ● Autres villes
- ▼ Principaux ports
- ◆ Principaux pôles touristiques

2. Des périphéries inégalement intégrées à la mondialisation
- Périphéries intégrées à la mondialisation
- Périphéries en marge de la mondialisation
- ➔ Fronts pionniers (déforestation)

3. Des dynamiques d'intégration contrastées
- Principales routes maritimes
- ➔ Flux migratoires
- Zone de libre-échange de l'ASEAN
- ✶ Zones de tension

2 L'ASEAN[1] dans la mondialisation

Part de la population mondiale : **8,6 %**

Part du PIB mondial : **2,3 %**

Part du commerce mondial : **8 %**

Taux de croissance annuel moyen entre 2011 et 2018 : **5,1 %**

1. Pays formant l'ASEAN (Association des nations de l'Asie du Sud-Est) :

Brunei, Birmanie, Cambodge, Indonésie, Laos, Malaisie, Philippines, Singapour, Thaïlande, Vietnam

Source : Banque mondiale, 2019.

Vidéo

3 Vue aérienne de Manille (Philippines)

Photographie prise en 2019.

Animation croquis

4 Les limites de la coopération régionale

Parole de géographes

Pour améliorer la connectivité maritime en Asie du Sud-Est, l'ASEAN[1] propose de désigner et soutenir financièrement des « ports prioritaires » dont le rôle serait de centraliser les flux. […] L'accord a finalement retenu 47 ports, rendant ainsi la mesure totalement inapplicable. […]

Ces difficultés tiennent au désir d'un bon nombre de gouvernements de privilégier l'amélioration d'une connectivité interne ou même hors région à celle d'une connectivité intrarégionale. […] Les initiatives régionales se regroupent en trois grands types […]. Les initiatives de coopération militaire se concentrent sur la piraterie et le terrorisme (coopération mise en place entre les pays riverains du détroit de Malacca). […] Les initiatives pour l'exploitation commune des ressources naturelles prennent essentiellement la forme de Zone Commune de Développement qui permet[ent] aux États côtiers d'explorer et d'exploiter en commun des ressources maritimes. […]

Les initiatives pour la protection de l'environnement sont à la fois plus variées et impliquent un plus grand nombre d'acteurs […]. Le grand écosystème marin de Sulu-Sulawesi a été classé comme une écorégion marine prioritaire. Il fait coopérer l'Indonésie, la Malaisie et les Philippines.

Nathalie Fau, spécialiste de l'Indonésie et Benoît de Tréglodé, spécialiste du Vietnam, *Mers d'Asie du Sud-Est. Coopérations, intégrations et sécurité*, CNRS Éditions, 2018.

1. ASEAN : créée en 1967, l'Association des nations de l'Asie du Sud-Est regroupe 10 pays ayant pour objectifs de renforcer la coopération politique, économique et culturelle entre eux.

Questions

Itinéraire 1

Répondre aux questions

1. **Décrivez** les inégalités d'intégration des territoires de l'Asie du Sud-Est à différentes échelles. **doc. 1 à 4**
2. **Analysez** les facteurs de l'inégale intégration de l'Asie du Sud-Est dans la mondialisation. **doc. 1 et 3**
3. **Relevez** les logiques de coopération, mais aussi les tensions qui existent en Asie du Sud-Est. **doc. 1 et 4**

Synthétiser

4. **Montrez** que l'Asie du Sud-Est dans la mondialisation est confrontée à des défis d'inégalités territoriales et de coopérations parfois sources de tensions. **doc. 1 à 4**

ou

Itinéraire 2

Réaliser un dossier d'actualité

- Effectuez des recherches sur l'Asie du Sud-Est en vous aidant des documents 1 à 4.
- Vous pouvez suivre le plan suivant pour constituer votre dossier :
  1. Des espaces moteurs fortement intégrés à la mondialisation (**doc. 1, 2 et 4**)
  2. Des périphéries inégalement intégrées à la mondialisation (**doc. 1 à 3**)
  3. Un espace entre coopérations et tensions (**doc. 1 et 4**)

Croquis de l'étude de cas

▶ p. 125

SE PRÉPARER
CHAPITRE 3
CHAPITRE 4
RÉVISER

▶ Voir p. 110-113

Les îles de la Caraïbe

Les îles de la Caraïbe : entre ouverture mondiale et intégration régionale

Les îles de la Caraïbe sont ouvertes sur l'espace mondial. Les territoires insulaires les mieux intégrés à la mondialisation bénéficient de la présence de pôles urbains majeurs (Santo Domingo, San Juan, La Havane) et/ou de ports (Freeport, Kingston). Néanmoins, les principales métropoles caraïbes (Miami, Panamá, Carthagène) et les ports les plus actifs (Miami, Colón, Balboa) sont plutôt localisés sur les littoraux des États-Unis et d'Amérique latine. Ces centres d'impulsion polarisent les flux migratoires vers l'Amérique du Nord et l'Europe. Parallèlement, les pays développés sont des foyers émetteurs de touristes vers Cuba, la République dominicaine, Porto Rico et les Petites Antilles. La proximité du canal de Panamá fait de la Caraïbe une importante zone d'échanges de marchandises.

Cependant, les îles de la Caraïbe sont inégalement ouvertes au monde, ce qui alimente les inégalités régionales. Les Petites et les Grandes Antilles, tout comme la plupart des pays riverains de la mer des Caraïbes, bénéficient de niveaux de développement élevés à très élevés, à l'exception de Haïti qui souffre d'un IDH faible. La plupart des pays d'Amérique centrale (Guatemala, Honduras, Nicaragua, Salvador), de même que le Guyana, occupent une situation intermédiaire.

L'intégration régionale repose sur différentes formes de coopérations, tout en se heurtant à certaines tensions. L'Association des États de la Caraïbe vise à harmoniser les politiques économiques et environnementales dans la région : elle regroupe l'ensemble des îles des Antilles ainsi que les pays latino-américains riverains de la Caraïbe. La zone de libre-échange de la CARICOM, qui favorise l'intégration commerciale régionale, rassemble surtout d'anciennes colonies britanniques, mais aussi Haïti. Néanmoins, l'influence des États-Unis, matérialisée par la présence de nombreuses bases militaires, s'avère source de tensions. Les États membres de l'Alliance bolivarienne pour les Amériques, menés par Cuba et le Venezuela, dénoncent l'impérialisme de leur puissant voisin.

Objectif BAC

Consigne : En vous aidant du texte ci-contre, de la légende ci-dessous et en vous appuyant sur vos connaissances, complétez le croquis de synthèse.

Aide pour répondre à la consigne :

- Assurez-vous que chaque figuré de la légende soit présent dans votre croquis.
- Indiquez les lieux en vous aidant des cartes p. 110 et p. 112 et hiérarchisez la nomenclature (voir « guide carto » p. 282-283).
- N'oubliez pas d'indiquer : un titre, une échelle et une orientation.

Fond de carte différencié

Titre : ___________________________________

1. Des territoires insulaires ouverts sur le monde

- ● Principaux pôles urbains
- ▼ Principaux ports
- → Flux migratoires
- → Flux touristiques
- → Flux de marchandises

2. Une ouverture mondiale contrastée, facteur d'inégalités

- IDH élevé à très élevé
- IDH moyen
- IDH faible

3. Une intégration régionale entre coopérations et tensions

- Association des États de la Caraïbe
- CUBA États membres de la CARICOM
- GRENADE États membres de l'Alliance bolivarienne pour les Amériques
- Bases militaires américaines

▶ Voir p. 114-117

La Russie

La Russie dans la mondialisation

Les territoires russes sont inégalement intégrés à la mondialisation. Largement polarisé par Moscou, le triangle Saint-Pétersbourg-Rostov-Ekaterinbourg, concentre les pôles les mieux insérés dans la mondialisation : c'est le cœur de la puissance russe. Certaines régions périphériques sont aussi intégrées à l'espace mondial grâce à leurs interfaces terrestres (avec l'Europe), maritimes (mer de Barents, mer Caspienne, mer Noire) ou à une bonne connexion avec le cœur de la puissance russe (axe Ekaterinbourg-Krasnoïarsk). Une grande partie du Caucase et de la Sibérie reste en marge de la mondialisation mais certains de ces espaces à fortes contraintes sont en voie d'intégration (Extrême-Orient russe, axe transsibérien entre Krasnoïarsk et Vladivostok, partie occidentale de l'Arctique russe).

Les dynamiques d'intégration de la Russie s'expliquent par différents facteurs. L'exploitation des gisements d'hydrocarbures contribue à l'insertion des territoires dans la mondialisation. Le développement des ports vient renforcer l'ouverture des territoires sur le monde, notamment de la façade arctique à l'Extrême-Orient russe suite à l'ouverture de la « Route maritime du Nord ». Les hydrocarbures (mais aussi les produits agricoles, le bois et les minerais) alimentent les exportations de la Russie, notamment vers l'Europe, le Moyen-Orient et la Chine.

L'insertion de la Russie dans la mondialisation reste néanmoins marquée par des relations internationales qui oscillent entre coopérations et tensions. La puissance militaire du pays repose notamment sur des bases militaires situées au sein des territoires russes les plus stratégiques (ports), mais aussi dans des pays alliés issus du démantèlement de l'URSS (Belarus, Moldavie, Arménie, Asie centrale), ainsi qu'en Syrie. Parallèlement, le pays fait face à des conflits territoriaux sur son propre sol (Caucase) tout en étant impliqué dans différents conflits internationaux (Crimée, Donbass, Transnistrie, Géorgie…). Outre ces conflits ouverts, les tensions diplomatiques sont récurrentes avec l'Union européenne, les États-Unis et le Japon.

Objectif BAC

Consigne : En vous aidant du texte ci-contre et en vous appuyant sur vos connaissances, complétez le croquis de synthèse et la légende.

Aide pour répondre à la consigne :

- Sélectionnez au brouillon les informations du texte à cartographier.
- Repérez les figurés utilisés sur le croquis et mettez-les en relation avec ces informations.
- Soignez la présentation graphique des figurés dans la légende.

Fond de carte différencié

1. Une inégale ______________________

● ______________________

Espaces fortement métropolisés, cœur de la puissance russe

Périphéries intégrées

Espaces à fortes contraintes, en voie d'intégration

Territoires en marge

2. De nouvelles dynamiques d'intégration

____

▼ ______________________

« Route maritime du Nord » en développement

Exportations

3. ______________________

Principales bases militaires russes

✸ ______________________

Tensions diplomatiques

▶ Voir p. 118-119

Les corridors de développement en Amérique latine

Les corridors de développement en Amérique latine

L'Amérique latine témoigne d'une inégale intégration dans la mondialisation. Les territoires les mieux insérés dans l'économie mondialisée sont les principales métropoles, les régions agroexportatrices (Brésil, Argentine, littoraux caraïbes) et les territoires riches en minerais ou en hydrocarbures (Mexique, Brésil, Andes). Néanmoins, d'immenses espaces demeurent enclavés notamment dans l'intérieur du continent (Amazonie, Patagonie, Guyanes).

Différents aménagements ambitionnent de favoriser le développement et le désenclavement du sous-continent. Certains corridors de développement s'organisent sous la forme d'axes bi-océaniques reliant les littoraux atlantique et pacifique, tout en connectant mieux les ports avec leurs arrière-pays respectifs. D'autres corridors de développement visent à désenclaver les Andes et l'Amérique centrale. Le canal de Panamá, aux débouchés duquel se situent les ports de Balboa et Colón, constitue aussi un facteur d'intégration dans la mondialisation. Un projet concurrent de canal est à l'étude au Nicaragua. L'objectif de ces différents aménagements est de renforcer l'insertion de l'Amérique latine dans la mondialisation en favorisant les échanges commerciaux avec l'Amérique du Nord, l'Union européenne et la Chine.

De nombreuses organisations ont été créées pour renforcer l'intégration régionale. Héritier de l'ALENA, l'ACEUM place le Mexique dans l'aire d'influence des États-Unis tandis que le MERCOSUR renforce le poids du Brésil sur ses voisins du Cône Sud (Uruguay, Paraguay, Argentine). La Communauté andine et l'Association des États de la Caraïbe sont des organisations régionales présentant un niveau d'intégration moins avancé.

Objectif BAC

Consigne : En vous aidant du texte ci-dessus et en vous appuyant sur vos connaissances, réalisez la légende correspondant au croquis de synthèse ci-contre.

Aide pour répondre à la consigne :

- Identifiez au brouillon les informations du texte cartographiées sur le croquis.
- Regroupez ces éléments et hiérarchisez-les pour organiser la légende en deux ou trois parties.
- Donnez un titre à chacune des parties de la légende.
- Soignez la présentation des figurés dans la légende.

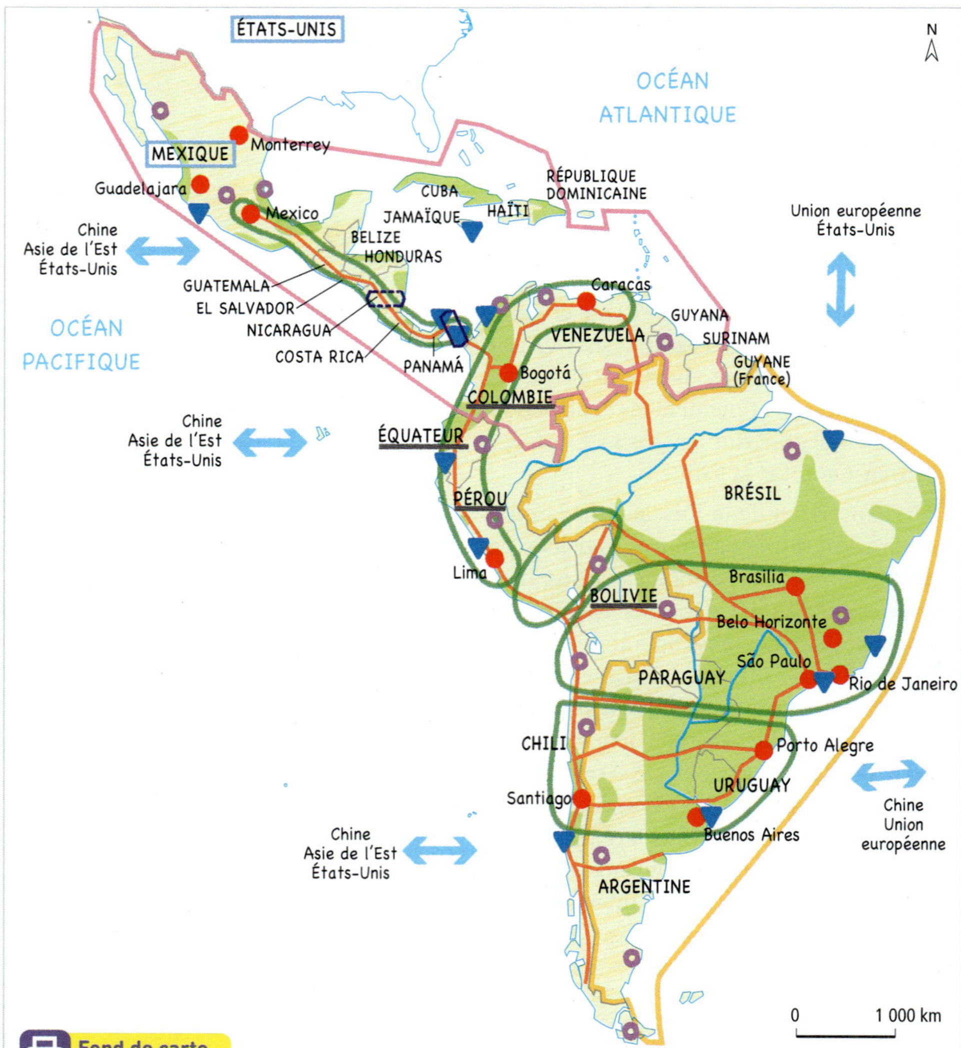

Fond de carte différencié

▶ Voir p. 120-121

L'Asie du Sud-Est

Objectif BAC

Consigne : En vous aidant du texte ci-dessous et en vous appuyant sur vos connaissances, complétez la légende et le croquis de synthèse.

Aide pour répondre à la consigne :

- Relevez les informations dans les trois paragraphes.
- Identifiez les figurés pouvant être utilisés pour cartographier ces informations.
- Complétez la légende et le croquis.

L'Asie du Sud-Est : inégalités d'intégration et enjeux de coopération

Les espaces moteurs de l'Asie du Sud-Est, parfaitement intégrés à la mondialisation, présentent une forte littoralisation. Les principales métropoles se concentrent dans le sud de la Chine (Hong Kong, Shenzhen, Guangzhou), mais sont aussi présentes de manière plus ponctuelle au Vietnam, en Thaïlande, aux Philippines, dans la péninsule malaise et sur l'île de Java. Plusieurs de ces métropoles sont des villes portuaires (Singapour, Hong Kong) ou bien des pôles bénéficiant de la proximité de ports d'envergure mondiale. Leur rayonnement s'explique par une localisation sur l'une des principales routes maritimes de la mondialisation.

Les espaces périphériques de l'Asie du Sud-Est s'avèrent beaucoup plus inégalement intégrés à la mondialisation. L'arrière-pays des grands ports, bien connecté aux centres d'impulsion littoraux, est constitué de périphéries intégrées à l'économie mondialisée. À l'inverse, les périphéries les plus enclavées demeurent en marge de la mondialisation, soit pour des raisons politiques (Myanmar), soit du fait de leur éloignement des littoraux (intérieur de la péninsule indochinoise) ou encore de leur insularité (Célèbes, Nouvelle-Guinée). Des fronts pionniers (agricoles, notamment) contribuent à intégrer certaines de ces périphéries à la mondialisation (Bornéo), mais c'est au prix d'une intense déforestation.

L'intégration régionale repose sur différentes formes de coopérations tout en se heurtant à certaines tensions. L'ASEAN est une zone de libre-échange qui favorise les relations commerciales entre ses dix pays membres. Les flux migratoires renforcent les liens entre les pays d'Asie du Sud-Est tout en ouvrant la région sur le Moyen-Orient et l'Amérique du Nord. Cependant, certaines tensions persistantes font obstacle à une intégration régionale plus poussée. Il s'agit tantôt de conflits intérieurs (Philippines, Myanmar, Thaïlande), tantôt de conflits de délimitation de frontières terrestres (Cambodge/Thaïlande), mais les enjeux les plus brûlants concernent la délimitation des zones économiques exclusives en mer de Chine méridionale.

Fond de carte différencié

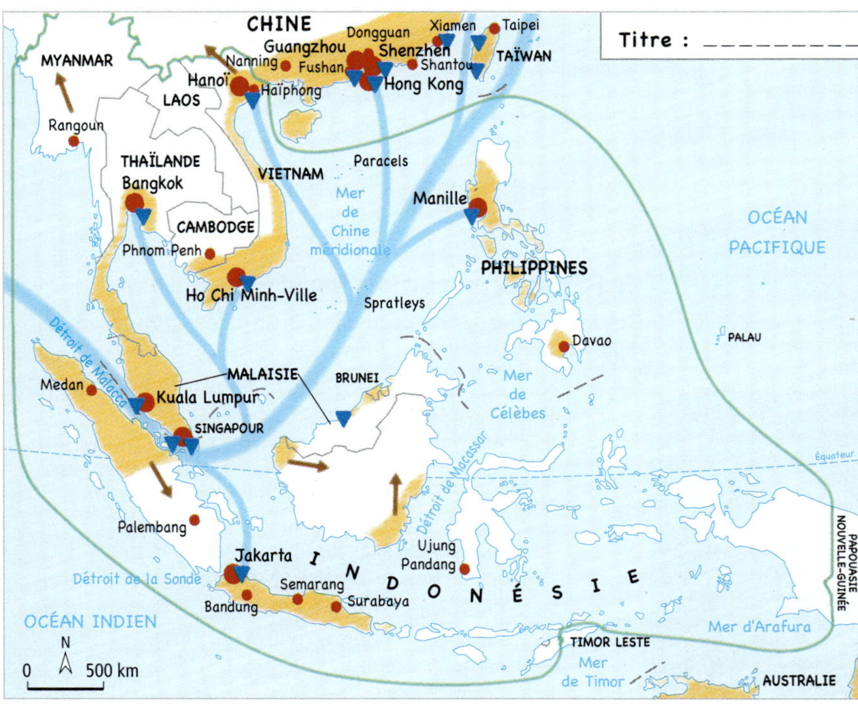

Titre : ___________________________

1. ___________________________

- ● ___________________________
- ● Autres villes
- ▼ ___________________________
- Principales routes maritimes

2. Des périphéries inégalement intégrées à la mondialisation

- ___________________________
- Périphéries en marge de la mondialisation
- Fronts pionniers (déforestation)

3. Un espace entre coopération et tensions

- Flux migratoires
- ___________________________
- Zones de tension

THÈME 2
SE PRÉPARER
CHAPITRE 3
CHAPITRE 4
RÉVISER

Exemple

Les paradis fiscaux au cœur de la mondialisation financière

Vidéo
Les paradis fiscaux en Europe

Pourquoi l'intégration des paradis fiscaux dans la mondialisation est-elle facteur de tensions ?

1 Les paradis fiscaux dans le système financier mondial

Carte interactive

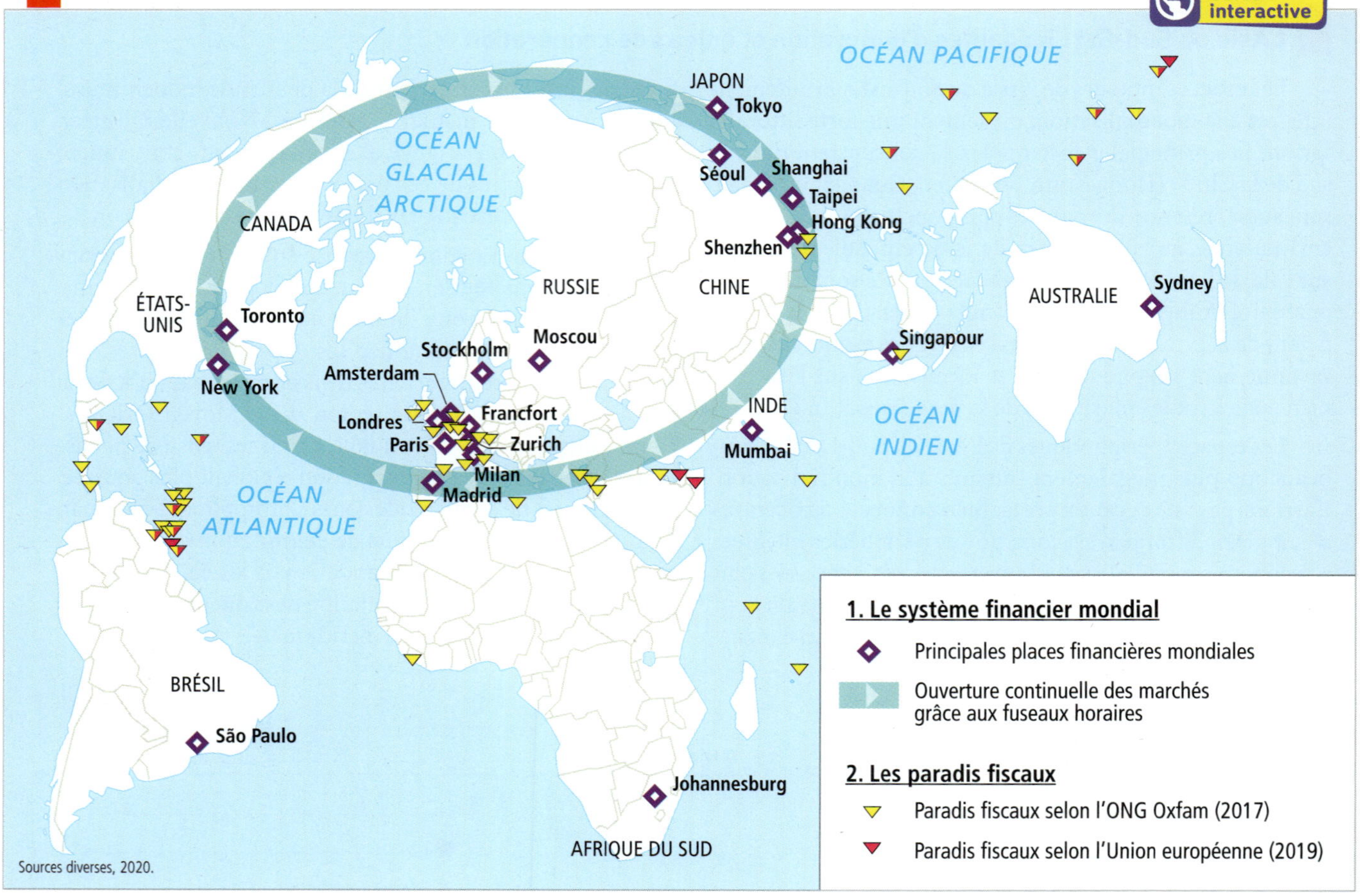

2 Le Panama, un paradis fiscal

Dessin de Paresh Nath paru dans *The Khaleej Times* (Dubaï), 4 juin 2016.

Vocabulaire

- **Paradis fiscal :** territoire à la fiscalité avantageuse par rapport à d'autres pays (impôts inexistants ou réduits, législation empêchant l'échange d'informations avec les autres États, tolérance envers les sociétés écrans ayant une activité fictive).
- **Société écran :** entreprise fictive visant à dissimuler les transactions financières d'une ou de plusieurs autres entreprises.

3 Les paradis fiscaux dans le monde

Montant des produits financiers cachés dans les paradis fiscaux :
entre 21 000 et 32 000 milliards de dollars

Part des transactions internationales transitant par des paradis fiscaux :
50 %

Manque à gagner pour les États :
140 à 200 milliards d'euros de revenus fiscaux par an

Sources : FMI, Tax Justice Network et OCDE, 2018.

4 L'usage des paradis fiscaux par la multinationale Google

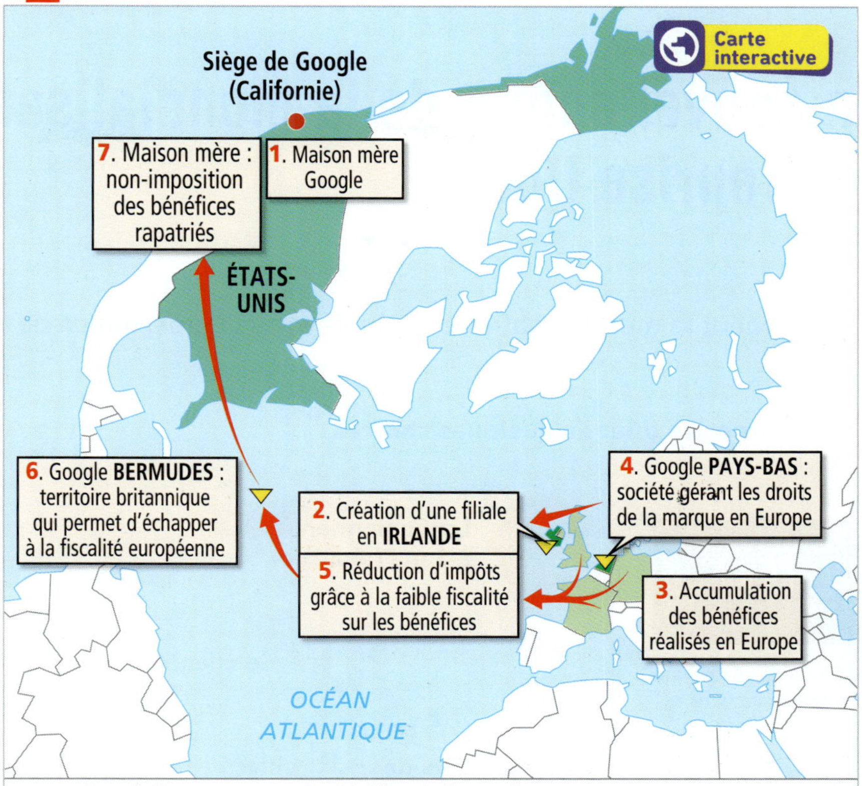

▽ Paradis fiscaux → Bénéfices de l'entreprise

Source : d'après *Het Financieele Dagblad* (quotidien financier néerlandais), janvier 2019.

5 Les paradis fiscaux britanniques

Parole de géographe

En ajoutant les services financiers aux cocotiers, aux plages de sable blanc et aux lagons bleu turquoise, on obtient un paradis fiscal. Cette recette a été bien comprise par un certain nombre d'îles de la Caraïbe, régulièrement considérées comme les plus importants paradis fiscaux existants. Le tourisme en a fait des économies ouvertes et accueillantes conférant à ces lieux une qualité de vie qui attire les investisseurs. Il a donc joué un rôle d'appel pour la création de centres bancaires offshore, pour l'installation de compagnies d'assurances, de cabinets d'avocats spécialisés dans l'optimisation fiscale et les sociétés écrans.

Disposant d'une grande autonomie, quelques PTOM[1] britanniques ont mis en place des taux d'imposition très faibles, voire nuls. Ils ont instauré le secret bancaire et n'ont pas souhaité échanger les informations financières avec le reste du monde, grâce à la complaisance de la métropole qui voit en eux des acteurs renforçant l'activité financière de Londres et qui regarde également d'un bon œil ce secteur offshore, car cet outre-mer ne constitue pas une charge pour le budget du Royaume-Uni.

Jean-Christophe Gay, spécialiste du tourisme et des espaces insulaires et ultramarins, « Les outre-mers européens », *Documentation photographique*, La Documentation française, mai-juin 2018.

1. Pays et territoires d'outre-mer. Ici : Bermudes, îles Caïmans, Anguilla, îles Vierges britanniques, Montserrat, Turks-et-Caïcos.

Questions

Itinéraire 1

Répondre aux questions

1. **Présentez** le fonctionnement d'un paradis fiscal. **doc. 4 et 5**
2. **Analysez** la localisation des paradis fiscaux dans le monde. **doc. 1, 4 et 5**
3. **Expliquez** pourquoi un contrôle ou une régulation des paradis fiscaux peut s'avérer nécessaire. **doc. 2 à 5**

Synthétiser

4. **Montrez** que les paradis fiscaux illustrent les dynamiques, mais aussi les tensions engendrées par la mondialisation. **doc. 1 à 5**

ou

Itinéraire 2

Réaliser une recherche documentaire

- Effectuez une recherche sur un paradis fiscal européen de votre choix.
- Exposez ses caractéristiques (localisation, statistiques, législation).
- Expliquez les mesures politiques destinées à réduire son influence tout en montrant ses limites.

Aide

Exemple

Un nouvel acteur de la mondialisation : l'entreprise Uber

Vidéo
Ubérisation : la naissance de l'entreprise 2.0

Comment la mondialisation a-t-elle favorisé l'émergence de ce nouvel acteur économique ?

1 L'entreprise Uber en quelques chiffres

Uber

Entreprise américaine spécialisée dans le développement et l'utilisation d'applications mobiles mettant en contact leurs utilisateurs avec des conducteurs réalisant des services de transports (véhicule avec chauffeur, livraison de repas...).

Lancement en **2009** à San Francisco

91 millions de clients inscrits

63 pays, plus de **700** villes

3,9 millions de chauffeurs

14 millions de courses effectuées chaque jour

Source : Uber, 2019 (les données datent de décembre 2018).

2 Ubercopter à New York

Liaison entre l'aéroport international JFK de New York et Manhattan. Photographie prise en octobre 2019.

3 Uber interdit à Londres

L'autorité des transports londonienne a annoncé avoir refusé de renouveler la licence d'exercer de la plateforme de réservation de voitures Uber, en raison de défaillances qui mettent « en danger » les passagers.

La société californienne a aussitôt annoncé qu'elle ferait appel de cette décision, ajoutant qu'elle continuerait de fonctionner jusqu'à ce qu'une décision définitive soit rendue.

Transport for London (TfL) relève notamment une « faille » dans l'application d'Uber qui permet à des conducteurs sans permis d'installer leur photo sur les comptes d'autres conducteurs, ce qui s'est produit « au moins sur 14 000 trajets » ces derniers mois. Dans la même veine, la TfL fait valoir qu'une autre défaillance de la plateforme permet à des conducteurs sans permis ou suspendus de créer des comptes Uber actifs. […]

Le pionnier des applications de véhicules partagés est régulièrement mis en cause pour des problèmes de sécurité à bord pour ses usagers comme ses conducteurs, ce qui a contribué à entacher sa réputation à travers le monde, sans parler des polémiques sur la rémunération insuffisante de ses chauffeurs.

Londres est l'un des principaux marchés de Uber, qui compte 45 000 conducteurs et 3,5 millions de clients dans la capitale britannique. Le syndicat Unite, qui représente les chauffeurs de taxi traditionnels, s'est réjoui de la décision de la TfL.

« Uber n'a plus le droit d'exercer à Londres », *Le Monde*, 25 novembre 2019.

Carte interactive

4 La présence d'Uber dans le monde

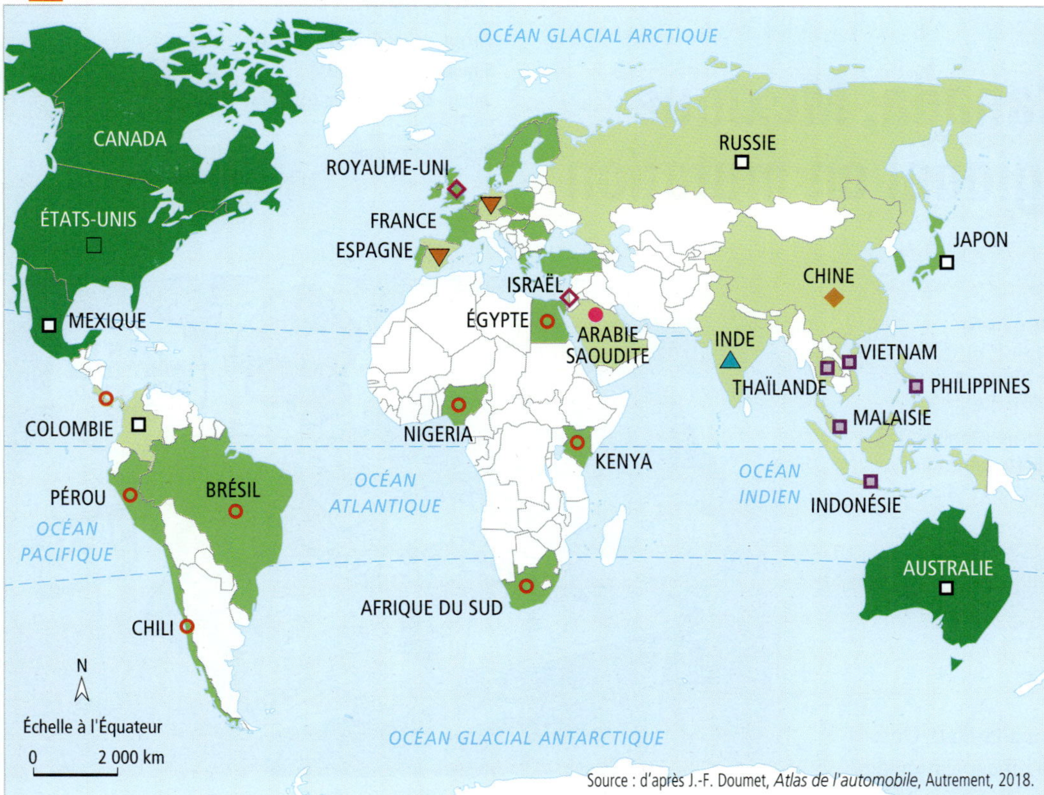

Source : d'après J.-F. Doumet, *Atlas de l'automobile*, Autrement, 2018.

1. Présence d'Uber sur les marchés nationaux des VTC[1]
- Position dominante
- En croissance
- Nouveau sur le marché
- Absent du marché

2. Principaux concurrents d'Uber[2]
- Lyft
- Easy Taxi
- Didi Chuxing
- Ola
- Grab
- Careem
- Gett
- Mytaxi
- Autres

1. Véhicule de tourisme avec chauffeur.
2. En dehors des taxis traditionnels.

5 L'ubérisation des entreprises

Parole de géographes

Sous l'effet de la numérisation et de la dématérialisation de l'économie, certaines entreprises ont semblé pousser davantage encore la remise en cause des modèles anciens. La croissance exponentielle de ces entreprises et de leurs secteurs d'activité a contribué à la médiatisation de ce nouveau modèle économique désigné par le terme d'ubérisation. Il rassemble des entreprises dans le champ de l'économie collaborative et des services aux particuliers. Ces dernières mettent en relation par le biais de plateformes ou d'applications numériques des clients et des particuliers qui offrent un service dans un cadre plus ou moins professionnel, dans le secteur du transport urbain (Uber), de l'hébergement (Airbnb) ou encore de la livraison de repas (Deliveroo). Les individus qui fournissent les services en question ne sont pas salariés de ces entreprises […].

Ce nouveau modèle permet à ces entreprises de réduire le nombre de salariés, de se passer d'infrastructures lourdes et de contourner plus facilement les obligations réglementaires et fiscales, créant une concurrence que les acteurs traditionnels jugent déloyale. La remise en cause du modèle traditionnel du salariat et la nouvelle organisation du travail, sources de précarité pour les travailleurs, ont également alimenté les débats politiques.

Guilhem Boulay, maître de conférence à l'université d'Avignon et Antoine Grandclément, maître de conférence à l'université d'Aix-Marseille, *Introduction à la géographie économique*, Armand Colin, 2019.

Questions

Itinéraire 1

Répondre aux questions

1. **Présentez** les spécificités du fonctionnement de l'entreprise Uber. **doc. 1, 2 et 5**
2. **Analysez** l'implantation d'Uber à toutes les échelles. **doc. 2 à 4**
3. **Expliquez** les critiques auxquelles l'entreprise Uber doit faire face. **doc. 3 et 5**

Synthétiser

4. **Montrez** que l'entreprise Uber illustre les dynamiques, mais aussi les tensions engendrées par la mondialisation. **doc. 1 à 5**

ou

Itinéraire 2

Rédiger un article

- Montrez que l'entreprise Uber illustre les dynamiques, mais aussi les tensions engendrées par la mondialisation.
- Sélectionnez les informations correspondant aux thèmes suivants :
  1. Les spécificités du fonctionnement de l'entreprise Uber
  2. L'implantation d'Uber dans le monde
  3. Les critiques à l'encontre d'Uber
- Effectuez des recherches complémentaires sur Internet.

THÈME 2 · SE PRÉPARER · CHAPITRE 3 · CHAPITRE 4 · RÉVISER

Exemple

États-Unis, Canada, Mexique : un accord régional en mutation

Zoom sur…

▸ L'ACEUM

Entrée en vigueur de l'ALENA	1994
Signature de l'ACEUM	2018
Valeur du commerce trilatéral en 2018	1 100 milliards de dollars
Population totale	490 millions d'habitants

Source : OMC et Banque mondiale, 2019.

Vocabulaire

- **ALENA (accord de libre-échange nord-américain) :** accord entré en vigueur en 1994 afin d'accroître les échanges commerciaux entre le Canada, les États-Unis et le Mexique.
- **ACEUM (accord Canada-États-Unis-Mexique) :** accord destiné à remplacer l'ALENA suite à la renégociation du traité exigée par les États-Unis et signé en 2018.

1 De l'ALENA à l'ACEUM

La signature de l'Accord Canada-États-Unis-Mexique (ACEUM) a conclu la renégociation de l'Accord de libre-échange nord-américain (ALENA), le 1er octobre 2018 […]. Donald Trump[1] […] avait promis lors de sa campagne présidentielle d'améliorer ou de « mettre en pièces » l'ALENA, […] expliquant qu'[il] sapait la souveraineté nationale et vampirisait les emplois américains. […]

L'ACEUM reflète une préoccupation accrue pour la souveraineté nationale : il reconnaît explicitement le droit des parties à décider des politiques qu'elles mettent en œuvre. […] Les principales avancées concernent la réglementation du travail. […] L'idée de combler le fossé salarial entre les pays marque un progrès. […] Parmi les perdants, on compte les petits agriculteurs des trois pays. Ernesto Ladrón[2] explique : « Le texte s'attache surtout à défendre les grands producteurs américains. Notre objectif, c'est l'autosuffisance alimentaire. » […] Sans surprise, l'ACEUM délaisse une grande partie des aspects que les progressistes auraient souhaité modifier. […] L'accord finalement conclu ne supprime même pas les barrières douanières américaines sur l'acier et l'aluminium canadiens et mexicains. Cela suggère que l'intégration telle que la conçoit Washington traduit un souci plus important pour ses échanges que pour le « libre » échange.

Laura Carlsen, analyste politique au Center for International Policy de Mexico, « Une renégociation déconcertante », *Le Monde diplomatique*, novembre 2018.

1. Président des États-Unis élu en 2016.
2. Représentant d'un syndicat d'agriculteurs mexicains.

2 La renégociation de l'ALENA

Paresh Nath, *El Universal* (journal mexicain), 25 novembre 2017.
Traduction : « Je n'ai pas l'intention de me laisser exploiter, les gars ! »
NAFTA : North American Free Trade Agreement (ALENA en anglais)

3 Les exportations des trois pays de l'ALENA (2018)

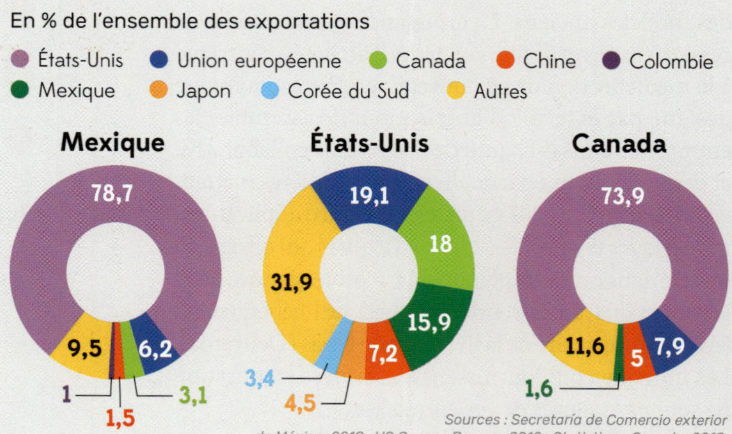

Sources : *Secretaría de Comercio exterior de México, 2019 ; US Census Bureau, 2019 ; Statistique Canada, 2019.*

Objectif BAC

Consigne : Expliquez pourquoi l'ACEUM est à la fois source de coopérations et de tensions en Amérique du Nord.

Aide pour répondre à la consigne :
- Relevez les raisons de la renégociation de l'ALENA.
- Identifiez les limites de l'ALENA/ACEUM à l'origine de tensions.
- Montrez que la coopération régionale demeure déséquilibrée.

Exemple

Zurich, un centre financier dans la mondialisation

Zoom sur…

▸ Zurich

Population (2018)	1,4 million d'hab.
Produit urbain brut (2016)	141 milliards de dollars (21 % du PIB de la Suisse)
Taux de chômage (2018)	4,4 %

Source : Office fédéral de la statistique, Confédération suisse, 2019.

1 Les territoires de la finance à Zurich

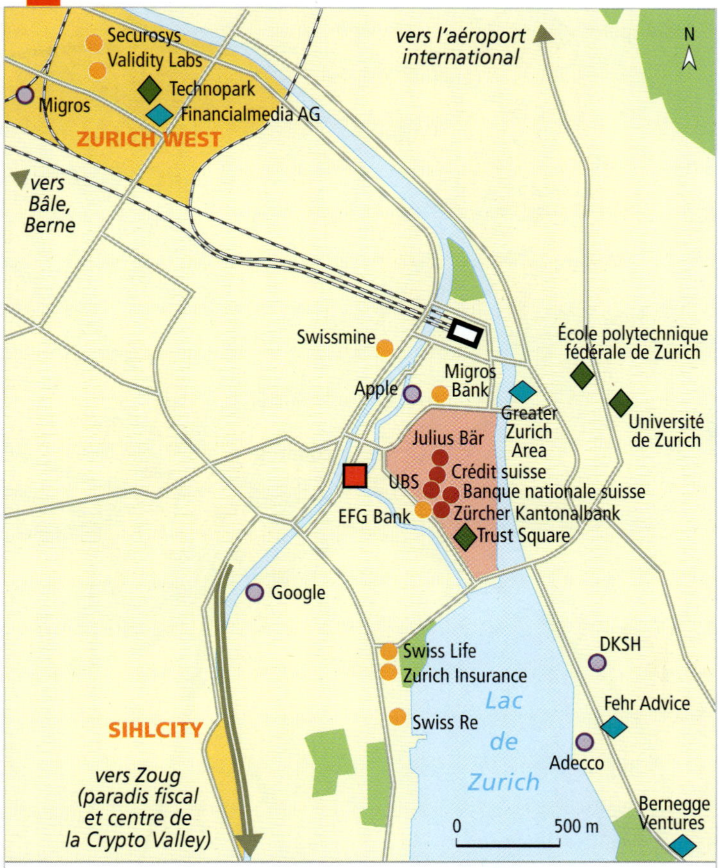

1. Les espaces de la métropole
- Centre historique de la finance
- Friches industrielles reconverties (finance, recherche, commerce, loisirs, logements)
- Fonction résidentielle dominante

2. Des facteurs d'attractivité
- Gare et voies ferrées
- Principaux axes routiers
- Espaces verts

3. Un pôle financier de rang mondial
- Bourse suisse
- Sièges sociaux de banques et d'assurances
- Sièges d'entreprises de blockchain
- Services aux entreprises (conseil, communication)
- Sièges d'autres firmes transnationales
- R&D, notamment dans la finance

Carte interactive

Vocabulaire

▸ **Blockchain :** technologie de stockage et de transmission d'informations, sécurisée mais sans organe de contrôle (ex. : monnaie numérique « bitcoin »).

▸ **Crypto Valley :** zone de concentration de start-ups spécialisées dans les monnaies virtuelles (cryptomonnaies) entre Zurich et Zoug.

2 Le rayonnement international de Zurich

À Zurich et dans sa région, le secteur financier emploie plus de 90 000 personnes, dont 55 % répartis dans 120 banques, 24 % dans l'assurance et 21 % dans les autres services financiers […]. UBS et Crédit Suisse s'y taillent la part du lion tant en termes d'emplois que de bilan. Si le secteur bancaire zurichois s'avère très dépendant des deux grandes banques, c'est aussi à elles qu'il doit son essor, avec, en parallèle, celui des assurances. […]

Zurich [décroche] la 9e place […] du Global Financial Centres Index (GFCI) qui retient entre autres critères l'environnement d'affaires, le capital humain, les infrastructures, le développement du secteur financier et la réputation. Zurich […] est favorisée par le poids des géants financiers, la proximité d'un aéroport intercontinental ou encore par l'implantation de la Bourse suisse. Du fait de son multilinguisme et des nombreux acteurs internationaux qui y sont présents, la Suisse est naturellement très orientée vers l'international. Zurich se considère davantage tournée vers le monde anglophone et l'Asie, Genève, vers la francophonie et le Moyen-Orient. […] Genève et Zurich caracolent souvent en tête des classements des villes où il fait bon vivre mais […] la finance est un facteur qui contribue aux coûts élevés de la vie, les banquiers faisant grimper les prix de l'immobilier.

Thierry Iochem, « Travailler dans la finance en Suisse : les résultats du match entre Genève et Zurich… », *eFinancialCareers*, 5 mars 2019.

Objectif BAC

Consigne : Montrez que Zurich est un pôle financier très intégré dans la mondialisation.

Aide pour répondre à la consigne :
- Relevez les activités qui font de Zurich un pôle financier international.
- Identifiez les raisons de la concentration des activités financières à Zurich.
- Expliquez comment les acteurs renforcent l'attractivité de Zurich pour la maintenir dans la hiérarchie des pôles financiers mondiaux.

Carte

Des territoires inégalement intégrés dans la

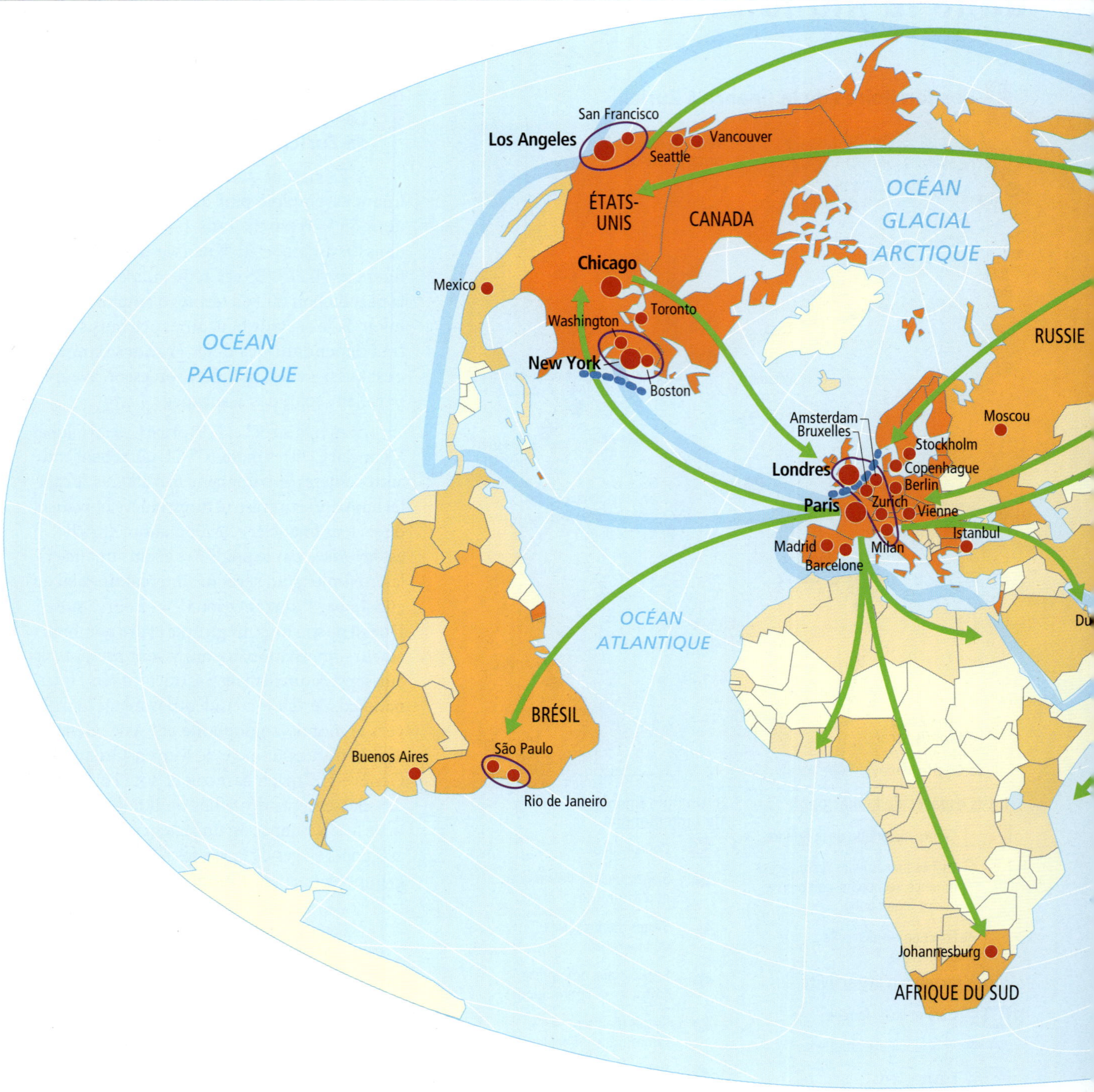

1. Les centres d'impulsion de la mondialisation

- Mégalopoles
- Principales métropoles mondiales
- Autres métropoles majeures
- Façades littorales les plus actives

2. Un monde d'échanges et d'interdépendances

- Investissements directs à l'étranger
- Principales routes maritimes

mondialisation

Carte interactive

Sources : CNUCED, 2017; Global Power City Index, 2018; A.T. Kearney's Global Cities Report, 2018.

3. Des États inégalement intégrés dans la mondialisation

- Grandes puissances mondiales
- Les BRICS : de nouvelles puissances mondiales
- Autres puissances émergentes
- Périphéries intégrées
- Périphéries marginalisées

Vocabulaire

- **BRICS :** acronyme désignant les principaux pays émergents (Brésil, Russie, Inde, Chine, Afrique du Sud).
- **IDE (investissements directs à l'étranger) :** sommes d'argent investies par des entreprises étrangères sur un territoire (création, rachat d'entreprise).
- **Mégalopole :** grande région urbaine concentrant des métropoles reliées entre elles et exerçant un rayonnement mondial.
- **Métropole mondiale :** centre d'impulsion majeur de la mondialisation qui concentre des fonctions décisionnelles économiques et politiques, un fort rayonnement culturel et un rôle de carrefour de communication.
- **Périphérie :** espace sous l'influence d'un centre.

Chiffres clés

Valeur des IDE dans le monde (2016)

1 750 milliards de dollars

Source : CNUCED, 2017.

Les trois premières puissances mondiales
PIB en milliards de dollars, 2019

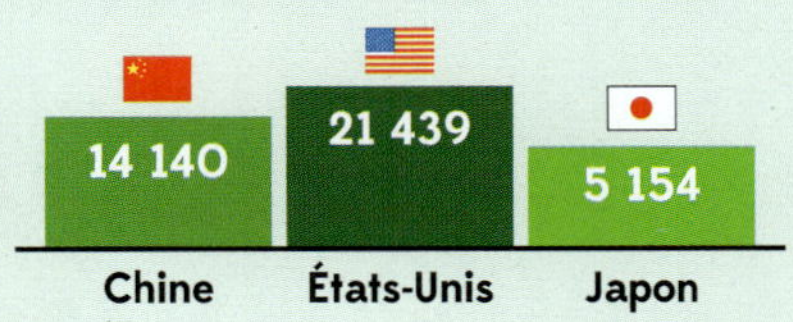

Source : FMI, 2019.

Les principales places boursières mondiales
Capitalisation en milliards de dollars, 2018

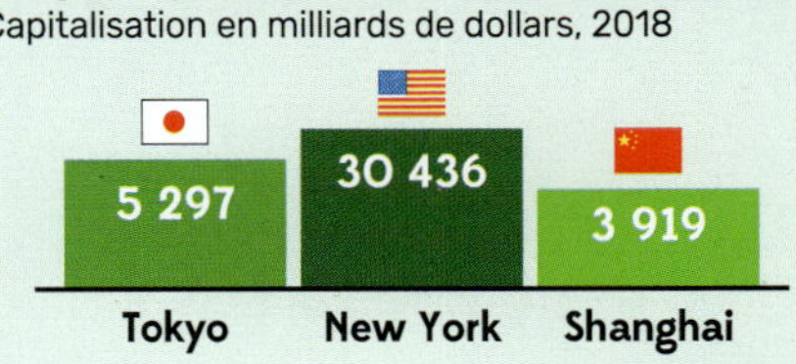

Source : WFE, 2019.

Questions

1. **Localisez** les principaux centres d'impulsion de la mondialisation.
2. **Localisez** les espaces les moins bien intégrés dans la mondialisation.
3. **Montrez** que la mondialisation contribue à hiérarchiser les territoires.

Carte

Coopérations, tensions et régulations dans le

…monde

Carte interactive

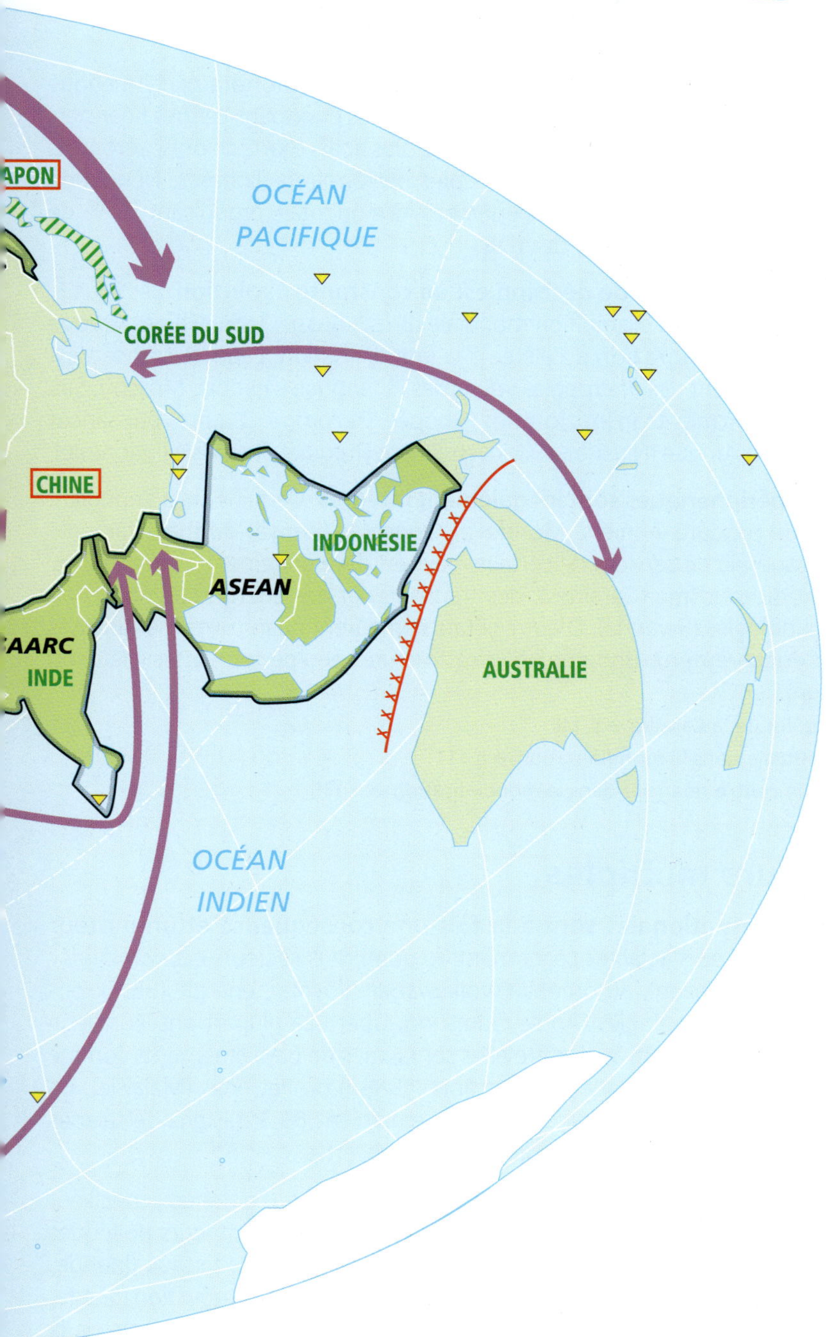

…es : Nora Mareï et Yann Richard, *Dictionnaire de la régionalisation du monde*, Atlande, 2018 ; OXFAM, 2019 ; UE, 2019.

3. Une mondialisation entre tensions et régulations

- Sièges des GAFAM
- Principaux paradis fiscaux
- Principaux États accusés de protectionnisme
- Filtrage des flux migratoires

Acronymes des organisations économiques internationales

ACEUM : Accord Canada-États-Unis-Mexique (ex-ALENA)

ASEAN : Association de libre-échange de l'Asie du Sud-Est

CAN : Communauté andine

CARICOM : Communauté caribéenne

CEDEAO : Communauté économique des États de l'Afrique de l'Ouest

CEI : Communauté des États indépendants

MERCOSUR : Marché commun du Sud

SAARC : Association sud-asiatique pour la coopération régionale

SADC : Communauté de développement d'Afrique australe

UE : Union européenne

Vocabulaire

- **G20 :** groupe de 20 États réunissant chaque année pays industrialisés et puissances émergentes dans un but de coopération économique et financière.
- **GAFAM :** acronyme désignant les « géants américains du Web » (Google, Apple, Facebook, Amazon et Microsoft).
- **OCDE (Organisation de coopération et de développement économiques) :** organisation internationale d'études économiques regroupant 36 pays développés.
- **Protectionnisme :** politique interventionniste d'un État pour protéger le marché national (barrières douanières, quotas d'importation, normes contraignantes de qualité).

Chiffres clés

Les trois premières puissances commerciales

Valeur totale des exportations et des importations en milliards de dollars, 2017

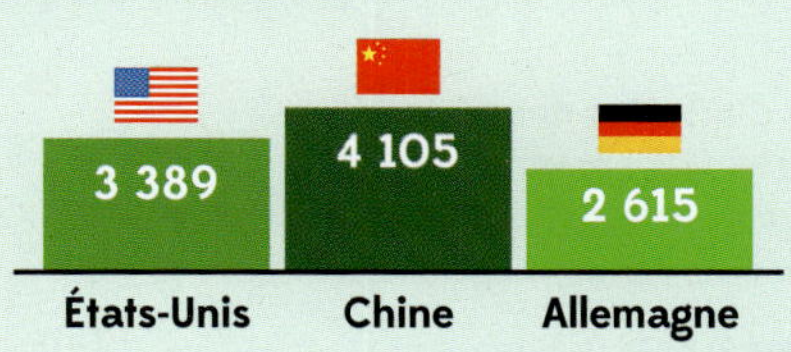

Source : OMC (statistiques du commerce international), 2018.

Questions

1. **Localisez** les territoires où l'intégration économique est la plus marquée.
2. **Identifiez** les tensions qui résultent de la mondialisation.

Cours

Podcast Cours à écouter

Des territoires inégalement intégrés dans la mondialisation

Comment la mondialisation recompose-t-elle les territoires ?

1 Des territoires hiérarchisés

● **La mondialisation s'articule autour de quelques pôles mondiaux.** L'Amérique du Nord, l'Union européenne et l'Asie orientale regroupent les principaux centres financiers (New York, Tokyo, Shanghai, Zurich), les carrefours les plus actifs (ports chinois, aéroports nord-américains) et les centres de recherche les plus performants (Londres, New York, Tokyo). L'Amérique du Nord, l'Union européenne et l'Asie orientale produisent 73 % de la richesse mondiale et émettent 85 % des IDE.

● **La hiérarchie des centres de décision est en constante évolution.** Les BRICS, qui rassemblent des puissances d'ambition mondiale (Brésil, Russie, Inde, Chine, Afrique du Sud), ont connu une intégration accélérée à la mondialisation. Leur croissance s'est ralentie, mais ils concentrent des métropoles influentes (Shanghai, Mumbai, Moscou, São Paulo) et de puissantes firmes transnationales (Sinopec, Gazprom). D'autres puissances régionales émergent en Afrique (Nigéria), au Moyen-Orient (Turquie) et en Asie (Indonésie).

● **Les espaces périphériques sont inégalement intégrés.** Certains États s'appuient sur l'exportation de produits miniers (Mongolie), agricoles (Kenya) ou manufacturés (Bangladesh). L'économie de services de certains pays en développement s'affirme avec le développement du tourisme (Caraïbes), des transports et des énergies (Éthiopie) ou des nouvelles technologies (Rwanda). D'autres États demeurent néanmoins marginalisés en raison de leur enclavement (Bhoutan), d'infrastructures peu performantes (Haïti) ou de conflits (Yémen).

ÉTUDE DE CAS Les îles de la Caraïbe → p. 110
ÉTUDE DE CAS La Russie dans la mondialisation → p. 114
EXEMPLE Zurich, un centre financier dans la mondialisation → p. 131

2 Des acteurs multiples

● **Les firmes transnationales sont à la fois une conséquence et un moteur de la mondialisation.** Leurs activités concernent de nombreux secteurs économiques : distribution (Walmart, Amazon), automobile (Volkswagen, Toyota), énergie (BP, Exxon-Mobil, Shell), nouvelles technologies (Apple, Samsung, Uber). La plupart ont leur siège dans les pays développés, mais 36 % d'entre elles sont issues de pays émergents comme Samsung (Corée du Sud), Huawei (Chine), Petrobras (Brésil) ou Petronas (Malaisie). En 2018, les 500 premières firmes transnationales, qui emploient 69,3 millions de salariés dans 34 pays, ont généré 32 700 milliards de dollars de recettes.

● **La mondialisation a redéfini le rôle des États.** La plupart d'entre eux concilient libéralisme et interventionnisme. Pour attirer les IDE, les États adaptent leurs politiques économiques à la mondialisation. Ils mettent en place des avantages fiscaux (Irlande, Chine), modernisent leurs infrastructures (Inde, Turquie) et financent l'innovation (Suède, États-Unis). La défense et la promotion des intérêts des FTN font partie intégrante de la politique étrangère des États.

● **La mondialisation contribue à l'affirmation de nouveaux acteurs.** Les ONG (organisations non gouvernementales) militent et agissent dans des domaines humanitaires variés : santé (Médecins sans frontières), alimentation (Oxfam), environnement (Greenpeace), droits de l'homme (Human Rights Watch). Certains groupes médiatiques assurent une diffusion internationale de l'information (CNN, Al-Jazeera, Euronews). Les diasporas (chinoise, indienne) au même titre que les mafias (italienne, russe) participent aussi à la mise en relation des territoires à l'échelle mondiale.

EXEMPLE Les paradis fiscaux au cœur de la mondialisation financière → p. 126
EXEMPLE Un nouvel acteur de la mondialisation : l'entreprise Uber → p. 128

Vocabulaire

- **BRICS** : voir p. 133.
- **Diaspora** : communauté ethnique dispersée à l'échelle mondiale, mais conservant des liens sociaux et commerciaux très intenses avec son pays d'origine.
- **Enclavement** : situation d'un territoire mal connecté aux autres.
- **Façade maritime** : espace littoral concentrant plusieurs ports permettant de mettre en relation l'espace continental de l'arrière-pays avec le reste du monde.
- **Firme transnationale (FTN)** : entreprise implantée dans de nombreux pays et qui réalise la majeure partie de son chiffre d'affaires en dehors de son pays d'origine.
- **IDE (investissements directs à l'étranger)** : voir p. 133.
- **Mégalopole** : voir p. 133.
- **Métropole mondiale** : centre d'impulsion majeur de la mondialisation qui concentre des fonctions décisionnelles économiques et politiques, un fort rayonnement culturel et un rôle de carrefour de communication.

Chiffre d'affaires des trois premières FTN comparé au PIB de certains États

En milliards de dollars/rang mondial

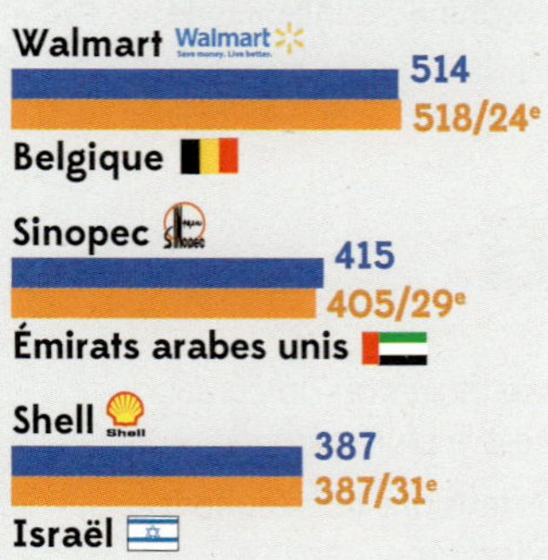

Sources : Fortune Global 500 (2019), FMI (2019).

3 Une mondialisation inégale

● **La mondialisation accroît la concurrence entre les territoires.** Les firmes transnationales élaborent des stratégies d'implantation en fonction des différents atouts des lieux (marchés de consommation, transports). Les acteurs publics (États, collectivités locales) renforcent la compétitivité des territoires pour répondre aux besoins des entreprises : connectivité (aéroports, Internet), matière grise (universités, R&D), avantages fiscaux (paradis fiscaux), communication et publicité. Ainsi, sur le modèle de la Chine, la Russie a créé des zones économiques spéciales bénéficiant d'infrastructures financées par l'État pour favoriser l'innovation scientifique, le tourisme et les activités portuaires et logistiques.

● **L'espace mondial est multipolaire et hiérarchisé.** Les métropoles mondiales (New York, Londres, Tokyo, Paris), les mégalopoles (états unienne, européenne, japonaise, chinoise) et les façades maritimes (Asie Pacifique, Northern Range) polarisent les flux de capitaux, de personnes, d'informations et de marchandises. À l'inverse, les espaces éloignés ou mal connectés à ces centres d'impulsion font figure de périphéries (Océanie, Afrique subsaharienne). La distance reste donc une contrainte pour certains territoires (Madagascar, Vanuatu).

● **À l'échelle locale, la mondialisation favorise aussi certains types d'espaces.** Les quartiers d'affaires des villes mondiales (Manhattan à New York, La City à Londres, La Défense à Paris) concentrent les fonctions décisionnelles tandis que les parcs technologiques (Silicon Valley, Paris-Saclay) attirent les entreprises innovantes. Certains ports (Ningbo, Shanghai, Singapour, Rotterdam) et aéroports (Atlanta, Pékin, Dubaï) sont des plaques tournantes pour les flux (fret, passagers).

ÉTUDE DE CAS L'Asie du Sud-Est : inégalités d'intégration et enjeux de coopération → p. 120
EXEMPLE Les paradis fiscaux au cœur de la mondialisation financière → p.126

Les trois premières firmes transnationales (FTN) par le nombre d'employés
En millions

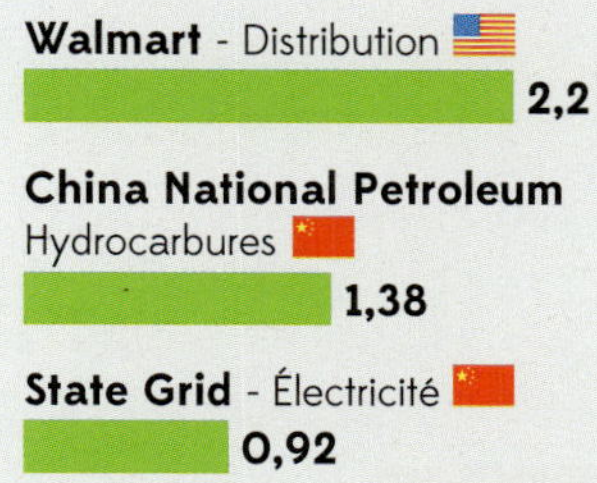

Source : Fortune Global 500, 2019.

Notion
Intégration (territoriale) p. 165

THÈME 2
SE PRÉPARER
CHAPITRE 3
CHAPITRE 4
RÉVISER

Du cours au schéma

EXO Exercice interactif

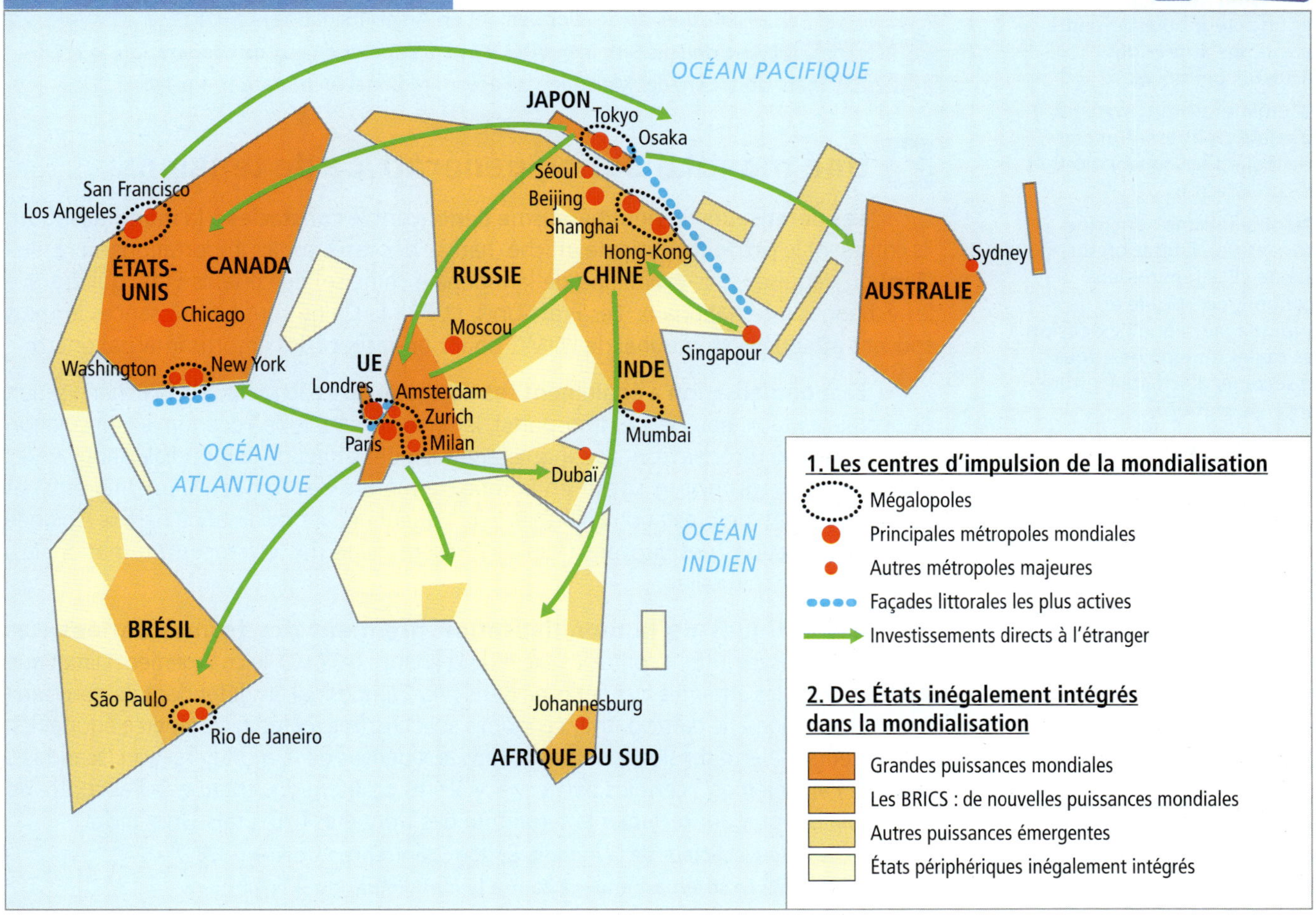

Cours

Podcast Cours à écouter

Coopérations, tensions et régulations à différentes échelles

Quelle gouvernance la mondialisation implique-t-elle ?

1 Des coopérations facteurs d'intégration régionale

● **Le nombre d'accords régionaux est en constante augmentation.** La fin de la guerre froide a favorisé les rapprochements entre États depuis les années 1980. L'échelle régionale est valorisée car considérée comme adaptée aux échanges internationaux, entre une échelle mondiale trop vaste et un cadre national jugé trop étroit. Plus de 600 accords régionaux ont été signés entre les États du monde, dont environ 400 sont en vigueur. Les pays n'appartenant à aucun bloc régional sont rares et marginalisés (Corée du Nord).

● **Les niveaux d'intégration varient selon les organisations régionales.** Au niveau le plus simple, les zones de libre-échange facilitent le commerce en supprimant les droits de douane (ACEUM, ASEAN). Les unions douanières vont plus loin en créant un tarif douanier unique et en partageant les recettes douanières entre États (Communauté andine, SADC). Les marchés communs permettent en plus la libre circulation des personnes, des services et des capitaux (MERCOSUR). Grâce à son union économique et monétaire, l'UE constitue le niveau d'intégration régionale le plus abouti au monde.

● **Les accords régionaux ont des effets très variés.** Dans l'UE, ils ont permis de réduire certaines inégalités en favorisant le rattrapage économique des pays d'Europe du Sud et de l'Est. En Amérique du Sud, ils visent au désenclavement des territoires (corridors de développement). Néanmoins, lorsqu'ils rassemblent des États aux profils contrastés, certains accords profitent surtout aux principales puissances (États-Unis dans l'ACEUM, Brésil dans le MERCOSUR).

ÉTUDE DE CAS Les corridors de développement en Amérique latine → p. 118
ÉTUDE DE CAS L'Asie du Sud-Est : inégalités d'intégration et enjeux de coopération → p. 120
EXEMPLE États-Unis, Canada, Mexique : un accord régional en mutation → p. 130

2 Une mondialisation génératrice de tensions

● **Les défenseurs du néolibéralisme dénoncent les obstacles à la mondialisation.** Ils critiquent le protectionnisme affiché (hausse des taxes sur les importations aux États-Unis) ou déguisé (sous-évaluation de la monnaie chinoise) de certains États qui entrave les échanges internationaux. Les États-Unis, l'UE et la Chine sont les puissances les plus souvent attaquées au tribunal de l'OMC pour non-respect des accords internationaux.

● **La mondialisation a également ses détracteurs.** Ils dénoncent la marchandisation de secteurs vitaux (eau, santé, transports), la financiarisation de l'économie (spéculation agricole) et son ubérisation. Ils s'inquiètent aussi des effets de la mondialisation sur les droits humains (dumping social en Europe, fermeture des frontières aux migrants) et l'environnement (déforestation au Brésil). Ils critiquent une mondialisation parfois éloignée des préoccupations des citoyens (faible représentativité des instances internationales, uniformisation culturelle).

● **Les critiques de la mondialisation prennent des formes variées.** Les altermondialistes luttent contre les excès de la finance (ATTAC), le changement climatique (Greenpeace), les atteintes aux petits paysans (Via Campesina). Ils défendent de nouveaux modèles : démocratie participative, économie solidaire (microcrédit, commerce équitable). Les lanceurs d'alerte sensibilisent les citoyens aux dérives de la mondialisation (scandales fiscaux). Parallèlement, certains partis nationalistes profitent des critiques à l'encontre de la mondialisation pour réclamer la fermeture des frontières (UE, États-Unis, Inde).

EXEMPLE Un nouvel acteur de la mondialisation : l'entreprise Uber → p. 128
GÉO AUTREMENT Le street art engagé contre la mondialisation → p. 140

Vocabulaire

- **Altermondialisme** : courant de pensée défendant une alternative à la mondialisation néolibérale, plus respectueuse de l'environnement et des droits humains.
- **Dumping social** : mise en concurrence des travailleurs des pays développés avec la main-d'œuvre moins rémunérée des pays en développement.
- **G20** : voir p. 135.
- **GAFAM** : voir p. 135.
- **Gouvernance** : manière de gouverner ou d'exercer un pouvoir, impliquant plusieurs acteurs à différentes échelles.
- **Lobbying** : stratégie menée par un acteur pour défendre ses intérêts auprès des décideurs politiques.
- **Multilatéralisme** : système de relations internationales privilégiant les négociations et les coopérations.
- **Néolibéralisme** : doctrine prônant une limitation du rôle de l'État en matière économique, sociale et juridique, ainsi que l'extension des règles du marché à tous les secteurs d'activité (culture, santé, éducation).
- **Protectionnisme** : politique interventionniste d'un État pour protéger le marché national (barrières douanières, quotas d'importation, normes contraignantes de qualité).
- **Régulation** : moyens d'action dont dispose un État ou une organisation internationale pour assurer le bon fonctionnement de l'économie.
- **Ubérisation** : nouveau mode d'économie collaborative reposant sur la mise en relation directe des clients avec des prestataires de services grâce aux nouvelles technologies.

3 Des tentatives de régulation inégalement efficaces

● **Les États font face aux excès de la mondialisation.** Ils ne parviennent pas toujours à endiguer les conséquences sociales (délocalisation, précarité, chômage) et environnementales (pollutions, épuisement des ressources) des activités des FTN. Ainsi, les États de l'UE ne s'accordent pas sur l'augmentation de la taxation des **GAFAM** qui profitent de l'existence de paradis fiscaux dans l'UE (Irlande, Luxembourg) pour payer moins de taxes et d'impôts. Le **lobbying** exercé par les FTN leur permet d'influencer à leur avantage les politiques économiques et sociales des États (fiscalité, droit du travail).

● **De nombreuses organisations internationales visent à favoriser le multilatéralisme par la régulation.** L'Organisation mondiale du commerce (OMC) défend l'intensification des échanges entre les États. Le Fonds monétaire international (FMI) veille à la stabilité du système financier et monétaire mondial. La Banque mondiale accorde des prêts aux pays en développement, en contrepartie de réformes économiques libérales les obligeant à ouvrir leurs frontières aux échanges et à diminuer leurs taxes douanières. Cette **gouvernance** étant largement dominée par des acteurs occidentaux, les nouvelles puissances (Brésil, Inde) réclament une meilleure représentativité.

● **Des organisations informelles réunissent les grands acteurs de la mondialisation.** Les puissances les plus anciennes (Allemagne, Canada, États-Unis, France, Italie, Japon, Royaume-Uni) se sont organisées en groupes de concertation pour protéger leurs intérêts. Lors des sommets du G7, leurs représentants tentent de coordonner leurs politiques. Plus récemment, ce type d'organisation s'est ouvert aux pays émergents (**G20**). Certaines instances témoignent aussi de la coopération entre États et multinationales (Forum de Davos).

EXEMPLE Les paradis fiscaux au cœur de la mondialisation financière → p. 126

Les trois premiers pays exportateurs de marchandises (2018)

En % de la valeur totale des exportations mondiales

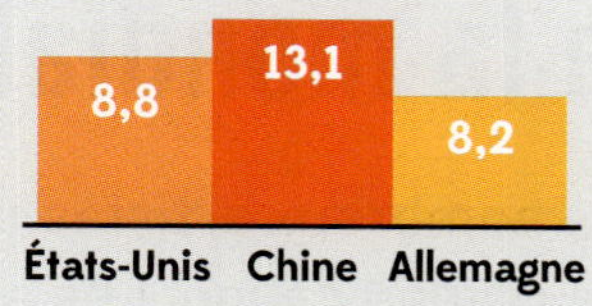

Les trois premiers pays importateurs de marchandises (2018)

En % de la valeur totale des importations mondiales

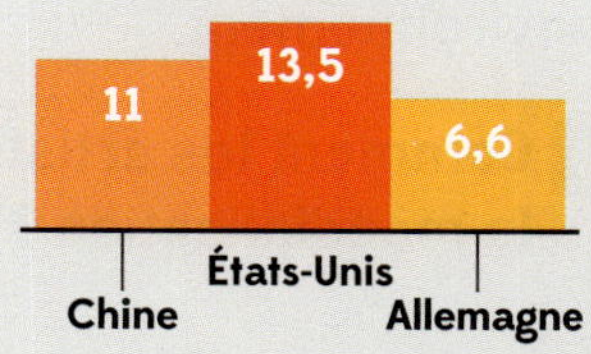

Source : OMC (statistiques du commerce international), 2019.

Notion

▸ Intégration (territoriale) p. 165

Du cours au schéma

EXO Exercice interactif

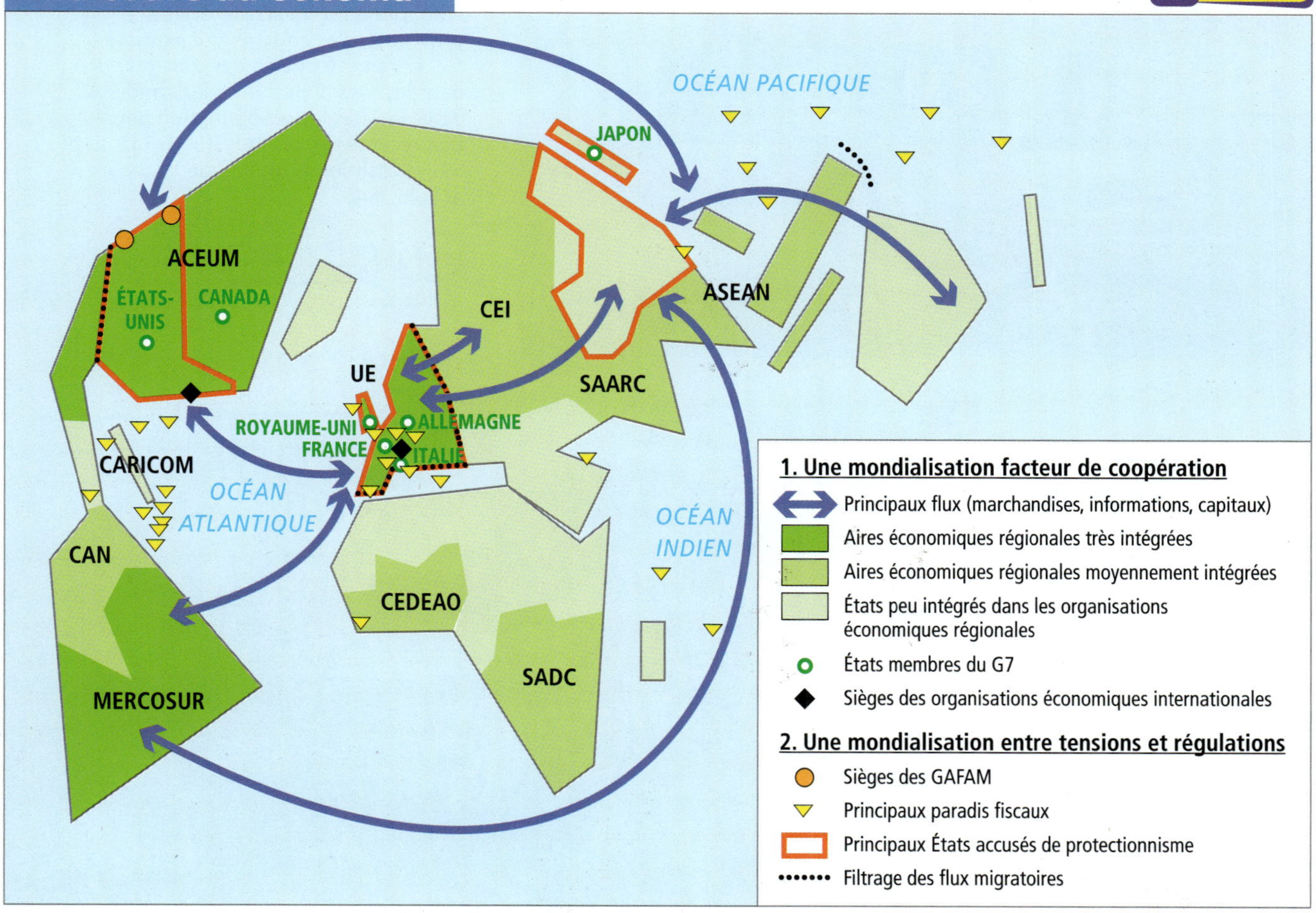

THÈME 2
SE PRÉPARER
CHAPITRE 3
CHAPITRE 4
RÉVISER

Le street art engagé contre les dérives de la mondialisation

De nombreux artistes utilisent la rue comme moyen de revendication. Les artistes contemporains de street art s'expriment dans l'espace urbain, souvent de manière illégale. Leurs œuvres sont l'expression d'une contestation sur un processus de mondialisation qui creuse les inégalités, maltraite les droits sociaux et dégrade l'environnement.

➔ **Comment les artistes de rue s'engagent-ils contre la mondialisation ?**

Le saviez-vous ?

▶ Le street art désigne différentes formes d'art urbain réalisées dans la rue ou dans des lieux publics. Il peut s'agir de tags (graffitis), de pochoirs, de mosaïques, de projections vidéos… C'est en France et aux États-Unis, dans les années 1960, qu'est né le street art.

1 Mondialisation et travail des enfants

Bajo Coste (*Low Cost*), œuvre de Caiozzama, réalisée sur un mur de Santiago (Chili) le 21 novembre 2015 et détruite le 23 novembre 2015. Caiozzama est un artiste chilien, provocateur et engagé, qui exprime son art en effectuant des collages dans les rues. Il détourne les symboles de la société de consommation pour dénoncer les effets néfastes de la mondialisation économique et culturelle.

Compte Instagram de l'artiste
Caiozzama @caiozzama

2 Mondialisation culturelle et gentrification

La *Muerte del Barrio* (*« La mort du quartier »*), œuvre de MTO, réalisée dans le quartier latino de Wynwood à Miami (États-Unis). L'artiste européen MTO critique ici ouvertement la gentrification, incarnée par le « hipster ». Un quartier qui est devenu attractif grâce à nombreuses œuvres de street art, dont la marchandisation est dénoncée à travers le détournement d'*OBEY*, une œuvre de Shepard Fairey en logo de Starbucks.

Compte Instagram de l'artiste
MTO @mtograff

THÈME 2

SE PRÉPARER

CHAPITRE 3

CHAPITRE 4

RÉVISER

3 Mondialisation et enjeux environnementaux

Traduction : « Les yeux de toutes les générations futures sont braqués sur vous. Agissez maintenant ! »
We declare a climate emergency (« *Nous déclarons l'urgence climatique* ») est une œuvre réalisée sur un mur de Brighton (Royaume-Uni) en 2019. L'artiste anglais Boaster, porte les revendications du mouvement écologiste international *Extinction Rebellion* (XR).

Compte Instagram de l'artiste
Boaster @boasters_yard

4 Le street art, reflet de la mondialisation

Parole de géographe

L'art urbain, ou street art, est délicat à délimiter, tant dans ses formes que dans ses finalités. À l'origine, il s'agit d'inscriptions ou d'images jouant avec l'interdit ou la provocation.

Durant la seconde moitié du XXe siècle, les images ont envahi les rues des villes *via* les affiches et les publicités. À côté, se sont maintenues des formes d'expression subversives comme les graffitis ou les affiches engagées, notamment lors des périodes de contestation des années 1960.

L'attrait pour le street art s'est confirmé à partir des années 1990 dans le contexte de l'essor de la mondialisation, car il est devenu un marqueur de la métropolisation. En effet, toute ville souhaitant affirmer son rang de métropole internationale ou même nationale a désormais intérêt à exposer des activités d'art urbain : c'est un signe de dynamisme culturel et un atout touristique.

Parallèlement, se maintient une culture underground, souvent plus contestataire. Celle-là est nettement moins tolérée par la police et par les brigades de nettoyage, même si l'on peut y voir des artistes participant à la fois de la culture officielle et de la culture illégale, comme Blek le Rat ou Banksy qui maintiennent des messages provocateurs ou choisissent des lieux symboliques (comme le mur entre Israël et les territoires palestiniens).

Frédéric Durand, professeur à l'université Toulouse II Jean-Jaurès, « L'art urbain, de l'interdit aux marqueurs de la mondialisation », *BelvedeR*, revue collaborative de l'aua/T, juin 2018.

Questions

Présenter les documents

1. **Présentez** les œuvres d'art en proposant une biographie rapide de chaque artiste.

Analyser les documents

2. **Relevez** les messages portés par chacune de ces œuvres d'art murales.
3. **Expliquez** le succès du street art à partir des années 1990.

Faire le lien avec la géographie

4. À partir de l'exemple des œuvres du street art, **montrez** que la mondialisation provoque des débats et des contestations.

C'est à vous !

→ Réalisez dans votre CDI une exposition sur le thème « Le street art engagé contre la mondialisation ».
- Définissez les grands débats en cours sur le processus de mondialisation et ses effets.
- Cherchez et sélectionnez des œuvres d'art urbain en lien avec chacun de ces débats.
- Réalisez des panneaux illustrant chacun de ces questionnements.

→ Pour chaque œuvre d'art urbain, précisez en légende le nom de l'artiste, le lieu d'exposition, la date et une petite description.

THÈME 2

CHAPITRE 4 La France dans la mondialisation

Malgré la concurrence accrue des pays émergents, la France est un acteur majeur dans la mondialisation. Elle maintient son influence à l'étranger dans de nombreux domaines : économie, culture, diplomatie, armée... Mais le rayonnement et l'attractivité de ses territoires demeurent inégaux.

Quels sont les aspects du rayonnement et de l'attractivité de la France dans la mondialisation ?

Textes DYS
TOUS LES TEXTES EN VERSION DYS
lyceen.nathan.fr/geoterm-2020

SOMMAIRE

Zoom sur...

L'industrie de la mode et du luxe français (2019)

Chiffre d'affaires	154 milliards d'euros (1er rang mondial)
Part des ventes mondiales	25 %
Nombre d'emplois	150 000
Nombre de marques	130

Source : Conseil national de l'industrie, 2019.

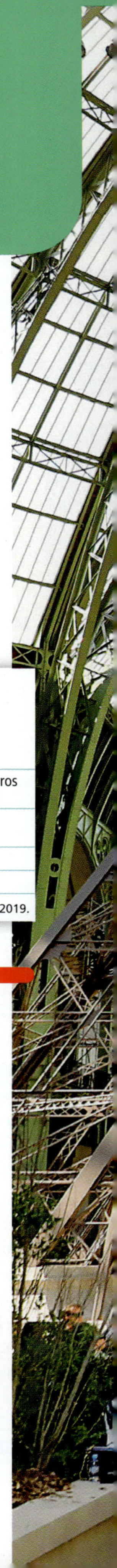

Défilé Chanel haute couture automne-hiver 2017-2018 au Grand Palais (Paris), juillet 2017.

Pour entrer dans le chapitre

Vidéo

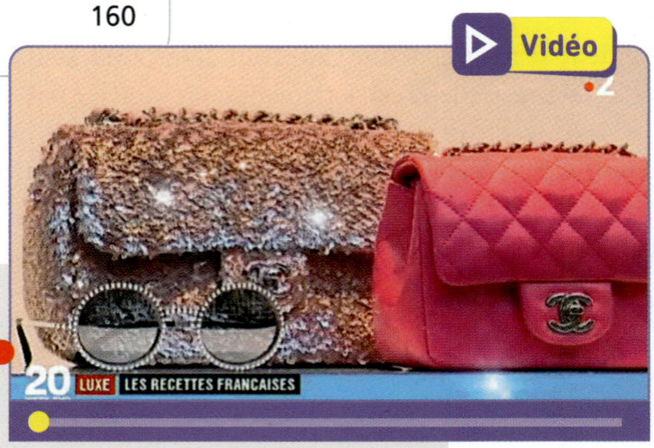

« Le luxe : un succès à la française », reportage du journal télévisé de France 2, 22 juin 2018.

Géolocalisation
Paris
FRANCE

Étude de cas

La Côte d'Azur : un littoral attractif dans la mondialisation

Zoom sur...

La Côte d'Azur (2019)

Distance de Toulon à Menton	160 km environ (à vol d'oiseau)
Population	2 millions d'habitants (estimation)
Rang touristique français	2e pôle touristique (après Paris et sa région)

Comment la Côte d'Azur rayonne-t-elle et attire-t-elle dans la mondialisation ?

A Un littoral au rayonnement international

Vocabulaire

- **Parc national** : territoire de protection de la nature géré par l'État dans un but de conservation.
- **Technopôle** : parc d'activités regroupant entreprises et centres de formation supérieure ou de recherche, spécialisés dans les activités de haute technologie.

1 Les facteurs du rayonnement

Parole de géographe

La mise en valeur balnéaire de cette côte méditerranéenne date de la fin du XIXe siècle, grâce à l'ouverture de la ligne ferroviaire Paris-Lyon-Méditerranée amenant une clientèle aristocratique de Parisiens et d'Anglais, en saison hivernale surtout. Le tourisme, largement démocratisé depuis la Seconde Guerre mondiale, est aujourd'hui principalement estival. Il est devenu une activité économique majeure, particulièrement sur la Côte d'Azur, de Saint-Raphaël à Menton en passant par l'aire urbaine de Nice [...].

Désormais les infrastructures de transport modernes et performantes desservent la région de Nice : l'autoroute A8 ou l'aéroport international de Nice-Côte d'Azur (2e aéroport français). Des manifestations culturelles célèbres s'y déroulent : un festival international de cinéma à Cannes, un festival de jazz à Antibes – Juan-les-Pins, un carnaval très prisé à Nice. [...] Saint-Tropez est devenu, en quelques décennies, un haut-lieu du tourisme connu dans le monde entier (le port reçoit les plus grands yachts du monde). Ce sont les peintres, comme Paul Signac, qui ont fait connaître le lieu dès la fin du XIXe siècle, puis des écrivains de Saint-Germain-des Prés à Paris (Françoise Sagan) et des artistes : Juliette Gréco et surtout Brigitte Bardot installée dans sa mythique villa « La Madrague ». Sa présence assure, dès les années 1960, le rayonnement international et la réputation « show-biz » du lieu qui fait accourir la « jet-set » mondiale.

Vincent Adoumié (dir.), professeur en classes préparatoires aux grandes écoles, *Les Nouvelles Régions françaises*, Hachette Supérieur, 2018.

Animation croquis

2 La « Riviera » française à Agay (Var)

① Baie ② Port de plaisance ③ Plage
④ Arrière-pays escarpé (massif de l'Estérel)

3 Le Festival de Cannes 2019 en chiffres

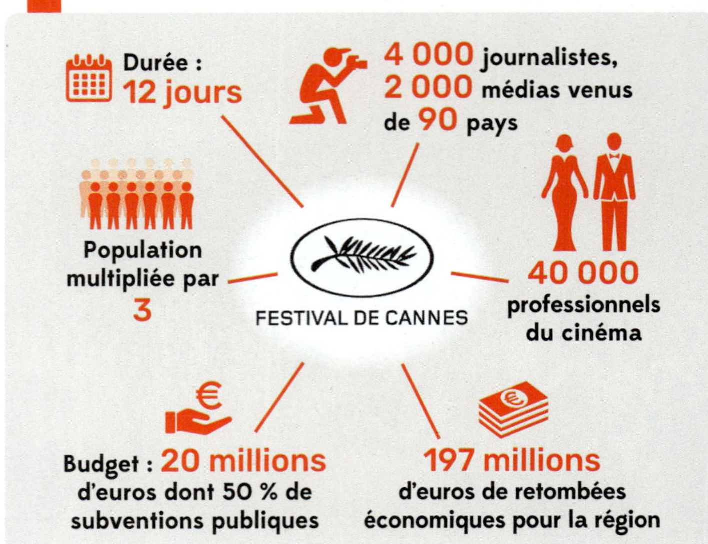

4 Les atouts du littoral azuréen

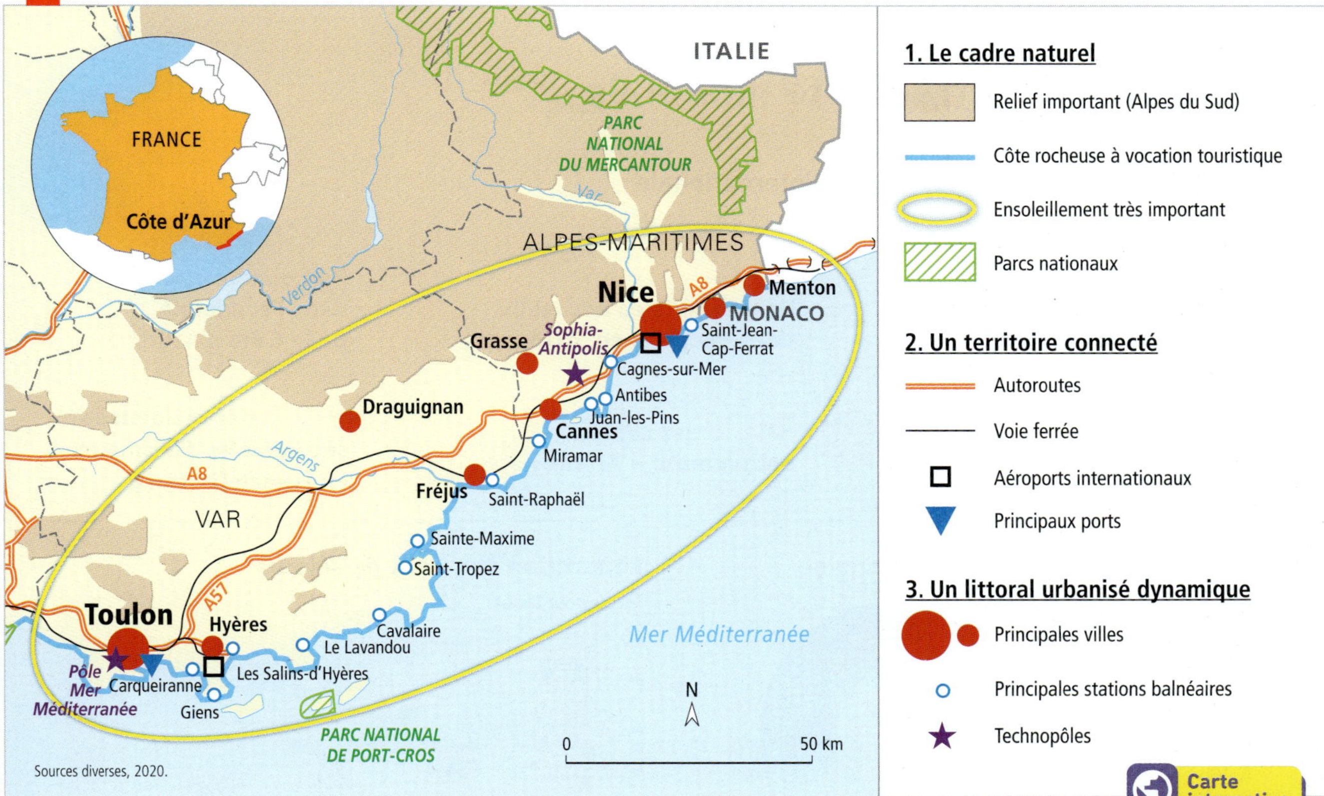

Carte interactive

5 Le parfum du pays de Grasse

Lien

La Région de Grasse (Alpes-Maritimes) est réputée pour sa production florale et son industrie du parfum. Depuis novembre 2018, ses savoir-faire liés au parfum ont été inscrits au patrimoine culturel immatériel de l'Humanité de l'Unesco.

Questions

Itinéraire 1

Répondre aux questions

1. **Situez** la Côte d'Azur en France et en Europe. **doc. 4**
2. **Décrivez** les composantes du paysage de la Côte d'Azur. **doc. 2 et 4**
3. **Relevez** et **classez** les différents éléments du patrimoine naturel et culturel dont dispose la Côte d'Azur. **doc. 1, 3, 4 et 5**

Synthétiser

4. **Montrez** que la Côte d'Azur bénéficie d'un rayonnement international de premier plan. **doc. 1 à 5**

ou

Itinéraire 2

Conseils et méthode

Réaliser une affiche (1/2)

- Afin de réaliser une affiche de promotion pour la Côte d'Azur, relevez les atouts qui participent à son rayonnement international et à son attractivité.
- Regroupez-les autour de trois thèmes :
  – La richesse du patrimoine naturel et culturel
  – L'accessibilité de la région
  – L'environnement économique dynamique (p. 146-147)
- Illustrez chaque thème par un ou plusieurs documents que vous aurez recherchés.

B Un littoral à l'attractivité mondiale

6 La Côte d'Azur, destination touristique internationale

11 millions de touristes par an

1 million de croisiéristes accueillis dans les ports en 2018

Part du tourisme dans l'économie de la Côte d'Azur : **15 %**

2e destination touristique française après Paris

16 % des séjours ont un motif « Affaires »

15 % des résidences secondaires d'étrangers en France (1er rang)

Répartition des touristes selon leur origine

En pourcentage

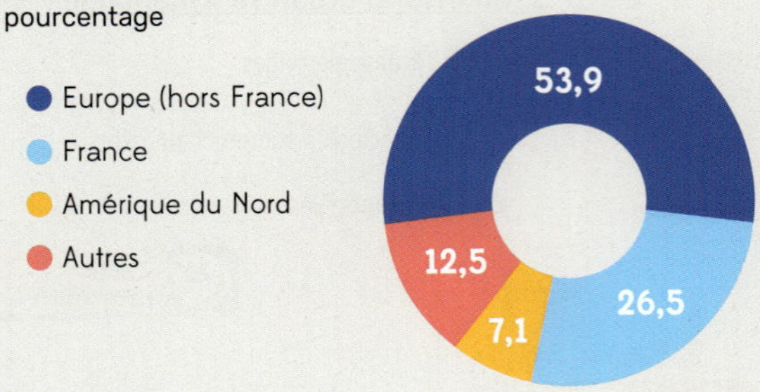

Répartition des lieux de séjours

En pourcentage

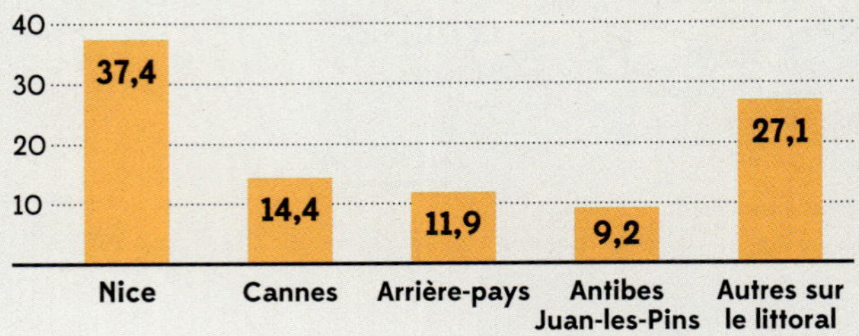

Source : Comité régional du Tourisme Côte d'Azur, 2018.

7 Investir sur la Côte d'Azur

Extrait de la brochure « Invest in Côte d'Azur », Team Côte d'Azur, 2019.

Traduction :

1 L'un des endroits les plus stratégiques d'Europe
2 Un vivier international de talents
3 Des infrastructures performantes
4 Des bureaux haut de gamme
5 Une qualité de vie
6 Des start-up innovantes

Lien

Animation croquis

8 **Le front de mer de Nice (Alpes-Maritimes)**

① Hébergements hôteliers
② Résidences en front de mer
③ Plage
④ Promenade des Anglais
⑤ Arrière-pays escarpé

9 Les investisseurs étrangers choisissent la Côte d'Azur

Parole d'acteur

Chaque année, plus d'une centaine d'entreprises à capitaux étrangers[1] supplémentaires sont identifiées sur le territoire [...].

Deux indicateurs nous aident à mesurer cette attractivité : le nombre croissant d'entreprises et les emplois associés. L'année 2018 confirme cette dynamique avec 2 070 entreprises provenant de tous les continents et choisissant d'investir sur la Côte d'Azur. La mesure de leurs retombées est sans appel : 36 000 emplois induits. Le terreau de ces implantations s'appuie sur un positionnement géographique favorable, des infrastructures de transport de qualité et des écosystèmes organisés en véritables clusters[2] alliant à la fois les caractéristiques des quartiers d'affaires internationaux et des parcs scientifiques. À ce titre, le bassin de Sophia-Antipolis s'impose comme l'un des principaux points d'attraction de l'investissement dans les Alpes-Maritimes et canalise dans le même temps un tiers des emplois. La smart-city[3] de Nice et son bassin élargi concentrent près de 700 entreprises dont certaines spécialisées dans des filières de pointe comme les logiciels embarqués ou les biotechnologies.

Jean-Pierre Savarino, président de la chambre de commerce et d'industrie Nice Côte d'Azur, *Les Entreprises à capitaux étrangers dans les Alpes-Maritimes*, mars 2019.

1. Établissements implantés en France sous contrôle étranger.
2. Concentration géographique d'entreprises interdépendantes dans un secteur d'activités.
3. « Ville intelligente » utilisant les technologies de l'information et de la communication (TIC) pour améliorer la qualité des services proposés ainsi que leurs coûts.

Questions

Itinéraire 1

Répondre aux questions

5 **Montrez** que la Côte d'Azur est un pôle touristique national et international majeur. **doc. 6 et 8**

6 **Expliquez** les raisons de l'attractivité de la Côte d'Azur pour les entreprises étrangères. **doc. 7 et 9**

7 **Relevez** les secteurs d'activité pour lesquels la Côte d'Azur est particulièrement attractive. **doc. 6, 7 et 9**

Synthétiser

8 **Montrez** que la Côte d'Azur bénéficie d'une attractivité internationale de premier plan. **doc. 6 à 9**

ou

Itinéraire 2

Conseils et méthode

Réaliser une affiche (2/2) ORAL

- Poursuivez le travail engagé p. 145 et terminez votre affiche.
- Réalisez une présentation orale destinée à attirer, au choix, des touristes ou des investisseurs dans la région, en vous appuyant sur votre affiche.

Croquis de l'étude de cas ▶ p. 150

La France du Tour : un rayonnement mondial

Zoom sur…

▶ Le Tour de France

1re édition	1903
Nombre de spectateurs sur les routes (2019)	10 à 12 millions
Nombre de téléspectateurs dans le monde (2019)	3,5 milliards

➔ Comment le Tour de France participe-t-il au rayonnement et à l'attractivité de la France et de ses territoires ?

1 Un événement mondial

Parole de géographe

À la fois « monument » du calendrier cycliste international et vitrine du patrimoine français, le Tour de France (TDF) est aujourd'hui le premier événement sportif annuel mondial […]. Il participe au rayonnement culturel français et à son image d'excellence. Il s'est imposé comme un événement populaire, festif et rassembleur, aujourd'hui pratiqué, pour une journée, une semaine ou dans son intégralité par des touristes venant du monde entier. La gratuité du spectacle rend l'événement attractif pour les publics, permettant au TDF de se transformer en une formidable vitrine commerciale pour la France. Partenaires de la course, sponsors d'équipes, annonceurs présents sur le bord des routes, collectivités territoriales et organisateurs bénéficient de l'exposition médiatique dont jouit l'événement pour faire leur promotion en associant leur image à la course […].

À partir de 1952, avec l'arrivée de la télévision sur le TDF, c'est désormais la France qui peut se montrer. Le TDF devient la plus belle et la plus regardée des cartes postales de France : d'après un sondage réalisé par l'Institut Odoxa pour Winamax et RTL en 2016, 50 % des spectateurs regardent la course pour en apprécier les paysages. La diffusion de l'épreuve devient alors un reportage sur la France long de trois semaines, jusqu'à faire passer pour certains l'aspect sportif au second plan.

Édith Fagnoni, professeure des Universités, et Léo Castoldi, « De l'événement sportif au sport business : le Tour de France », *Bulletin de l'Association de géographes français*, 2018.

2 Le Tour de France 2019 : une course mondialisée

Carte interactive

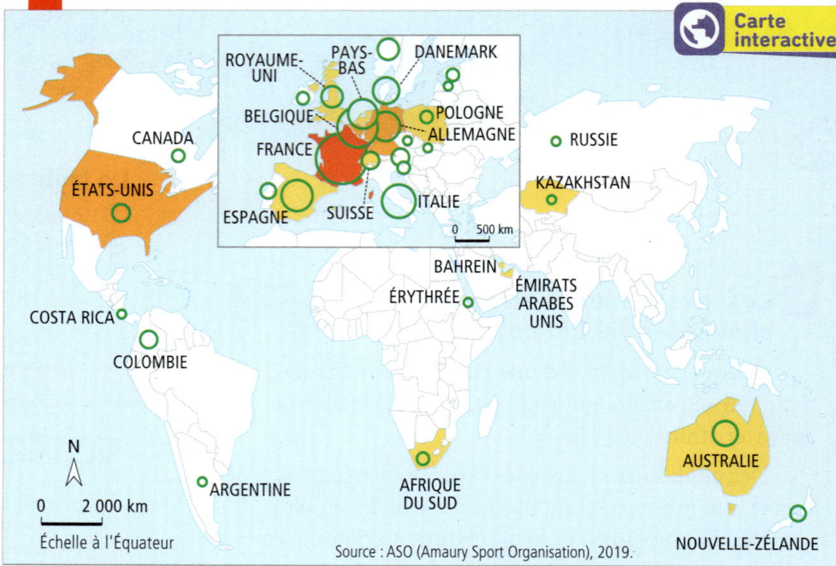

Nombre d'équipes par pays (22 équipes engagées) : 5 ; 2 à 3 ; 1

Nombre de coureurs par pays : 34 ; 21 ; 15 ; 10 ; 5 ; 2 ; 1

3 Une couverture médiatique mondiale

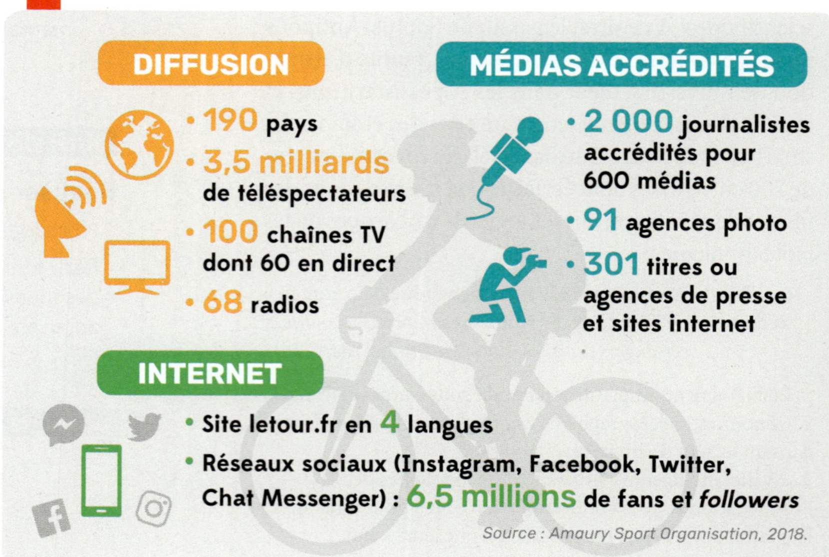

4 Le Tour de France 2019 à Valloire (Savoie)

Ascension du col du Galibier, juillet 2019.

5 Un partenariat Atout France[1]/ASO[2]

Du 6 au 28 juillet [2019], la 106e édition du Tour de France a emmené coureurs et suiveurs sur un parcours de 3 460 kilomètres à travers les plus beaux paysages de France. 21 jours d'épreuves qui ont mis en valeur l'exploit sportif et la majesté des 8 régions françaises traversées, auprès de milliards de téléspectateurs […].

Le Tour de France considère que la mise en avant des territoires traversés fait partie de ses principales missions, l'événement constituant naturellement un moment clé pour la promotion des destinations françaises […].

Le Tour a ainsi été mis à l'honneur sur France.fr (disponible en 15 langues), avec des pages renouvelées au fil des étapes. À chacune d'entre elles, un site touristique spécifique sera présenté avec une sélection d'activités disponibles alentour.

Atout France, 13 juin 2019.

1. Agence de développement touristique de la France.
2. ASO (Amaury Sport Organisation) : organisateur du Tour de France.

Questions

Itinéraire 1

Répondre aux questions

1. **Justifiez** l'expression « course mondialisée » pour décrire le Tour de France. **doc. 1 à 3**
2. **Montrez** que le Tour de France est un événement populaire et international. **doc. 4**
3. **Décrivez** par quels moyens le Tour de France contribue à l'attractivité touristique de la France. **doc. 1, 3 et 5**

Synthétiser

4. **Expliquez** comment le Tour de France participe au rayonnement mondial et à l'attractivité de la France. **doc. 1 à 5**

ou

Itinéraire 2

Préparer une présentation orale ORAL

- Relevez dans les documents 1 à 5 les informations montrant que le Tour de France est :
  – un événement sportif
  – un événement mondialisé
  – un événement qui participe à l'attractivité touristique de la France
- Appuyez-vous sur ce travail pour réaliser une présentation orale de 5 à 10 minutes montrant que le Tour de France participe au rayonnement et à l'attractivité de la France.

Croquis de l'étude de cas

▶ p. 151

Croquis des études de cas

▶ Voir p. 144-147

La Côte d'Azur

Objectif BAC

Consigne : À partir du texte ci-dessous, et en vous appuyant sur vos connaissances, complétez la légende et le croquis de synthèse.

Aide pour répondre à la consigne :
- Relevez les informations dans le texte.
- Identifiez les figurés pouvant être utilisés pour cartographier ces informations.
- Complétez la légende et le croquis à l'aide de l'étude de cas p. 144-147.

La Côte d'Azur : un littoral attractif dans la mondialisation

La Côte d'Azur est située dans le Sud-Est de la France, en région Provence-Alpes-Côte d'Azur, dans les départements des Alpes-Maritimes et du Var. Elle forme l'espace bordier de la mer Méditerranée entre Toulon et la frontière italienne. Elle est bien connectée à toutes les échelles grâce à des infrastructures et un réseau de communication modernes et performants : deux aéroports internationaaux (Toulon et Nice, 2e aéroport français), de nombreux ports pour le trafic de marchandises et surtout de passagers (Toulon, Nice, Cannes…). La région est aussi bien connectée au réseau ferré et routier national et international grâce aux axes de communication qui longent le littoral (autoroute A8).

Avec 11 millions de touristes par an et 15 % de son PIB lié au tourisme, la Côte d'Azur est un pôle touristique international majeur. Elle attire des touristes du monde entier, principalement d'Europe (53,9 %), mais aussi d'Amérique du Nord, d'Asie… Elle est réputée pour la beauté de ses paysages et son climat ensoleillé. Elle valorise un riche patrimoine naturel (parc national de Port-Cros et du Mercantour) et culturel (parfums de Grasse). Elle profite en outre du rayonnement international de manifestations culturelles (Festival de Cannes) ou sportives (Grand Prix de France). Le littoral azuréen abrite de nombreuses villes et stations balnéaires à forte capacité touristique (Nice, Cannes, Saint Raphaël…).

La Côte d'Azur fait aussi figure de région urbaine dynamique et attractive pour les entreprises à l'échelle internationale. Elle met en avant la qualité de son cadre et de ses infrastructures pour attirer les capitaux étrangers : le flux entrant d'investissements directs à l'étranger (IDE) est important et en forte croissance. Ces investissements contribuent à la création d'entreprises dans des secteurs de pointe, notamment au sein de ses deux technopôles (Toulon, Sophia-Antipolis). À l'image de l'ensemble de la Côte d'Azur, Nice et Toulon sont deux métropoles régionales attractives dans la mondialisation.

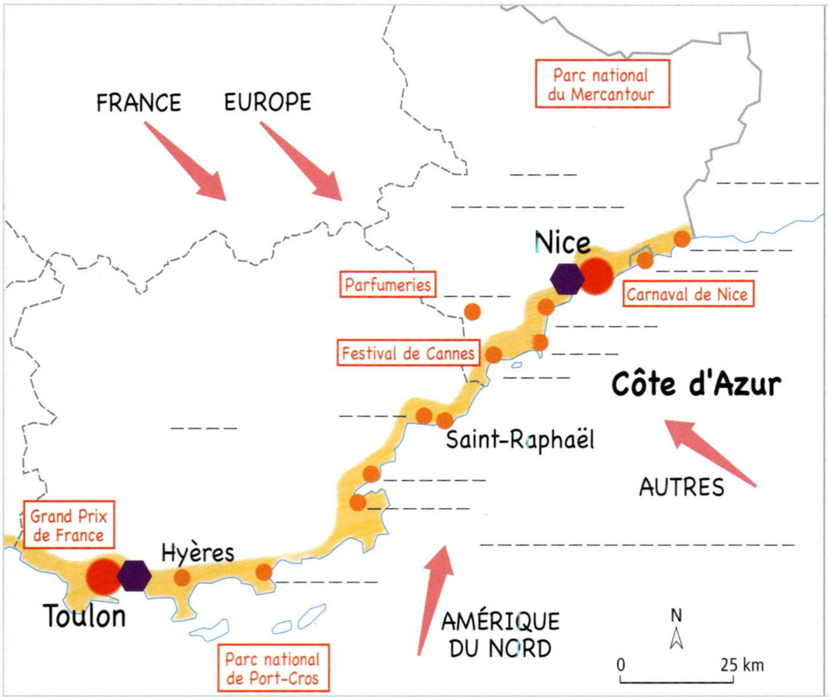

1. Une région connectée à toutes les échelles
- Aéroports internationaux
- Principaux ports (passagers et marchandises)
- Principaux axes de communication

2. Un pôle touristique international majeur
- Villes à forte capacité touristique
- Festival de Cannes — Un patrimoine et des événements au rayonnement international
- Principaux flux touristiques

3. Une région dynamique attractive pour les entreprises
- Littoral urbanisé et attractif
- Principales métropoles, moteur de croissance et d'attractivité pour la région
- Technopôles
- Flux d'IDE

Fond de carte différencié

▶ Voir p. 148-149

La France du Tour

Objectif BAC

Consigne : À partir du texte ci-dessous, et en vous appuyant sur vos connaissances, complétez la légende et le croquis de synthèse.

Aide pour répondre à la consigne :
- Identifiez dans le texte les différents flux dirigés vers la France grâce au Tour de France ainsi que la ville de départ et d'arrivée de la course en 2019.
- Sur le fond de carte, à l'aide d'un atlas si besoin, nommez les villes ayant accueilli le Tour de France plus de 30 fois depuis sa création.

La France du Tour : un rayonnement mondial

La France accueille chaque été le Tour de France cycliste. Fondé en 1903, cette compétition est devenue aujourd'hui le plus grand événement sportif annuel mondial. Après un parcours de 21 jours à travers les plus beaux paysages de France, la course s'achève traditionnellement au cœur de Paris, sur les Champs-Élysées. Mais le Tour de France affiche depuis plusieurs années une dimension européenne : en 2019, son départ a par exemple été donné à Bruxelles.

Le Tour de France cycliste contribue activement au rayonnement mondial de la France. Les coureurs et les équipes qui participent à la course sont originaires du monde entier. Les sponsors de la course et des coureurs sont des entreprises internationales. La course bénéficie d'une couverture médiatique mondiale : les images de l'événement sont retransmises dans 190 pays, auprès de 3,5 milliards de téléspectateurs, grâce à 2 000 journalistes accrédités pour plus de 600 médias.

Grâce à cette visibilité internationale, le Tour de France est un formidable outil de promotion des territoires français. Il accueille chaque été 10 à 12 millions de spectateurs sur son parcours, dont de nombreux touristes étrangers. La valorisation des paysages français *via* la diffusion des images de la course participe à la promotion touristique du pays et de ses régions. Afin de renforcer leur visibilité et leur attractivité, certaines villes françaises comme Bordeaux, Brest ou Metz ont accueilli la course plus de 30 fois depuis sa création.

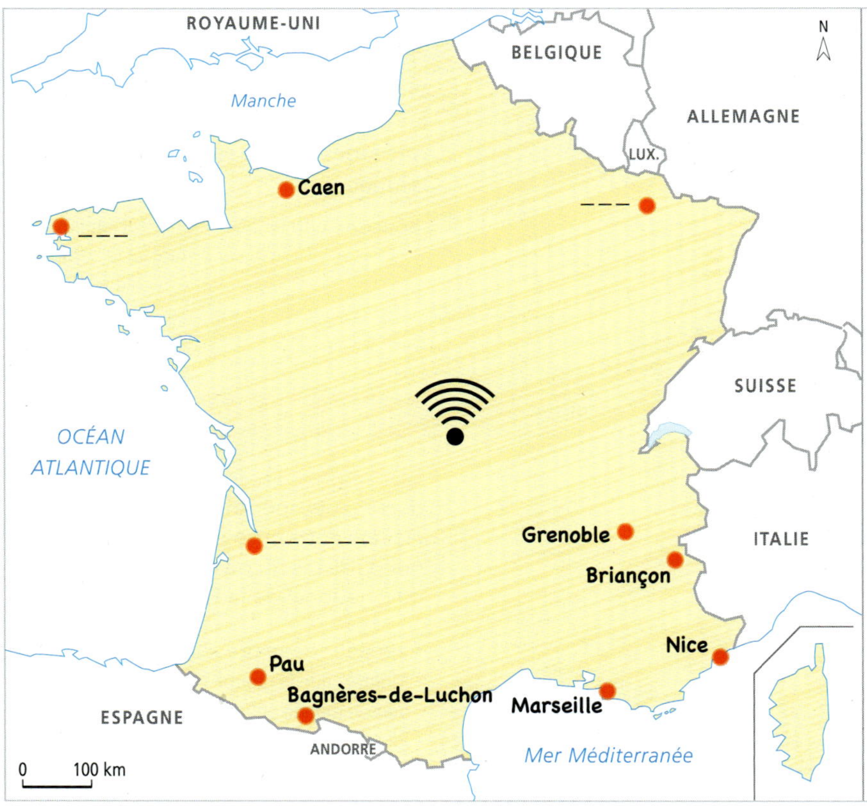

1. Une course française et européenne…
- 21 jours de course
- Métropole européenne et ville-départ en 2019
- Métropole mondiale et ville-arrivée depuis 1903
- Villes-étapes ayant accueilli le TDF plus de 30 fois

2. …au rayonnement mondial
- Flux de ______ venus du monde entier
- Une retransmission dans 190 pays

3. …et source d'attractivité pour la France
- ________ étrangers venus du monde entier
- ________ étrangers attirés par les images diffusées

Fond de carte différencié

Exemple

L'Oréal, une firme française dans la mondialisation

Zoom sur…

L'Oréal (fondée en 1909)

Rang	1er groupe mondial de cosmétiques
Chiffre d'affaires	27 milliards d'euros/an
Nombre de marques	36 (Lancôme, Garnier, Ralph Lauren, Diesel…)

Source : L'Oréal, Fortune 500, 2019.

Vidéo

1 Lancôme, une marque du groupe L'Oréal à Hong Kong (Chine)

Photographie prise en novembre 2018.

2 L'Oréal, une marque universelle

Dès 1912, l'entreprise exportait ses teintures capillaires en Autriche, en Italie et aux Pays-Bas […]. Aujourd'hui l'entreprise est présente sur les 5 continents, dans 130 pays, et réalise un chiffre d'affaires équivalent en Europe de l'Ouest et sur les nouveaux marchés. Cette présence mondiale est le fruit d'une longue construction élaborée au fil des années […]. 1986 est une année historique puisque l'entreprise devient le leader mondial du secteur des cosmétiques face à des concurrents américains ou japonais beaucoup moins internationalisés […].

L'Oréal se mobilise autour de l'universalisation et de la conquête d'un « nouveau milliard de consommateurs » à l'horizon 2022. Pour y parvenir, l'entreprise doit se renforcer sur les marchés émergents, en touchant notamment les classes moyennes et s'implanter beaucoup plus massivement sur les nouveaux marchés […]. L'universalisation implique une présence mondiale, mais elle renvoie aussi à une présence au sein des différentes catégories sociales et les différents types ethniques.

Béatrice Collin et Jean-François Delplancke, *L'Oréal : la beauté de la stratégie*, Dunod, 2015.

3 L'Oréal : un groupe français mondialisé

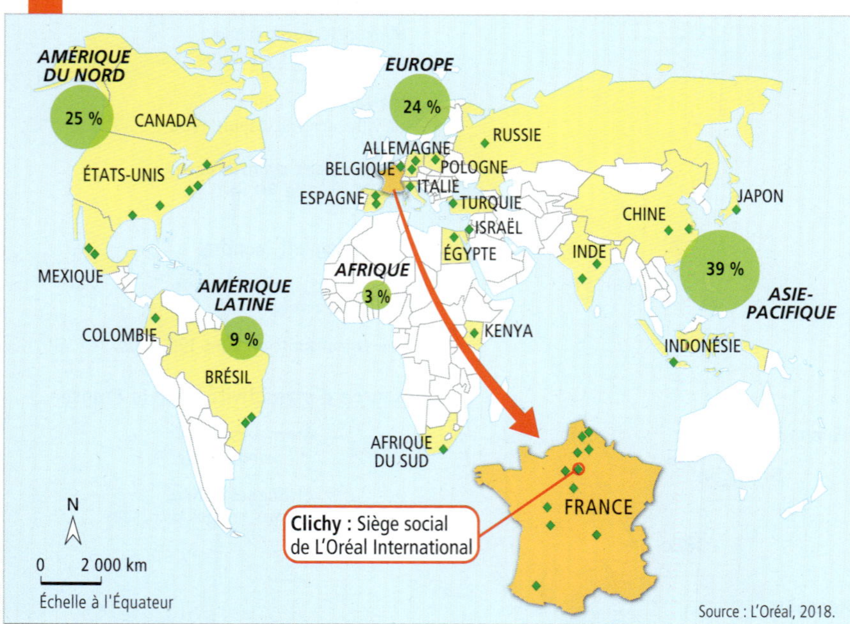

Pays d'implantation des 40 usines L'Oréal dans le monde

9 % Part des différents marchés dans le chiffre d'affaires total du groupe

Objectif BAC

Consigne : En analysant les documents, montrez que L'Oréal est une entreprise mondiale qui participe au rayonnement international de la France.

Aide pour répondre à la consigne :
- Montrez que le groupe L'Oréal est présent dans le monde entier.
- Identifiez les différentes phases de l'internationalisation de la firme.

Exemple

Le rayonnement de la France à Londres

1 La France à Londres

LONDRES

Nombre d'expatriés français est : **250 000**

Nombre d'établissements scolaires publics et privés français : **15**

3 600 d'élèves au lycée français Charles-de-Gaulle issus de **41 nationalités**

Source : Ambassade de France, AEFE, 2019.

2 Campus France à Londres

En mai 2019, Campus France, établissement public chargé de la promotion de l'enseignement supérieur français à l'étranger et de l'accueil des étudiants et chercheurs étrangers en France, inaugure son bureau de Londres [...].

La mission principale des bureaux de Campus France, présents dans plus de 126 pays, est de promouvoir l'enseignement supérieur français [...]. L'inauguration met en lumière la nouvelle stratégie de la France, qui ambitionne de devenir une destination de plus en plus attrayante pour les étudiants étrangers désireux de recevoir une formation universitaire d'excellence. Cette stratégie s'inscrit dans le cadre d'une campagne de communication globale visant à accroître la présence et l'influence de la France à l'étranger [...]. L'ambition de la France est de contrer le déséquilibre des flux d'étudiants entre la France et le Royaume-Uni, les incertitudes liées au Brexit et les relations futures entre le Royaume-Uni et l'Union européenne.

Ambassade de France à Londres, 13 mai 2019.

3 South Kensington, le « carré français » de Londres

① Consulat général de France
② Lycée français Charles-de-Gaulle
③ Institut français
④ Ciné Lumière
⑤ Librairie française
⑥ Commerce de produits gastronomiques français (fromages, pâtisseries, pains, vins...)
⑦ Restaurant français
⑧ Maison médicale française

Objectif BAC

Consigne : En analysant les documents, expliquez par quels moyens la France assure son rayonnement diplomatique, culturel et économique à Londres.

Aide pour répondre à la consigne :
- Relevez les différentes institutions françaises présentes à Londres et précisez dans quels domaines elles agissent.
- Montrez que le rayonnement culturel et économique de la France sont en partie liés.

Carte

La France dans le monde

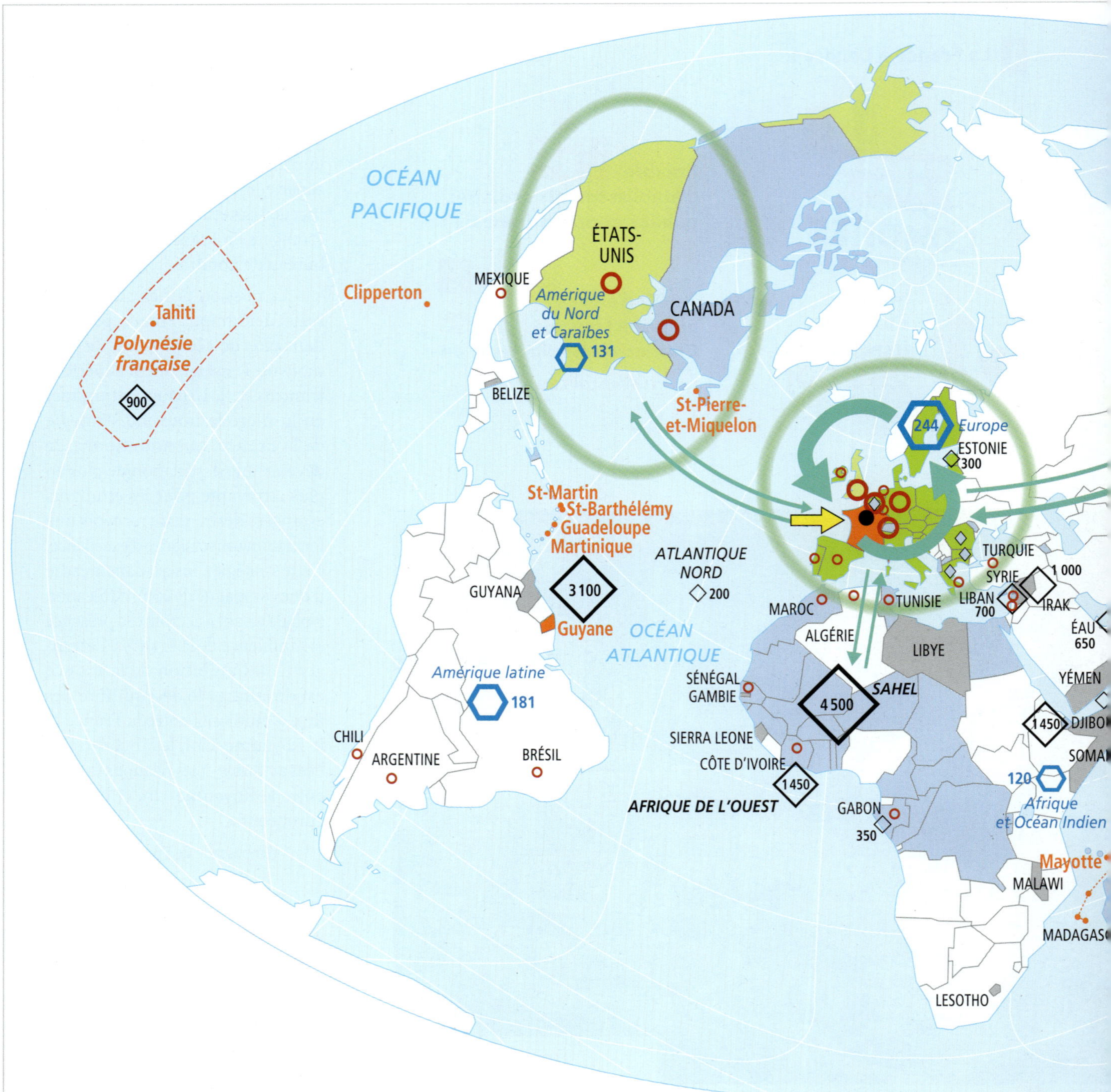

1. Une présence sur tous les continents

- France métropolitaine et territoires ultramarins
- 500 Soldats français déployés dans le monde en 2018
- Nombre d'expatriés français (2018)
  - plus de 100 000
  - de 10 000 à 100 000
- Pays sans ambassade de France

2. Un rayonnement culturel mondial

- Pays membres de l'Organisation internationale de la Francophonie
- 76 Réseau des Alliances françaises (nombre en 2018)
- La France : première destination touristique mondiale
- Paris : métropole mondiale

Carte interactive

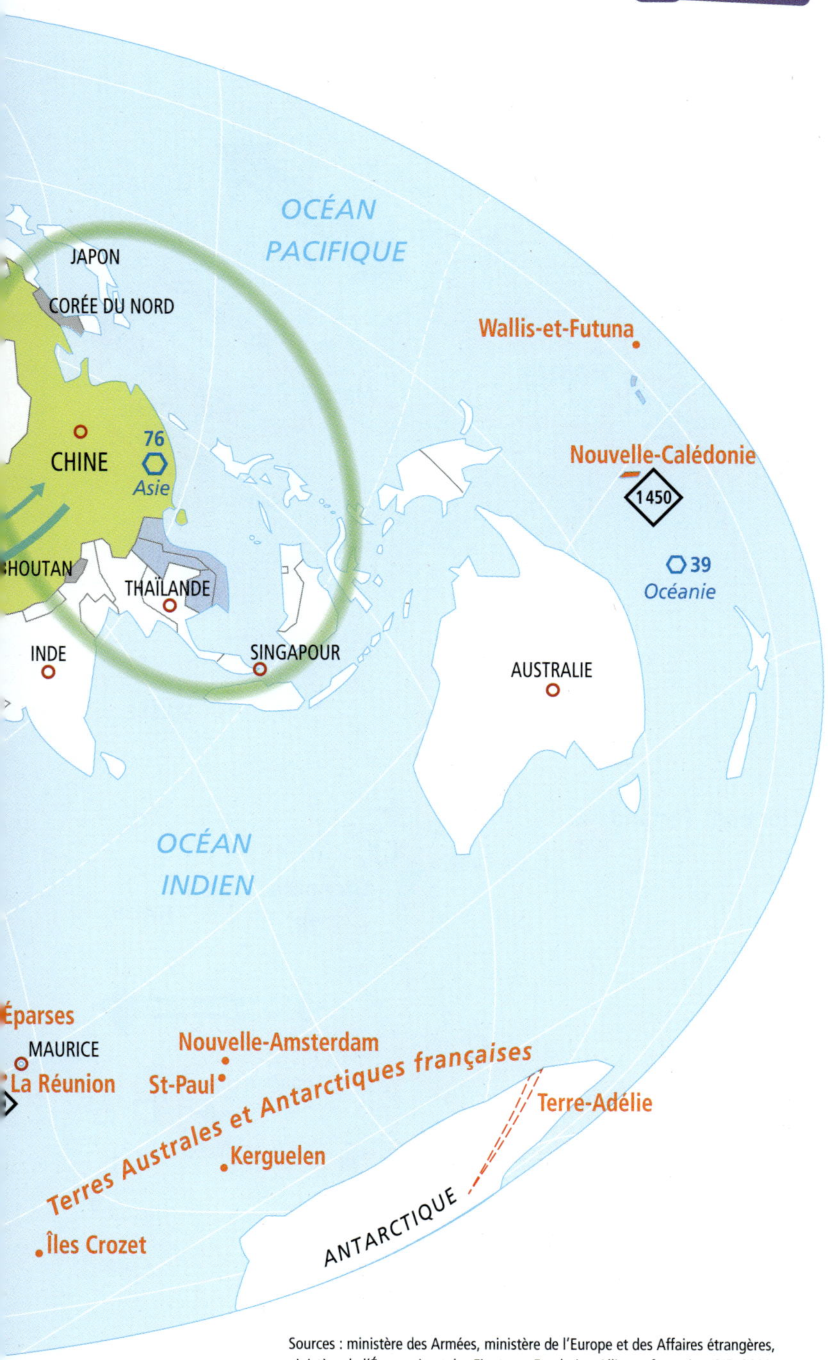

Sources : ministère des Armées, ministère de l'Europe et des Affaires étrangères, ministère de l'Économie et des Finances, Fondation Alliance française, OIF, 2019.

3. Une puissance économique intégrée dans la mondialisation

- L'Union européenne, principal partenaire économique de la France
- Principaux partenaires économiques hors Union européenne
- Pôle de la mondialisation (échanges commerciaux, implantations de filiales françaises, provenance d'IDE…)
- Importations / exportations

Vocabulaire

Alliance française : organisation française dont l'objectif est de faire rayonner la langue française et la culture française à l'extérieur de la France.

Expatrié : individu résidant dans un autre pays que le sien.

IDE (Investissements directs à l'étranger) : sommes d'argent investies par des entreprises étrangères sur un territoire (création, rachat d'entreprise).

Chiffres clés

La France dans le monde en 2019

18 230 soldats français déployés hors métropole

2,5 millions d'expatriés français

BONJOUR

300 millions de locuteurs francophones dans le monde, sur tous les continents

Plus de 832 agences de l'Alliance française dans 131 pays

1re destination touristique mondiale : **90 millions** de touristes (en 2018)

Questions

1. **Localisez** les régions du monde dans lesquelles la France exerce son influence géopolitique grâce à ses territoires d'outre-mer.
2. **Localisez** les régions du monde dans lesquelles la francophonie est particulièrement implantée.
3. **Montrez** que la France est insérée dans la mondialisation des flux.

Des territoires inégalement attractifs

1 Rayonnement et attractivité économique

2 Rayonnement culturel et attractivité touristique internationale

1. Des territoires attractifs divers
- Paris, métropole culturelle et touristique mondiale
- Autres métropoles culturelles et touristiques
- Littoraux touristiques
- *Alsace* Régions de tourisme culturel
- Tourisme vert
- Tourisme de montagne

2. Des facteurs de rayonnement et d'attractivité
- Principaux aéroports
- Principaux axes de communication
- Sites classés au patrimoine mondial de l'Unesco
- Sièges d'organisation culturelle internationale (Unesco, OIF)

3. Des échanges culturels
- Flux d'étudiants étrangers
- 6,7 Flux de touristes étrangers (en millions)
- Exportations de produits culturels (films, œuvres littéraires…), médias français diffusant à l'international

Sources diverses, 2020.

Carte interactive

Vocabulaire

OIF (Organisation internationale de la francophonie) : voir p. 158

Unesco : l'Organisation des Nations unies pour l'éducation, la science et la culture. Elle gère en particulier le classement au patrimoine mondial.

Questions

1. **Identifiez** les espaces les mieux intégrés à la mondialisation et les plus attractifs.
2. **Relevez** les infrastructures qui favorisent leur intégration à l'espace européen et mondial.

Cours

Podcast Cours à écouter

La France : un rayonnement international différencié et une inégale attractivité dans la mondialisation

Quels sont les aspects du rayonnement et de l'attractivité de la France dans la mondialisation ?

1 Une puissance économique mondiale

● **La France est une puissance économique majeure.** Avec un PIB de 2 353 milliards d'euros en 2018, elle est au 7e rang mondial et au 3e rang européen, derrière l'Allemagne et le Royaume-Uni. Elle est au 8e rang des exportateurs de biens grâce à des secteurs dynamiques comme l'aéronautique et au 4e rang pour les services. L'Union européenne demeure son principal partenaire commercial (60 % des échanges) devant la Chine et les États-Unis. Elle recule toutefois régulièrement dans le classement des puissances économiques au profit de pays émergents comme l'Inde.

● **Les firmes transnationales françaises participent à son insertion économique mondiale.** Elles contrôlent 45 000 filiales à l'étranger où elles réalisent plus de la moitié de leur chiffre d'affaires. Plusieurs groupes français se placent au 1er ou 2e rang mondial dans leur secteur : L'Oréal (cosmétiques), Carrefour (grande distribution), LVMH (luxe), Vinci (BTP), Danone (agroalimentaire)… Ces firmes innovent en permanence afin de conquérir des parts de marché au niveau mondial.

● **La France est attractive pour les investisseurs étrangers.** Elle est le 5e pays le plus attractif pour les flux d'investissements directs étrangers (IDE) en 2018. 60 % proviennent d'Europe, mais le 1er pays investisseur reste les États-Unis. La diversité des territoires français, la main-d'œuvre qualifiée, la qualité des infrastructures et l'accompagnement des entreprises par les pouvoirs publics constituent de puissants facteurs d'attractivité et de compétitivité.

EXEMPLE L'Oréal, une firme française dans la mondialisation → p. 152

2 Un rayonnement international

● **Les Français sont présents sur les cinq continents.** Sur les 67 millions de Français, 2,6 millions vivent en Outre-mer et environ 2,5 millions sont expatriés. Ils contribuent à faire du français la 5e langue la plus parlée dans le monde (300 millions de locuteurs), malgré la concurrence de l'anglais. L'armée française a la capacité d'intervenir partout dans le monde : plus de 18 000 militaires sont déployés hors de métropole, certains sous mandat international (ONU, OTAN, UE) dans le cadre de missions de maintien de la paix ou de lutte contre le terrorisme.

● **La France est influente sur la scène mondiale.** Elle dispose d'un siège permanent au Conseil de sécurité de l'ONU et participe à de nombreuses instances de gouvernance mondiale (G7, G20…). Avec 162 ambassades, elle possède le 2e réseau diplomatique mondial derrière les États-Unis. Elle accueille le siège d'organisations internationales (Unesco à Paris). Elle est le 4e contributeur mondial en termes d'aide au développement, après les États-Unis et la Chine.

● **La France bénéficie d'un rayonnement culturel exceptionnel.** L'Organisation internationale de la Francophonie, les centres de l'Alliance française, les 500 lycées français de l'étranger, les médias internationaux (RFI, TV5Monde, France24), la production cinématographique (2e exportateur mondial de films) contribuent à ce rayonnement. Son patrimoine naturel et culturel (Mont-Saint-Michel, pitons et cirques de La Réunion…), sa gastronomie, ses événements sportifs (Coupe du monde féminine de football 2019) font de la France le pays le plus visité au monde avec près de 90 millions de touristes étrangers en 2018.

ÉTUDE DE CAS La France du Tour : un rayonnement mondial → p. 148
EXEMPLE Le rayonnement de la France à Londres → p. 153

Vocabulaire

- **Alliance française :** voir p. 155
- **Compétitivité :** capacité d'une entreprise, d'un secteur économique ou d'un territoire à vendre ou fournir durablement un ou plusieurs biens ou services sur un marché concurrentiel.
- **District industriel :** concentration, sur un territoire donné, de petites et moyennes entreprises, spécialisées dans un secteur d'activité reposant sur des savoir-faire hérités.
- **Expatrié :** individu résidant dans un autre pays que le sien.
- **Filiale :** entreprise contrôlée par une autre entreprise appelée société mère.
- **Gouvernance mondiale :** ensemble de règles, de lois et de normes mises en place pour réguler les flux économiques, migratoires et informationnels, ainsi que les relations internationales dans un contexte de mondialisation.
- **Organisation internationale de la francophonie (OIF) :** institution créée en 1970, dont les 88 membres (États ou gouvernements) partagent ou ont en commun la langue française et certaines valeurs comme la diversité culturelle, la paix ou la gouvernance démocratique.

Les 3 premières firmes françaises (selon le chiffre d'affaires 2018)

En milliards de dollars

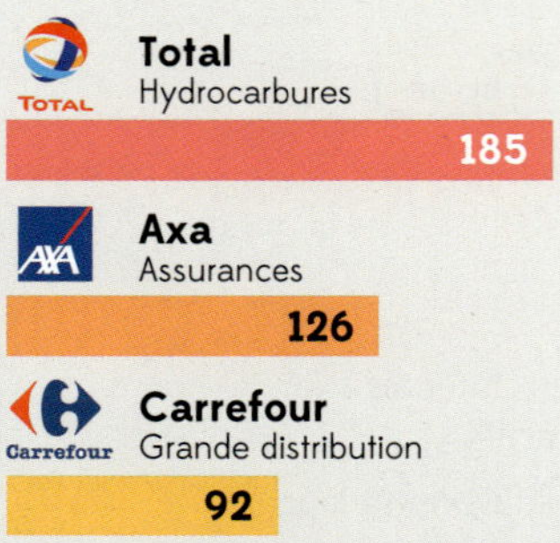

Source : Fortune 500, 2018.

3 Une inégale attractivité

● **Paris est une métropole de rayonnement planétaire.** Avec un PIB de 650 milliards d'euros (31 % du PIB national) en 2019, la région parisienne est le principal pôle de l'intégration de la France dans la mondialisation. Elle attire 1/3 des investissements dans le pays, et 1/3 des 500 premières firmes transnationales (FTN) mondiales y possèdent un siège social. Elle accueille près de 50 millions de visiteurs étrangers par an, grâce à des hauts lieux du tourisme mondial (musée du Louvre, Disneyland, Versailles...). Paris est également l'une des capitales mondiales du luxe et du tourisme d'affaires. Elle concentre de nombreuses universités et grandes écoles (Sorbonne, Sciences-Po...).

● **D'autres territoires sont également très intégrés dans la mondialisation.** Toulouse est une capitale mondiale de l'aéronautique (assemblage des Airbus). Lyon est reconnue comme un pôle mondial de la gastronomie, mais aussi de la chimie. La Normandie, la Côte d'Azur, les Alpes du Nord... attirent une importante clientèle touristique internationale. La région de Bordeaux est mondialement réputée pour sa production viticole, tout comme la Bourgogne ou la Champagne. Les régions d'Oyonnax (industries de la plasturgie) ou de la vallée de l'Arve (mécanique de précision) sont des districts industriels performants.

● **Certains territoires sont en marge de la mondialisation.** Les territoires ruraux, éloignés des influences métropolitaines et marqués par le déclin démographique sont très peu attractifs. C'est le cas des territoires montagnards isolés des Ardennes et du Massif central. Les anciennes régions industrielles du nord et de l'est de la France (Lorraine) sont confrontées depuis plusieurs décennies aux problématiques de la reconversion.

ÉTUDE DE CAS La Côte d'Azur : un littoral attractif dans la mondialisation → p. 144
GÉO DÉBAT Airbnb : un atout ou un danger pour l'attractivité des territoires en France ? → p. 160

Les expatriés français dans le monde
En pourcentage du total des expatriés en 2018

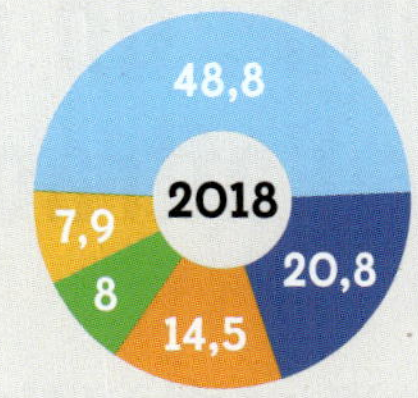

Source : ministère des Affaires étrangères, 2020.

Notion
Attractivité p. 165

Du cours au schéma

Exercice interactif

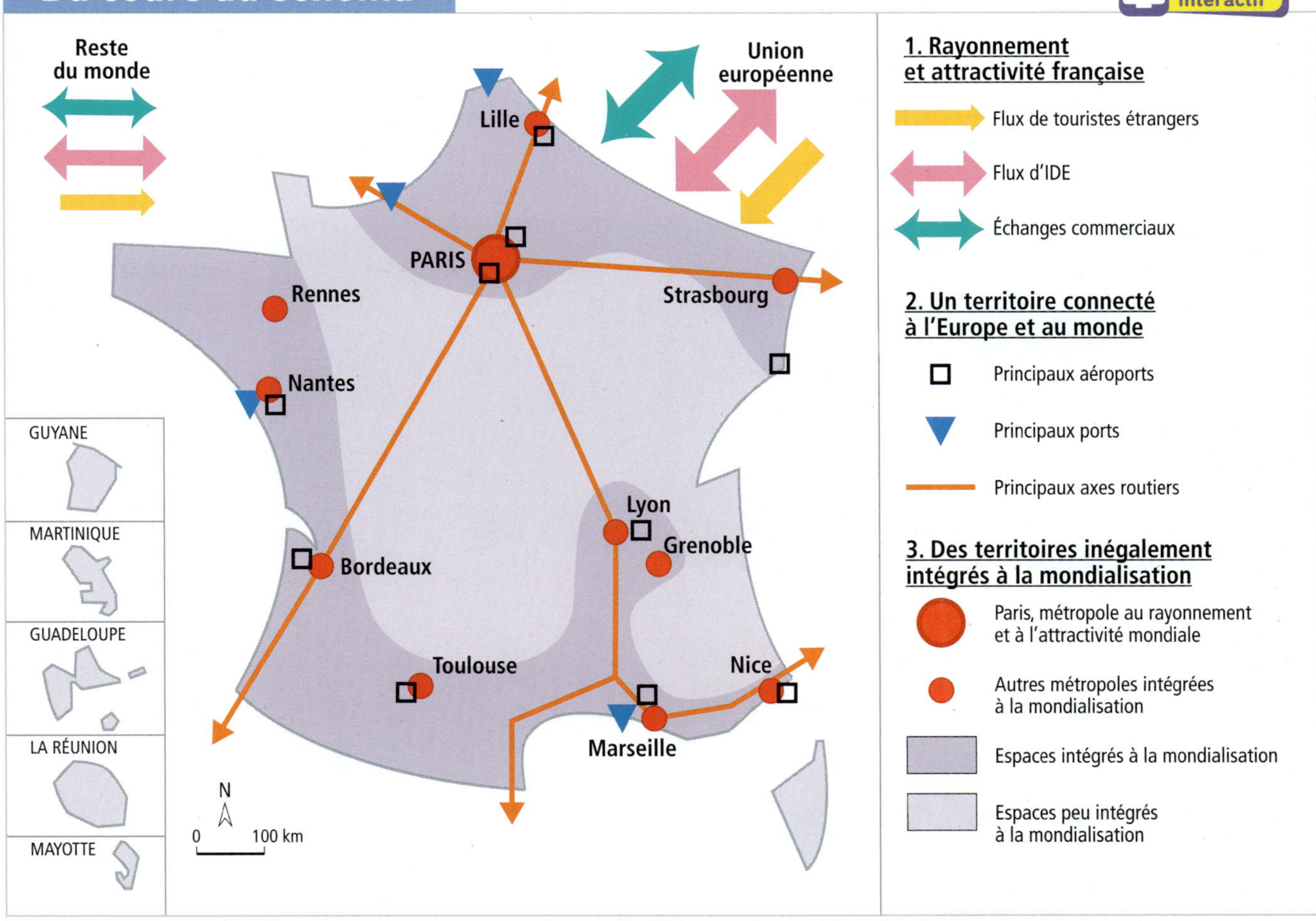

Airbnb : un atout ou un danger pour l'attractivité des territoires en France ?

1 Les chiffres clés d'Airbnb dans le monde et en France

Entreprise américaine proposant une plateforme de location et de réservation de logements touristiques en ligne.

Date de création **2008**

Siège social **San Francisco**

Chiffre d'affaires : plus de **3 milliards** de dollars (2018)

Nombre d'hébergements dans le monde : **7 millions** (2019)

Nombre de communes disposant d'une offre d'hébergement Airbnb en France : **22 000**

Nombre d'hébergements en France : **600 000** (2019)

2 Une menace pour l'accès au logement

Parole d'acteur

« Je dois trouver un autre logement car mon propriétaire met son bien sur Airbnb. » Cette phrase, entendue à l'occasion de mes permanences d'élu, m'a conduit en mars 2016 à mener une étude sur « l'airbnbisation » de Bordeaux. Les conclusions de cette enquête ont mis en évidence une professionnalisation de l'utilisation d'Airbnb par les loueurs. Autrement dit, la très grande majorité des logements sont exclusivement dédiés à la location saisonnière. Par ailleurs, l'essentiel des logements proposés sont des studios et T2. C'est pourquoi ce sont plus particulièrement les jeunes, les personnes vivant seules et les familles modestes qui sont victimes de ce phénomène. La rentabilité des locations Airbnb étant bien meilleure qu'une location classique, elle accélère l'augmentation des loyers et du foncier.

Matthieu Rouveyre, fondateur de l'Observatoire Airbnb, www.observatoire-airbnb.fr, juillet 2019.

Vocabulaire

- **Airbnbisation** : accroissement de la mise en location à but touristique d'hébergements privés dans un territoire où la demande de logements (temporaires et permanents) est forte.

3 Une implantation contestée

Manifestation au Louvre (Paris), juin 2019.

4 L'implantation d'Airbnb en France

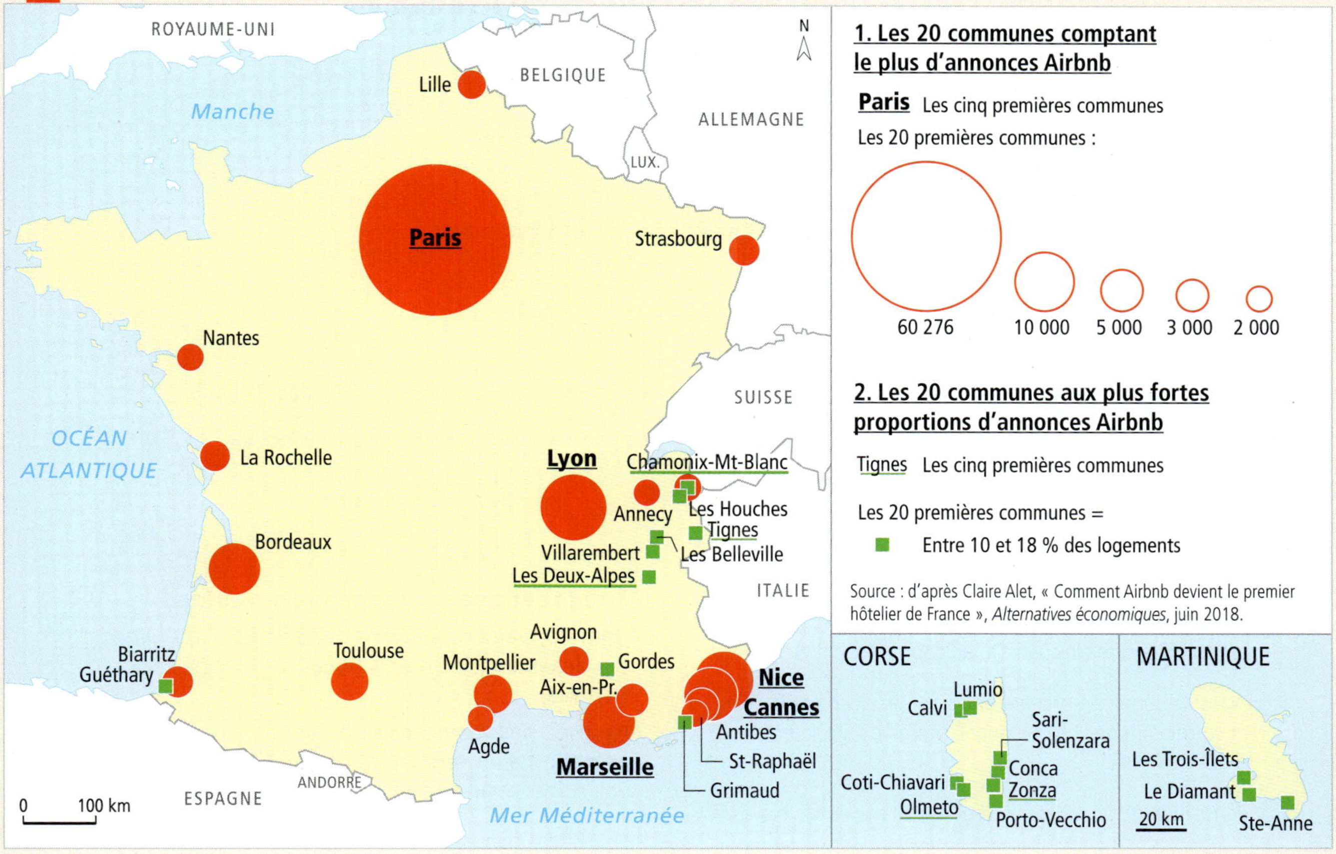

5 Airbnb dans la région Centre - Val de Loire

L'offre de logement Airbnb est très présente entre Chinon et Chambord, mais se décline de manière très différente selon les caractéristiques sociales et géographiques des territoires. Les quartiers centraux des deux agglomérations (Blois et Tours), regroupant des lieux touristiques (musées, cathédrales, vieille ville), proposent un nombre important d'hébergements Airbnb qui représentent un peu plus de 3 % du nombre total de logements de ces quartiers. À l'opposé, les taux les plus faibles se localisent dans des quartiers populaires et d'habitat social de ces agglomérations. Le potentiel touristique de la région ne se concentrant toutefois pas exclusivement en ville, l'offre Airbnb rapportée au nombre total de logements est également très importante dans de nombreux territoires ruraux, en particulier à proximité de sites touristiques (châteaux de la Loire, zooparc de Beauval, Candes-Saint-Martin) ou de vignobles (en particulier dans la Sologne viticole entre Chaumont-sur-Loire et la vallée du Cher, mais aussi à proximité d'Amboise, Chinon et Bourgueil). Dans ces territoires, la viticulture a constitué un terreau favorable au développement d'hébergements touristiques avant l'émergence des plateformes numériques.

D. Andrieu, J. Devaux et N. Oppenchaim, « Cet Airbnb dont on ne parle pas », www.metropolitiques.eu, 20 mai 2019.

6 Airbnb au service de l'attractivité des territoires ruraux

Pour soutenir une nouvelle dynamique favorable aux villages français, et à une dispersion du tourisme au bénéfice de tous, l'Association des Maires Ruraux de France (AMRF) et Airbnb s'allient. Alors que 80 % des annonces sur Airbnb sont situés en dehors de Paris, Airbnb et l'AMRF vont mettre en œuvre une série d'actions communes afin de développer le potentiel touristique des campagnes françaises, et promouvoir un tourisme équilibré, au bénéfice de tous les territoires et de leur population. Airbnb partagera régulièrement des informations et des éléments d'analyse du développement de l'offre Airbnb dans la ruralité. L'AMRF et Airbnb organiseront des conférences avec les maires ruraux afin de développer des stratégies conjointes de développement du tourisme rural et Airbnb va mettre en avant les destinations rurales au travers de campagnes de promotion.

Par ailleurs, à l'occasion du lancement de ce partenariat, Airbnb et l'AMRF publient des données qui illustrent l'impact positif de la communauté d'hôtes Airbnb dans les espaces ruraux et notamment sur le développement touristique des communes dépourvues d'infrastructures hôtelières traditionnelles ; ces données confirment le potentiel économique de la ruralité, créatrice de richesses.

Laurent Guéna, « Airbnb s'engage à soutenir les territoires ruraux », Le Quotidien du tourisme.com, 18 février 2019.

C'est à vous !

Géo DÉBAT

Airbnb : un atout ou un danger pour l'attractivité des territoires en France ?

ÉTAPE 1 Comprendre et préparer le débat

1. Localisez et décrivez les territoires concernés par le développement des annonces d'hébergements Airbnb en France. **doc. 4 et 5**
2. Montrez que la pratique de location d'hébergements touristiques sur Airbnb est en plein développement en France. **doc. 1, 5 et 6**
3. Montrez que l'implantation et l'expansion d'Airbnb en France est à la fois souhaitée et critiquée. **doc. 2, 3 et 6**

ÉTAPE 2 Participer au débat

4. Avant le débat, prélevez les arguments des différents acteurs. Reportez-les dans le tableau.
5. Avant le débat, en prenant appui sur les documents et votre point de vue personnel, notez vos arguments dans le tableau.
6. Pendant le débat, notez les arguments des autres élèves.

Conseils

- Écoutez et respectez la parole des autres.
- Pour convaincre, il est important de s'appuyer sur des exemples précis (localisés, datés, chiffrés).
- Ne lisez pas vos notes et présentez vos arguments en regardant vos auditeurs. Relisez vos notes avant de prendre la parole.

	Airbnb est un atout pour l'attractivité des territoires	Airbnb est un danger pour l'attractivité des territoires
Acteurs	• • •	• • •
Arguments des acteurs	• • •	• • •
Mes arguments	• • •	• • •
Les arguments des autres élèves	• • •	• • •

Vidéo
« Airbnb se met au vert », JT 20h, LCI, 19 août 2018.

ÉTAPE 3 Conclure le débat

7. À la suite du débat en classe, exprimez votre point de vue personnel et argumenté sur la présence d'Airbnb en France.
8. Les arguments échangés lors du débat vous ont-ils amené(e) à revoir votre position de départ ? Expliquez pourquoi.

THÈME 2

Dynamiques territoriales, coopérations et tensions dans la mondialisation

RÉVISER LE THÈME

Commerce informel à Antsirabé (Madagascar), 2016.

THÈME 2
SE PRÉPARER
CHAPITRE 3
CHAPITRE 4
RÉVISER

RÉVISER

SE TESTER

- Vérifier ses connaissances

EXO Exercices interactifs

S'ENTRAÎNER POUR LE BAC

Aller plus loin

→ p. 164

Film · Musée / Expo · Sites internet · BD · Podcast

S'ORIENTER

→ p. 174

Pierre-Emmanuel
→ Directeur de développement immobilier

Johanna
→ Directrice d'Alliance française

SYNTHÈSE

→ THÈME 2
Dynamiques territoriales, coopérations et tensions dans la mondialisation

1 Une intégration à l'échelle mondiale

● **La mondialisation renforce l'intégration de l'espace mondial.** Les réseaux de communication contribuent à connecter les territoires. Ils favorisent la circulation à l'échelle mondiale des marchandises, des capitaux (IDE) et des personnes. La France fait partie des plus grandes puissances commerciales de la planète.

● **La mondialisation fait émerger de nouveaux acteurs.** C'est le cas des firmes transnationales qui contribuent à redéfinir le rôle des États, mais aussi des ONG, des mafias, des diasporas… La France fait partie des États qui adaptent leurs politiques économiques à la mondialisation (fiscalité, innovation). Ses FTN contribuent à son rayonnement mondial.

2 Des territoires inégalement intégrés dans la mondialisation

● **Les territoires présentent une inégale attractivité.** La mondialisation met en concurrence les territoires. Les flux (investissements, touristes, migrants) convergent vers les pôles les plus attractifs et compétitifs. Première destination touristique mondiale, la France occupe aussi les premiers rangs pour l'accueil d'IDE et d'étudiants étrangers.

● **La mondialisation hiérarchise les territoires.** Les grands pôles mondiaux se trouvent en Amérique du Nord, dans l'UE et en Asie orientale. De nouvelles puissances émergent (BRICS), tandis que d'autres territoires restent en marge. Cet inégal niveau d'intégration entre centres et périphéries se retrouve à l'échelle nationale (poids dominant de Paris en France).

3 Coopérations, régulations et tensions

● **Les accords économiques favorisent l'intégration régionale.** Ces accords régionaux débouchent sur des degrés d'intégration variables (zone de libre-échange, union monétaire). Des organisations informelles réunissent les grands acteurs de la mondialisation. La France fait partie du G7 et des membres fondateurs de l'UE.

● **La mondialisation s'avère aussi source de tensions.** Les néolibéraux dénoncent les entraves faites à la mondialisation (protectionnisme). À l'inverse, les altermondialistes en critiquent les excès (paradis fiscaux, ubérisation, dumping social). En France, certaines catégories sociales et certains territoires se considèrent d'ailleurs comme des « perdants » de la mondialisation.

Podcast Synthèse à écouter

Repères géographiques

- Les 10 premières métropoles mondiales p. 132
- Les trois grandes façades maritimes mondiales p. 132
- Les grandes puissances productives p. 132
- Les principaux accords économiques régionaux p. 134
- Les principaux quartiers d'affaires en France p. 156

Chiffres clés

Amérique du Nord, UE, Asie orientale : **73 % du PIB mondial, 85 % des IDE**

Plus de **600 accords régionaux** dans le monde

La France :
- **7e** PIB mondial
- **8e** pays exportateurs de biens
- **5e** pays récepteur d'IDE
- **4e rang** pour l'aide au développement
- **300 millions** de francophones dans le monde

Pour aller plus loin

Bande dessinée

● ***Les Voiles écarlates*** (Largo Winch, T. 22), Philippe Francq, Éric Giacometti, Dupuis, 2019.

Documentaire

● ***L'irrésistible ascension d'Amazon***, de David Carr-Brown, 2018.

Film

● ***En guerre***, de Stéphane Brizé, 2018.

NOTIONS

Attractivité

Capacité d'un territoire à polariser, à différentes échelles, des flux de personnes (touristes, immigrés) et de capitaux (investissements). Les acteurs publics (États, collectivités locales) développent souvent des stratégies destinées à renforcer l'attractivité de leur territoire : avantages fiscaux, financement des infrastructures, de la formation et de l'innovation...

L'**attractivité** est un facteur de recompositions spatiales (développement économique, croissance démographique, métropolisation, inégalités spatiales).

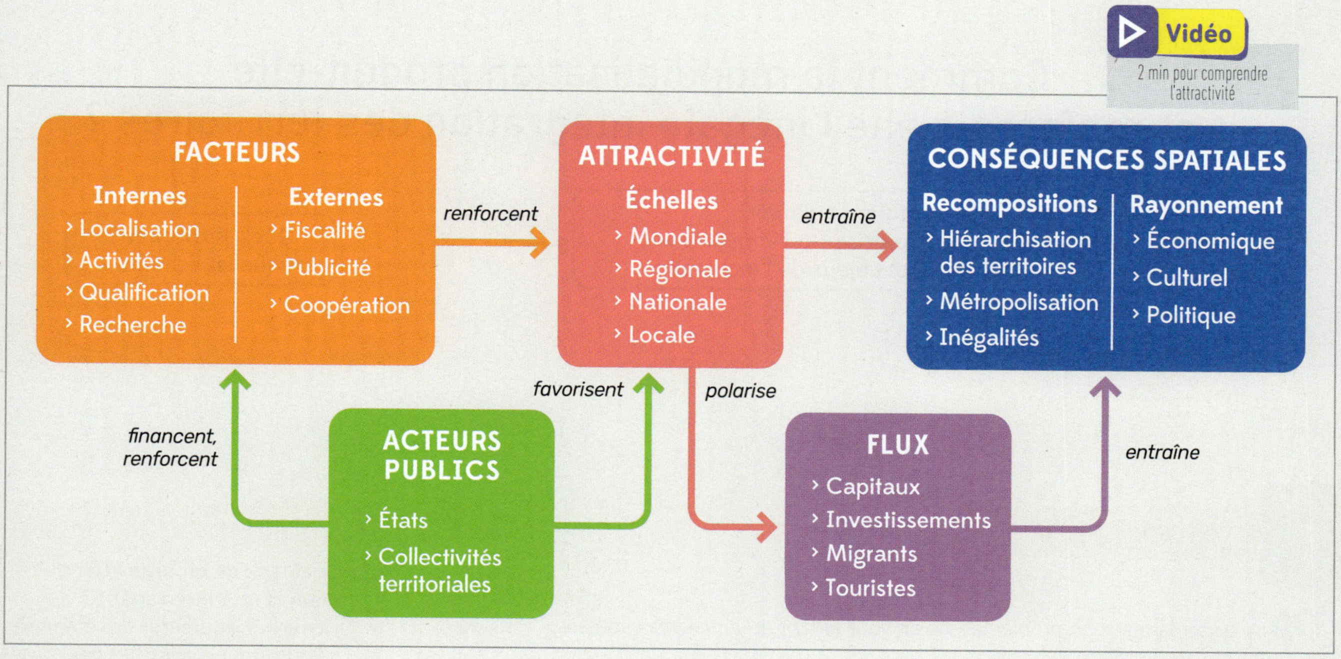

Intégration territoriale

Processus de renforcement des relations entre différents territoires plus ou moins éloignés. Cette intensification des échanges (marchandises, capitaux) et des mobilités (touristes, travailleurs) peut être spontanée ou liée à une volonté d'harmonisation économique et politique entre différents États ou collectivités territoriales (accords commerciaux, coopérations...).

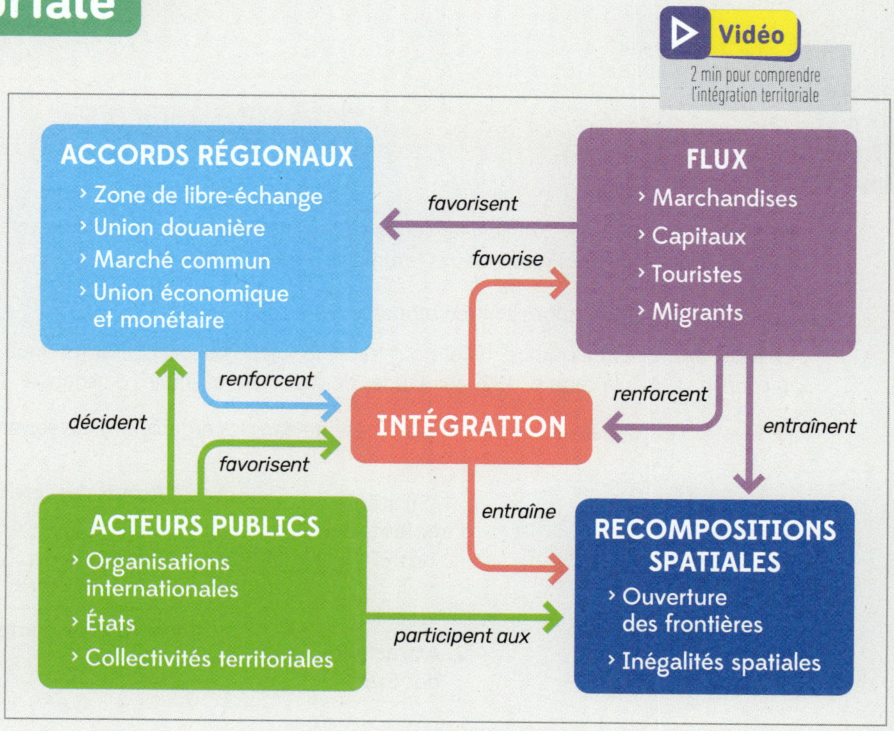

BAC Réponse à une question problématisée

▶ Description de l'épreuve p. 19
et méthode générale p. 20-21

SUJET GUIDÉ

Mot interrogatif orientant l'étude et le type de réponse attendue.

Notion à définir. Indique le contexte géographique du sujet.

→ **Comment la mondialisation produit-elle et renforce-t-elle l'inégale intégration des territoires ?**

Notion à définir. Pourquoi précise-t-on « inégale » ? Quels sont les enjeux de l'intégration ?

Quels territoires ? À quelles échelles ?

ÉTAPE 1 Analyser le sujet

a Analyser la question problématisée en vous aidant des encadrés ci-dessus.

b Que doit montrer votre devoir ?

→ Quel type de réponse appelle le mot interrogatif « Comment » ?

Conseil

▶ Quel type de réponse attendue selon le mot interrogatif ?
- Quels → énumérer des éléments
- Pourquoi → identifier des causes
- Comment → analyser des moyens
- Peut-on dire que → « oui / non…, mais »

ÉTAPE 2 Faire un plan et mobiliser ses connaissances

a Noter brièvement sur un brouillon les connaissances nécessaires pour répondre au sujet : faits géographiques, notions, exemples précis, statistiques.

b Vérifier que ces informations sont en rapport avec le sujet.

→ Mobilisez les connaissances utiles pour traiter le sujet. Pour cela, reportez-vous au cours p. 136, à la carte p. 132, aux études de cas et aux exemples du chapitre 3.

→ Classez ces connaissances dans le plan présenté dans les organigrammes suivants :

Conseil

▶ Vous pouvez organiser vos connaissances dans un organigramme afin de les classer et les hiérarchiser rapidement. Ce travail au brouillon vous sera utile pour la rédaction de la réponse.

I			
La mondialisation met les territoires en concurrence	**1.** Stratégie d'implantation des FTN	Atouts des territoires : ………… …………	Exemple(s) : ………… …………
	2. Attractivité des États	Recherche de compétitivité : ………… …………	Exemple(s) : ………… …………

II La mondialisation hiérarchise les territoires	**1.** Des pôles	....	Exemple(s) : ....
	2. Des périphéries	....	Exemple(s) : ....

ÉTAPE 3 Rédiger la réponse à la question problématisée

a Vous pouvez rédiger une courte introduction présentant brièvement le thème central du sujet et le plan.

→ À partir de votre analyse du sujet et du plan proposé, complétez l'introduction suivante :

> Le sujet nous invite à étudier ....
> Nous montrerons que ...., puis que ....

b Rédiger la réponse à la question problématisée en suivant le plan défini.

→ Exemple de rédaction de la 1re partie :

> La mondialisation contribue à mettre les territoires en concurrence.
> Les firmes transnationales développent des stratégies d'implantation mondiales en fonction des atouts des territoires. Elles concentrent les activités de décision et de recherche et développement dans leur pays d'origine et délocalisent souvent les activités de production et d'assemblage dans les pays à faible coût de main-d'œuvre. L'importance du marché de consommation et ses conditions d'accès sont également des facteurs déterminants du choix de localisation de ces firmes. La firme automobile japonaise Toyota en est un exemple : conservant les activités décisionnelles et d'innovation au Japon, elle a délocalisé sa production dans les pays offrant les coûts de main-d'œuvre et la fiscalité les plus avantageux ; son réseau commercial s'est développé essentiellement dans les pays à haut pouvoir d'achat.
> Les stratégies des firmes poussent les États à être plus attractifs et à renforcer leur compétitivité. Afin de répondre aux besoins des entreprises, ils modernisent leur réseau de communication (aéroports, Internet) et investissent dans les secteurs innovants (universités, R&D). Pour attirer les investissements étrangers, ils adaptent leurs politiques économiques et mettent en place des avantages fiscaux (Irlande, Chine). Les paradis fiscaux, tels que les Bahamas ou les Îles Caïmans, se sont spécialisés dans l'optimisation fiscale et en ont fait leur principal atout pour séduire les grandes entreprises mondiales.

Conseil
▶ Rédigez une phrase annonçant le thème de la partie, puis faites des sous-parties comportant chacune une idée importante du thème, des explications et des exemples.

→ Rédigez la 2e partie de la réponse à la question problématisée en vous appuyant sur votre travail réalisé au brouillon.

c Vous pouvez rédiger une courte conclusion : une réponse synthétique à la question problématisée.

→ Exemple de conclusion :

> Les logiques de la mondialisation et les stratégies de ses acteurs entraînent une mise en concurrence des territoires et favorisent les territoires les plus attractifs. Cela a pour conséquence une inégale intégration des territoires dans la mondialisation à toutes les échelles.

Conseil
▶ Dans la conclusion, résumez en une phrase le contenu de chaque partie.

Entraînez-vous !

Sujet blanc
• Quels sont les aspects de l'attractivité de la France dans la mondialisation ?

▶ Description de l'épreuve p. 19 et méthode générale p. 22-23

SUJET GUIDÉ

En analysant les documents, vous mettrez en évidence les enjeux du rayonnement culturel de la France dans le monde.

L'analyse des documents constitue le cœur de votre travail, mais nécessite, pour être menée, la mobilisation de vos connaissances.

1 Les musées français à l'étranger

Cette stratégie d'implantation internationale des musées, qui consiste à placer ses petits drapeaux un peu partout sur le globe, a fait école. Dans un contexte de mondialisation effrénée de la culture, le *soft power* des musées français n'avait encore jamais été mesuré. C'est chose faite [...]. Le projet le plus exceptionnel concerne le Louvre Abu Dhabi et reste unique par son ampleur et les montants financiers mis en œuvre. Signé en 2007 dans un contexte diplomatique d'intensification des liens entre la France et les Émirats arabes unis, l'accord intergouvernemental pour concevoir et réaliser ce musée signé Jean Nouvel a prévu le prêt pour trente ans de la marque Le Louvre (facturé à lui seul 400 millions d'euros).

Les Centres Pompidou provisoires à l'étranger sont un « concept innovant » comparable à une franchise avec une vente temporaire de la marque. Le Centre Pompidou n'intervient ni dans l'investissement ni dans l'exploitation de l'établissement, mais y organise des expositions temporaires. Le premier a été ouvert à Malaga en 2015, le deuxième, Kanal Centre Pompidou, dans un ancien garage à Bruxelles. Shanghai [a été inauguré] fin 2019. [...]

Par ailleurs, les ventes d'expositions à l'international réalisées clés en main s'avèrent aussi très rentables. [...] Le Centre Pompidou a empoché 15,1 millions d'euros entre 2012 et 2018 avec 30 expositions hors de nos frontières. [...] C'est aussi l'opportunité de doper encore, par effet boomerang, le flot des touristes étrangers dans les musées hexagonaux. Ils représentent pourtant déjà 79 % des visiteurs du château de Versailles, 70 % du Louvre.

Nicole Vulser, « La Cour des comptes incite les musées à exporter leur *softpower* », *Le Monde*, 14 juin 2019.

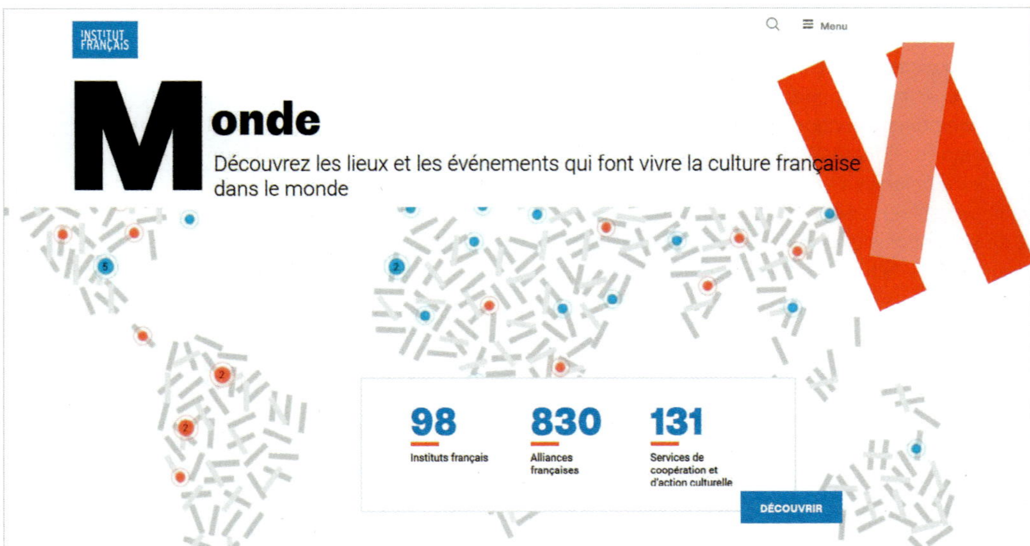

Source : www.institutfrancais.com/fr

2 Site internet de l'Institut français

L'Institut français est l'établissement public chargé de l'action culturelle de la France à l'étranger.
L'Alliance française est une organisation dont l'objectif est de faire rayonner la langue et la culture françaises à l'étranger.

ÉTAPE 1 Analyser le sujet

▶ Le sujet invite à s'interroger sur les intérêts de la France à développer son influence culturelle dans le monde. Il faudra donc présenter les aspects, puis les enjeux du rayonnement culturel dans les domaines économique et diplomatique.

Conseil

▶ Surlignez les mots clés du sujet ; cela vous aidera à sélectionner les informations importantes dans les documents.

ÉTAPE 2 Analyser les documents

▶ Relever dans chaque document les idées importantes, les mots à définir.

➜ Complétez le tableau ci-dessous pour dégager et mettre en relation les informations.

Conseil

▶ Appuyez-vous sur l'analyse du sujet pour faire un plan et classez les informations.

	Les aspects du rayonnement culturel	Les enjeux du rayonnement culturel
Doc. 1	....	• **Économiques :** – Ouverture de filiales de musées à l'étranger = Investissements. – Logiques financières (marque commercialisée ; vente d'exposition). – Attirer les touristes étrangers dans les musées français. – Mondialisation de la culture. • **Diplomatiques :** – *Soft power* : à définir. – Louvre Abu Dhabi : accord intergouvernemental, intensification des liens entre la France et les Émirats arabes unis.
Doc. 2	• Présence d'organisations culturelles françaises dans de nombreux pays, sur tous les continents (préciser ce que sont l'Institut français et l'Alliance française). • Diffusion de la langue et de la culture française.	• Faire « vivre la culture française dans le monde ». • Langue internationale = enjeu de puissance.

▶ **Les connaissances à mobiliser :**

➜ Le vocabulaire : IDE, filiale, francophonie

➜ La notion : mondialisation

➜ Le cours : § 2 p. 158

➜ La carte : p. 154-155

Conseil

▶ Utilisez vos connaissances pour expliciter les informations des documents.

ÉTAPE 3 Répondre au sujet

ⓐ Rédiger l'introduction.

▶ Présenter les documents.

➜ Rédigez une phrase pour présenter la nature, le thème et la source des documents.

ⓑ Rédiger l'analyse de documents.

➜ Exemple de rédaction de la 1re partie :

Le rayonnement culturel de la France se caractérise par la pratique et la diffusion de la langue et la présence d'institutions culturelles françaises dans de nombreux pays. → Idée principale de la partie

Le réseau formé par les Instituts français et l'Alliance française constitue un maillage important pour l'enseignement de la langue et la diffusion de la culture française en Europe, en Asie, en Afrique subsaharienne et en Amérique (doc. 2). → Informations du document 2

Ces organisations contribuent à faire du français la 5e langue la plus parlée dans le monde avec plus de 300 millions de francophones. → Connaissances extraites du cours

De célèbres musées français s'exportent dans de grandes métropoles étrangères : Le Louvre à Abu Dhabi (Émirats arabes unis) inauguré en 2017, le Centre Pompidou en Espagne, en Belgique et en Chine à Shanghai font connaître les œuvres françaises, mais aussi le savoir-faire architectural français (le Louvre Abu Dhabi a été conçu par l'architecte français Jean Nouvel). → Informations du document 1

L'action culturelle extérieure de la France représente chaque année de très nombreuses manifestations culturelles réunissant artistes et professionnels de la culture dans 150 pays. → Connaissances personnelles

➜ Rédigez la 2e partie en vous aidant du tableau d'analyse des documents et de vos connaissances.

ⓒ Rédiger la conclusion.

BAC Réalisation d'un croquis

▶ Description de l'épreuve p. 19 et méthode générale p. 24-25

SUJET GUIDÉ

Centres d'impulsion, facteurs d'intégration et tensions dans la mondialisation

ÉTAPE 1 Lire le sujet et la consigne

▶ La question à se poser :

→ Quelles indications l'énoncé du sujet fournit-il pour la réalisation du croquis ?

Le sujet indique trois thèmes qui pourront constituer les parties de la légende du croquis. Celui-ci devra montrer les centres d'impulsion, c'est-à-dire les espaces moteurs de la mondialisation, puis les facteurs d'intégration et enfin les tensions générées par la mondialisation.

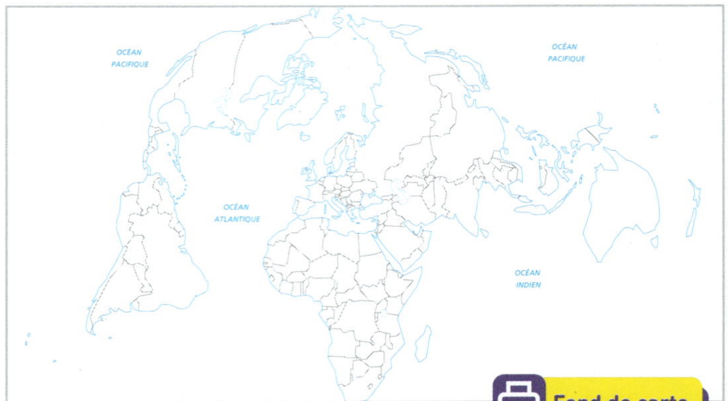

Fond de carte

ÉTAPE 2 Relever les informations dans le texte

Identifier deux ou trois **idées principales** pour déterminer les **thèmes de la légende** du croquis.

L'idée principale est généralement formulée dans la première phrase d'un paragraphe.

Sélectionner les **informations à cartographier pour répondre au sujet**.

Relever les noms permettant de **localiser les informations sur le croquis**.

La mondialisation s'appuie sur de puissants pôles qui en sont les centres d'impulsion. L'Amérique du Nord (États-Unis, Canada), l'Union européenne et l'Asie orientale (Japon, Chine littorale, Corée du Sud, Taïwan, Singapour) produisent les trois quarts de la richesse mondiale. Ces grandes puissances sont aussi le siège des institutions économiques internationales : le Fonds monétaire international et la Banque mondiale à Washington, l'Organisation mondiale du commerce à Genève, l'Organisation de coopération et de développement économique à Paris. De nouvelles puissances jouent un rôle croissant dans l'économie mondiale : les BRICS, c'est-à-dire le Brésil, la Russie, l'Inde, la Chine et l'Afrique du Sud, se caractérisent par un fort dynamisme économique et participent très activement aux échanges et à la création mondiale de richesses.

La coopération entre les États est un facteur d'intégration dans la mondialisation. De la simple zone de libre-échange comme l'ASEAN regroupant dix pays d'Asie du Sud-Est à l'union économique et monétaire (Union européenne) en passant par le marché commun instituant la libre circulation des biens et des personnes (MERCOSUR en Amérique latine, par exemple), les accords économiques régionaux facilitent les échanges entre les États frontaliers. La signature d'accords commerciaux entre ces organisations régionales participe à la multiplication des flux à l'échelle mondiale.

Cependant la mondialisation génère aussi des tensions. La concurrence économique croissante pousse des États à mettre en place des mesures protectionnistes pour limiter l'entrée de produits étrangers sur leur territoire. Ainsi, la Chine, les États-Unis, les États de l'Union européenne multiplient les barrières tarifaires pour favoriser leurs productions nationales. Par ailleurs, certains pays sont fortement critiqués pour les facilités fiscales qu'ils accordent aux entreprises et aux particuliers fortunés afin d'attirer les capitaux sur leur territoire : les Bahamas, les îles Caïmans (Caraïbes), les Seychelles dans l'océan Indien, la république d'Irlande en Europe font partie des nombreux paradis fiscaux permettant de contourner les règles en matière de fiscalité.

ÉTAPE 3 Classer les informations et choisir les figurés

▶ Recopiez ce tableau pour vous aider à faire la légende du croquis. Complétez les informations et les figurés manquants à l'aide des éléments prélevés dans le texte.

Conseil

▶ Choisissez bien la taille et la forme de vos figurés pour représenter, hiérarchiser et différencier les informations.

Thème	Informations du texte	Reformulation	Figurés	Lieux (nomenclature)
1. La mondialisation s'appuie sur de puissants pôles qui en sont les centres d'impulsion.	• Grandes puissances • Siège des institutions économiques internationales • …………… ……………	1. Les centres d'impulsion de la mondialisation	[rectangle blanc] …………… [rectangle jaune]	États-Unis, Canada, UE, Japon… …………… …………… Brésil, Russie, Inde, Chine, Afrique du Sud
2. ……………	• Accords économiques régionaux • Flux	2. Facteurs d'intégration	…………… ……………	…………… ……………
3. ……………	…………… …………… …………… ……………	3. Des tensions dans la mondialisation Protectionnisme	CHINE ▼	…………… …………… Bahamas, Îles Caïmans, Seychelles, république d'Irlande

Tableau à imprimer

ÉTAPE 4 Réaliser le croquis

▶ Compléter le croquis.

➔ Dessinez les figurés manquants.

➔ Écrivez le nom des lieux indiqués dans le texte en respectant les localisations.

➔ Complétez la légende et mettez-la au propre.

➔ Donnez un titre au croquis.

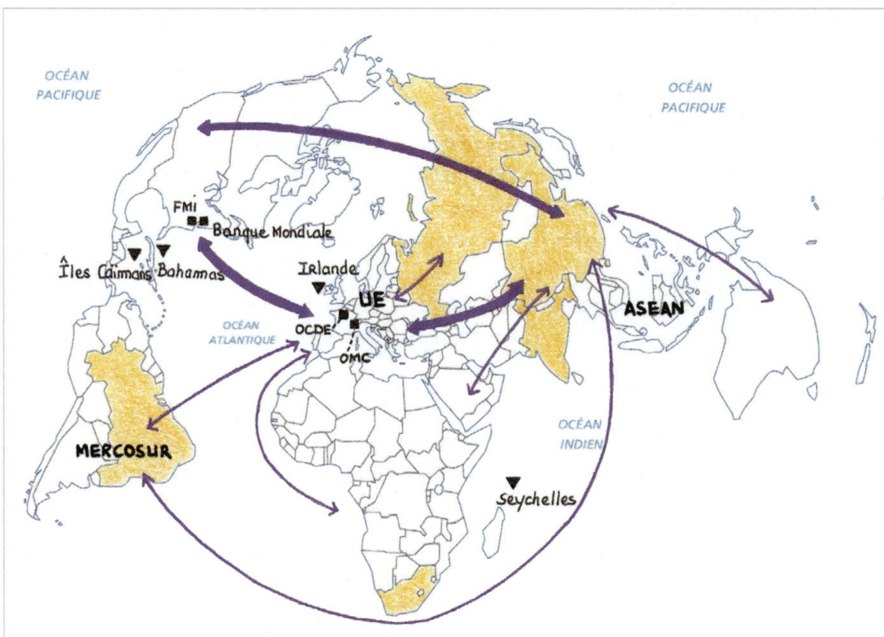

Conseil

▶ Référez-vous aux cartes étudiées dans le chapitre ou aux cartes de l'atlas pour localiser correctement les lieux et nomenclatures de votre croquis.

BAC Sujets blancs

▶ Description de l'épreuve p. 19
et méthode générale p. 20-25

▶ Réponse à une question problématisée

SUJET

Comment la mondialisation conduit-elle à l'affirmation de puissances et à l'émergence de nouveaux acteurs ?

▶ Réalisation d'un croquis

SUJET

La France, attractivité et rayonnement dans la mondialisation

À partir du texte, vous construirez, à l'aide du fond de carte fourni, un croquis correspondant au sujet suivant : « La France, attractivité et rayonnement dans la mondialisation », accompagné d'une légende organisée.

L'attractivité et le rayonnement de la France dans la mondialisation se manifestent par des flux variés. Sa compétitivité en fait le 5e pays le plus attractif pour les investissements directs étrangers (IDE) dont 60 % proviennent d'Europe, 21 % d'Amérique du Nord et 11 % d'Asie. Par ailleurs, les atouts paysagers du territoire (littoraux, montagnes alpines et pyrénéennes, par exemple), les grands événements et les sites culturels ont attiré 90 millions de touristes étrangers. En 2019, la France a aussi accueilli 343 400 étudiants internationaux en provenance essentiellement d'Europe (23 %) et d'Asie (22 %). La France est également exportatrice de produits culturels : elle est, par exemple, le 2e exportateur mondial de films derrière les États-Unis.

Plusieurs facteurs expliquent le rayonnement et l'attractivité de la France. Elle est membre de plusieurs organisations internationales et accueille le siège de l'Unesco, à Paris. Elle s'inscrit dans le réseau mondial des transports avec de grands aéroports internationaux : Charles-de-Gaulle et Orly à Paris ont vu transiter plus de 100 millions de passagers en 2019 ; de 9,5 à 11 millions de voyageurs sont passés par les aéroports de Nice, Lyon ou Marseille. Les grandes métropoles possèdent des quartiers d'affaires à l'image de La Défense à Paris, La Part-Dieu à Lyon, EuroRennes où sont installés des sièges sociaux ou de grandes entreprises.

Cependant, le territoire français est inégalement attractif. Les dynamiques de la mondialisation profitent aux territoires disposant des meilleurs atouts. Paris, ville mondiale, est le principal pôle français de la mondialisation. Les espaces les plus attractifs et très intégrés dans la mondialisation sont, d'une part, les grandes métropoles (Lille, Lyon, Marseille, Toulouse, Bordeaux), d'autre part, les régions littorales de l'Atlantique et de Méditerranée, ainsi que les régions transfrontalières du Nord et de l'Est de la France.

Fond de carte

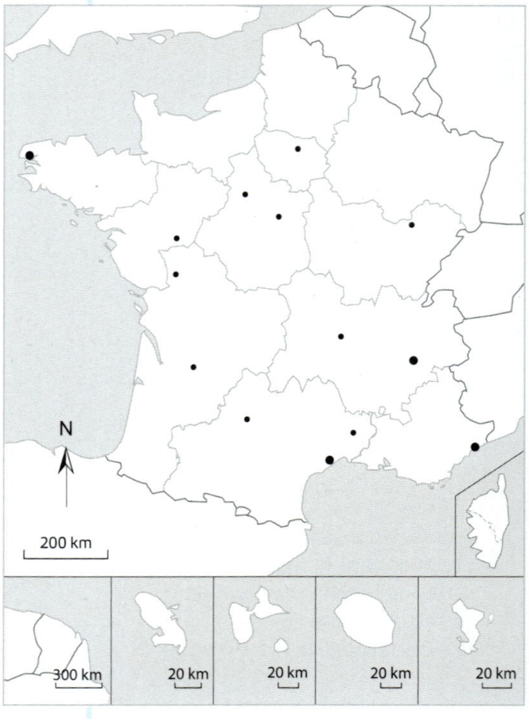

Analyse de documents

SUJET

En analysant les documents, vous montrerez que l'affirmation des puissances génère des coopérations et des tensions dans la mondialisation.
L'analyse des documents constitue le cœur de votre travail, mais nécessite, pour être menée, la mobilisation de vos connaissances.

1 Le nouvel accord de libre-échange nord-américain

Le nouvel accord de libre-échange, liant les États-Unis, le Mexique et le Canada (ACEUM), signé en novembre 2018 est une version modernisée de l'accord de libre-échange nord-américain (ALÉNA), entré en vigueur en 1994. Donald Trump avait qualifié l'ALÉNA de « pire accord commercial de l'histoire » américaine. Il le rendait responsable de la destruction de nombreux emplois américains du secteur automobile en raison de délocalisations massives au Mexique, où la main-d'œuvre est moins chère. L'ALÉNA a certes détruit des emplois aux États-Unis, mais il a aussi créé une vaste zone de commerce sans droits de douane, facilitant les échanges de biens, services et personnes. Les études ont montré qu'il a largement contribué à la croissance économique et à la hausse du niveau de vie de la population des trois pays membres. Le Canada et le Mexique représentent 40 % de la croissance des exportations de marchandises américaines. Et le commerce avec les deux pays a atteint près de 1 400 milliards de dollars en 2018. Le vote, que l'hôte de la Maison-Blanche pourra revendiquer comme une nouvelle victoire économique, a eu lieu moins de 24 heures après la signature d'un traité commercial « historique » avec la Chine. D'après le secrétaire au Trésor Steven Mnuchin, l'ACEUM et l'accord avec la Chine doperaient la croissance américaine en 2020. L'entourage de Donald Trump avait, lui, estimé que cela couronnait la politique commerciale du président qui a opté pour la stratégie de pression maximale, à coups de tarifs douaniers punitifs, pour obtenir des accords.

France 24, AFP, « Le nouvel accord de libre-échange nord-américain ratifié aux États-Unis », 16 janvier 2020.

2 La guerre commerciale sino-américaine

Dessin de Deligne, paru dans *La Croix*, mai 2019.

→ Pierre-Emmanuel, directeur de développement immobilier

Fiche Métier → Directeur de développement immobilier

- **Niveau minimum d'accès :** BAC +5
- **Salaire d'un débutant :** 2 200 € net
- **Salaire en milieu de carrière :** 5 000 € net
- **Statut :** salarié
- **Compétences requises :**

✓ excellent relationnel
✓ capacité d'analyse et de synthèse
✓ bonne connaissance du territoire et de ses acteurs.

PARCOURS D'ÉTUDES POSSIBLES

- École d'ingénieurs (travaux publics, sciences appliquées)
- École de commerce
- Master (droit, sciences économiques, urbanisme)

CV EXPRESS

Pierre-Emmanuel, 41 ans, Paris

FORMATION

- Bac L, Amiens (Somme)
- CPGE littéraires, Rueil-Malmaison (Hauts-de-Seine)
- Magistère d'aménagement du territoire, Paris
- Master 2 d'urbanisme, Saint-Denis (Seine-Saint-Denis)
- Master spécialisé Management urbain, environnement & services, ESSEC, Cergy-Pontoise (Val-d'Oise)

Expériences professionnelles

→ UNIBAIL, adjoint au directeur de projets (Paris)
→ VINCI immobilier, directeur du développement du département Commerce (Boulogne-Billancourt)
→ AFFINE RE, responsable du pôle Commerce (Paris)
→ **KAUFMAN & BROAD, directeur de développement immobilier d'entreprise (Neuilly-sur-Seine)**

Le métier de Pierre-Emmanuel

Témoignage complet

Que vous ont apporté vos études supérieures ?

Au-delà d'un savoir, les CPGE permettent d'acquérir de la méthode dans la façon d'organiser les connaissances. L'université apporte un socle de connaissances théoriques fondamentales (culture urbanistique, histoire de la ville et urbanisme opérationnel). Les connaissances théoriques spécifiques acquises dans une grande école viennent généralement compléter celles acquises à l'université en comptabilité, droit, contrôle de gestion, marketing…

En quoi la géographie vous est-elle utile dans votre métier ?

L'immobilier est un métier de compréhension de l'espace. À ce titre, l'analyse géographique des sites étudiés demeure la meilleure façon d'appréhender la globalité des problématiques liées à un espace donné.

Pouvez-vous nous présenter votre entreprise ?

Kaufman & Broad est un promoteur immobilier généraliste, qui réalise des logements individuels et collectifs, des bureaux, des hôtels et des commerces, ainsi que des résidences gérées (résidence étudiante, de tourisme, d'affaires) et des entrepôts.

Quelles sont vos tâches au quotidien ?

Une opération immobilière type nécessite tout d'abord une analyse globale (contexte juridique, socio-économique, urbanistique…), puis une approche de la viabilité économique de l'opération étudiée. Ensuite, il faut convaincre de la pertinence ou non de l'opération. Pour concrétiser le projet, il faudra constituer une équipe d'architectes, de bureaux d'études techniques, d'une agence de communication et souvent d'un investisseur.

Présentez-nous un projet sur lequel vous avez travaillé récemment.

J'ai travaillé récemment sur la définition d'un nouveau quartier à Paris. Le concours de « Inventer Bruneseau » portait sur la création de plus 100 000 m² de logements, de bureaux et de commerces en bord de Seine. J'ai eu la chance de travailler avec des architectes prestigieux. Notre équipe talentueuse regroupait ainsi plus d'une vingtaine de partenaires différents : ingénieurs, écologues, associations…

L'employeur de Pierre-Emmanuel

KAUFMAN & BROAD

- **Nom de l'entreprise :** Kaufman & Broad
- **Année de création :** 1968
- **Siège:** Neuilly-sur-Seine (Hauts-de-Seine)

Nombre de salariés : 900

Votre projet d'orientation

- Faites une recherche sur les grandes écoles et les conditions pour y accéder.
- Pensez-vous que ce type de formation puisse vous convenir ?

Johanna, directrice d'Alliance française

Fiche Métier → Directrice d'Alliance française

- **Niveau minimum d'accès :** BAC+5 et expériences professionnelles
- **Salaire :** variable selon le pays d'exercice et le type de contrat (local ou du ministère des Affaires étrangères)
- **Statut :** salarié ou fonctionnaire expatrié
- **Compétences requises :**
  ✓ capacité d'adaptation à une culture différente
  ✓ diplomatie ✓ rigueur

PARCOURS D'ÉTUDES POSSIBLES

▶ Master (sciences humaines, français langue étrangère, gestion culturelle, administration des entreprises)

CV EXPRESS

Johanna, 35 ans, Carthagène des Indes (Colombie)

FORMATION

- Bac L, Palaiseau (Essonne)
- CPGE littéraires, Sceaux (Hauts-de-Seine)
- Licence de Lettres
- Master 2 Lettres modernes
- Master 2 Littérature générale et comparée
- DUFLE (Diplôme universitaire de français langue étrangère)

Expériences professionnelles

→ Éditions Bruno Doucey (Paris), assistante d'édition
→ Institut Le Rosey, Rolle (Suisse), professeure de français et de français langue étrangère
→ Alliance française de Guayaquil (Équateur), directrice pédagogique
→ **Alliance française de Carthagène des Indes (Colombie), directrice**

Le métier de Johanna

Témoignage complet

Que vous apportent vos études dans votre vie professionnelle ?

La prépa littéraire m'a permis d'acquérir une grande capacité de travail tout en m'apprenant à faire des compromis entre la nécessité de tenir les délais impartis et une tendance naturelle au perfectionnisme… C'est aussi en CPGE que j'ai intégré les notions d'honnêteté et de rigueur intellectuelles qui me servent constamment dans mon parcours professionnel, notamment dans le cadre du développement de projets pédagogiques et culturels. À l'université, j'ai goûté au plaisir d'étudier.

Pouvez-vous nous présenter les activités développées par votre institution ?

Les Alliances françaises sont des associations à but non lucratif qui proposent des cours de français langue étrangère et une programmation culturelle qui vise à promouvoir les cultures française, francophone et locale.

Quelles sont vos tâches au quotidien ?

Une partie de mes activités tourne autour de la gestion administrative, financière et juridique de l'association. L'élaboration de la programmation m'occupe aussi beaucoup, car nous organisons de nombreux événements festifs et culturels. Enfin, sur le plan des services pédagogiques de l'Alliance, il nous faut constamment travailler au développement de l'offre de cours et de partenariats institutionnels.

Pourquoi peut-on dire que le caractère non linéaire de votre parcours a été un atout ?

Je suis allée là où le travail me plaisait et là où la polyvalence et l'absence de parcours linéaire n'ont pas été considérées comme un obstacle. J'ai trouvé le secteur d'activités qui rassemble mes différents centres d'intérêt (pédagogie, culture, communication, gestion). Bien entendu, mes compétences sont inégales dans tous ces domaines mais me permettent de pouvoir superviser, comprendre et orienter mes collaborateurs dont c'est le domaine d'expertise.

Présentez-nous un projet sur lequel vous travaillez actuellement.

Je travaille actuellement à l'organisation d'événements culturels et pédagogiques autour de la Journée internationale de la francophonie. Parallèlement, nous avons commencé un gros travail concernant l'harmonisation des processus administratifs afin de répondre aux normes exigées par la Colombie.

L'employeur de Johanna

Nom de l'administration : Alliance française de Carthagène des Indes
Année de création : 1968
Siège social : Carthagène des Indes (Colombie)
Nombre de pays d'implantation : plus de 800 Alliances dans 133 pays

Nombre de salariés : 10
(direction, administration, maintenance & sécurité) + 25 enseignants

Votre projet d'orientation

- Faites une recherche sur les métiers de la culture et les études qui peuvent y mener.
- Pensez-vous que cette orientation puisse vous convenir ?

Géolocalisation
FRANCE
Kourou
Guyane
AMÉRIQUE DU SUD
arianespace
esa
cnes

THÈME 3

L'Union européenne dans la mondialisation : des dynamiques complexes

L'Union européenne, dont l'intégration régionale est la plus ancienne et la plus aboutie, est la première puissance commerciale mondiale. Cependant, les territoires européens apparaissent inégalement intégrés dans la mondialisation, ce qui contribue à limiter la puissance de l'UE et la conduit à mener des politiques de cohésion.

À quels défis et quelles dynamiques les territoires de l'Union européenne sont-ils confrontés dans la mondialisation ?

Centre spatial guyanais, port spatial de l'Europe (Kourou, Guyane), mars 2018.

Pour entrer dans le thème

L'Union européenne dans la mondialisation

VU AU COLLÈGE ET EN HISTOIRE T^le^

en 3^e^
- L'UE, un nouveau territoire de référence d'appartenance
- La France et l'Europe dans le monde

en T^le^
- La modification des grands équilibres économiques et politiques (ch. 7)
- La construction européenne entre élargissement, approfondissement et remises en question (ch. 10)

Cours de 3^e^

A Vérifier ses repères géographiques

doc. 1 L'Union européenne, un territoire en construction

Carte interactive

doc. 2 **L'Union européenne, l'un des trois pôles majeurs dans la mondialisation**

Carte interactive

doc. 3 **Les conséquences territoriales de l'intégration européenne**

	1957	1973	1981	1986	1995	2004	2013	2020
États membres	6	9	10	12	15	25	28	27
Superficie (en milliers de km²)	1 167	1 524	1 658	2 252	3 234	3 972	4 436	4 192
Population (en millions d'hab.)	185	273	287	338	368	454	506	447

1. doc. 1 Citez les pays fondateurs de l'UE.
2. doc. 1 et 3 En quelle année l'élargissement le plus important a-t-il eu lieu ? Quels sont les pays concernés ?
3. doc. 2 Avec quelles autres aires géographiques l'Union européenne commerce-t-elle ?
4. doc. 1 et 3 L'UE n'a-t-elle connu que des élargissements ?
5. doc. 1 et 3 Quelles ont été les évolutions de l'UE depuis 1957 ?

B Tester ses connaissances

EXO Version interactive des exercices

6 L'UE (en 2020) …

a est la première puissance commerciale mondiale.
b est la deuxième puissance commerciale mondiale, derrière la Chine.
c ne fait pas partie des trois premières puissances commerciales mondiales.
d compte environ 220 millions d'habitants.
e compte environ 447 millions d'habitants.
f compte environ 750 millions d'habitants.

7 L'espace Schengen désigne …

a l'ensemble des pays ayant adopté une monnaie commune (euro).
b le programme d'échange universitaire entre étudiants européens.
c l'espace de libre circulation des personnes au sein de l'UE.

8 Quel est l'État de l'UE dont le PIB par habitant est le plus élevé (92 600 euros par habitant en 2018) ?

a Le Luxembourg
b La Norvège
c L'Allemagne

9 Quel est l'État de l'UE dont le PIB par habitant est le plus faible (7 300 euros par habitant en 2018) ?

a La Roumanie b La Bulgarie c Le Portugal

10 Classez chaque forme d'association en fonction de son degré d'intégration à l'échelle mondiale, du plus intégré au moins intégré.

Zone de libre-échange (suppression des barrières douanières entre les États membres)

Marché commun (union douanière + libre circulation des facteurs de production : capitaux, personnes…)

Union économique (marché commun + mise en place de politiques communes)

Union économique et monétaire (union économique + mise en place d'une monnaie unique entre États membres)

Union douanière (suppression des barrières douanières entre les États membres + instauration d'un tarif douanier extérieur commun)

11 Trouvez un titre parmi les propositions suivantes pour chacune des quatre photographies.

Siège du Parlement européen
Siège de la Banque centrale européenne
Siège du Conseil européen
Région ultrapériphérique
Quartier d'affaires
Espace Schengen
Eurorégion
Pôle de compétitivité
Frontière
Northern Range

1
Madère (Portugal)

2
Aerospace Valley (Toulouse)

3
Strasbourg (France)

4
Pont sur l'Oyapock (Guyane)

C Mobiliser le vocabulaire et les notions

12 Reliez chaque mot à sa définition :

a. Espace transfrontalier
b. Région ultrapériphérique (RUP)
c. Politique de cohésion
d. Eurorégion
e. Mégalopole

1. Vaste région urbanisée de plusieurs dizaines de millions d'habitants, constituée de plusieurs métropoles qui exercent un rayonnement mondial.
2. Espace dépassant les frontières politiques, marqué par des relations entre États situés de chaque côté de la frontière.
3. Politique économique et sociale visant à réduire les inégalités de développement entre les régions de l'Union européenne.
4. Territoire ultramarin faisant partie de l'Union européenne.
5. Espace de coopération transfrontalière au sein de l'UE, bénéficiant de subventions européennes et menant des politiques communes.

13 Complétez la légende de ce croquis à l'aide des expressions suivantes :

a Limites de la mégalopole
b. Métropoles européennes
c. Métropoles mondiales
d. Axe fluvial majeur
e. Axe majeur de transport
f. Interface maritime

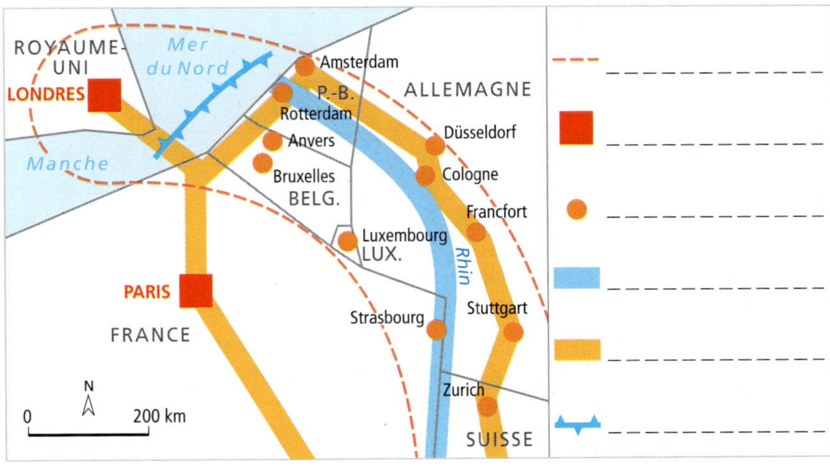

D Expliquer des situations géographiques

14 En vous appuyant sur les photographies ci-dessous, décrivez et expliquez en quelques phrases les situations géographiques suivantes.

a. Les grandes métropoles rassemblent les lieux de la puissance financière.
b. La croissance des flux maritimes intensifie la littoralisation en Europe.
c. Les espaces ruraux sont de plus en plus multifonctionnels.

Francfort (Allemagne)

Rivière Croana (Croatie)

Port de Rotterdam (Pays-Bas)

CHAPITRE 5 L'Union européenne dans la mondialisation : des dynamiques complexes

Quelles sont les forces et les faiblesses de l'Union européenne dans la mondialisation ?

Textes DYS
TOUS LES TEXTES EN VERSION DYS
lyceen.nathan.fr/geoterm-2020

SOMMAIRE

Zoom sur...

Les relations UE-Chine

Exportations de l'UE vers la Chine	198 milliards d'euros
Importations de l'UE depuis la Chine	375 milliards d'euros
Touristes chinois en Europe en 2018	14,5 millions
Touristes européens en Chine en 2018	1,8 million

Sources : Eurostat, OMC, OMT, 2019.

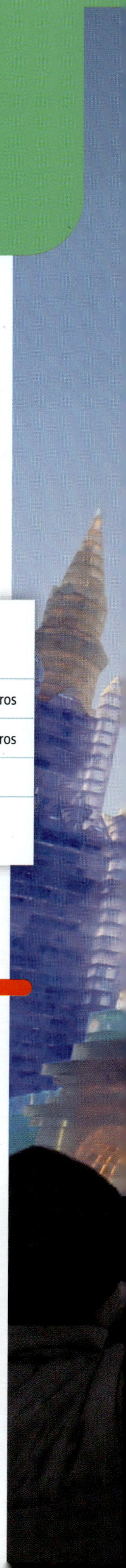

Le Colisée romain, sculpture sur glace. Photographie prise au festival de glace de Harbin (Chine) en janvier 2019.

Pour entrer dans le chapitre

Vidéo

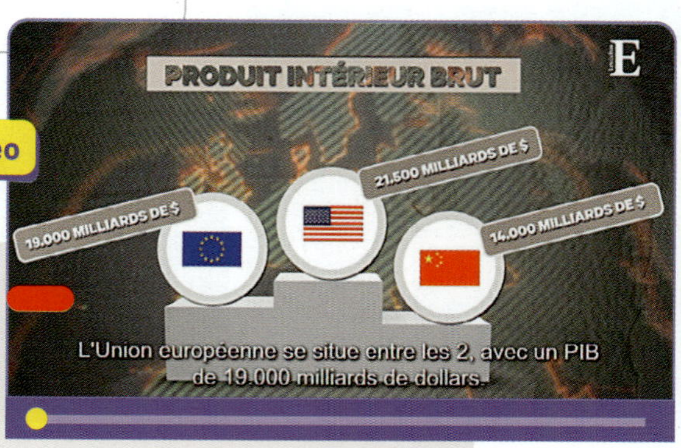

Les Dessous de l'Éco, « L'Union européenne fait-elle le poids face à la Chine et aux États-Unis ? »,
Les Echos, 5 avril 2019.

Géolocalisation

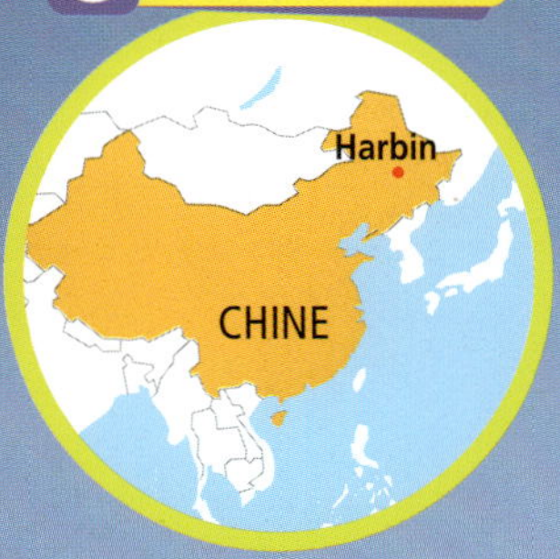

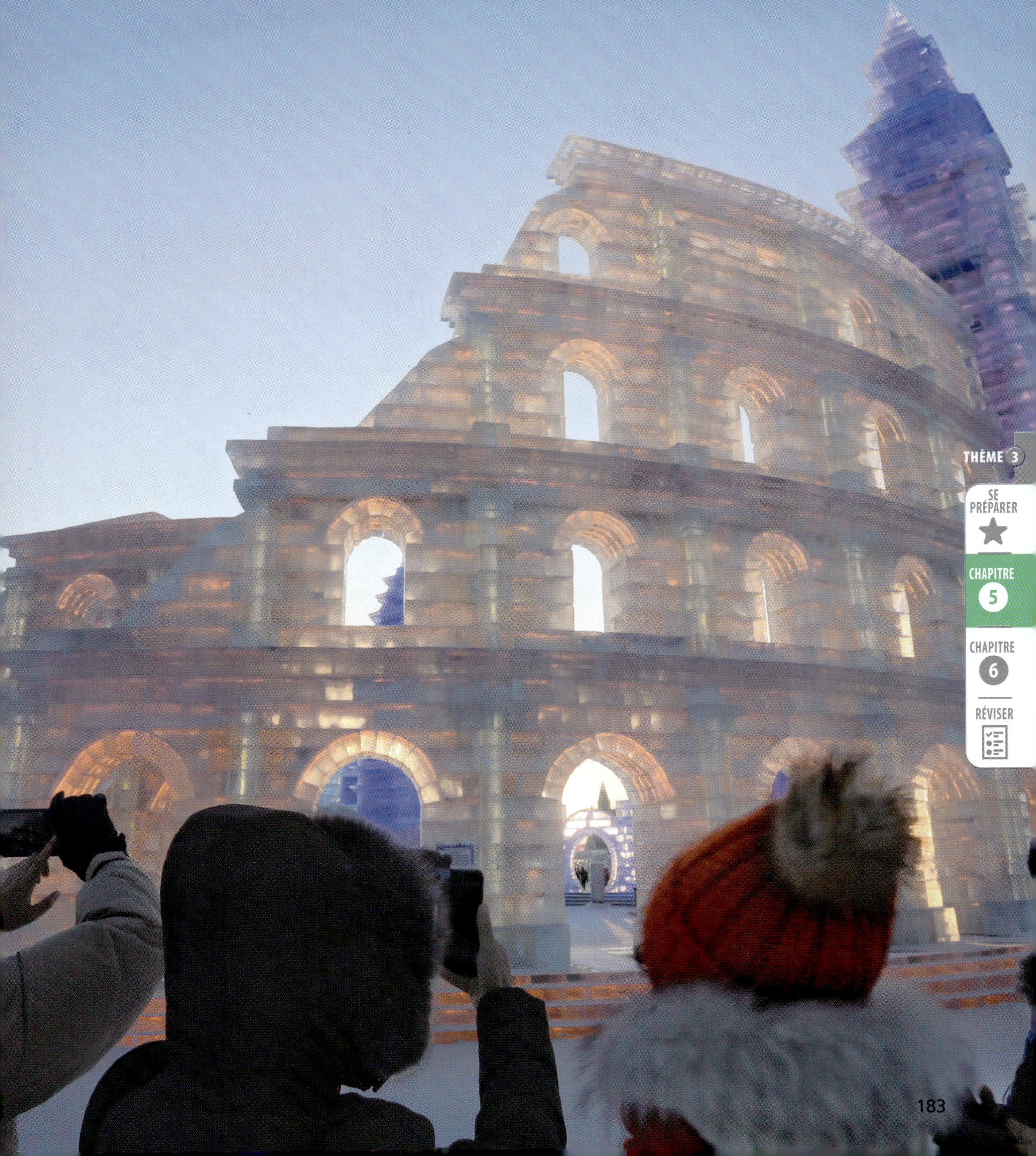

Étude de cas

Zoom sur…

L'Allemagne

Population (2019)	83 millions d'hab.
Superficie	357 380 km²
Densité de population	232 hab./km²

L'Allemagne et ses territoires dans la mondialisation

Comment les territoires allemands s'intègrent-ils dans la mondialisation ?

A Une puissance européenne et mondiale

1 Les forces de l'économie allemande

Parole de géographe

Première puissance économique du continent, l'Allemagne a retrouvé, avec la réunification de 1990, une position centrale en Europe. Sans prétention universaliste, le pays s'appuie d'abord sur ses atouts économiques et technologiques, sur sa capacité scientifique pour accroître son rayonnement culturel et ses échanges avec son aire d'influence traditionnelle en Europe centrale et orientale, mais aussi avec les pays émergents d'Asie ou d'Amérique latine. Cette nouvelle « Ostpolitik[1] » remet en perspective les relations avec l'Ouest européen et notamment avec la France dont elle reste le premier partenaire et avec lequel elle entretient une relation très particulière. […]

[L'Allemagne est] un pays fortement urbanisé, à la société de plus en plus diverse et même multiculturelle, au moins dans les grandes villes de l'Ouest et à Berlin où sont concentrés les flux migratoires récents. La culture et l'économie de la connaissance qui se sont développés depuis trente ans ont assuré la transition vers le système postindustriel. Mais, beaucoup mieux que ses voisins, l'Allemagne a pu conserver un système industriel performant. […] Le « made in Germany » garde son prestige et alimente des exportations record, en dépit de la crise de 2008 rapidement surmontée.

Michel Deshaies, spécialiste de l'Allemagne, *Atlas de l'Allemagne*, Autrement, 2019.

1. Politique de rapprochement avec l'Europe de l'Est et la RDA (République démocratique allemande), mise en œuvre par la RFA (République fédérale d'Allemagne) à partir de la fin des années 1960.

2 Volkswagen, acteur de la puissance allemande

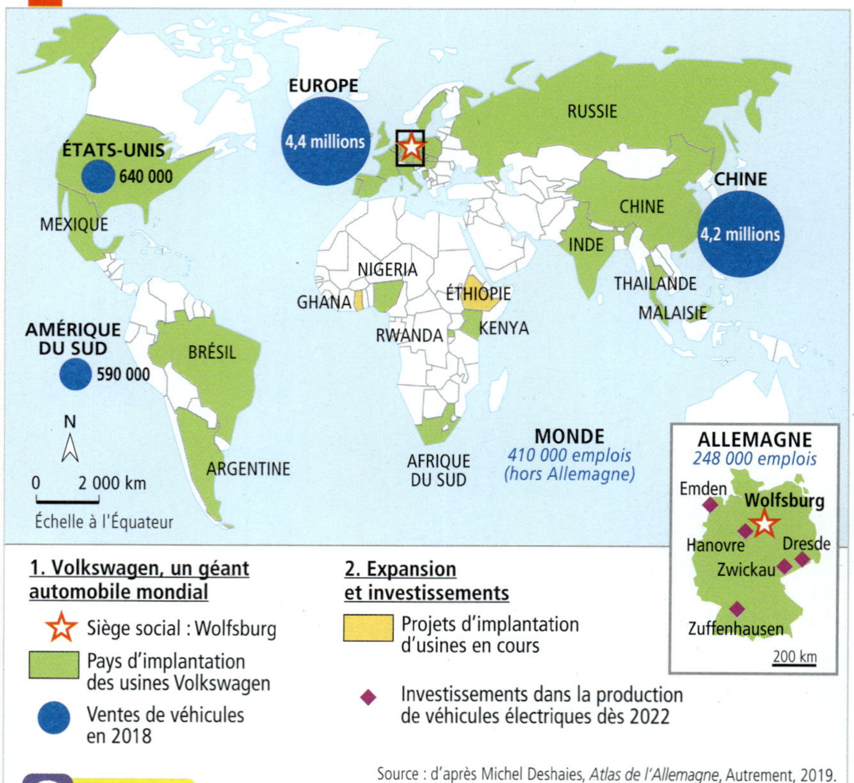

Source : d'après Michel Deshaies, *Atlas de l'Allemagne*, Autrement, 2019.

Carte interactive

3 La puissance allemande en quelques chiffres

PIB
3 435 milliards d'euros :
1er rang européen,
4e rang mondial

Exportations
3e exportateur mondial de marchandises :
1 318 milliards d'euros
(38 % du PIB allemand)

Entreprises allemandes dans le classement mondial

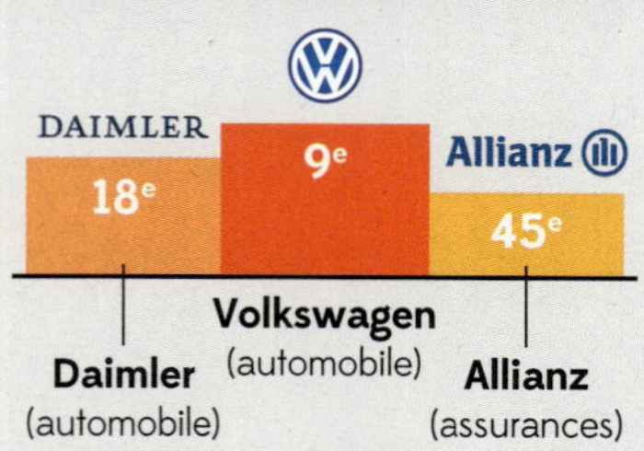

Sources : Rapport PNUD 2018, FMI, Global Fortune 500, Statistisches Bundesamt 2019.

4 Francfort-sur-le-Main, un centre financier européen et mondial

Francfort est le siège de la Banque centrale européenne. Photographie prise en 2018.
① Banque du commerce ② Main Tower
③ Eurotower, siège de la Banque centrale européenne jusqu'en 2014

5 Hambourg, port européen et mondial Vidéo

Deuxième ville d'Allemagne, Hambourg possède un port à la fois maritime et fluvial (sur l'Elbe), qui fait de lui un élément incontournable du développement du commerce extérieur de son pays, mais aussi d'une grande partie de l'Europe. Spécialisé dans le trafic de containers – 9 millions par an – […] le trafic devrait atteindre les 14, voire les 17 millions de containers en 2025. En 2013, le programme Hambourg 2025 a été lancé pour répondre à cette problématique. Le but est de créer le premier « port intelligent » au monde, où les installations seront en permanence connectées entre elles par des technologies avancées […].

Grâce à leurs smartphones, les conducteurs de camions seront guidés vers le point de chargement et éviteront les bouchons, donc les ralentissements d'activité. Le port de Hambourg est considéré comme un cluster dans les nouvelles technologies consacrées à la logistique et à la construction navale. Des investissements sont également faits dans le domaine de l'alimentation énergétique du port – capteurs pour un éclairage en fonction de la présence d'une activité, utilisation d'énergies renouvelables. À travers cela, il s'agit clairement d'utiliser la technologie pour demeurer un acteur concurrentiel au sein de la mondialisation.

Jessy Périé, *Hambourg, premier « smart port » du monde ?*, Les-yeux-du-monde.fr, 12 avril 2018.

Questions

Itinéraire 1

Répondre aux questions

1. **Décrivez** la place de l'Allemagne à l'échelle européenne et à l'échelle mondiale. **doc. 1, 3, 4 et 5**
2. **Expliquez** quelles sont les forces de l'Allemagne dans la mondialisation. **doc. 1 à 5**
3. **Identifiez** les territoires moteurs de la mondialisation en Allemagne. **doc. 2, 4 et 5**

Synthétiser

4. **Montrez** que l'Allemagne est une puissance européenne et mondiale. **doc. 1 à 5**

ou

Itinéraire 2

Organiser l'information dans un tableau (1/2)

- Reproduisez et commencez à compléter ce tableau à l'aide des informations contenues dans les documents 1 à 5 :

	doc. 1	doc. 2	doc. …
1. L'Allemagne est une puissance européenne et mondiale			

THÈME 3
SE PRÉPARER
CHAPITRE 5
CHAPITRE 6
RÉVISER

B Des territoires inégalement intégrés dans la mondialisation

6 Les disparités régionales en Allemagne

1. Des ensembles régionaux dans la mondialisation

- Centre industriel et financier, très intégré dans la mondialisation
- Régions industrielles et innovantes, très intégrées dans la mondialisation
- Régions intégrées dans la mondialisation
- Régions sous-intégrées dans la mondialisation
- Ancienne limite RFA / RDA (de 1945 à 1990)

2. Un territoire marqué par la métropolisation

- Berlin, capitale politique
- Francfort, capitale financière
- Limite de la mégalopole européenne
- Principaux ports
- Métropoles

3. Réseaux et flux dans la mondialisation

- Principaux axes de communication
- Principaux partenaires commerciaux
- Aides financières vers l'Est
- Flux transfrontaliers
- Courants migratoires

Carte interactive

Sources diverses, 2020.

Vocabulaire

- **FEDER (Fonds européen de développement régional) :** fonds structurel créé en 1975. Son objectif est de renforcer la cohésion économique et sociale dans l'UE en réduisant les inégalités et déséquilibres entre les régions.
- **Land (pluriel : Länder) :** division administrative (région). L'Allemagne compte 16 Länder.

7 Des territoires inégaux

Si le revenu net moyen a globalement augmenté ces dix dernières années outre-Rhin, toutes les régions n'en ont pas profité de la même façon. C'est la ville de Gelsenkirchen, port fluvial du bassin de la Ruhr, qui est la lanterne rouge du pays en matière de pauvreté, bien qu'elle se situe en Rhénanie-du-Nord-Westphalie, dont le PIB est le plus élevé d'Allemagne. À Gelsenkirchen, le revenu net moyen est de 16 203 euros par personne et par an, soit moins de la moitié de ce que touche un Bavarois qui peut compter sur presque 35 000 euros net par an. Néanmoins les régions de l'Est de l'Allemagne, dans leur globalité, restent moins riches que le reste de la République fédérale, même trente ans après la chute du mur de Berlin. À l'ouest, en revanche, les grandes villes de la Ruhr forment des îlots qui ont accumulé les facteurs de déclassement ces dernières années, avec la fermeture des mines et le déclin de l'acier […].

C'est dans les grandes villes allemandes que le problème de la pauvreté s'est aggravé ces dernières années. Parmi les plus concernées, on retrouve les treize agglomérations de la Ruhr de plus de 100 000 habitants : Gelsenkirchen, mais aussi Essen, Dortmund, Duisbourg, Herne, où un habitant sur cinq est dépendant de l'aide sociale pour survivre. La ville-État de Brême (565 000 habitants) a également vu son taux de pauvreté augmenter de deux points depuis 2007, à 19 %.

Cécile Boutelet, « Les Allemands les plus pauvres vivent maintenant à l'Ouest », *Le Monde*, 10 mai 2019.

C Les effets des politiques européennes de cohésion

8

Le FEDER dans le Land de Saxe

Plusieurs projets ont été financés en partie par le FEDER.
Traduction : « Votre avenir : utilisez les offres de financement européennes en Saxe ! »

Brochure du FEDER (EFRE) et du FSE (ESF) dans le Land de Saxe pour la période 2014-2020.

9 L'action de l'UE dans les Länder

Pour la période 2014-2020, l'Allemagne a reçu au total un peu moins de 10,8 milliards d'euros du FEDER. Si trois Länder de l'Est – Saxe, Saxe-Anhalt et Thuringe – obtiennent une part considérable de ces fonds afin de rattraper leur retard de développement, la Rhénanie du Nord-Westphalie touche également une part proportionnellement importante des subventions européennes (un peu plus de 1,2 milliard d'euros). En effet, le FEDER n'est pas uniquement destiné à rattraper le retard des régions les moins développées. [...] Le programme répond à trois objectifs : investir dans la recherche, les progrès technologiques et l'innovation ; accroître la compétitivité des petites et moyennes entreprises (PME) ; réduire les émissions de CO_2 dans tous les secteurs de l'économie. [...] En Rhénanie du Nord-Westphalie, depuis le début de l'année 2020, un projet de sécurisation du système informatique a été mis en place dans le domaine de la santé publique. Plusieurs entreprises de la région travaillent avec des chercheurs de l'université de la Ruhr à Bochum et de l'université des sciences appliquées de Münster afin de tester ce nouveau système dans 400 hôpitaux. [...]

Les Länder doivent toujours apporter leur propre contribution (cofinancement), mais la part de l'UE représente au moins la moitié du financement, même dans les régions économiquement puissantes. Les subventions européennes constituent ainsi un tremplin important pour la promotion du développement dans tout le pays.

FörderMarkt (magazine allemand en ligne), « *Europäischer Fonds für regionale Entwicklung* », 23 mai 2019. Traduction : Thomas Choquet.

Questions

Itinéraire 1

Répondre aux questions

5 **Identifiez** les disparités régionales à l'échelle de l'Allemagne. **doc. 6 et 7**

6 **Montrez** que les régions allemandes sont inégalement intégrées dans la mondialisation. **doc. 6 et 7**

7 **Décrivez** les politiques de cohésion menées par l'Union européenne en Allemagne. **doc. 8 et 9**

Synthétiser

8 En quelques lignes, **montrez** les inégalités entre les territoires allemands dans la mondialisation. **doc. 6 à 9**

ou

Itinéraire 2

Organiser l'information dans un tableau (2/2)

- Poursuivez le tableau commencé p. 185 en utilisant les informations des documents 6 à 9 :

	doc. 6	doc. 7	doc. ...
2. Les territoires allemands sont inégalement intégrés dans la mondialisation			
3. Des politiques sont mises en œuvre afin de réduire les inégalités			

- Présentez votre tableau en 5 minutes devant la classe. ORAL

Croquis de l'étude de cas

▶ p. 194

THÈME 3
SE PRÉPARER
CHAPITRE 5
CHAPITRE 6
RÉVISER

Les transports dans l'UE : un outil d'ouverture, de cohésion et de compétitivité

Zoom sur...

▶ Les transports dans l'UE

Longueur des LGV (lignes à grande vitesse)	8 000 km
Nombre de passagers aériens	1,043 milliard en 2017
Densité des réseaux ferrés et autoroutiers	2e rang mondial

Comment les transports contribuent-ils à l'intégration de l'Union européenne dans la mondialisation ?

A Réseaux de transport et ouverture de l'UE sur le monde

1 Les réseaux de transport en Europe

Carte interactive

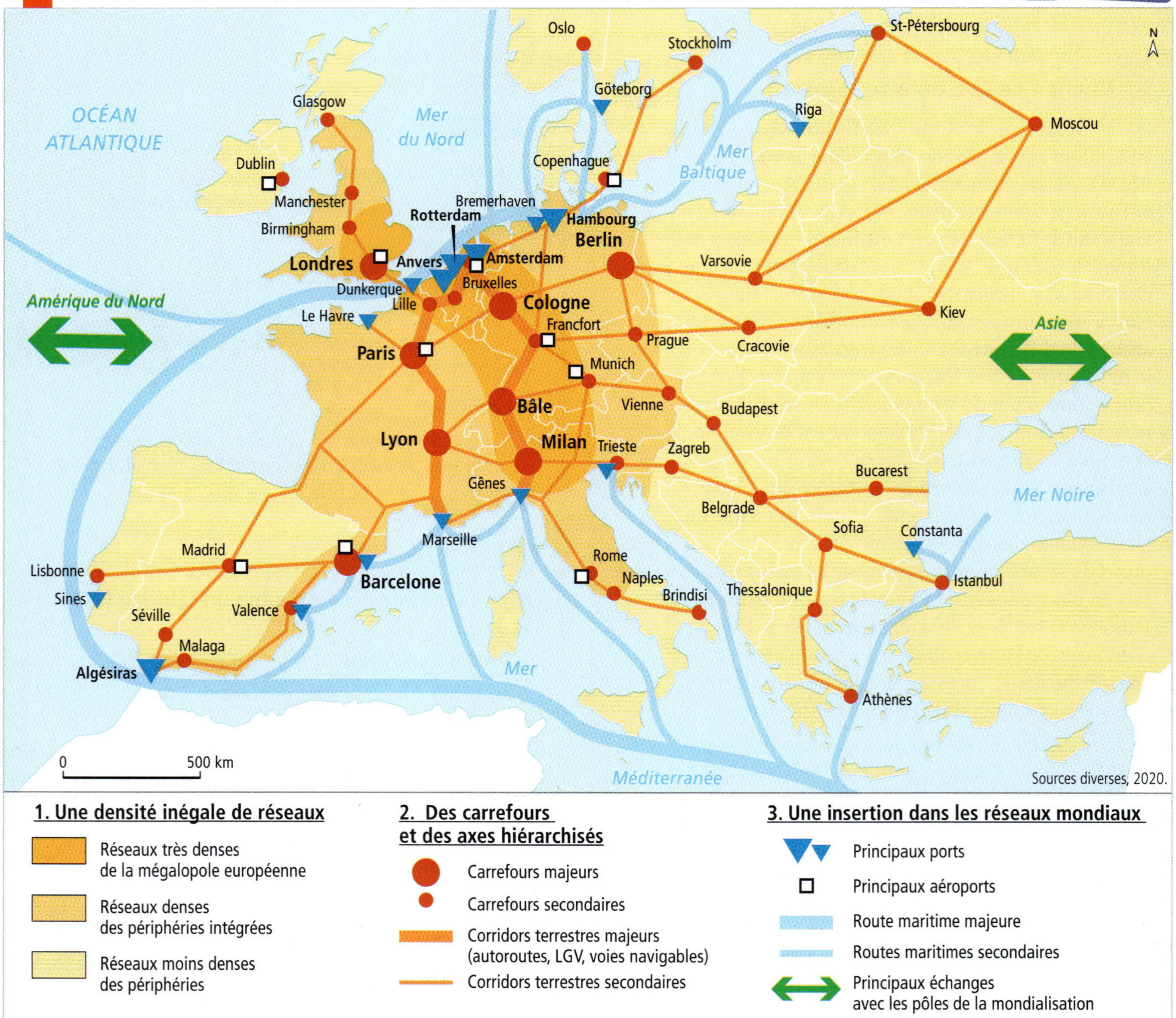

2 Aéroports et ports dans l'UE

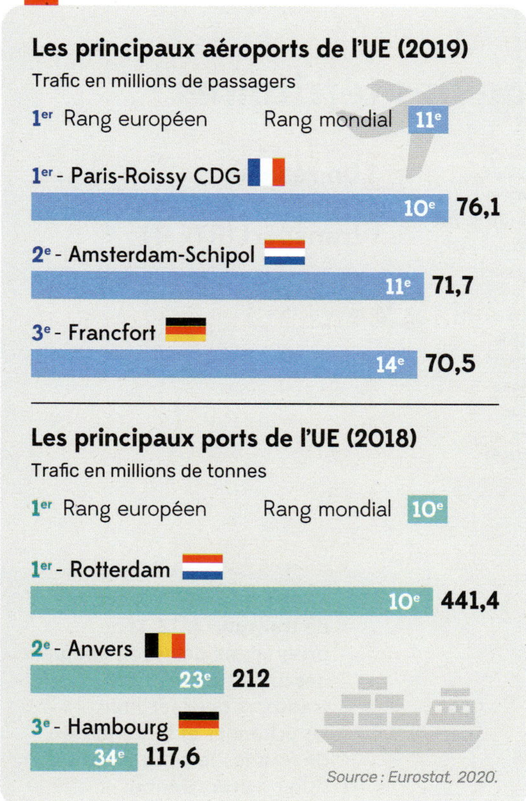

3 L'aéroport Amsterdam-Schiphol

Amsterdam-Schiphol a accueilli plus de 71 millions de passagers en 2018. Photographie prise en 2017.

4 Une ouverture sur le monde

En ce qui concerne les importations et les exportations, l'Union européenne est un espace économique intégré. Cela induit des flux ferroviaires, routiers, fluviaux (réseau rhénan, canal Seine-Escaut) et maritimes (autoroutes de la mer, le long des littoraux européens), d'une grande densité, à travers toute l'Europe, mais surtout, dans la partie occidentale du territoire (dorsale européenne[1] du Nord-Ouest, tunnels alpins entre la France, l'Italie, la Suisse, l'Autriche, l'Allemagne).

L'Europe des transports a été lente et difficile à mettre en œuvre depuis les années 1960. Premier facteur de décloisonnement des territoires, elle découvre de nouveaux horizons en Europe centrale et orientale (modernisation et construction de 20 000 km de routes et de 20 000 km de rails) et l'idée de réseaux transeuropéens (corridors de circulation, une trentaine de grands projets prioritaires surtout ferroviaires, ligne TVG Lyon-Turin, Paris-Karlsruhe-Mannheim, Montpellier-Barcelone-Madrid).

Dans le domaine aéronautique, le dispositif du « ciel unique » renforce la perception d'un espace aérien commun à l'échelle européenne, de même que le système européen de radio navigation par satellite (Galileo), opérationnel en 2013.

Vincent Adoumié (dir.), *Géographie de l'Europe*, Hachette supérieur, 2018.

1. Autre nom pour évoquer la mégalopole européenne.

Questions

Itinéraire 1

Répondre aux questions

1. **Relevez** la diversité des réseaux de transport en Europe. **doc. 1 à 4**
2. **Décrivez** la densité des réseaux de transport dans l'Union européenne. **doc. 1 et 4**
3. **Expliquez** en quoi l'aéroport d'Amsterdam est une porte sur le monde. **doc. 2 et 3**

Synthétiser

4. **Montrez** comment les transports permettent à l'Union européenne de relier ses territoires et de s'ouvrir au monde. **doc. 1 à 4**

ou

Itinéraire 2 Aide

Préparer une présentation orale ORAL

- Préparez une présentation orale de 5 minutes sur la place des transports concernant l'intégration de l'Union européenne dans la mondialisation.
- Entraînez-vous à utiliser un vocabulaire spécifique et précis et n'employez aucun mot ou expression qui relève du langage familier. Assurez-vous également d'être en mesure de définir toutes les notions que vous citerez dans votre présentation.

B Des transports au service de la cohésion des territoires

5 Un réseau transeuropéen de transport (RTE-T)

Carte interactive

Source : Commission européenne, 2019.

Vocabulaire

Réseau transeuropéen de transport (RTE-T) : programme de développement des infrastructures de transport pour faciliter les échanges et l'intégration de tous les territoires dans l'Union européenne.

6 Croatie : un pont pour réunifier le territoire

Vidéo

Le sud de la Croatie est traversé par la Bosnie-Herzégovine voisine. 90 000 Croates sont isolés du reste de leur pays. Pour se rendre à Dubrovnik, par exemple, ils doivent passer par un poste frontière. Ce qui pose problème en été lorsque le trafic, lié au tourisme, est en augmentation. La Croatie a décidé de réunir ses deux territoires en construisant un pont largement financé par l'Union européenne.

Le chantier a débuté. Le futur pont mesurera près de 2,5 km. Le maître d'œuvre et les ouvriers sont chinois. La construction d'un pont ne date pas d'hier. Cela fait des années que les Croates en entendent parler. Il a fallu l'intervention de l'Union européenne pour débloquer le chantier. Un déblocage de 357 millions d'euros, ce qui représente 85 % du coût total.

Brijesta est un petit village croate isolé de l'autre côté de la mer. À 2,5 km à vol d'oiseau, mais 55 km et plus d'une heure par la route. Une route étroite. Lorsque le pont sera terminé, le voyage ne prendra que quelques minutes.

Pour compliquer un peu plus les choses, la Croatie est membre de l'Union européenne, pas la Bosnie-Herzégovine. Alors pour transporter leurs produits, les producteurs croates doivent franchir deux frontières et payer des droits de douane pas toujours abordables.

Les travaux du « pont de l'espoir » devraient être terminés dans deux ans et demi. Sans les aides européennes, jamais la Croatie n'aurait pu financer un tel projet.

Esmeralda Labye, « Croatie : le pont de l'espoir pour réunifier le territoire », www.rtbf.be [en ligne], 24 mars 2019.

C Entre concurrence et recherche de compétitivité

7 La concurrence des offres sur la ligne Paris-New York

Offre moyenne de sièges par jour et par compagnie aérienne (juin 2020)
New York (JFK & Newark)
Paris (CDG & Orly)
En % de sièges par jour

22 PREMIÈRE	100 % Air France	
586 AFFAIRES	49 % Air France	12 % Delta Air Lines
	18 % La Compagnie	6 % American Airlines
	13 % United	2 % Corsair
294 PREMIUM ECO	52 % Air France	8 % American Airlines
	12 % French bee	7 % United
	12 % Norwegian	5 % LEVEL
		4 % Corsair
4 216 ÉCONOMIQUE	35 % Air France	9 % XL Airways[1]
	12 % Delta Air Lines	8 % Corsair
	10 % United	7 % Norwegian
	9 % French bee	5 % LEVEL

1. Statistiques calculées en septembre 2019 sur la base des offres de vols programmés par les compagnies pour 2020. Depuis, XL Airways a été placé en liquidation judiciaire (oct. 2019). Au total, en juin 2020, 16 vols et 5 118 sièges sont proposés chaque jour entre Paris et New York.

Source : d'après Flight-Report, 2019.

8 Concurrence et compétitivité : la bataille des mobilités

En annonçant son projet de rapprochement entre ses deux filiales de grande vitesse à l'international, Eurostar et Thalys, la SNCF veut créer un acteur capable de rivaliser avec ses concurrents européens directs, mais aussi avec l'avion et la voiture.

Le groupe public mise sur un trafic de 30 millions de passagers transportés en 2030, contre 18,5 millions de passagers actuellement (11 millions pour Eurostar et 7,5 millions pour Thalys en 2018). Car une fois le rapprochement effectué, les deux filiales deviendront interopérables. Cela signifie que leurs systèmes de réservation et de billetterie fusionneront, que des offres tarifaires conjointes seront mises en vente sur le marché, que les programmes de fidélité auront été harmonisés et que les voyageurs pourront réserver des trajets combinant les trains des deux sociétés. Cette fusion permettra la mise en commun des activités de maintenance ainsi que des systèmes d'information et de distribution des deux opérateurs.

Mais pour passer de 18,5 à 30 millions de passagers en 2030, la SNCF compte également séduire de plus en plus de clients prenant l'avion ou utilisant leur voiture. Les villes que Thalys et Eurostar relient sont à 2 ou 3 heures maximum l'une de l'autre. C'est sur ces segments que le train compte prendre des parts de marché à l'avion et à la voiture.

Alors que le réchauffement climatique est sur toutes les lèvres et que l'activisme des écologistes a déjà entraîné une baisse significative du trafic aérien, la SNCF table sur la prise de conscience écologique croissante de la part des consommateurs.

Stéphane Donders, *Les Echos*, 25 octobre 2019.

Questions

Itinéraire 1

ou

Répondre aux questions

5 **Situez** les territoires reliés par les couloirs de développement. **doc. 5**

6 **Montrez** que les transports permettent de renforcer la cohésion au sein de l'UE. **doc. 5 et 6**

7 **Relevez** les stratégies adoptées par les acteurs européens des transports pour faire face à la concurrence. **doc. 7 et 8**

Synthétiser

8 **Expliquez** les principaux défis auxquels sont confrontés les transports de l'UE. **doc. 5 à 8**

Itinéraire 2

Présenter un exposé oral ORAL

Grille à télécharger

- Un élève de la classe présente un exposé de 5 minutes sur la place des transports dans l'intégration de l'Union européenne dans la mondialisation.
- Les autres élèves se répartissent en 4 groupes. Chaque groupe évalue un critère précis :
  – qualité orale : voix, diction, articulation, rythme…
  – qualité du discours : vocabulaire spécifique et précis, phrases bien construites, liaison entre les idées, fluidité…
  – qualité des connaissances : nombre de connaissances, intérêt pour le sujet, maîtrise du sujet
  – qualité de l'argumentation : raisonnement, organisation, plan, explication, démonstration

Croquis de l'étude de cas

▶ p. 195

Étude de cas

La politique agricole commune, les effets territoriaux d'une politique européenne

Zoom sur…

▸ La PAC

Création	1957 (traité de Rome)
Mise en place	1962
Budget 2014-2020	362,8 milliards d'euros
Part du budget de l'UE	40 %

Quelles sont les conséquences de la PAC sur les territoires européens dans la mondialisation ?

1 La PAC et la diversité des territoires ruraux de l'UE

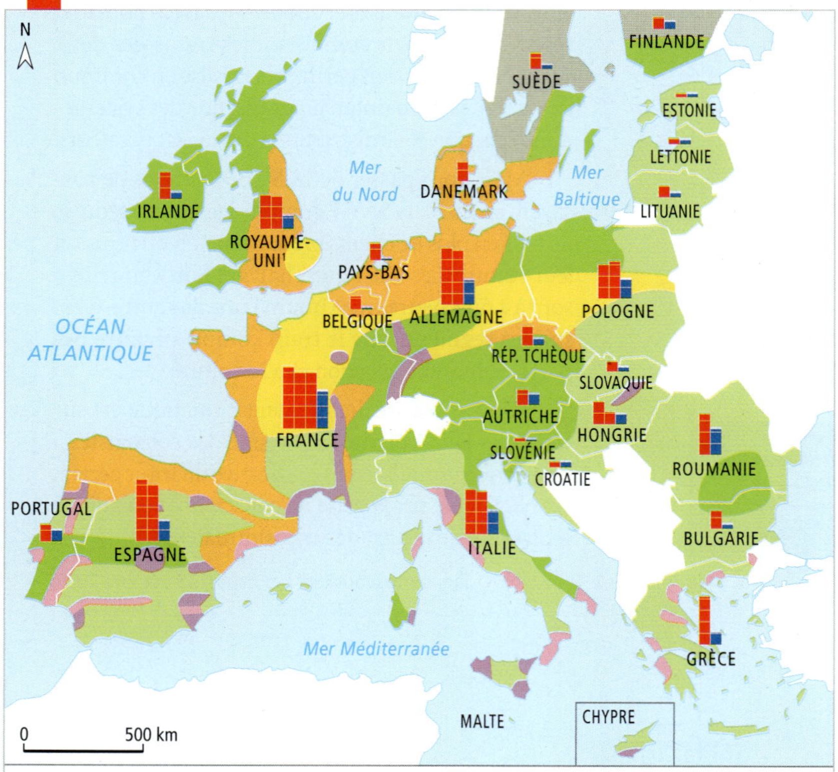

1. Les aides de la PAC par État membre de l'UE (2018)

- □ 1 carré représente 500 millions d'euros
- Fonds européen agricole de garantie (FEAGA) : aides directes versées aux agriculteurs
- Fonds européen agricole pour le développement rural (FEADER) : financement de projets de développement rural

2. Des espaces agricoles compétitifs et modernisés par la PAC

- Grandes cultures productivistes
- Élevage intensif et polyculture
- Productions fruitières et légumières
- Vignobles

3. Des espaces agricoles périphériques soutenus par la PAC

- Polyculture et élevage
- Polyculture et élevage extensif ou céréaliculture extensive
- Agriculture peu importante

1. Le Royaume-Uni était membre de l'Union européenne en 2018.

Source des données : Commission européenne, 2020.

Carte interactive

2 Les objectifs de la politique agricole commune (PAC)

Les objectifs de la PAC sont restés inchangés depuis le traité de Rome : accroître la productivité de l'agriculture en développant le progrès technique et en assurant un emploi optimum des facteurs de production, notamment de la main-d'œuvre ; assurer un niveau de vie équitable à la population agricole ; stabiliser les marchés ; garantir la sécurité des approvisionnements ; assurer des prix raisonnables aux consommateurs. Il s'agit d'objectifs qui sont à la fois économiques et sociaux, visant à sauvegarder les intérêts des producteurs et des consommateurs.

Si l'agriculture ne représente plus aujourd'hui qu'une faible part de l'économie des pays développés, y compris de celle de l'Union européenne, l'intervention publique s'est récemment renforcée, avec des politiques agrorurales qui, au soutien de la fonction traditionnelle de l'activité primaire – à savoir la production des denrées alimentaires –, ont ajouté d'autres dimensions, dont le développement durable, la lutte contre le changement climatique, l'aménagement du territoire et du paysage, la diversification et la vitalité de l'économie rurale ou la production d'énergie et de biomatériaux. Le soutien aux biens publics, ou fonctions non marchandes de l'activité agricole (c'est-à-dire non rémunérées par le marché), est devenu en conséquence un volet clé des politiques agricoles et rurales plus récentes […].

Albert Massot, *Fiches techniques sur l'Union européenne,* mai 2019.

3 La transformation des espaces agricoles en Bulgarie

Les aides de la PAC ont favorisé la compétitivité des exploitations de roses. La Bulgarie est aujourd'hui le 1er producteur mondial d'essence de rose (70 % du marché). Photographie prise dans la vallée des roses à Kazanlak en mai 2019.

4 Les effets contestés de la PAC sur les territoires

La PAC, c'est d'abord l'un des systèmes de subventions les plus importants au monde, probablement le plus important. En 2018, elle a distribué quelque 60 milliards d'euros aux exploitants des États membres. Le fait que la plus grande part des subventions de la PAC puisse être indexée sur la taille des exploitations, conjugué aux marges de manœuvre dont chaque État membre dispose dans l'attribution des fonds, a favorisé des mécanismes d'annexion ou de captation frauduleuse du foncier agricole.

Cela contribue à agrandir la taille des exploitations, donc à favoriser les systèmes agricoles les plus industriels, ceux qui simplifient le plus les paysages, fonctionnent avec le moins d'emplois et le plus d'intrants[1]. Le résultat est un bilan environnemental désastreux, en dépit des aides délivrées sur des critères de « verdissement » des pratiques.

Les gaz à effet de serre émis par l'agriculture européenne ont augmenté de 5 % au cours de la dernière décennie, tandis que les émissions totales du continent baissaient de plus de 15 %. Les populations d'insectes et d'oiseaux des champs, elles, s'effondrent à un rythme si effréné qu'il en paraît irréel. Quant aux nitrates, issus de l'élevage intensif et du recours excessif aux fertilisants, ils polluent les rivières des grandes régions agricoles.

Stéphane Foucart, « La PAC, une catastrophe agricole commune », *Le Monde*, 4 janvier 2020.

1. Produits utilisés pour la production agricole et non présents naturellement dans le sol (engrais, notamment).

Questions

Itinéraire 1

Répondre aux questions

1. **Relevez** les États qui profitent le plus, et le moins, des aides de la PAC en précisant la répartition des aides entre le FEAGA et le FEADER. **doc. 1**
2. **Montrez** comment la PAC est utilisée pour transformer les territoires. **doc. 2 et 3**
3. **Expliquez** pourquoi certains effets de la PAC sont contestés. **doc. 1 et 4**

Synthétiser

4. **Analysez**, à différentes échelles, les principales conséquences territoriales de l'action de la PAC, ainsi que ses limites. **doc. 1 à 4**

ou

Itinéraire 2

Aide

Réaliser un document de présentation

- À l'aide des documents 1 à 4 et de recherches complémentaires, réalisez un document présentant les effets de la PAC sur les territoires ruraux de l'un des 27 États membres.

Étapes à plusieurs échelles :

- À l'échelle européenne, situez le pays et son évolution dans la PAC et dans l'UE.
- À l'échelle nationale, présentez la géographie des territoires ruraux et expliquez les choix d'utilisation de la PAC par l'État étudié.
- À l'échelle régionale et/ou locale, analysez un projet territorial concret cofinancé par la PAC.

Croquis des études de cas

▶ Voir p. 184-187

L'Allemagne dans la mondialisation

Objectif BAC

Consigne : À partir du texte ci-dessous, et en vous appuyant sur vos connaissances, complétez la légende et le croquis de synthèse.

Aide pour répondre à la consigne :
- Relevez les informations principales dans le texte.
- Identifiez les figurés pouvant être utilisés pour cartographier ces informations.
- Complétez la légende et le croquis à l'aide de l'étude de cas pages 184 à 187.

L'Allemagne et ses territoires dans la mondialisation

Les territoires allemands sont inégalement intégrés dans la mondialisation. Quatre ensembles régionaux se distinguent. L'Allemagne rhénane, densément peuplée et urbanisée, très intégrée, constitue le cœur industriel et financier du pays. Les Länder du Sud (Bade-Wurtemberg et Bavière) sont également très intégrés : ces régions profitent des dynamiques liées à l'industrie automobile et aux hautes technologies. L'Allemagne du Nord et du Centre connaît une intégration réelle mais moins marquée. En revanche, les Länder de l'Est sont davantage en difficulté à la fois sur le plan démographique et économique (PIB/hab. inférieur à 30 000 euros) : ces régions correspondent à l'ancienne RDA.

L'intégration dans la mondialisation s'opère au profit de quelques territoires moteurs, en particulier les métropoles. Berlin, Francfort et Hambourg s'imposent comme les villes les plus dynamiques : elles sont respectivement la capitale politique, la capitale financière et le premier port allemand. D'autres métropoles (Munich, Brême, Stuttgart, Dortmund, Düsseldorf, Cologne et Bonn) rayonnent à différentes échelles et sont intégrées dans la mégalopole européenne.

Les dynamiques des flux reflètent l'inégale intégration des territoires allemands dans la mondialisation. Les principaux axes de circulation relient les métropoles entre elles, accentuant ainsi le phénomène de métropolisation. De plus, l'intégration européenne de l'Allemagne se manifeste par des échanges avec les principaux partenaires commerciaux, à la fois les pays limitrophes (l'Allemagne réalise 2/3 de son commerce avec les pays de l'UE) mais aussi la Chine (premier partenaire commercial), les États-Unis et la Russie. Les aides financières européennes à destination des Länder de l'Est visent à réduire les disparités entre les régions dynamiques et les régions de l'ancienne RDA.

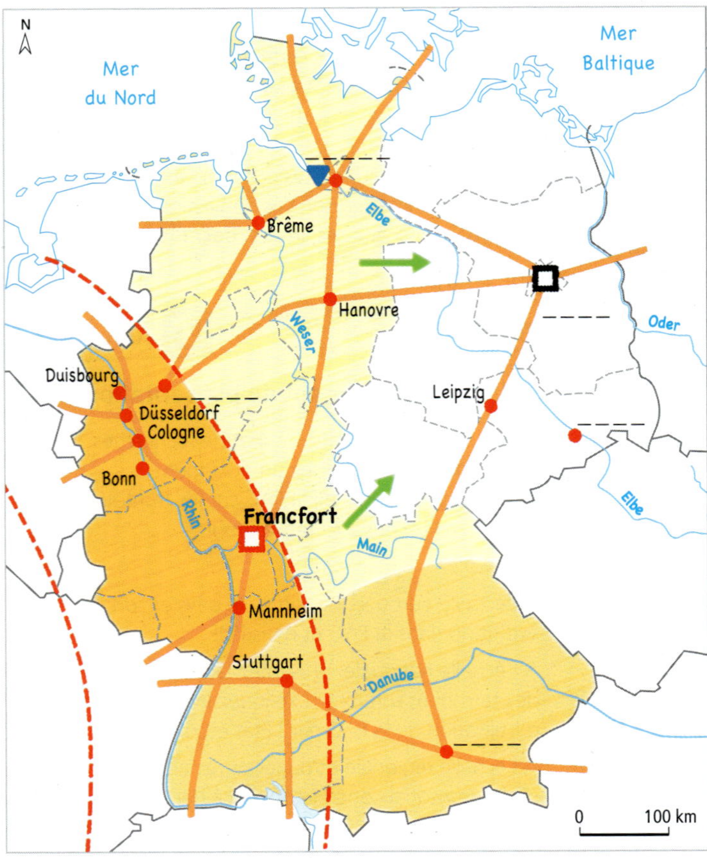

Titre : ________________________________

1. Des territoires inégalement intégrés dans la mondialisation

- Cœur industriel et financier, très intégré dans la mondialisation
- ________________________________
- Régions du Nord et du Centre, intégrées dans la mondialisation
- Régions de l'Est, en difficulté économique (ancienne ___)

2. Les métropoles, territoires moteurs de la mondialisation

- ________________________
- Francfort, capitale ________
- ________________________
- Principales métropoles
- Limite de la mégalopole européenne

3. Dynamiques des flux dans la mondialisation

- ________________________
- Principaux partenaires commerciaux
- ________________________

Fond de carte différencié

▶ Voir p. 188-191

Les transports dans l'UE

Les transports dans l'UE : outil d'ouverture et de cohésion

L'espace de l'Union européenne se caractérise par des disparités de densité des réseaux de transport. Les transports constituent un outil d'ouverture et de cohésion entre les pays membres, en particulier entre le Nord et Sud, ainsi qu'entre l'Ouest et l'Est. La mégalopole (entre Londres et Milan), espace économique central de l'UE, dispose des réseaux les plus denses et les plus diversifiés. Autour, les périphéries intégrées (Allemagne, Autriche, France) se structurent autour de réseaux denses, connectés à la mégalopole. Plus loin, dans les périphéries sous-intégrées (Europe orientale, Italie du Sud), les réseaux de transport sont moins denses.

L'Union européenne est structurée autour de carrefours et d'axes de communication hiérarchisés. Les métropoles constituent soit des carrefours majeurs (Paris, Milan, Barcelone), soit des carrefours secondaires (Madrid, Munich, Vienne) au sein des réseaux européens hiérarchisés. Elles polarisent les axes de transports rapides et à fort débit : autoroutes, lignes ferroviaires à grande vitesse transfrontalières (Thalys, Eurostar), canaux fluviaux à grand gabarit. Les deux principaux corridors multimodaux relient Londres à Milan et Lille à Marseille, en passant par Paris et Lyon. Des axes secondaires desservent les périphéries plus ou moins intégrées de l'espace européen.

L'espace de l'Union européenne est très intégré aux flux de la mondialisation. Les aéroports aux trafics les plus importants sont situés dans les grandes métropoles (Paris), particulièrement celles de la mégalopole (Francfort, Amsterdam). Les ports les plus performants sont concentrés le long des deux principales interfaces maritimes : au nord, la Northern Range (Rotterdam, Anvers, Hambourg) et au sud, la Méditerranée occidentale (Barcelone, Marseille). Ces ports sont reliés à une route maritime majeure qui connecte l'Europe aux autres régions du monde. Principal pôle commercial de la mondialisation, l'Union européenne participe ainsi aux échanges commerciaux planétaires avec les deux autres principaux pôles de la mondialisation, l'Amérique du Nord et l'Asie.

Objectif BAC

Consigne : À partir du texte ci-dessous, et en vous appuyant sur vos connaissances, réalisez le croquis de synthèse correspondant à la légende donnée.

Aide pour répondre à la consigne :
- Relevez les informations et les éléments importants dans le texte : vous pouvez, par exemple, surligner les lieux à localiser sur le croquis.
- Déterminez les figurés nécessaires (linéaires, ponctuels ou de surface).
- Réalisez le croquis à l'aide de l'étude de cas pages 188-191 : assurez-vous que chaque élément de la légende est représenté sur le croquis.

1. Une inégale densité des réseaux de transport
- Mégalopole européenne aux réseaux très denses
- Périphéries intégrées aux réseaux denses
- Périphéries sous-intégrées aux réseaux insuffisants

2. Des carrefours et des axes de communication hiérarchisés
- Carrefours majeurs
- Carrefours secondaires
- Principaux corridors multimodaux
- Corridors secondaires

3. Une intégration aux flux de la mondialisation
- Hubs aéroportuaires
- Principaux ports
- Interfaces maritimes
- Routes maritimes majeures
- Échanges avec les pôles majeurs de la mondialisation

Fond de carte différencié

THÈME 3
SE PRÉPARER
CHAPITRE 5
CHAPITRE 6
RÉVISER

Exemple

L'archipel des Canaries : une région ultrapériphérique (RUP) de l'Union européenne

Comment l'Union européenne contribue-t-elle au développement de la région ultrapériphérique des Canaries ?

1 RUP : un statut spécifique

Des mesures particulières ont été mises en place pour soutenir le développement des régions de l'Union européenne les plus lointaines, dénommées régions ultrapériphériques : la Guadeloupe, la Guyane, La Réunion, la Martinique, Mayotte et Saint-Martin (France), les Açores et Madère (Portugal) et les îles Canaries (Espagne).

Ces régions ultrapériphériques doivent faire face à un certain nombre de difficultés tenant à leurs caractéristiques géographiques, que sont notamment : leur éloignement, leur insularité, leur faible superficie, un relief et un climat difficiles. Leur économie est dépendante d'un petit nombre de produits, souvent de produits agricoles ou de ressources naturelles. Ces éléments limitent les potentialités de leur développement.

En dépit de la grande distance qui les sépare du continent européen, les régions ultrapériphériques font partie intégrante de l'Union européenne. Cependant, compte tenu de leur position géographique particulière et des difficultés qui l'accompagnent, les politiques européennes ont dû être spécialement adaptées à leur situation.

Ces régions bénéficient d'enveloppes d'aides spéciales au titre du Fonds européen de développement régional (FEDER). Les régions ultrapériphériques bénéficient également, dans le domaine de l'agriculture, des programmes POSEI (programmes d'options spécifiques à l'éloignement et à l'insularité), financés par le FEAGA[1].

Marek Kołodziejski et Filipa Azevedo, « Régions ultrapériphériques (RUP) », Parlement européen, novembre 2019.

1. FEAGA : Fonds européen agricole de garantie.

2 Les Canaries en Espagne et dans l'Union européenne

Nombre d'habitants (2018)
2 101 924 (4,5 % de la population espagnole)

Superficie 7 447 km²
(1,5 % de la superficie de l'Espagne)

Densité
286 habitants/km²
(moyenne Esp. : 90 hab/km²)

Situation 7 îles :
› Distance de Madrid : 1 791 km
› Distance de l'Afrique : 100 km

PIB par habitant (2018)
20 892 euros
(14e rang sur 19 en Espagne)

Montant des aides de l'UE 1,4 milliard €
(2014-2020)

Activités de pointe
Recherche et développement en biomédecine, astronomie

3 Un label européen pour la banane des Canaries

La banane des Canaries a obtenu une Indication géographique protégée (IGP) de l'Union européenne depuis 2013.

Affiche promotionnelle, 2018.

4 Un archipel intégré dans l'Union européenne et dans la mondialisation

Carte interactive

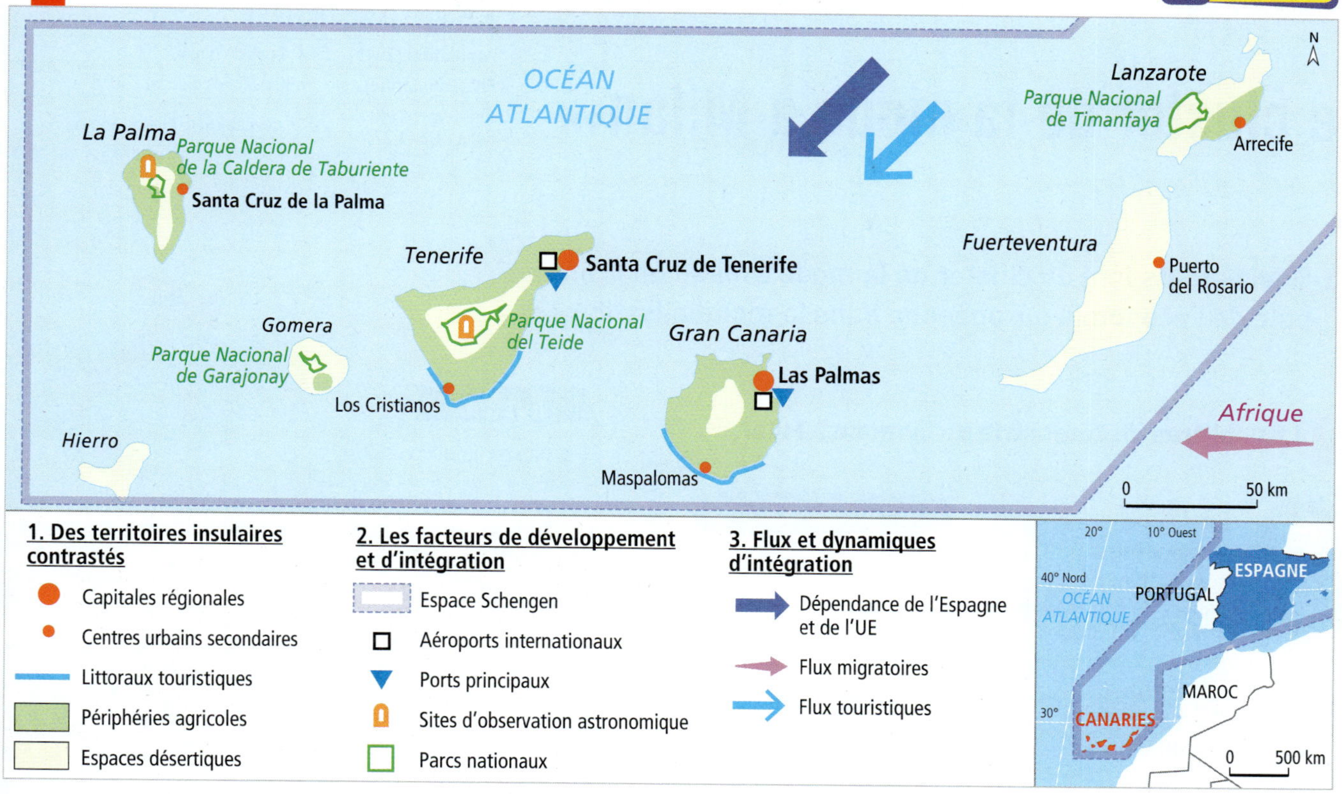

5 L'observatoire du Gran Telescopio Canarias, La Palma (2 267 m)

C'est l'un des télescopes les plus puissants et les plus avancés au monde. Le Fonds européen de développement régional (FEDER ; voir p. 205) finance actuellement la modernisation de son système optique.

Photographie prise en 2019.

Questions

Itinéraire 1

Répondre aux questions

1. **Décrivez** les principales caractéristiques géographiques des Canaries. **doc. 1, 4 et 5**
2. **Expliquez** ce qui a justifié le statut de région ultrapériphérique (RUP) pour l'archipel des Canaries. **doc. 1, 2 et 4**
3. **Relevez** les aides apportées par l'Union européenne au développement de l'archipel. **doc. 1, 3, 4 et 5**

Synthétiser

4. **Montrez** comment l'Union européenne contribue au développement de la région ultrapériphérique des Canaries. **doc. 1 à 5**

ou

Itinéraire 2

Publier un message sur les réseaux sociaux

- À partir des documents 1 à 5 et de recherches complémentaires, concevez un message pour le compte « Toute l'Europe » (@touteleurope) présentant un projet réalisé dans l'une des neuf régions ultrapériphériques (voir **doc. 1**), grâce aux aides de l'Union européenne.

Étapes :

- Menez votre recherche documentaire (informations, photographie).
- Rédigez votre texte qui doit être court, mais précis (date, lieu, montants des aides).
- Dégagez quelques mots clés qui permettront de référencer votre article par des hashtags.

Exemple

Le cluster de la mode à Milan

Zoom sur…

▶ Milan (Lombardie)

Population (2019)	1,4 million d'hab.
PIB (Lombardie)	390 milliards d'euros (2019)
Classement PIB dans l'UE (à 27)	2e rang (derrière l'Île-de-France)

➔ Quels atouts font du cluster de la mode à Milan un grand pôle de l'économie européenne dans la mondialisation ?

Notion

▸ Cluster : voir p. 233.

1 Les chiffres de l'industrie de la mode à Milan

13 000 entreprises (conception, design, ateliers de fabrication, publicité, boutiques...)

13 milliards d'euros de chiffre d'affaires

25 % des exportations italiennes

Principales marques

DOLCE & GABBANA

GIORGIO ARMANI

KRIZIA

MOSCHINO

PRADA

VERSACE

VALENTINO

Source : Stockholm school of economics, 2017.

2 Milan, capitale mondiale de la mode

L'ascension de Milan au rang de capitale internationale du prêt-à-porter débute au milieu des années 1970 sous l'impulsion d'une poignée de jeunes stylistes […]. Crise, stratégies économiques de l'agglomération et entrepreneurialité : voilà les trois mots-clés qui [expliquent] ce phénomène. La durée et la gravité de la crise économique et industrielle des années 1970 rendent nécessaire une transformation de la vocation économique et productive de la ville. Au cours de ces années, la « traditionnelle vision concrète et matérielle de l'industrie » sur laquelle Milan a bâti sa domination économique, croise la mode sur son chemin. Cette rencontre se solde par la transformation de la mode en un produit industriel. Les stratégies économiques de l'agglomération, c'est-à-dire les avantages découlant des ressources vastes et diversifiées – infrastructures, agences publicitaires, édition, services financiers, espaces d'exposition, etc. – dont Milan dispose, sont décisives pour la création d'un marché international sur lequel le produit industriel de la mode doit être écoulé. Enfin, les stylistes qui propulsent la capitale lombarde sur le devant de la scène internationale de la mode se forment à l'école de la collaboration avec la grande entreprise industrielle et ils apprennent à devenir les entrepreneurs et les managers de la créativité. Certains d'entre eux sont encore aujourd'hui à la tête des plus grandes « fashion companies » italiennes.

M. Belfanti, C. Capalbo, E. Merlo et V. Pinchera, « La mode au défi de l'histoire économique : la mode et l'économie italienne (XIXe-XXe siècle) », *Apparence(s)*, n° 9, 2019.

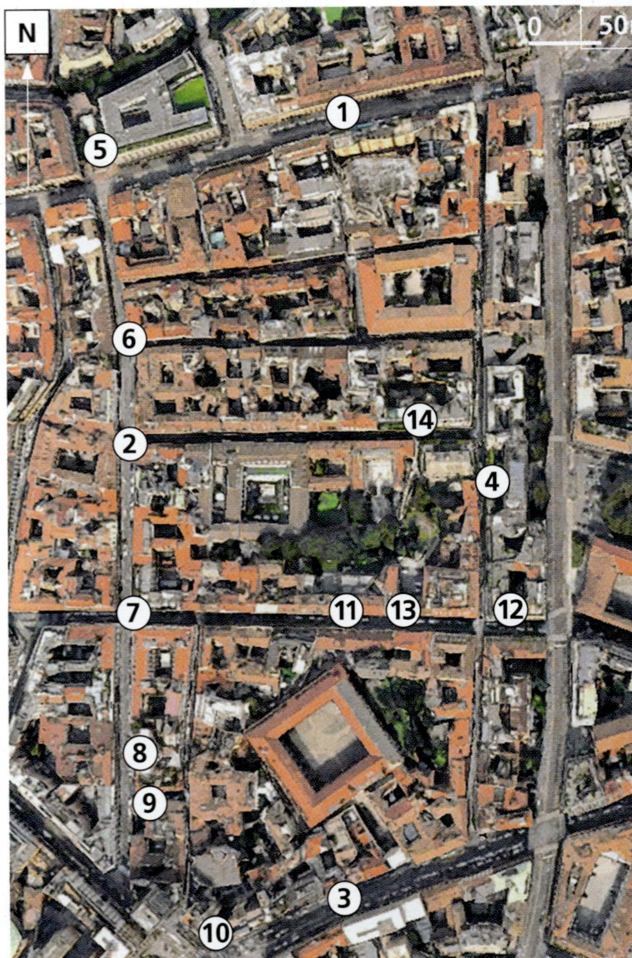

3 Le « quadrilatère de la mode » à Milan

Le « quadrilatère de la mode » ou « fashion district » est situé dans le centre de Milan. Il rassemble boutiques et enseignes du luxe et de la mode qui font de Milan l'une des capitales mondiales de ce secteur d'activité.

① Via Manzoni
② Via Montenapoleone
③ Corso Venezia
④ Via della Spiga
⑤ Armani
⑥ Valentino
⑦ Versace
⑧ Ralph Lauren
⑨ Dolce Gabbana
⑩ Prada
⑪ Miu-Miu
⑫ Moschino
⑬ Hermès
⑭ Krizia

4 La galerie Victor Emmanuel II et ses boutiques de luxe

Photographie prise en 2019.

5 Prada : les chiffres clés de la firme

PRADA MILANO

Fondation en 1913 (à Milan) par Maria Prada

Nombre d'employés 13 000 (2018)

Chiffre d'affaires (2018) **3,1 milliards d'euros**

Nombre de magasins

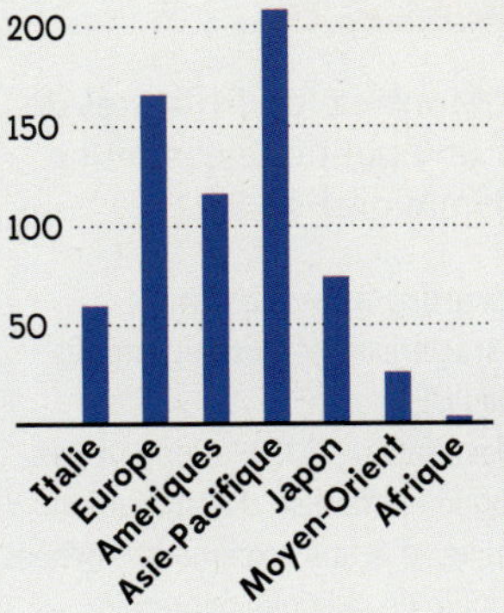

Répartition de la production

En %

- Maroquinerie
- Mode
- Chaussures
- Autres

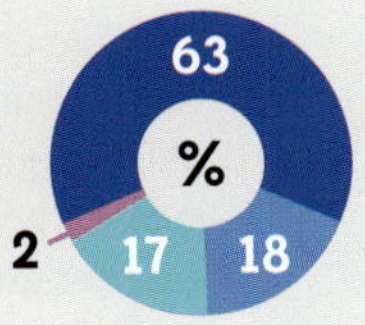

Questions

Itinéraire 1

Répondre aux questions

1. **Déterminez** les facteurs qui ont contribué à faire de Milan une capitale mondiale de la mode. **doc. 1**
2. **Citez** les principaux acteurs du cluster de la mode. **doc. 1 à 5**
3. **Montrez** que les entreprises de ce cluster sont très présentes dans la ville. **doc. 1 à 4**

Synthétiser

4. À l'aide des réponses précédentes, **analysez** les enjeux du cluster de la mode de Milan dans la mondialisation et **montrez** qu'il s'agit d'un pôle économique dynamique. **doc. 1 à 5**

ou

Itinéraire 2

Travailler l'oral ORAL

- Préparez une présentation orale de 5 minutes sur les atouts du cluster de la mode à Milan dans la mondialisation, puis répartissez-vous par groupes de 3 ou 4 élèves.
- Présentez votre réponse à tour de rôle.
- Les autres élèves, dans le rôle du jury, vous posent des questions pendant 10 minutes : demandes de précisions, définitions du vocabulaire employé, liens avec le cours…

Aide et conseils

Exemple

L'Union européenne : le défi d'une politique migratoire commune

1 Les flux migratoires en Europe

Carte interactive

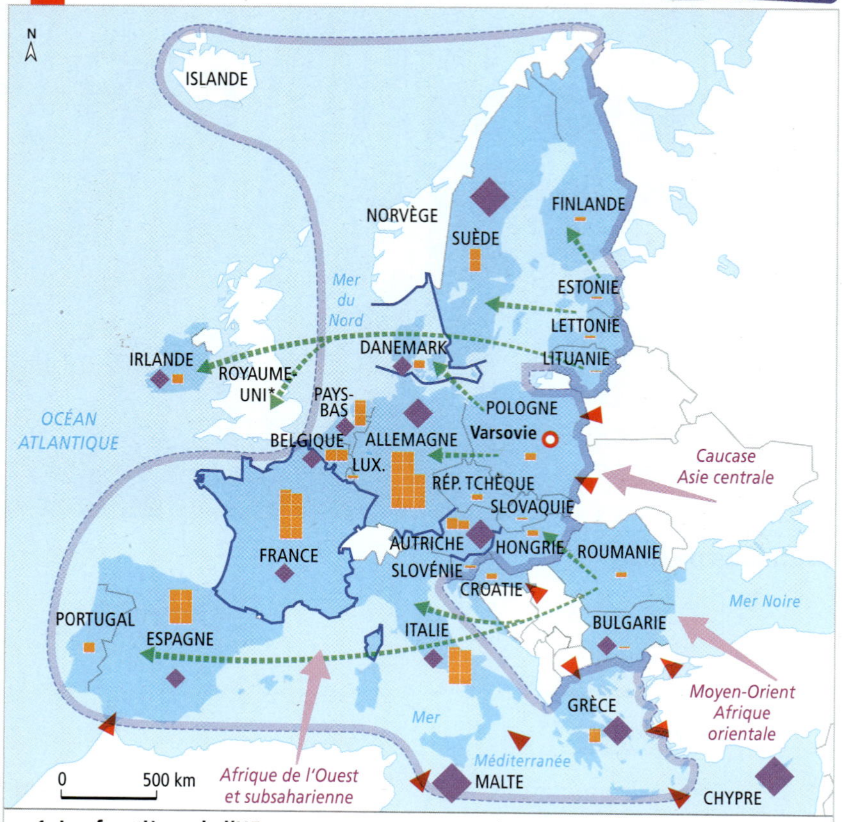

1. Les frontières de l'UE

- Pays membres de l'UE
- Limites de l'espace Schengen
- Siège de Frontex, agence chargée de la surveillance des frontières de l'UE
- Rétablissement temporaire des contrôles aux frontières nationales

2. Des dynamiques migratoires variées

- Flux migratoires d'origine extra-européenne
- Portes d'entrée des migrants internationaux
- Flux migratoires internes
- Nombre de personnes nées à l'étranger par pays (1 carré = 1 M) en 2019

Nombre de réfugiés et de demandeurs d'asile par pays pour 1 000 habitants

- plus de 20
- de 10 à 20
- de 2 à 10

*Depuis le 31 janvier 2020, le Royaume-Uni n'est plus un État membre de l'UE (Brexit).
Sources diverses, 2020.

2 Une politique migratoire commune ?

Parole de géographes

Les faiblesses de l'action de l'Union européenne sont patentes : tout en déplorant la catastrophe humanitaire, elle n'a pas su faire le nécessaire pour l'arrêter. [...] L'Union européenne s'est lancée dans un vaste processus d'harmonisation de ses principes d'action et s'est progressivement dotée de moyens non négligeables. Le Régime d'asile européen commun (RAEC), révisé en 2013, unifie et conforte les droits des demandeurs d'asile. Le règlement de Dublin[1], lui, assigne à l'État de première entrée sur le territoire de l'UE l'obligation d'instruire le dossier des personnes ayant migré dans l'Union européenne. [...] L'uniformisation des permis de séjour, des permis de travail, des visas, des procédures de regroupement familial ou des séjours d'étude sont également à l'œuvre au sein de l'UE. [...] La question migratoire prend une tonalité particulière en raison de son caractère extrêmement clivant : les États européens ne sont pas d'accord entre eux sur le sujet, certains remettant en cause le droit d'asile quand d'autres le réaffirment ; certains demandent davantage de présence européenne aux frontières, d'autres la récusent.

Sylvain Kahn et Jacques Lévy, spécialistes de l'Europe, *Le Pays des Européens*, Odile Jacob, 2019.

1. Règlement (2013) selon lequel une demande d'asile doit être traitée par le premier pays d'entrée dans l'UE.

Vocabulaire

- **Demandeur d'asile :** personne qui sollicite une protection internationale hors des frontières de son pays d'origine, mais qui n'a pas encore obtenu le statut de « réfugié ».
- **Migrant international :** individu quittant durablement (durée égale ou supérieure à un an) son pays pour se rendre dans un autre pays, de façon volontaire (activité professionnelle) ou forcée (guerre, pauvreté...).
- **Réfugié :** personne reconnue en danger dans son pays d'origine et qui a obtenu l'asile politique dans un autre pays.

Objectif BAC

Consigne : Montrez les difficultés de l'UE à établir une politique commune en matière d'immigration.

Aide pour répondre à la consigne :

- Identifiez et caractérisez les flux migratoires en direction de l'UE.
- Montrez que les États de l'UE n'adoptent pas la même politique en matière d'immigration.
- Citez des exemples d'actions communes menées par l'UE en matière de politique migratoire.

Exemple

Erasmus +, le succès d'un projet européen

1 Le succès du programme Erasmus +

L'engouement pour le programme européen Erasmus + ne se dément pas en France : les demandes pour bénéficier de ce programme conçu pour les étudiants et étendu progressivement aux apprentis, aux élèves de lycée professionnel, aux stagiaires de la formation professionnelle ou encore aux enseignants, sont en hausse de 6 % en 2018. [...] S'il touche des effectifs encore limités, le programme Erasmus + compte parmi ses bénéficiaires étudiants 39 % de boursiers sur critères sociaux. Enfin, si l'Île-de-France, Auvergne-Rhône-Alpes et Nouvelle-Aquitaine sont les régions qui ont le plus bénéficié du programme en 2017, celles qui affichent la plus forte progression sont l'Occitanie, les Hauts-de-France et la Martinique. [...]

Des scénarios sont également envisagés pour augmenter le nombre de bénéficiaires – qui représentent seulement 3 % d'une classe d'âge aujourd'hui. Afin de doubler cette part, il faudrait disposer d'une enveloppe de l'ordre de 30 milliards d'euros sur sept ans (le programme actuel dispose de 16,38 milliards d'euros au niveau européen, soit 1,5 % du budget total de l'UE).

Adrien de Tricornot, « Le programme Erasmus + attire toujours plus d'étudiants », *Le Monde*, mars 2018.

2 Affiche réalisée à l'occasion des « Erasmus Days » (2018)

Les « Erasmus Days » sont des fêtes organisées pour la première fois en 2017, à l'occasion du 30e anniversaire du programme.

3 Erasmus + en quelques chiffres

Erasmus + est un programme d'échange d'étudiants et d'enseignants, principalement entre les universités et les grandes écoles européennes

9 millions de bénéficiaires depuis sa création en 1987, dont 4,4 millions d'étudiants.

34 pays participants (UE + Royaume-Uni, Islande, Liechtenstein, République de Macédoine, Norvège, Serbie, Turquie)

Nombre d'étudiants en mobilité*

*Étudiants en mobilité : étudiants partis étudier à l'étranger.

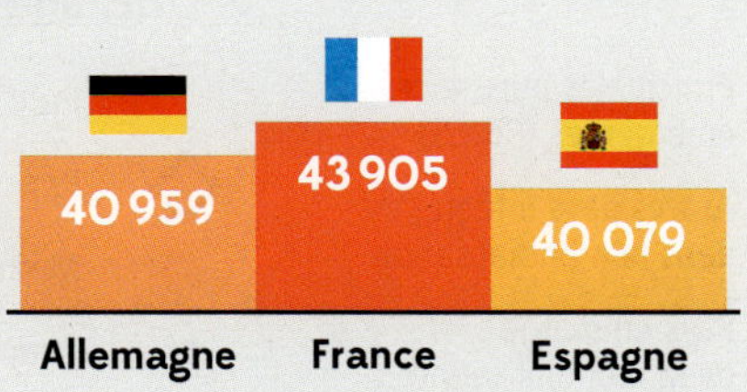

Source : Commission européenne, 2019.

Objectif BAC

Consigne : En vous appuyant sur les documents, montrez que le programme Erasmus + illustre la capacité de l'Union européenne à mener des projets communs.

Aide pour répondre à la consigne :
- Rappelez l'intérêt et les enjeux du programme Erasmus +.
- Identifiez les pays qui en bénéficient.
- Expliquez le succès et les limites de ce programme.

Carte

L'Union européenne, pôle et acteur de la

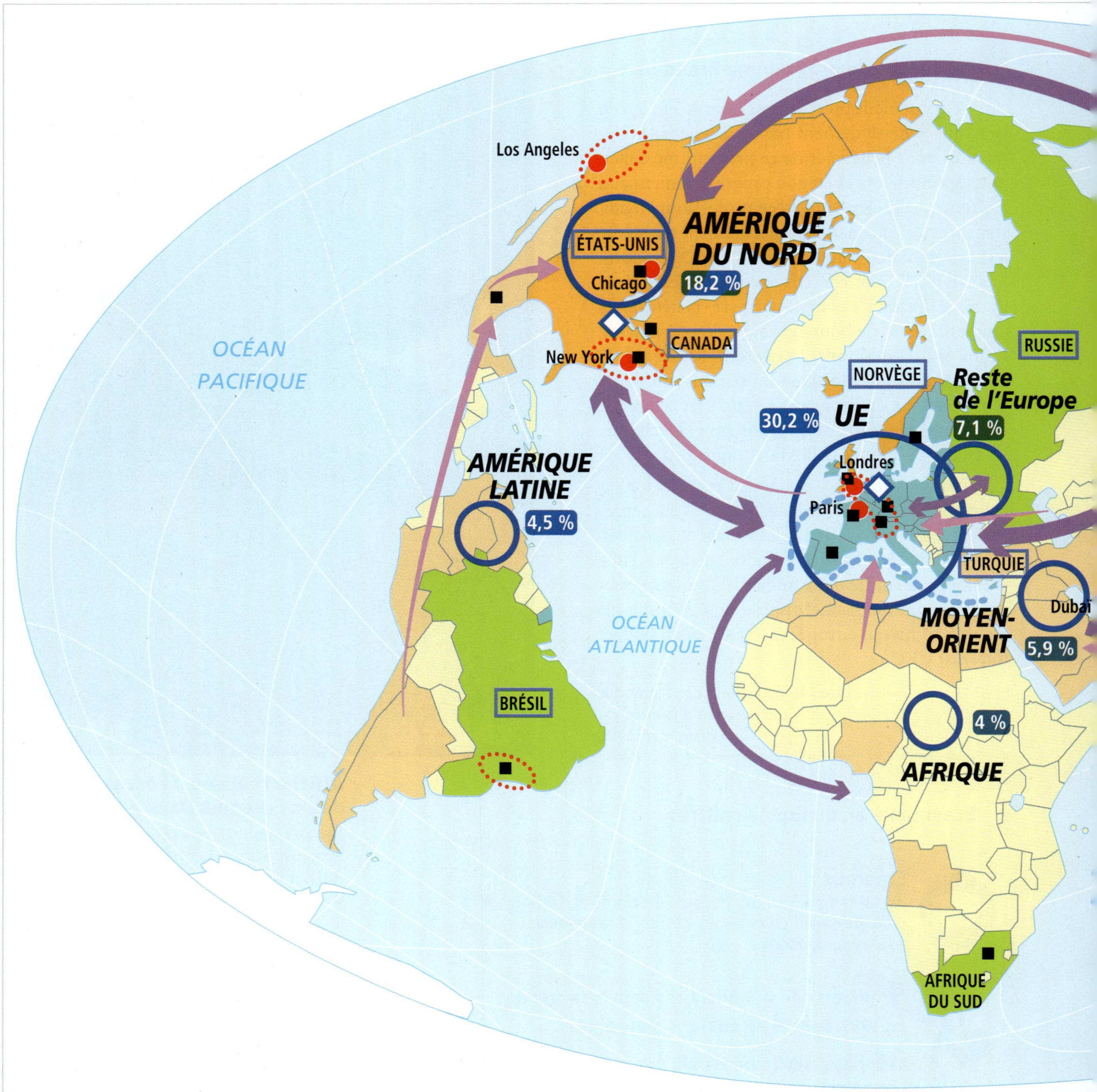

1. L'UE, un pôle majeur de la mondialisation

- 4 % Pôles du commerce mondial (% du total des échanges)
- États membres de l'UE (2019)
- Pays développés à hauts revenus
- Principales puissances émergentes (BRICS)
- Autres pays intégrés dans la mondialisation
- Pays en marge de la mondialisation

2. L'UE, une concentration d'acteurs puissants

- Principales mégalopoles mondiales
- Principales concentrations de firmes transnationales
- Métropoles mondiales
- Principales places financières

mondialisation

Sources : OMC, 2018.

3. L'UE, un pôle attractif au cœur des flux mondiaux

- Principaux échanges (marchandises, services, capitaux)
- Échanges secondaires
- Interfaces maritimes européennes
- CHINE Principaux partenaires commerciaux de l'UE
- Principaux flux migratoires

Vocabulaire

- **Firme transnationale (FTN) :** entreprise implantée dans de nombreux pays et qui réalise la majeure partie de son chiffre d'affaires en dehors de son pays d'origine.
- **Flux :** circulation de biens, de personnes, de capitaux ou d'informations.
- **Pôle :** lieu qui exerce une influence sur l'espace qui l'entoure.

Chiffres clés

L'Union européenne en 2020

- **18 %** du PIB mondial
- **6 %** de la population mondiale
- **1re puissance commerciale** (15,6 % des exportations mondiales, 15,2 % des importations mondiales)
- 45 % — UE, Royaume-Uni, États-Unis et Chine représentent **45 %** du commerce mondial
- **40 %** des entrées touristiques internationales

Questions

1. **Caractérisez** la place de l'Union européenne à l'échelle mondiale.
2. **Identifiez** les principaux centres d'impulsion de la puissance européenne.
3. **Montrez** que l'Union européenne est un carrefour des flux mondiaux.

L'Union européenne : inégalités territoriales

1 Les territoires de l'Union européenne dans la mondialisation

Carte interactive

1. L'UE, un espace ouvert sur le monde

- Pôles portuaires et aéroportuaires
- Northern Range : façade maritime majeure de l'UE
- Route maritime majeure
- Interfaces continentales et maritimes

2. Les centres de pouvoir

- Métropoles mondiales
- Autres métropoles
- Mégalopole européenne
- Sièges des institutions européennes →
  1. **Bruxelles** : Commission européenne
  2. **Luxembourg** : Cour de justice de l'UE
  3. **Francfort** : Banque centrale européenne
  4. **Strasbourg** : Parlement européen
  5. **La Haye** : Europol

3. Un espace inégalement intégré à la mondialisation

- Espace central européen
- Périphéries très intégrées
- Périphéries intégrées
- Périphéries en cours d'intégration
- Régions ultramarines (RUP)

Sources diverses, 2020.

et politiques de cohésion

2 L'Union européenne et les politiques de réduction des inégalités (2021-2027)

Carte interactive

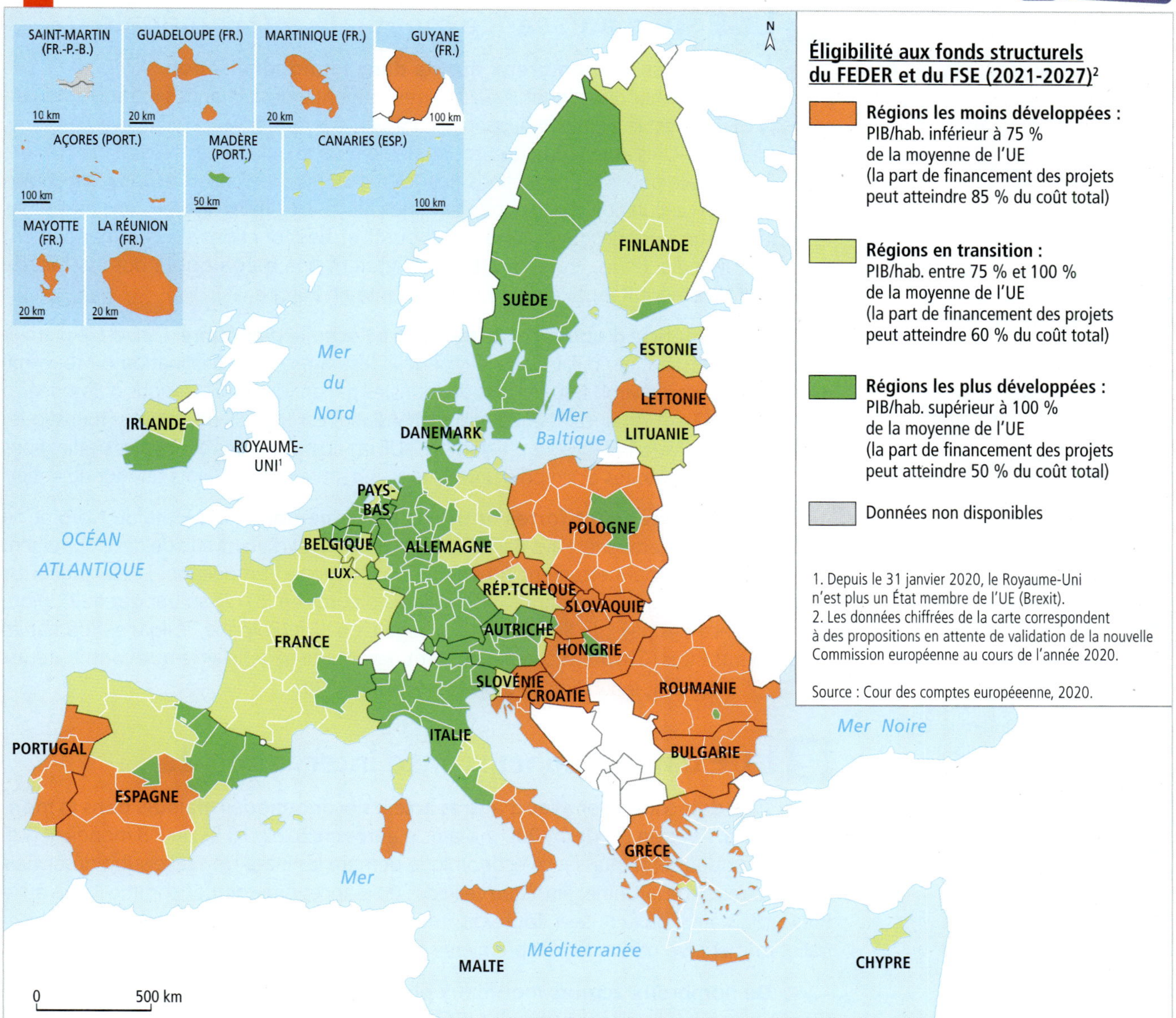

Vocabulaire

- **FEDER (Fonds européen de développement régional) :** fonds structurel créé en 1975. Son objectif est de renforcer la cohésion économique et sociale dans l'UE en réduisant les inégalités et déséquilibres entre les régions.
- **FSE (Fonds social européen) :** créé en 1957. Son objectif est de réduire les inégalités de développement entre les régions européennes, de promouvoir la croissance et de soutenir la création d'emplois.
- **Région ultrapériphérique (RUP) :** territoire ultramarin faisant partie intégrante de l'Union européenne. L'UE compte 9 RUP (îles Canaries, Guyane, Guadeloupe, Martinique, Mayotte, La Réunion, Saint-Martin, les Açores, Madère).

Questions

1. **Déterminez** les territoires de l'UE les plus intégrés et les moins intégrés dans la mondialisation. **doc. 1**
2. **Citez** les principales régions bénéficiaires des aides européennes. **doc. 2**
3. **Montrez** que les deux cartes proposent des informations complémentaires sur les inégalités d'intégration entre les territoires européens. **doc. 1 et 2**

Cours

Podcast Cours à écouter

L'Union européenne, un espace inégalement ouvert sur le monde

➔ **Comment les territoires de l'Union européenne s'insèrent-ils dans la mondialisation ?**

Vocabulaire

- **Brexit :** contraction de *British Exit*. Sortie du Royaume-Uni de l'UE, approuvée par référendum le 23 juin 2016 et officiellement entrée en vigueur le 31 janvier 2020.
- **District industriel :** concentration, sur un territoire donné, de petites et moyennes entreprises, spécialisées dans un secteur d'activité reposant sur des savoir-faire hérités.
- **Espace Schengen :** espace regroupant 26 États européens (22 de l'UE et 4 associés) et permettant la libre circulation des personnes.
- **Façade maritime :** voir p. 60.
- **Firme transnationale (FTN) :** voir p. 203.
- **Mégalopole :** grande région urbaine concentrant des métropoles reliées entre elles et exerçant un rayonnement mondial.
- **Métropole :** ville de grande importance qui exerce des fonctions de commandement, d'organisation et d'impulsion sur une région et qui permet son intégration avec le reste du monde.
- **PAC (Politique agricole commune) :** politique européenne mise en place en 1962 pour moderniser et développer l'agriculture des pays membres de la CEE, puis de l'UE.
- **Politique commune (UE) :** politique adoptée dans un domaine précis par l'ensemble des États membres de l'UE et mise en œuvre par les institutions de l'Union. La politique agricole et la politique monétaire sont des politiques communes.

1 L'UE : une puissance mondiale, mais inégale

- **L'UE dispose de nombreux atouts dans la mondialisation.** Avec 30 % des échanges de marchandises (dont les 2/3 correspondent à des échanges intracommunautaires), l'UE à 27 est la première puissance commerciale mondiale à égalité avec la Chine, devant les États-Unis et le Japon. L'euro, monnaie unique utilisée par 18 pays de l'Union, est la 2e monnaie pour les transactions financières derrière le dollar. L'espace Schengen permet la libre circulation des personnes et des biens. Des métropoles concentrent les institutions européennes (Bruxelles, Strasbourg) et des fonctions de commandement de niveau mondial (Paris, Francfort). Elles structurent une mégalopole dont la façade maritime (Northern Range) est la plus importante en Europe.

- **L'UE bénéficie d'une forte attractivité à l'échelle planétaire.** L'UE est le premier émetteur et destinataire d'IDE dans le monde. C'est la première destination du tourisme international avec environ 500 millions de touristes par an (dont 400 millions d'Européens, 30 millions de Nord-Américains et 20 millions d'Asiatiques) et 31 % des recettes touristiques internationales. Avec 447 millions d'habitants, l'UE est aussi l'une des principales destinations des courants migratoires et un pôle universitaire qui attire des étudiants du monde entier.

- **Les disparités sont fortes entre les États membres.** Les États du Nord et de l'Ouest (France, Allemagne, Pays-Bas) disposent d'un PIB et d'un niveau de développement économique et social nettement supérieur à la moyenne européenne. L'Allemagne est le contributeur le plus important (19,6 milliards d'euros en 2017) au budget de l'Union, à la différence des pays du Sud (Grèce, Portugal), de l'Est (Pologne, Bulgarie, Roumanie) ou des petits États (Chypre, Slovénie) qui sont davantage bénéficiaires que contributeurs.

EXEMPLE Erasmus +, le succès d'un projet européen → p. 201

2 L'UE dans la concurrence internationale

- **L'UE doit composer avec d'autres acteurs économiques majeurs dans la mondialisation.** Avec un PIB de 14 000 milliards d'euros en 2020 (18 % du PIB mondial), l'UE demeure la deuxième puissance économique derrière les États-Unis. Elle subit désormais la concurrence de la Chine, ainsi que celle des puissances émergentes comme l'Inde ou le Brésil, mais aussi de la Russie. Toutefois, trois de ses États membres (Allemagne, France, Italie) font encore partie des dix premières puissances économiques mondiales.

- **De nombreux acteurs mondiaux proviennent de l'UE.** L'UE rassemble près de la moitié des firmes transnationales (FTN) qui s'appuient sur des stratégies de développement à l'échelle internationale. Certaines entreprises comme Shell ou Total (pétrole), Volkswagen (automobile), Axa (assurances), Maersk (transport), Airbus (aéronautique) figurent aux premiers rangs dans leurs secteurs d'activité. Certaines activités traditionnelles (confection) atteignent un niveau d'excellence international et se concentrent dans des districts industriels ou dans des clusters à proximité des grandes métropoles (Berlin, Milan) autour de technologies de pointe.

- **L'UE souffre toutefois de faiblesses dans les industries lourdes et les nouvelles technologies.** Ses entreprises sont de plus en plus concurrencées dans les domaines industriel, agroalimentaire et technologique par les géants du numérique américains (Apple, Amazon…) ou chinois (Xiaomi, Alibaba…). L'innovation demeure un enjeu clé et les dépenses en recherche & développement (moins de 3 % du PIB européen) sont souvent inférieures à celles pratiquées aux États-Unis, en Chine ou au Japon.

ÉTUDE DE CAS L'Allemagne et ses territoires dans la mondialisation → p. 184
EXEMPLE Le cluster de la mode à Milan → p. 198

Notion

Cluster p. 233

3 Les fragilités internes de l'UE

● **L'UE rencontre des difficultés à définir des politiques communes.** La PAC (Politique agricole commune) a longtemps représenté 40 % du budget de l'UE. Elle a permis l'indépendance alimentaire et la modernisation de l'agriculture, mais la tendance est à la diminution des crédits accordés aux agriculteurs et à un retour des décisions prises par les États. Face aux défis à relever (environnementaux, climatiques…), la PAC est contestée tant à l'extérieur (États-Unis) qu'au sein de l'UE. Dans d'autres domaines (droit social, fiscalité, immigration, défense, diplomatie…), les États européens ne parviennent pas toujours à s'entendre. Les points de vue sont souvent contradictoires entre États aux politiques libérales (Tchéquie, Slovaquie…) et ceux aux aspirations plus sociales (Italie, Espagne, Grèce).

● **L'UE est de plus en plus exposée à des contestations régionales ou nationales.** De nombreuses divisions s'expriment à toutes les échelles. Avec le départ du Royaume-Uni, le 31 janvier 2020 (Brexit), l'UE a été confrontée pour la première fois au retrait d'un de ses États membres. Des volontés d'indépendance régionale s'expriment aussi dans certaines régions (Écosse, Catalogne, Italie du Nord). La montée en puissance des partis politiques hostiles à la construction européenne et à la mondialisation dans de nombreux pays (Hongrie, Pologne, Italie, Autriche) traduit également les fragilités actuelles de l'UE.

● **L'UE doit se réinventer et se projeter dans l'avenir.** Plusieurs enjeux se dessinent : la solidité de ses institutions, la transition environnementale dans le contexte des changements climatiques, l'accueil migratoire… En effet, l'Europe doit faire face au vieillissement de sa population. Si le nombre de naissances demeure stable, celui des décès ne cesse de progresser. Ainsi, si la population de l'UE continue d'augmenter, c'est en partie en raison d'un solde migratoire positif.

ÉTUDE DE CAS La PAC, les effets territoriaux d'une politique européenne → p. 192
EXEMPLE L'Union européenne : le défi d'une politique migratoire commune → p. 200
GÉO AUTREMENT L'Union européenne post-Brexit : les défis « à la une » → p. 210

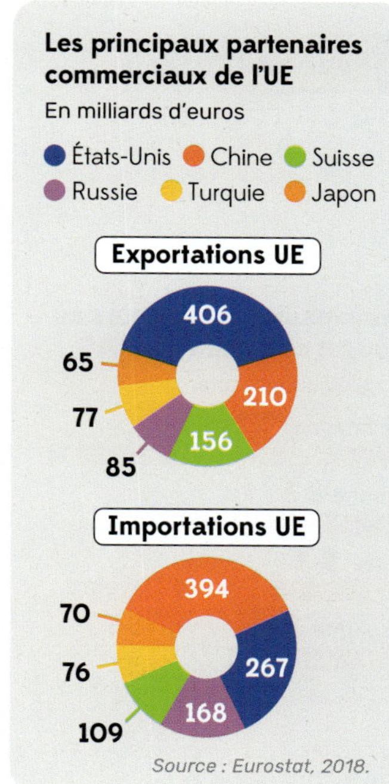

Du cours au schéma

EXO Exercice interactif

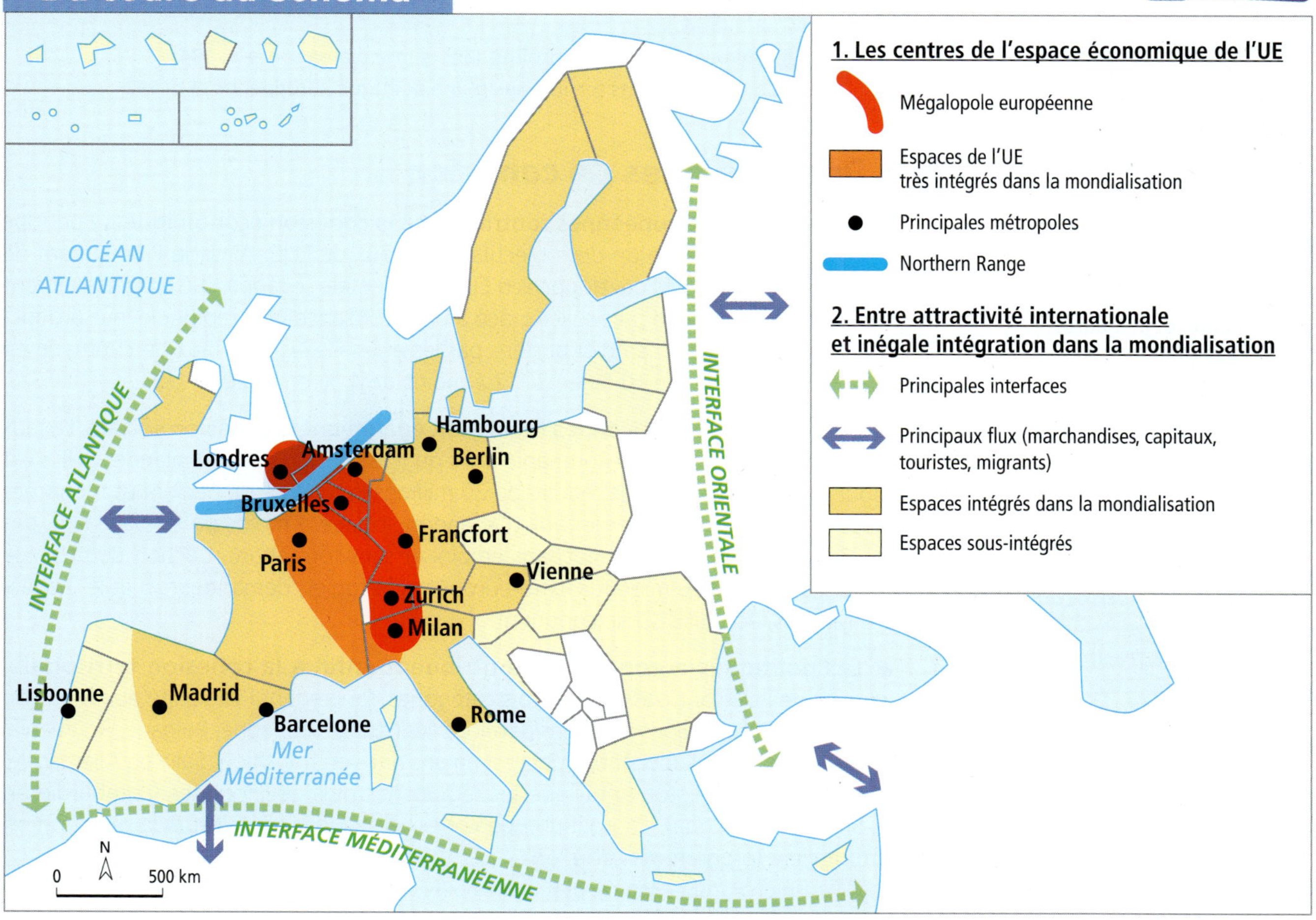

THÈME 3
SE PRÉPARER
CHAPITRE 5
CHAPITRE 6
RÉVISER

Cours

Podcast Cours à écouter

L'Union européenne, entre compétitivité et cohésion des territoires

Comment les politiques européennes concilient-elles compétitivité et réduction des inégalités territoriales ?

Principaux contributeurs au budget européen en 2018

En % du budget total

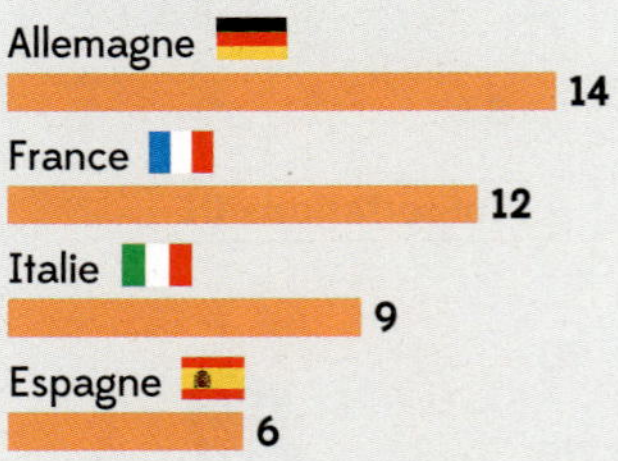

1 Une géographie entre diversité et intégration

- **L'Union européenne est composée de territoires divers.** Une grande variété de reliefs (montagnes, plaines, vallées fluviales) et de nombreuses nuances du climat tempéré (océanique, continental, méditerranéen, montagnard) composent la mosaïque de l'espace européen. Les sociétés ont dessiné des paysages très différents : espaces urbains, régions industrielles (Ruhr et Saxe en Allemagne), zones rurales (nord de la Pologne), interfaces littorales (Northern Range).

- **L'Union européenne se caractérise par des inégalités territoriales à différentes échelles.** L'Europe de l'Ouest et du Nord est en moyenne plus riche que l'Europe du Sud et de l'Est. Un Français vit en moyenne sept ans de plus qu'un Lituanien. À l'échelle régionale, la mégalopole européenne concentre les régions les plus puissantes. Le PIB/habitant à Bruxelles est deux fois plus élevé que la moyenne de l'UE. À l'échelle locale (ou nationale), les quartiers d'affaires des métropoles constituent des pôles attractifs (La Défense à Paris), tandis que certains territoires restent en marge (quartiers urbains défavorisés, espaces ruraux, RUP).

- **La volonté d'intégration territoriale s'inscrit au cœur du projet politique européen.** Plusieurs instruments financiers ont été créés pour lutter contre les inégalités régionales (FEDER, FSE, Fonds de cohésion) dans de nombreux domaines d'actions : éducation, emploi, etc. La politique de cohésion régionale de l'UE devient, pour la période 2021-2027, le premier poste de dépenses de l'UE (35 %) devant la politique agricole commune (PAC).

ÉTUDE DE CAS L'Allemagne et ses territoires dans la mondialisation → p. 184
ÉTUDE DE CAS La PAC, les effets territoriaux d'une politique européenne → p. 192

2 Des politiques de cohésion

- **Les politiques européennes contribuent à la cohésion économique.** Le principe de convergence demeure un des objectifs principaux de l'UE. Ainsi, le PIB/habitant de nombreuses régions moins développées d'Europe orientale se rapproche progressivement de la moyenne de l'UE, en particulier grâce à une croissance plus rapide de leur productivité et à une hausse de l'emploi portées par les aides de l'UE. Le taux de chômage en Pologne est ainsi passé de 10 % en 2012 à moins de 4 % en 2020.

- **Les politiques européennes favorisent également la cohésion sociale.** Le taux de pauvreté est de 23,6 % en Roumanie alors qu'il est de 11,5 % en Finlande. L'UE s'est fixé pour objectif d'ici 2025 de réduire de 20 millions le nombre de personnes menacées par la pauvreté et de ramener le taux d'abandon scolaire à moins de 10 % (15 % des jeunes Bulgares sont actuellement sans emploi et sans formation). L'action de l'UE vise également à intégrer les migrants extra-européens (réfugiés, demandeurs d'asile, travailleurs étrangers) accueillis sur le continent.

- **Les politiques européennes contribuent enfin à la cohésion territoriale.** Les régions de l'UE sont classées en trois catégories concernant l'éligibilité aux fonds du FEDER et du FSE : les régions les moins développées (sud de l'Espagne, Bulgarie, Roumanie) bénéficient de plus de subventions que les régions dites en transition (Saxe en Allemagne, nord de la Finlande, Estonie) ou que les régions les plus développées (Lombardie en Italie, Suède, Catalogne). La politique de cohésion favorise par ailleurs la coopération transfrontalière (programme Interreg).

EXEMPLE L'Union européenne : le défi d'une politique migratoire commune → p. 200

Vocabulaire

- **Convergence :** fait de tendre vers un objectif commun. Le traité de Maastricht en 1992 définit des critères de convergence que chaque État de l'UE doit respecter (maîtrise de la dette, de l'inflation, etc.).
- **FEDER (Fonds européen de développement régional) :** voir p. 205.
- **Fonds de cohésion :** créé en 1992 avec le traité de Maastricht, il s'adresse aux pays dont le PIB par habitant est inférieur à 90 % de la moyenne de l'UE, l'Europe de l'Est en particulier.
- **FSE (Fonds social européen) :** créé en 1957. Son objectif est de réduire les inégalités de développement entre les régions européennes, de promouvoir la croissance et de soutenir la création d'emplois.
- **Interreg :** programmes pluriannuels lancés par l'UE en 1990 et financés par le FEDER pour soutenir les projets de coopération territoriale entre les collectivités des États membres.
- **PAC (Politique agricole commune) :** voir p. 206.
- **Politique de cohésion :** politique de l'UE qui vise à corriger les inégalités régionales et à améliorer la compétitivité des territoires.
- **RUP (région ultrapériphérique) :** voir p. 205.

3 Les enjeux de la compétitivité

● **Cinq objectifs majeurs ont été définis pour la période 2021-2027.** Il s'agit d'orienter les politiques vers une Europe plus « intelligente » (investissements dans les filières innovantes), plus « verte » (zéro émission de carbone), plus connectée (développement des transports et de l'économie numérique), plus sociale (dépenses en matière d'éducation, d'emploi et de santé) et plus proche des citoyens. L'UE privilégie aussi les domaines où les citoyens européens ont des attentes fortes : lutte contre les effets des crises économiques, assurer la sécurité alimentaire, coopération fiscale et contrôle des frontières.

● **La compétitivité reste un objectif majeur des politiques européennes.** L'UE aide les régions à valoriser leurs atouts face à la concurrence mondiale, tout en favorisant une croissance durable dans la mondialisation. Plusieurs actions sont menées : aides financières dans l'éducation (programme Erasmus) et la recherche & développement, soutien aux politiques d'innovation en particulier dans les clusters (Aerospace Valley en France, parc scientifique Potsdam-Golm en Allemagne), subventions aux PME, etc.

● **De multiples défis demeurent.** Les fonds dont bénéficient les RUP restent essentiels dans leur développement : l'UE souhaite donc encourager leur intégration dans leur aire régionale (Canaries en Espagne, Açores et Madère au Portugal). L'idée de solidarité fait débat et les États les plus riches sont parfois réticents à aider les plus pauvres. De plus, le budget européen va être amputé de près de 10 % avec le départ du Royaume-Uni (Brexit). Enfin, les subventions accordées ne gomment pas les inégalités : les territoires les plus compétitifs (métropoles, littoraux) sont toujours ceux qui se renforcent le plus.

ÉTUDE DE CAS Les transports dans l'UE : un outil d'ouverture, de cohésion et de compétitivité → p. 188
EXEMPLE L'archipel des Canaries : une région ultrapériphérique de l'Union européenne → p. 196
EXEMPLE Le cluster de la mode à Milan → p. 198
EXEMPLE Erasmus +, le succès d'un projet européen → p. 201

Les trois régions les plus riches de l'UE (PIB/hab. en 2018)
En milliers d'euros

- Grand Duché de Luxembourg : 92,6
- Sud de l'Irlande : 74,7
- Région de Bruxelles : 65

Les trois régions les plus pauvres de l'UE (PIB/hab. en 2018)
En milliers d'euros

- Nord-Ouest (Bulgarie) : 4,1
- Centre méridional (Bulgarie) : 5
- Nord-Centre (Bulgarie) : 5,1

Source : Eurostat, 2019.

Notion
Cluster p. 233

Du cours au schéma

EXO Exercice interactif

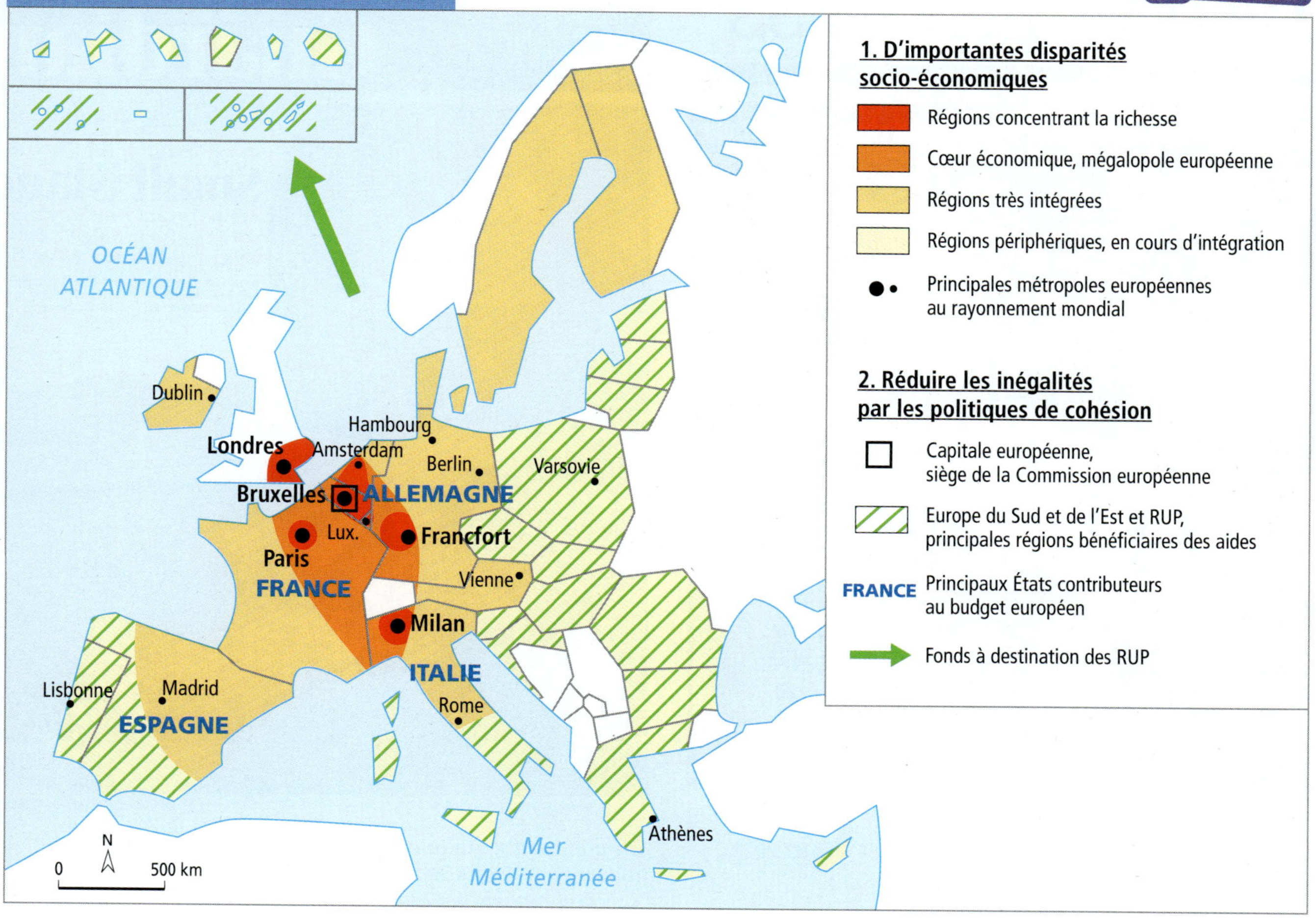

Géo AUTREMENT

L'Union européenne post-Brexit : les défis « à la une »

Pour la première fois dans l'histoire de l'Union européenne, l'un des États membres, le Royaume-Uni, a décidé de quitter l'organisation. Avec le Brexit, effectif depuis le 31 janvier 2020, l'UE est désormais confrontée à plusieurs défis majeurs : consolider son organisation économique et politique et éviter tout nouveau départ de la part d'un des 27 États membres.

➔ **Comment les unes de presse témoignent-elles des enjeux liés au Brexit pour l'Union européenne ?**

Le saviez-vous ?

▶ Le Brexit est l'abréviation de *British Exit* désignant la sortie du Royaume-Uni de l'Union européenne. Le 23 juin 2016, 51,9 % des Britanniques (les *Brexiters*, favorables à la sortie de l'UE) ont choisi par référendum de quitter l'UE contre 48,1 % de *Remainers* (favorables au maintien dans l'UE). Le Royaume-Uni a officiellement quitté l'Union le 31 janvier 2020.

1 Le Royaume-Uni quitte l'Union européenne (31 janvier 2020)

Une du *Daily Express* (quotidien britannique), 31 janvier 2020.
Traduction : « Oui, on l'a fait ! »

Une du *Guardian* (quotidien britannique), 31 janvier 2020.
Traduction : « Petite île : après 47 ans, le Royaume-Uni quitte l'Union européenne à 23 h – le plus grand pari d'une génération »

2 Trois visions différentes de l'avenir de l'UE

Une de *L'Express* (hebdomadaire français), 30 janvier-5 février 2020.

Une de *Polityka* (hebdomadaire polonais), 22-28 juin 2016.
Traduction : « Brexit : le cas polonais »

Une de *L'Espresso* (hebdomadaire italien), 17 mars 2019.
Traduction : « Le printemps de l'Europe. La justice sociale. L'environnement. L'accueil (des migrants). Contre l'hiver des rancœurs et des souverainismes, une nouvelle génération prend en main le flambeau de l'Union »

3 Le Brexit : quels défis pour l'UE ?

Les conséquences politiques du Brexit pour l'Union européenne sont difficiles à prévoir. Pour certains, la sortie du Royaume-Uni est une catastrophe : de fait, l'Union européenne perd l'une de ses trois grandes puissances, une des plus importantes places financières au monde, le premier partenaire diplomatique des États-Unis en Europe ainsi que l'un des seuls États européens entretenant une armée régulière conséquente. Pour d'autres, elle peut permettre de ressouder l'Union : le Royaume-Uni étant historiquement l'un des pays les moins favorables à l'intégration européenne, sa sortie peut inciter les autres États à aller de l'avant [...].

Parmi les sujets brûlants négociés figure la facture de la sortie de l'UE. Le Royaume-Uni devrait avoir à verser une cinquantaine de milliards d'euros au budget européen, un montant qui correspond aux engagements de Londres jusqu'à la fin du cycle budgétaire en 2020. Les négociations ont également porté sur la libre circulation des personnes entre l'Union européenne et le Royaume-Uni, ce dernier souhaitant limiter l'immigration sur son territoire. Une grande partie des pourparlers porte, par ailleurs, sur les futures relations commerciales entre les deux parties. Un chantier particulièrement imposant alors que près de la moitié des exportations britanniques est destinée à l'Union européenne.

Touteleurope.eu [en ligne], 1er février 2020.

Questions

Présenter les documents

1 **Présentez** les documents en rappelant l'événement politique qu'ils évoquent.

Analyser les documents

2 **Montrez** comment les unes de la presse britannique présentent le Brexit.

3 **Décrivez** les conséquences du Brexit évoquées par les unes française, polonaise et italienne.

Faire le lien avec la géographie

4 **Relevez** les principaux enjeux du Brexit pour l'UE.

5 **Expliquez** comment la presse traduit les enjeux et les inquiétudes sur l'avenir de l'Union européenne.

Décryptage d'une une de presse

C'est à vous !

→ Réalisez une une de journal sur l'avenir de l'Union européenne en vous appuyant sur les documents proposés dans cette double page.

THÈME 3

CHAPITRE 6

La France : les dynamiques différenciées des territoires transfrontaliers

Les territoires frontaliers de la France métropolitaine sont aujourd'hui très intégrés dans l'espace européen et dans la mondialisation. Ils se caractérisent par des échanges et des mobilités avec les pays voisins. Si l'Union européenne favorise les coopérations transfrontalières, les dynamiques sont inégales entre les territoires.

Dans quelle mesure les territoires frontaliers français sont-ils inégalement intégrés dans l'Union européenne et la mondialisation ?

Textes DYS
TOUS LES TEXTES EN VERSION DYS
lyceen.nathan.fr/geoterm-2020

SOMMAIRE

Zoom sur… Strasbourg EUROMÉTROPOLE

L'Eurométropole de Strasbourg

Population de l'aire urbaine transfrontalière	500 000 hab.
Projets transfrontaliers	• Jardin des Deux-Rives (2004) • Liaison de tramway Strasbourg-Kehl (2017)
4 franchissements transfrontaliers	• Pont routier de l'Europe • Pont ferroviaire • Passerelle des Deux-Rives • Pont du tramway

La passerelle des Deux-Rives qui relie Strasbourg (France) à Kehl (Allemagne) de part et d'autre du Rhin, 2019.

Pour entrer dans le chapitre

Vidéo

« Deux-Rives / Zwei-Ufer – Le grand projet »,
SPL Deux-Rives, 24 octobre 2018.

Géolocalisation
ALLEMAGNE
Strasbourg
Kehl
FRANCE

L'Eurométropole Lille-Kortrijk-Tournai : les dynamiques d'une agglomération transfrontalière

Zoom sur…

▶ **L'Eurométropole Lille-Kortrijk-Tournai**

	Lille	Eurométropole
Population	232 440 hab.	2,1 millions d'hab.
Nombre de communes	1	152 (en France et en Belgique)
Nombre de travailleurs transfrontaliers	35 000 (28 000 Français, 7 000 Belges)	

➔ Comment l'agglomération transfrontalière se recompose-t-elle et s'intègre-t-elle dans l'Union européenne ?

A Lille, une agglomération industrielle en reconversion

1 Une agglomération industrielle transfrontalière

Carte interactive

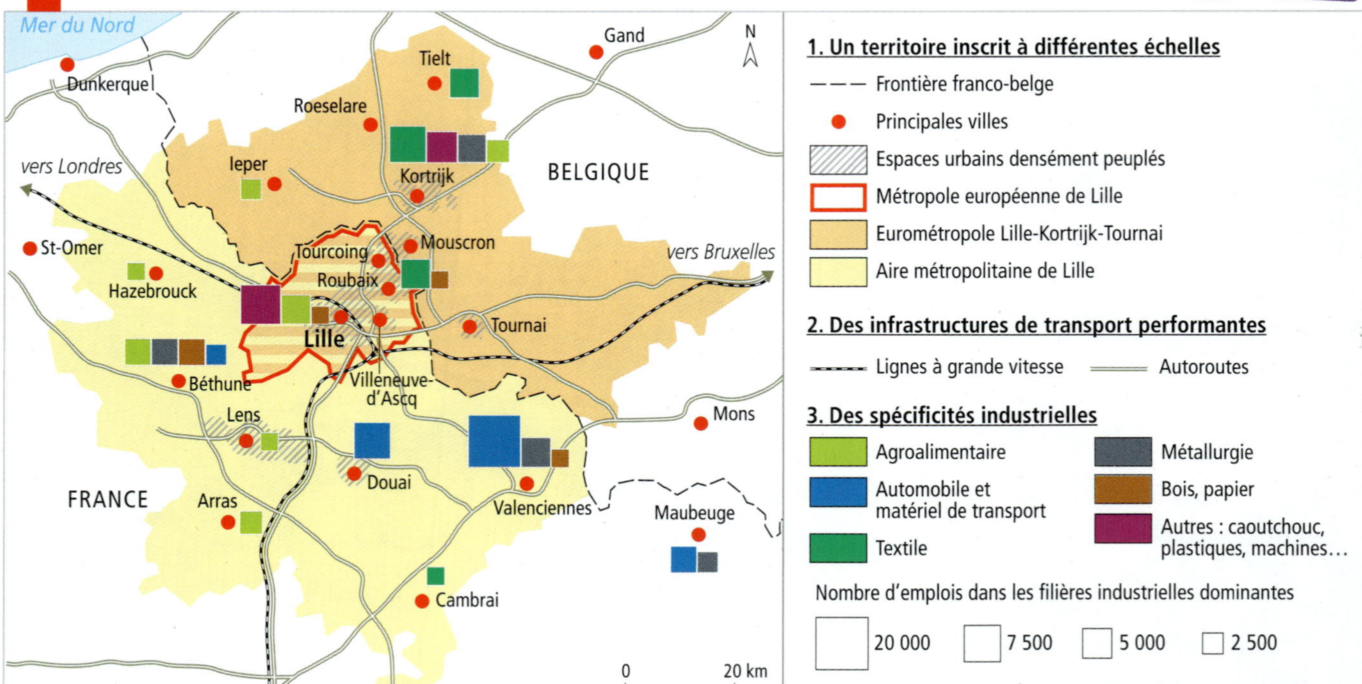

Source : d'après le rapport de présentation du SCOT de Lille Métropole, 2017.

2 L'évolution de l'emploi dans les zones d'emploi de Lille, Roubaix et Tourcoing

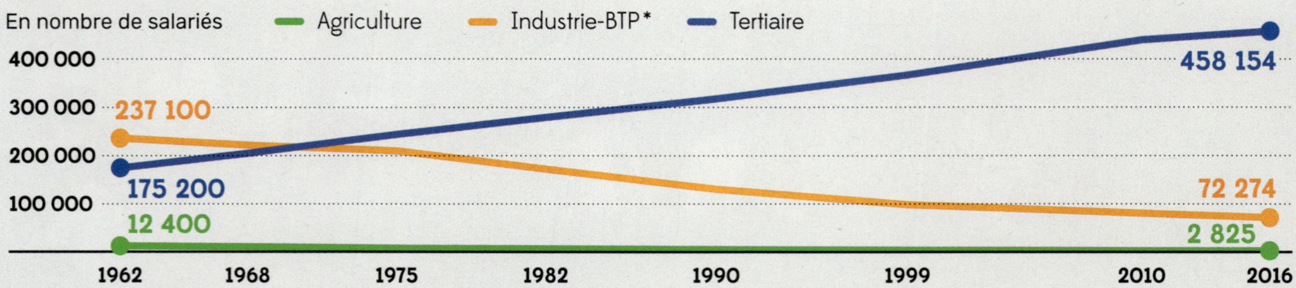

* BTP : secteur économique regroupant les activités de la construction (bâtiment et travaux publics).

Source : Insee, 2019.

3 Les 4 filières économiques innovantes de la métropole lilloise

Économie numérique et industries créatives

- **Pôle d'excellence EuraTechnologies :** TIC et numérique.
- **Plaine Images :** image et industries créatives.

Distribution, e-commerce et logistique

- **Pôle de compétitivité PICOM :** industries du commerce.
- **Pôle d'excellence Blanchemaille :** e-commerce.

Biologie, santé, nutrition et alimentation

- **Pôle de compétitivité Nutrition - Santé - Longévité :** innovation en matière de santé et de nutrition.
- **Pôle d'excellence Eurasanté :** 1er complexe hospitalo-universitaire d'Europe.

Textile, matériaux innovants et mode

- **Pôle de compétitivité Up-Tex :** matériaux textiles avancés.
- **CETI :** Centre européen des textiles innovants (2012).

Source : d'après les données du site de la Métropole européenne de Lille, 2020.

Vocabulaire

- **Agglomération :** ensemble urbanisé comprenant une ville-centre et ses banlieues.
- **Agglomération industrielle :** Voir p. 234.
- **Industrie :** ensemble des activités de transformation en vue de la production de biens matériels.
- **Pôle de compétitivité :** regroupement reconnu par l'État, sur un territoire donné, d'entreprises, d'organismes de formation et de centres de recherche publique ou privée, engagé autour de projets innovants dans un secteur d'activité donné.
- **Reconversion :** réorientation des activités d'une entreprise ou d'un espace vers un secteur plus compétitif suite au déclin d'une production.

Vidéo « Hello Lille », métropole européenne de Lille, 2018.

4 Decathlon : un acteur de la recomposition urbaine

Parole de géographe

La société Decathlon a un impact de plus en plus fort sur le tissu urbain de la métropole lilloise. [Son] centre de design et [son] siège social sont installés à Villeneuve-d'Ascq, la « technopole verte » de la métropole lilloise, et le plus grand magasin de sport de l'agglomération, Decathlon Campus, y occupe une usine de montage d'ordinateurs qui a fait faillite. [...]

L'emprise territoriale du groupe s'est accrue [...] ces dernières années [...]. Des complexes comprenant magasin, salles ou terrains de pratique sportive, restaurant, centre de montage (vélos) ou de production (chaussants), centre de conception, de prototypage industriel et bureaux reproduisent le modèle de Villeneuve-d'Ascq sur les pourtours de la métropole : Domyos (fitness) en 2008 et Inesis (golf) en 2009 à Marcq-en-Barœul ; B'Twin Village (vélos) en 2010 à Lille-Sud, sur le site d'une usine de tabac fermée en 2005 ; Kipsta (sports collectifs) fin 2014 sur le site d'une brasserie fermée en 2004, au cœur de la friche industrielle du Site de l'Union (Roubaix-Tourcoing-Wattrelos) ; EssenSole Village (en construction) pour le chaussant (EssenSole) et le running (Kalenji) à Lille-Sud, dans un quartier emblématique de la régénération urbaine de Lille [...].

Christine Liefooghe (dir.), maîtresse de conférences à l'université de Lille et spécialiste des régions industrielles, *L'Économie créative et ses territoires : enjeux et débats*, Presses universitaires de Rennes, 2015.

Questions

Itinéraire 1

Répondre aux questions

1. **Identifiez** les spécificités industrielles de l'agglomération transfrontalière. **doc. 1**
2. **Décrivez** l'évolution de l'emploi industriel dans l'agglomération lilloise. **doc. 2**
3. **Expliquez** comment se restructure le secteur productif au sein de l'agglomération lilloise. **doc. 3 et 4**

Synthétiser

4. **Montrez** que l'agglomération transfrontalière lilloise est une agglomération industrielle en reconversion. **doc. 1 à 4**

ou

Itinéraire 2

Réaliser un diaporama (1/2)

- À l'aide des documents de l'étude de cas et de recherches complémentaires, réalisez un diaporama sur les dynamiques de l'agglomération lilloise.
- Montrez dans un premier temps dans quelle mesure l'agglomération lilloise est en reconversion industrielle (**doc. 1 à 4**).

B Des mobilités et des échanges transfrontaliers

Carte interactive

5 Les déplacements transfrontaliers

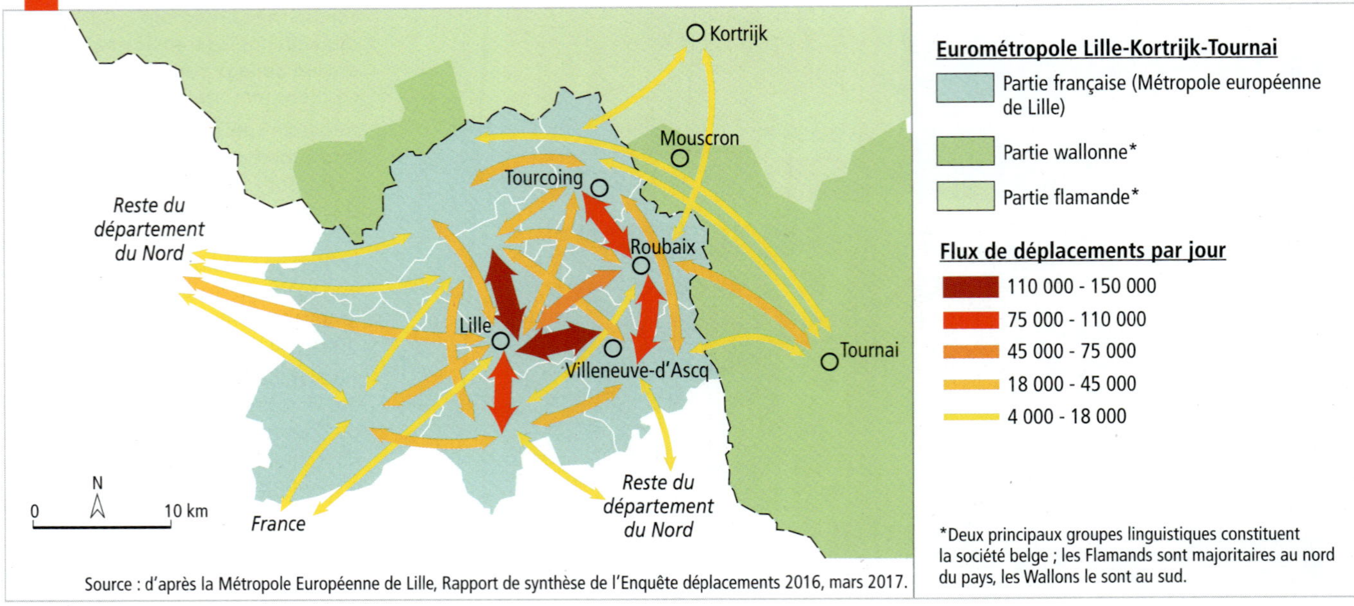

*Deux principaux groupes linguistiques constituent la société belge ; les Flamands sont majoritaires au nord du pays, les Wallons le sont au sud.

Source : d'après la Métropole Européenne de Lille, Rapport de synthèse de l'Enquête déplacements 2016, mars 2017.

6 Des échanges culturels transfrontaliers

NEXT FESTIVAL .EU EUROMETROPOLIS LILLE-KORTRIJK-TOURNAI & VALENCIENNES

C'est un projet fantastique ! Le festival propose une programmation pluridisciplinaire et internationale, particulièrement attentive aux nouvelles formes et à la jeune création. Né dans le sillage de la création en 2008 de l'Eurométropole Lille-Kortrijk-Tournai, le festival a affirmé dès ses débuts la pertinence du spectacle vivant comme vecteur de coopération, d'ouverture et de développement territorial. Il s'est affirmé grâce à la motivation des partenaires fondateurs et co-organisateurs – La rose des vents, Scène nationale Lille Métropole-Villeneuve-d'Ascq, le Schouwburg de Kortrijk, le Kunstencentrum BUDA de Kortrijk, la Maison de la culture de Tournai[1], l'Espace Pasolini de Valenciennes, rejoints par le Phénix, Scène nationale de Valenciennes et le Pôle européen de création.

Nous avons ensuite élargi le cercle initial à un second cercle de partenaires associés. NEXT est devenu une plateforme de collaboration transfrontalière, collégiale et horizontale, permettant l'échange d'expertises artistiques, la circulation et l'implication des artistes et du public. Nous faisons ensemble, en dépassant les intérêts particuliers et les logiques de concurrence. Cela exige du temps et de la générosité, mais l'impact est durable.

D'après les propos de Benoît Geers (coordinateur du Festival international des arts vivants Next) recueillis par Agnès Santi, *La Terrasse*, n° 281, 24 octobre 2019.

1. Organismes culturels.

Vidéo

7 Le parc bleu de l'Eurométropole

Couverture du guide des itinéraires à vélo de l'Eurométropole Lille-Kortrijk-Tournai, 2019.

C Union européenne et projets de coopération

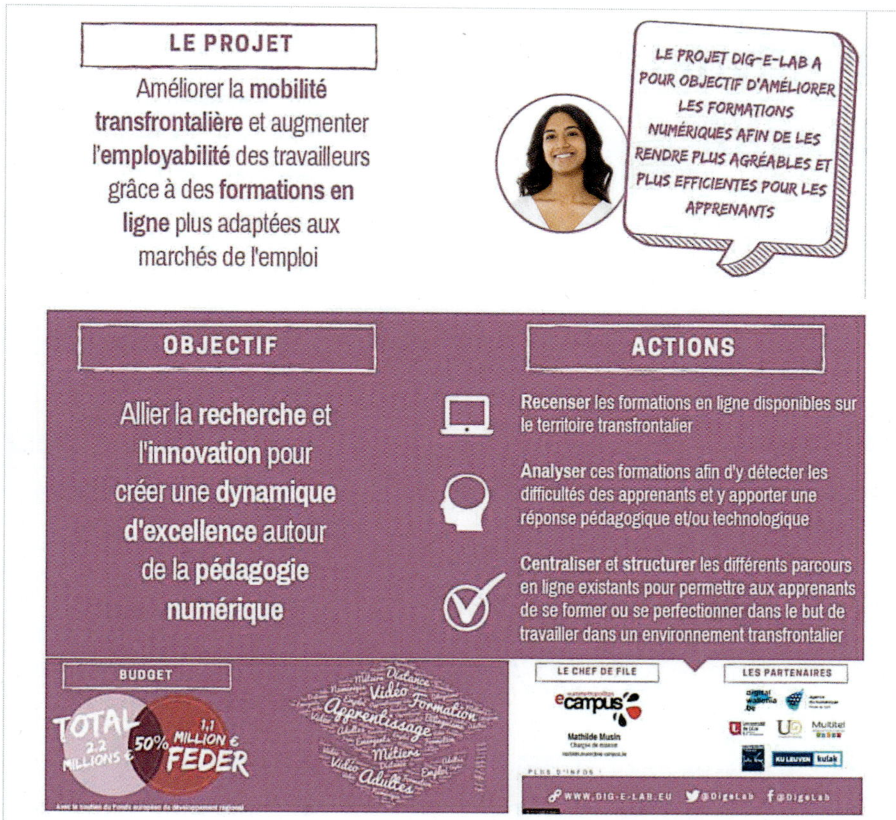

8 Le projet Dig-e-Lab

Ce projet est porté par l'Eurometropolitan e-Campus, plateforme d'enseignement supérieur et de formation dédiée au numérique, localisée à Tournai (Belgique). Il est cofinancé par le FEDER.

Source : site internet Europe en France, 2019.

Vocabulaire

FEDER (Fonds européen de développement régional) : fonds structurel créé en 1975. Son objectif est de renforcer la cohésion économique et sociale dans l'UE en réduisant les inégalités et déséquilibres entre les régions.

Vidéo Présentation de l'action du FEDER

9 L'Union européenne : un acteur majeur

Placée au cœur de l'Europe et à seulement 30 minutes de Bruxelles, 1h30 de Londres et 3h d'Amsterdam, Lille profite de sa position géographique pour échanger et construire avec ses voisins et avec toute l'Europe.

L'Union européenne est un véritable partenaire pour la métropole puisqu'elle finance de nombreux projets qui améliorent le quotidien des métropolitains :

• Le projet « TEC : Tous Éco-Citoyens ! » réunit des partenaires français et belges autour d'enjeux tels que l'éducation à la biodiversité et à sa gestion à l'échelle transfrontalière ;

• Le projet « Alarm : Pour une sécurité sans frontières » a pour objectif de développer la coopération franco-belge dans le domaine de la sécurité et de la protection civile par l'amélioration des secours transfrontaliers entre la France et la Belgique, la coordination des exercices de terrain et la gestion des risques transfrontaliers ;

• Le projet « Fast to Market » a pour but de favoriser la mise sur le marché transfrontalier de produits et de services innovants pour les entreprises de la zone France-Wallonie-Flandres.

Site internet de la Métropole européenne de Lille, consulté en janvier 2020.

Questions

Itinéraire 1

Répondre aux questions

5 **Décrivez** les mobilités transfrontalières au sein de l'Eurométropole. **doc. 5 et 7**

6 **Identifiez** dans quel domaine se concrétisent les échanges transfrontaliers au sein de l'Eurométropole. **doc. 6**

7 **Précisez** le rôle de l'Union européenne dans les nouveaux projets de coopération transfrontalière. **doc. 8 et 9**

Synthétiser

8 **Montrez** que Lille est intégrée dans une agglomération transfrontalière dynamique de l'Union européenne. **doc. 1 à 9**

ou

Itinéraire 2

Réaliser un diaporama (2/2) ORAL

- Terminez votre diaporama sur les dynamiques de l'agglomération transfrontalière lilloise.
- Insistez sur l'importance des mobilités et échanges transfrontaliers (**doc. 5 à 7**) avant de présenter des exemples de coopération transfrontalière (**doc. 8 et 9**).
- Présentez votre travail à l'oral.

Croquis de l'étude de cas

▶ p. 220

3 SE PRÉPARER
CHAPITRE 5
CHAPITRE 6
RÉVISER

Le Pays basque : un territoire transfrontalier dynamique

Zoom sur...

▸ Le Pays basque

	Français	Espagnol (y compris Navarre)
Population	310 000 hab.	2 800 000 hab.
Superficie	3 000 km²	17 625 km²
Densité	103 hab./km²	160 hab./km²

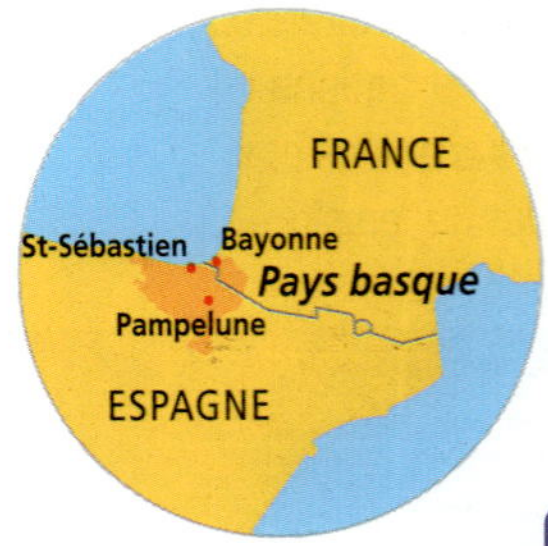

➔ Quels sont les atouts du territoire transfrontalier du Pays basque ?

Carte interactive

1 Un territoire transfrontalier franco-espagnol

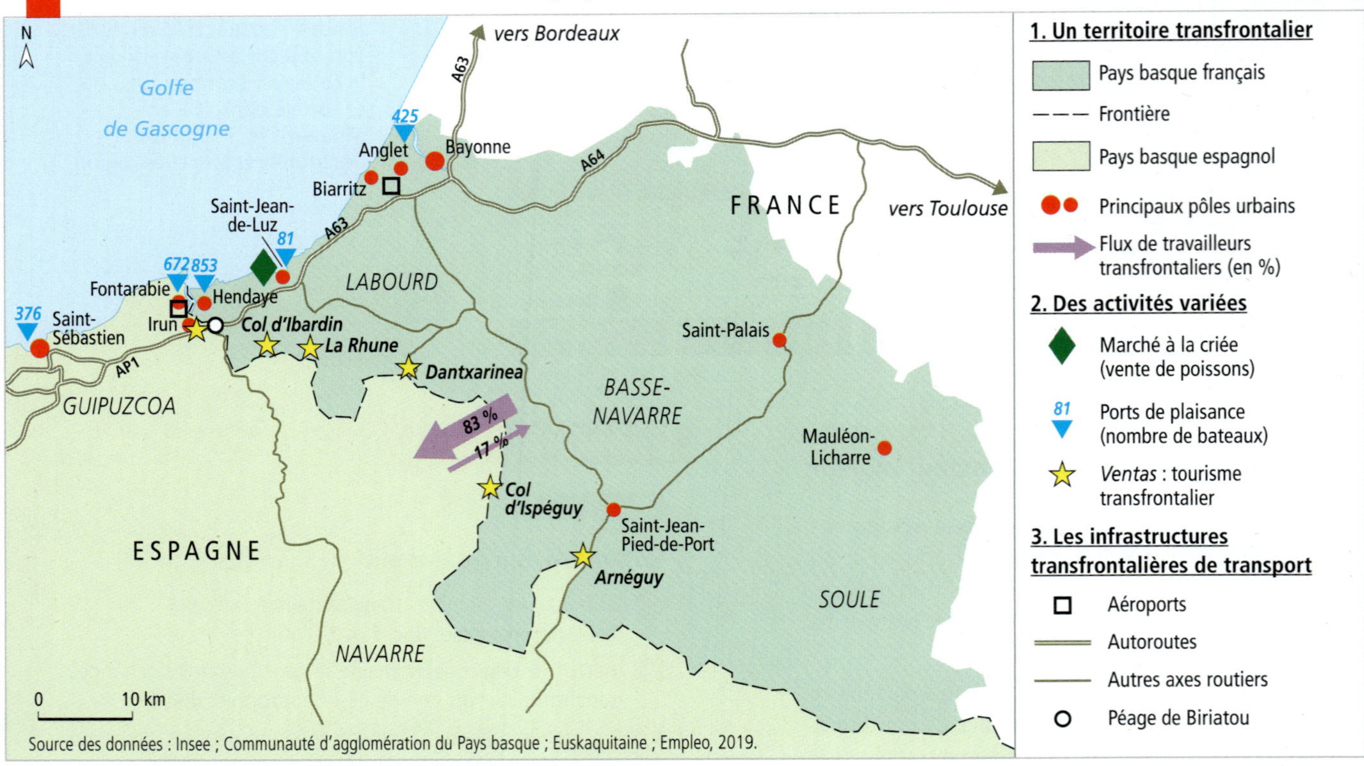

2 Une chambre de commerce et d'industrie transfrontalière

La chambre de commerce et d'industrie (CCI) transfrontalière Bihartean[1] constitue le premier exemple européen de structure transfrontalière créée par deux chambres de commerce. Fondée en 2010 conjointement par la CCI de Bayonne-Pays basque et la Cámara de Comercio de Guipuzkoa, elle prend la forme d'un Groupement européen d'intérêt économique (GEIE). Bihartean répond aux besoins des entreprises situées sur le territoire du Pays basque, de part et d'autre de la frontière franco-espagnole. Elle a accompagné en huit ans 1 100 entreprises de tous les secteurs économiques et a aidé à la réalisation de projets économiques transfrontaliers et renforcé une mise en réseau des entreprises à travers des outils numériques. La collaboration stratégique avec l'Eurorégion Nouvelle-Aquitaine Euskadi Navarre et l'intégration de la CCI de Navarre à Bihartean montrent le dynamisme de la coopération.

Mission opérationnelle transfrontalière, *Les Territoires transfrontaliers : la fabrique de l'Europe*, www.espaces-transfrontaliers.org, novembre 2017.

1. Bihartean signifie « un futur en commun » en basque.

Vocabulaire

Eurorégion Nouvelle-Aquitaine Euskadi Navarre : née en 2011 avec un groupement européen entre les régions Aquitaine et Euskadi, puis étendue en 2017 à la Navarre, son territoire s'étend sur 101 687 km². Elle regroupe 8,7 millions d'habitants et 3 863 travailleurs transfrontaliers.

Groupement européen d'intérêt économique (GEIE) : instrument juridique visant à développer la coopération transfrontalière entre entreprises grâce à la mise en commun de services.

Les commerces

À Ibardin, vous pourrez associer la tranquillité du cadre naturel à la meilleure sélection de produits et de services mis à disposition par nos *ventas*. D'une gastronomie de qualité à un important choix de cadeaux, tabac, vins et autres boissons alcoolisées, meubles… Nous vous invitons à découvrir Ibardin.

3 Les *ventas* du col d'Ibardin

Site internet de l'Association des hôteliers et commerçants d'Ibardin, consulté en janvier 2020.

Les *ventas* d'Ibardin regroupent plus d'une vingtaine de commerces et restaurants générant une importante fréquentation touristique transfrontalière.

4 Un projet transfrontalier de formation linguistique

Affiche d'Eskola Futura, 2019.

Le projet Eskola Futura est un dispositif de formation linguistique mis en place par l'Eurorégion Nouvelle-Aquitaine Euskadi Navarre, à destination des étudiants souhaitant enseigner dans les écoles bilingues français/basque et français/occitan.

Vidéo Les étudiants témoignent

Questions

Itinéraire 1

Répondre aux questions

1. **Identifiez** les atouts et les contraintes des échanges transfrontaliers sur le littoral basque. **doc. 1 et 3**
2. **Décrivez** les flux d'actifs transfrontaliers au sein de l'Eurorégion Nouvelle-Aquitaine Euskadi Navarre. **doc. 1**
3. **Présentez** les projets développés pour favoriser les échanges transfrontaliers dans le Pays basque. **doc. 2 et 4**

Synthétiser

4. **Expliquez** quels sont les atouts du territoire transfrontalier du Pays basque. **doc. 1 à 4**

ou

Itinéraire 2

Préparer un exposé ORAL

- Préparez un exposé oral de 5 minutes pour répondre à la question : « Quels sont les atouts du territoire transfrontalier du Pays basque ? »
- Répartissez-vous par groupes de 3 ou 4 élèves et présentez votre réponse à tour de rôle. Les autres élèves, dans le rôle du jury, vous posent des questions pendant 10 minutes : demandes de précisions, définitions du vocabulaire employé, liens avec le cours…

Aide

Croquis de l'étude de cas
▶ p. 221

 ▶ Voir p. 214-217

L'Eurométropole Lille-Kortrijk-Tournai

Objectif BAC

Consigne : En vous aidant du texte ci-dessous, et en vous appuyant sur vos connaissances, complétez la légende et le croquis de synthèse.

Aide pour répondre à la consigne :
- Relevez les informations dans les deux paragraphes.
- Identifiez les figurés pouvant être utilisés pour cartographier ces informations.
- Aidez-vous des informations de l'étude de cas p. 214 à 217 pour compléter le croquis et la légende.

L'Eurométropole Lille-Kortrijk-Tournai, les dynamiques d'une agglomération transfrontalière

De part et d'autre de la frontière franco-belge, la métropole transfrontalière Lille-Kortrijk-Tournai s'inscrit à différentes échelles, à partir de son cœur urbain le plus dense. La Métropole européenne de Lille, qui rassemble 1,1 million d'habitants, correspond à la partie française de l'Eurométropole Lille-Kortrijk-Tournai. Ce groupement européen de coopération territoriale a été créé en 2008 dans le but de favoriser la coopération transfrontalière entre la France et la Belgique. Il rassemble 2,1 millions d'habitants dans 152 communes françaises et belges. L'aire métropolitaine de Lille s'inscrit à une échelle plus vaste et regroupe 3,8 millions d'habitants des Hauts-de-France, de Flandre et de Wallonie.

Les mobilités et les échanges transfrontaliers au sein de cette agglomération sont divers. Lille se situe au cœur d'un réseau de transports performant. Elle est reliée à Paris, Londres (Eurostar) et Bruxelles (Thalys) par plusieurs lignes ferroviaires à grande vitesse. Le réseau autoroutier régional se caractérise par une forte densité et plusieurs axes franchissent la frontière. L'offre de transport en commun est coordonnée à l'échelle eurométropolitaine par le groupement européen de coopération territoriale. Elle répond aux besoins des nombreux travailleurs transfrontaliers. 28 000 navetteurs quittent ainsi quotidiennement la France pour venir travailler en Belgique, tandis que 7 000 résidents belges empruntent le chemin inverse.

Titre : ____________________

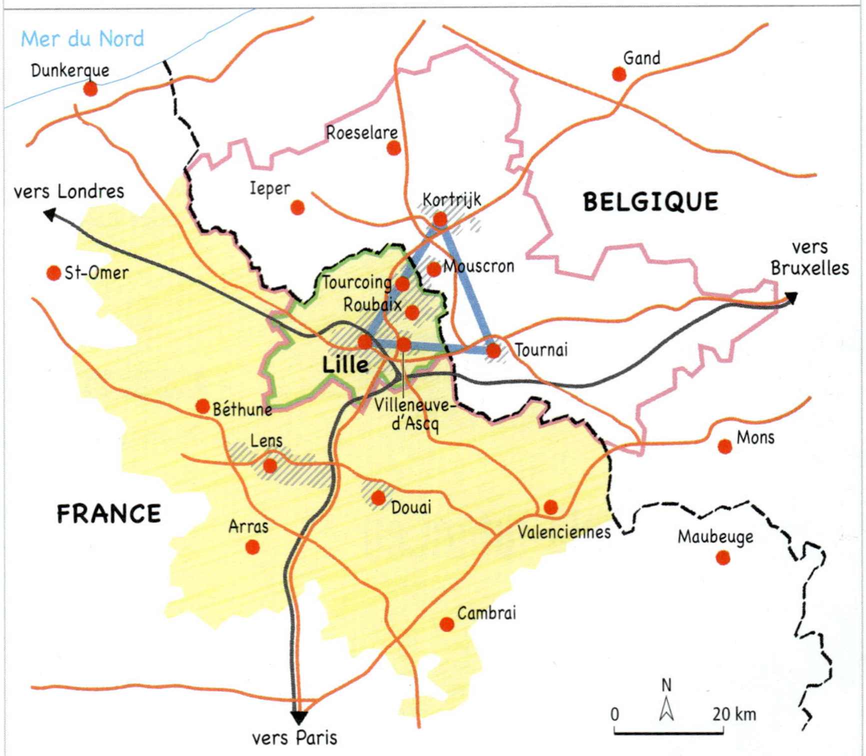

1. ____________________

- - - ____________________

● Principales villes

(hachures) ____________________

(cadre vert) ____________________

(cadre rose) ____________________

(aplat jaune) ____________________

2. ____________________

△ Offre transfrontalière de transports en commun coordonnée par le GECT

— Lignes à grande vitesse

— Autoroutes

→ ____________________

Fond de carte différencié

Croquis des études de cas

▶ Voir p. 218-219

Le Pays basque

Objectif BAC

Consigne : En vous aidant du texte ci-dessous, et en vous appuyant sur vos connaissances, complétez la légende et le croquis de synthèse ci-dessous.

Aide pour répondre à la consigne
- Relevez les informations dans le texte.
- Ordonnez votre légende en identifiant dans le texte les idées principales de chaque paragraphe.

Le Pays basque : un territoire transfrontalier dynamique

Le Pays basque est un territoire transfrontalier. La frontière franco-espagnole sépare le Pays basque français du Pays basque espagnol. La partie française possède 7 km de frontières en commun avec la province de Guipuzcoa, côté espagnol, et partage les 143 km restants avec la Communauté autonome de Navarre. Sur 3 863 travailleurs transfrontaliers, 83 % effectuent des déplacements nord-sud. Les territoires du Pays basque intérieur sont dynamisés par un tourisme transfrontalier généré par les nombreuses *ventas* (Irun, col d'Ibardin, la Rhune…) qui attirent les clients français.

Des structures de coopération transfrontalières sont développées de part et d'autre de la frontière. Il s'agit par exemple de la chambre de commerce et d'industrie Bihartean, créée en 2010, dont le siège se situe à Bayonne. À l'échelle interrégionale, l'Eurorégion Nouvelle-Aquitaine Euskadi Navarre a été créée en 2011. Une coopération transfrontalière plus ancienne réunit les deux principales agglomérations, Saint-Sébastien et Bayonne, au sein de l'Eurocité basque qui a vu le jour en 1993. Enfin, le consorcio transfrontalier Bidassoa-Txingudi rassemble à l'échelle locale les trois communes d'Hendaye, d'Irun et de Fontarabie à l'embouchure de la Bidassoa. Il est compétent en matière touristique, économique, sociale et culturelle et porte des projets autour des enjeux liés à la mobilité.

Des infrastructures de transport traversent la frontière. Il s'agit notamment de l'axe autoroutier Paris-Madrid. L'autoroute A 63 relie en effet Bordeaux à l'Espagne par Bayonne, jusqu'au péage de Biriatou, avant de se poursuivre côté espagnol. D'autres axes routiers secondaires desservent le Pays basque intérieur et passent dans le pays voisin, notamment en direction de Pampelune. Le Pays basque est également desservi par deux aéroports : celui de Biarritz en France et celui de Saint-Sébastien sur la commune de Fontarabie, en Espagne.

Titre : ______________________________

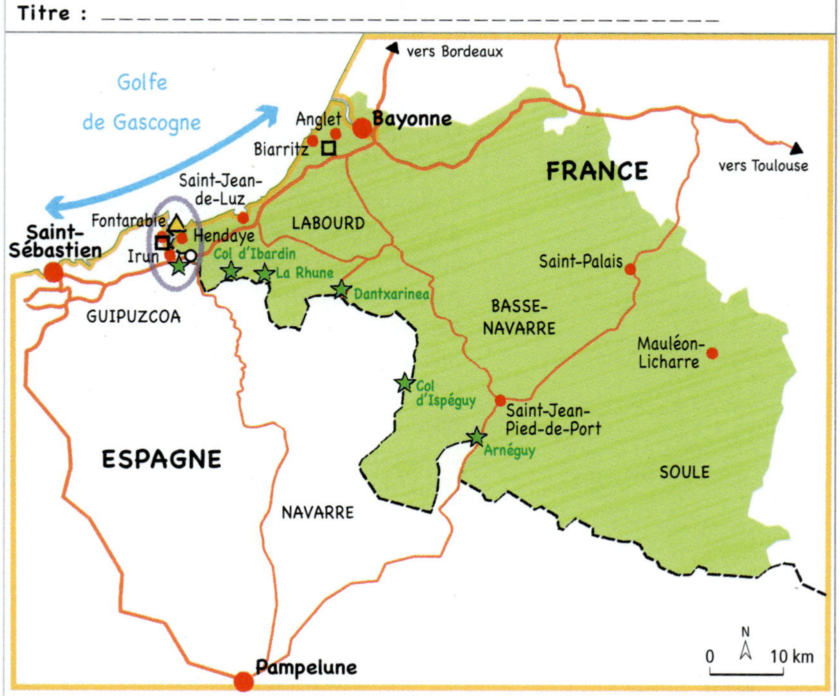

1. ______________________________
- ______________________________
- Pays basque français / espagnol
- ______________________________
- ______________________________
- *Ventas* : tourisme frontalier

2. ______________________________
- CCI transfrontalière BIHARTEAN
- Consorcio transfrontalier Bidasoa-Txingudi
- ______________________________
- ______________________________

3. ______________________________
- Aéroports
- ______________________________
- Autres axes routiers
- Péage de Biriatou

Fond de carte différencié

Exemple

Les Alpes du Sud, un territoire transfrontalier franco-italien

Dans quelle mesure les Alpes du Sud sont-elles un territoire transfrontalier en marge ?

1 Les Alpes du Sud : un territoire transfrontalier

1. Un relief contraignant

- 0 à 500 m
- 500 à 1 500 m
- Plus de 1 500 m
- ▲ Sommet

2. Des points de passage frontaliers limités

- Frontière franco-italienne
- Cols ou tunnels
- Principales voies de communication

3. Des espaces naturels protégés

- Parc national
- Parc naturel régional
- ★ Réserve de biosphère transfrontalière du Mont Viso

Carte interactive

Zoom sur...

Les Alpes du Sud

Population (2019)	1 404 000 hab. env.
En France	**1 région :** PACA **3 départements :** Alpes-de-Haute-Provence, Alpes-Maritimes, Hautes-Alpes
En Italie	**2 régions :** Ligurie, Piémont **3 provinces :** Coni, Imperia, ville métropolitaine de Turin

2 Le Queyras, une marginalité assumée

Parole de géographe

Le parc naturel régional du Queyras jouxte le massif italien du mont Viso [...]. L'espace montagnard est isolé et loin des grandes villes. Les superbes villages n'ont pas bénéficié d'investissements extérieurs pour se développer dans un tourisme hivernal de masse. La région est touristique, notamment Saint-Véran, plus haute commune de France, mais cela correspond à un tourisme doux avec des équipements de ski modestes sur Molines – Saint-Véran et sur Abriès. L'été, l'ensemble des villages et hameaux accueillent des amateurs de nature et notamment des randonneurs.

Le lien avec l'Italie est à l'image du massif du Queyras. Le col Agnel est ouvert en été pour rejoindre Chianale et Pontechianale au pied du Viso, plus haut sommet (3 841 m) des Alpes du Sud et visible de très loin, car il domine largement le secteur. Le col est difficile d'accès mais les amateurs de montagne l'utilisent comme axe transfrontalier. Au printemps 2013, l'espace transfrontalier autour du mont Viso a obtenu la reconnaissance internationale de l'Unesco avec le label « Man and Biosphere ». La coopération transfrontalière engagée a permis la création de la 13e réserve[1] de biosphère transfrontalière du monde.

Raymond Woessner (dir.), spécialiste des transports et des frontières, *La France des marges*, Atlande, 2016.

1. D'une superficie de 294 000 ha, la réserve s'étend sur 21 communes françaises et 88 communes italiennes.

3 Le parc européen transfrontalier Alpi Marittime – Mercantour

Site internet du parc européen Alpi Marittime – Mercantour, consulté en janvier 2020.
Le jumelage du parc national du Mercantour et du parco naturale delle Alpi Marittime, en 2013, a permis de former le premier parc européen transfrontalier, sous la forme d'un groupement européen de coopération territoriale.

Vocabulaire

- **Groupement européen de coopération territoriale (GECT) :** organisation transfrontalière visant à surmonter les obstacles liés aux différences de législation.
- **Interreg :** programmes pluriannuels lancés par l'UE en 1990 et financés par le FEDER pour soutenir les projets de coopération territoriale entre les collectivités des États membres.

4 Le programme Interreg de coopération transfrontalière européenne Alcotra

Depuis 1990 : 600 projets financés pour 550 millions d'euros de subventions européennes

198,8 millions d'euros de subventions européennes pour la période 2014-2020

Source : plaquette « Interreg V-A France-Italie, Alcotra, En route vers 2014-2020 », 2015.

Questions

Itinéraire 1

Répondre aux questions

1. **Décrivez** les contraintes aux relations transfrontalières dans les Alpes du Sud. **doc. 1 et 2**
2. **Identifiez** comment le Queyras tire profit de sa marge frontalière. **doc. 2**
3. **Relevez** les domaines de coopération transfrontalière dans les Alpes du Sud. **doc. 1 à 4**

Synthétiser

4. **Montrez** que les Alpes du Sud sont un territoire transfrontalier en marge, entre atouts et contraintes. **doc. 1 à 4**

ou

Itinéraire 2

Réaliser une carte mentale

- Réalisez une carte mentale sur le territoire transfrontalier des Alpes du Sud.

Dans quelle mesure les Alpes du Sud sont-elles un territoire transfrontalier en marge ?

Caractéristiques de la situation de marge transfrontalière — Domaines de coopération

- Présentez votre carte mentale à l'oral en 5 minutes devant la classe. ORAL

Les dynamiques différenciées des territoires transfrontaliers

1 Mobilités et dynamiques des territoires transfrontaliers en France

Carte interactive

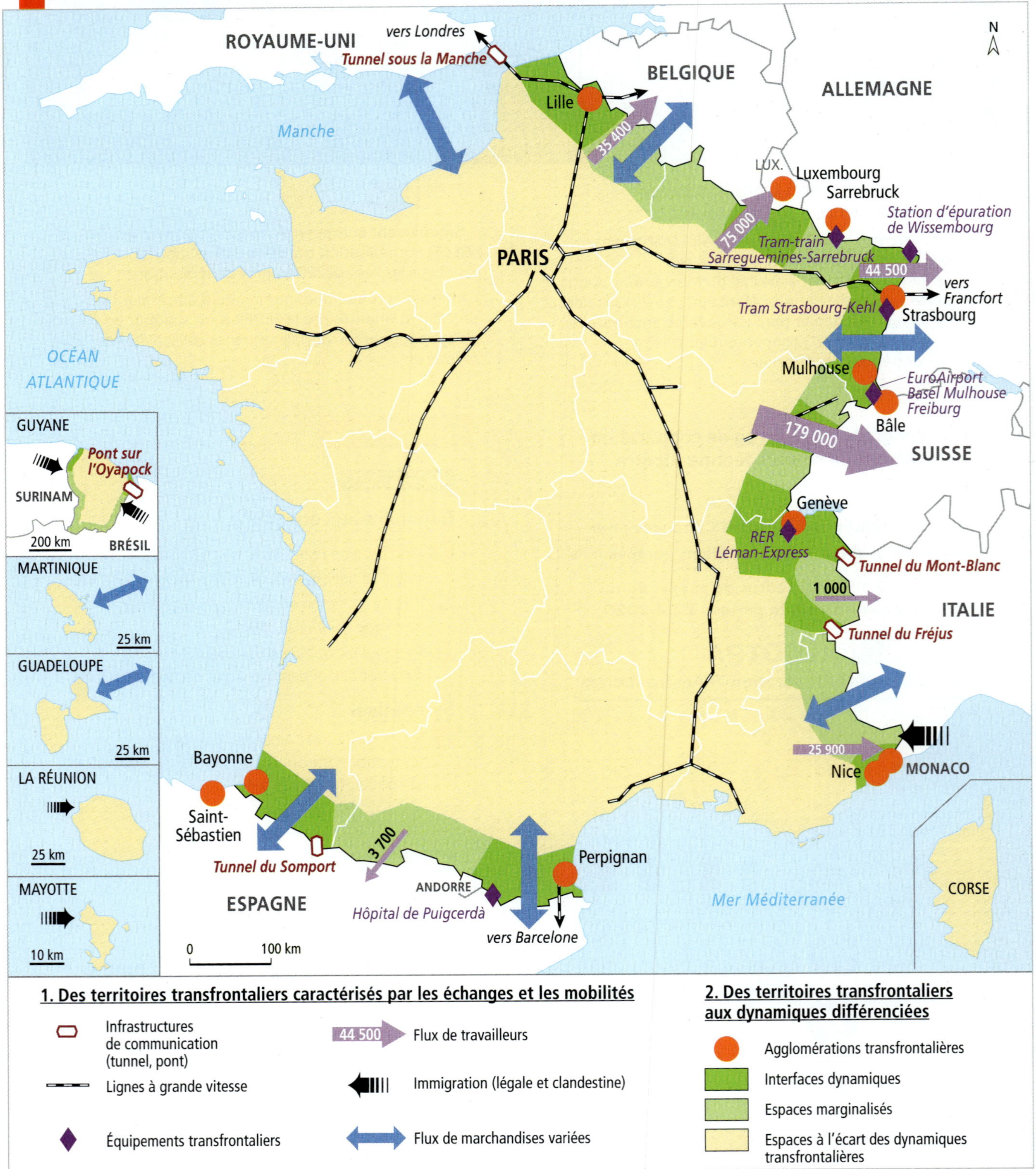

2 Les coopérations transfrontalières en France

1. La coopération au sein des agglomérations transfrontalières

- Métropole transfrontalière
- Agglomérations transfrontalières
- Gouvernances urbaines transfrontalières

2. La coopération environnementale transfrontalière

- Espaces naturels frontaliers et transfrontaliers
- Parc international marin des Bouches de Bonifacio

3. L'Union européenne, un acteur de la coopération transfrontalière

- Groupement européen de coopération territoriale
- Espaces transfrontaliers
- Espaces non concernés par les dynamiques transfrontalières
- Eurorégions

Carte interactive

Vocabulaire

Agglomération transfrontalière : espace urbain caractérisé par une continuité morphologique ou fonctionnelle de part et d'autre d'une frontière.

Eurorégion : structure territoriale transfrontalière dont l'objectif est de créer un espace cohérent pour faire de la frontière non plus une contrainte, mais un atout.

Questions

1. **Citez** les pays accueillant le plus de travailleurs frontaliers. **doc. 1**
2. **Identifiez** les types d'infrastructures et d'équipements transfrontaliers. **doc. 1**
3. **Identifiez** les formes de coopération transfrontalière. **doc. 2**

Cours

Podcast Cours à écouter

Les dynamiques différenciées des territoires transfrontaliers

Dans quelle mesure les territoires frontaliers français sont-ils inégalement intégrés dans l'Union européenne et la mondialisation ?

Les territoires transfrontaliers en France et dans l'UE

Frontières terrestres : **20 000 km** au sein de l'UE dont **2 900 km** pour la France métropolitaine.

Travailleurs transfrontaliers : **2 millions** dans l'UE dont environ 20 % vivent en France.

1 Des territoires caractérisés par les échanges

- **Les frontières terrestres de la France métropolitaine couvrent une distance de 2 900 km.** L'Hexagone partage ses frontières terrestres avec huit pays : Belgique, Luxembourg, Allemagne, Suisse, Italie, Monaco, Espagne et Andorre. Les plus longues sont celles avec l'Espagne (623 km) et la Belgique (620 km). En outre-mer, la Guyane a 730 km de frontières terrestres communes avec le Brésil et 510 km avec le Suriname, tandis que Saint-Martin possède 10 km de frontières avec les Pays-Bas.

- **Les espaces frontaliers, longtemps considérés comme des zones fermées, sont désormais ouverts.** Les infrastructures de communication connectent les territoires avec les pays voisins : tunnels du Mont-Blanc (1965) ou sous la Manche (1994), pont sur l'Oyapock en Guyane (2017), lignes ferroviaires à grande vitesse (Thalys)... Néanmoins, certaines sections sont encore absentes dans le réseau transeuropéen de transport, comme le tronçon Montpellier-Perpignan de la LGV Nîmes-Barcelone. Les projets de grandes infrastructures de transport transfrontalières (LGV Lyon-Turin) peuvent être également sources de conflits.

- **Les mobilités pendulaires locales jouent un rôle clé dans la dynamique des territoires transfrontaliers.** Chaque jour, plus de 360 000 résidents venant de France traversent les frontières pour aller travailler dans un pays limitrophe. La Suisse est la première destination des travailleurs transfrontaliers, suivie du Luxembourg, de l'Allemagne et de la Belgique. Toutefois, les flux sont inégaux : seuls 10 000 actifs résidant à l'étranger (en majorité des Belges) viennent travailler en France.

GÉO DÉBAT La nouvelle liaison ferroviaire Lyon-Turin, un projet de développement durable d'un territoire transfrontalier ? → p. 228

2 Des coopérations transfrontalières

- **Les territoires transfrontaliers mobilisent différents acteurs.** Acteurs publics (État, collectivités territoriales), acteurs privés (entreprises) et sociétés civiles intéragissent pour dépasser les obstacles de nature juridique ou institutionnelle à la coopération. La gouvernance transfrontalière s'est notamment développée grâce au processus d'intégration européenne.

- **L'Union européenne institutionnalise la coopération transfrontalière.** Depuis la création du FEDER en 1975 et les programmes d'initiative communautaire Interreg à partir de 1990, l'UE favorise l'émergence de structures de coopération transfrontalière aux échelles régionales (Communauté de travail des Pyrénées) et locales (Eurocité basque). En 2006, elle fonde les groupements européens de coopération territoriale (GECT) dont l'Eurométropole Lille-Kortrijk-Tournai créée en 2008, le parc marin international franco-italien des Bouches de Bonifacio en 2010 ou le parc européen Alpi Marittime – Mercantour créé en 2013.

- **L'Union européenne finance des infrastructures et des projets transfrontaliers.** C'est le cas de l'hôpital franco-espagnol de Puigcerdà, ouvert en 2014 en Cerdagne, du projet de covoiturage de l'Arc Jurassien ou du Léman Express, le RER transfrontalier franco-suisse inauguré en 2019. À l'échelle intra-urbaine, des projets d'aménagement confortent les coopérations et intègrent les territoires situés sur la frontière. Le jardin des Deux-Rives, inauguré en 2004, relie par une passerelle Strasbourg et Kehl de part et d'autre du Rhin.

ÉTUDE DE CAS L'Eurométropole Lille-Kortrijk-Tournai → p. 214

Vocabulaire

- **Coopération transfrontalière :** partenariat entre des acteurs privés ou publics, séparés par une frontière d'État, et dont les actions interviennent aux échelles régionales et locales, de part et d'autre de cette frontière.
- **FEDER (Fonds européen de développement régional) :** fonds structurel créé en 1975. Son objectif est de renforcer la cohésion économique et sociale dans l'UE en réduisant les inégalités et déséquilibres entre les régions.
- **Groupement européen de coopération territoriale (GECT) :** organisation transfrontalière visant à surmonter les obstacles liés aux différences de législation.
- **Gouvernance transfrontalière :** dispositif institutionnel permettant de faire coopérer divers acteurs publics et privés par-delà des frontières.
- **Interreg :** voir p. 223.
- **Mobilités pendulaires :** déplacements quotidiens des individus entre leur domicile et leur lieu de travail.
- **Travailleur transfrontalier (navetteur transfrontalier) :** individu dont le lieu de résidence et le lieu de travail sont situés dans deux États contigus différents.

3 Des territoires transfrontaliers inégalement dynamiques

● **De nombreux territoires transfrontaliers sont dynamiques.** Ils bénéficient d'un contexte économique favorable, d'infrastructures performantes ou d'une proximité culturelle des deux côtés de la frontière. Certains connaissent une forte croissance de la population, comme dans la vallée de l'Arve (entre Genève et Chamonix) ou autour de Morteau (Jura). D'autres cumulent croissance démographique et de l'emploi. C'est le cas autour de Genève (Genevois français, Chablais), sur le littoral près de la frontière espagnole (autour de Bayonne et de Perpignan), ainsi qu'à Lille et autour de Strasbourg.

● **Cinq agglomérations polarisent l'essentiel des mobilités transfrontalières.** Elles attirent les actifs résidant en France par le dynamisme économique et les salaires plus élevés du Luxembourg, de la Suisse et de Monaco. Il s'agit de Genève, dont les **navetteurs** sont originaires de Haute-Savoie et de l'Ain, de Luxembourg (Thionville, Longwy et Metz), de Bâle (Saint-Louis et Mulhouse), de Monaco (Monaco-vallée de la Roya) et de Sarrebruck (Sarreguemines et Wissembourg).

● **Plusieurs zones frontalières connaissent une déprise démographique et une diminution de l'emploi.** Un contexte économique difficile (désindustrialisation, chômage) et l'absence de connexion aux grands réseaux de transport renforcent la marginalisation. C'est le cas de zones d'emploi dans les Ardennes ou en Moselle près de la Sarre. Cela concerne également des secteurs montagneux enclavés du Jura, des Alpes et des Pyrénées.

ÉTUDE DE CAS Le Pays basque → p. 218
EXEMPLE Les Alpes du Sud → p. 222

La part de frontaliers dans la population active occupée de 3 zones d'emploi en 2015
En %

Longwy (frontière luxembourgeoise)	51,3
Le Genevois français (frontière suisse)	44,5
Menton - vallée de la Roya (frontière italienne et monégasque)	43,4

Source : Insee Première, n° 1755, juin 2019.

Notions
- Agglomération industrielle p. 234
- Territoire transfrontalier p. 235

Du cours au schéma

EXO Exercice interactif

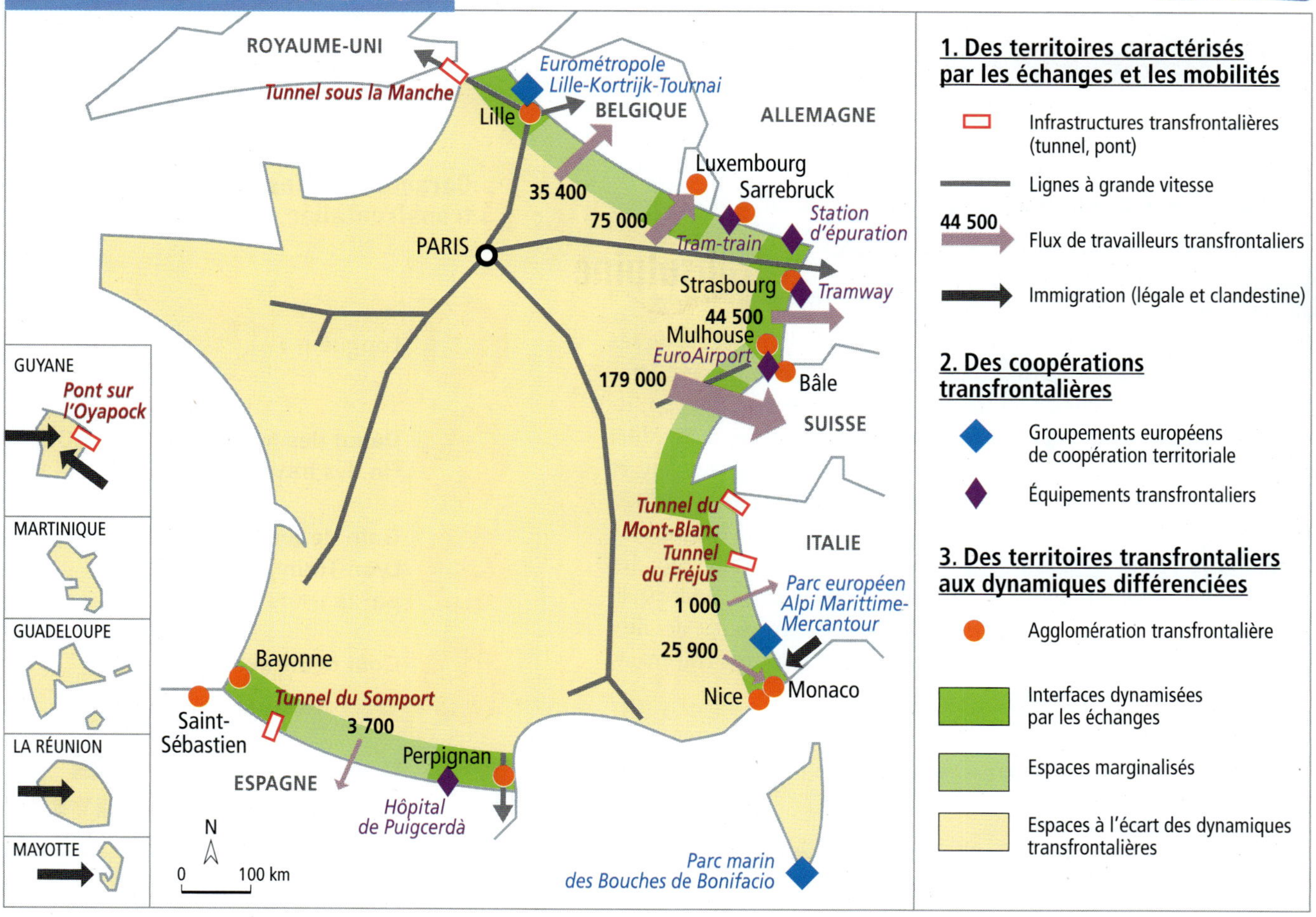

3
SE PRÉPARER
CHAPITRE 5
CHAPITRE 6
RÉVISER

Géo DÉBAT

ORAL

La nouvelle liaison ferroviaire Lyon-Turin : un projet de développement durable d'un territoire transfrontalier ?

1 La Transalpine : tracé de la nouvelle ligne

Carte interactive

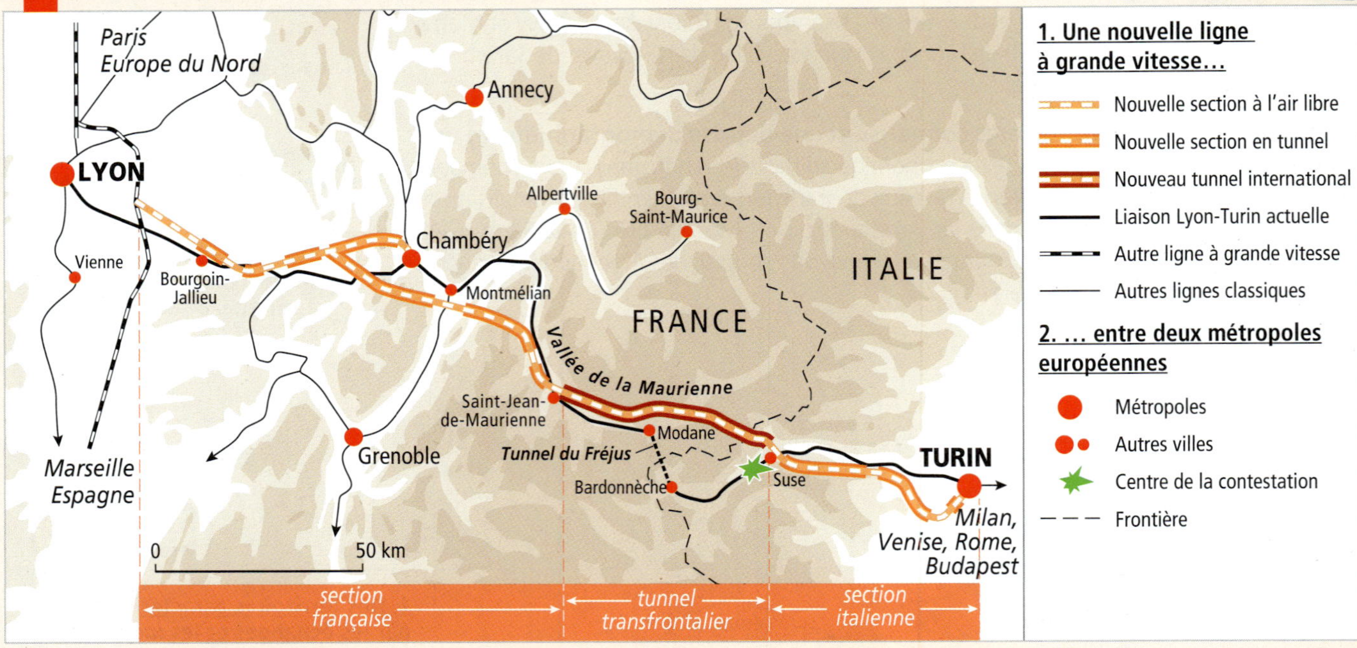

2 Le projet de la nouvelle liaison transalpine

latransalpine
LIAISON EUROPÉENNE LYON - TURIN

La [liaison] Transalpine Lyon–Turin [constituera] le maillon central du corridor ferroviaire[1] transeuropéen Lisbonne – Kiev. Retenu dès 1994 par l'UE dans la liste de ses 14 projets prioritaires de transport, la Transalpine Lyon-Turin permettra d'acheminer 40 millions de tonnes de marchandises par an et 5 millions de voyageurs. Et ceci dans des conditions optimales de fluidité, de fiabilité et de sécurité : ce sera une liaison à haute capacité, fret[2] et voyageurs, qui répondra au développement impératif de l'intermodalité[3]. Parce qu'elle constituera la seule alternative au fret routier qui menace l'équilibre environnemental des Alpes. […]. Parce qu'enfin elle répondra aux impératifs économiques des entreprises et du marché. À terme, la Transalpine Lyon-Turin va permettre d'inverser la croissance des flux routiers. Aujourd'hui, près de 3 millions de poids lourds traversent chaque année les Alpes franco-italiennes.

Site d'information de la Transalpine, www.transalpine.com, 2019.

1. Liaison par voie ferrée aménagée par l'Union européenne pour permettre le transport de marchandises et de voyageurs.
2. Transport de marchandises.
3. Changement de mode de transport d'une même marchandise ou d'une même personne (passage du transport routier au transport ferroviaire, par exemple).

3 Caractéristiques du tunnel transfrontalier

Longueur : 57 km

Début des travaux : janvier 2019
Fin des travaux prévue : 2028

Gain de temps sur le trajet Lyon-Turin par la route : 1 heure

Coût des travaux 8,6 milliards d'euros

Financement : UE 40 %
France et Italie 60 %

Source : site d'information de la Transalpine, www.transalpine.com, 2019.

4 Des territoires affectés par le projet

Photographie prise dans la vallée de la Maurienne (Savoie), 2018.

5 Un projet contesté

Collectif NO TAV SAVOIE Contre le Lyon - Turin

NO TAV est un mouvement populaire de la vallée de Suse de protestation contre le projet de construction de la nouvelle ligne à grande vitesse Lyon-Turin, d'où le nom TAV (*treno ad alta velocità*, train à grande vitesse en italien). […]

Différentes raisons expliquent ces contestations :

Compte tenu de la durée des travaux (estimée à 12 ans au moins), on peut prévoir en transit par les routes de la vallée un grand nombre de poids lourds nécessaires pour le transport d'environ 16 millions de mètres cubes de matériaux extraits pour le creusement du tunnel.

La probabilité existe que les montagnes du Val de Suse, qui devraient être traversées par de longs tunnels, soient formées de roches pouvant contenir de l'amiante et de l'uranium. Les opposants au creusement craignent que, à l'occasion des travaux et du transport des matériaux, ces substances puissent se répandre dans l'environnement. […] Selon une étude effectuée par le groupe NO TAV, il faudrait amortir sur de nombreuses années les dettes nées de la construction de la nouvelle ligne (les coûts dépasseraient en fait les bénéfices possibles pendant de nombreuses années). Il serait plus économique d'aménager la ligne classique que de construire une nouvelle ligne à double voie[1]. D'autant plus en période de crise et surendettement des États.

No TAV Savoie, www.notac-savoie.over-blog.com, 2019.

1. L'ancienne ligne est l'un des enjeux du débat. Des désaccords portent notamment sur le risque de saturation en cas d'augmentation du trafic de fret (voir **doc. 2**).

6 Les atouts du projet dans la vallée de la Maurienne (France)

Parole d'acteur

DÉMARCHE GRAND CHANTIER LYON-TURIN

Longue de 125 kilomètres, la vallée de la Maurienne constitue actuellement le point d'ancrage principal de la future ligne côté français […].

Pour aider et soutenir la réalisation de cet ouvrage de grande ampleur, un dispositif exceptionnel dédié à la préparation et à l'accompagnement des grands chantiers a été mis en place : la démarche Grand Chantier. Elle vise à préparer l'arrivée des chantiers, accompagner leur déroulement, valoriser les opportunités offertes à cette occasion pour le développement des territoires. […]

Avec la construction d'une gare internationale sur la nouvelle ligne Lyon-Turin, Saint-Jean-de-Maurienne et son centre historique deviendront plus attractifs. Il pourra en être de même pour Saint-Michel-de-Maurienne, Fourneaux, Modane, ou d'autres collectivités encore, grâce à la réhabilitation des centres-bourgs et le déploiement du très haut débit.

Site internet du Pays de Maurienne, www.maurienne.fr, septembre 2016.

Vidéo
La démarche Grand Chantier

C'est à vous !

Géo DÉBAT La nouvelle liaison ferroviaire Lyon-Turin : un projet de développement durable d'un territoire transfrontalier ?

ÉTAPE 1 Comprendre et préparer le débat

1. **Citez** les espaces concernés par le projet de la nouvelle liaison ferroviaire transfrontalière Lyon-Turin. **doc. 1 et 2**
2. **Montrez** que cette nouvelle liaison correspond à un aménagement à différentes échelles. **doc. 2 à 4**
3. **Décrivez** les attentes et les critiques associées à ce projet. **doc. 1, 5 et 6**

ÉTAPE 2 Participer au débat

4. Avant le débat, prélevez les arguments des différents acteurs. Reportez-les dans le tableau.
5. Avant le débat, en prenant appui sur les documents et votre point de vue personnel, notez vos arguments dans le tableau.
6. Pendant le débat, notez les arguments des autres élèves.

Conseils

- Écoutez et respectez la parole des autres.
- Pour convaincre, il est important de s'appuyer sur des exemples précis (localisés, datés, chiffrés).
- Ne lisez pas vos notes et présentez vos arguments en regardant vos auditeurs. Relisez vos notes avant de prendre la parole.

	La nouvelle liaison ferroviaire Lyon-Turin est un projet de développement durable	La nouvelle liaison ferroviaire Lyon-Turin n'est pas un projet de développement durable
Acteurs	• • •	• • •
Arguments des acteurs	• • •	• • •
Mes arguments	• • •	• • •
Les arguments des autres élèves	• • •	• • •

Vidéo

« Ligne de train Lyon-Turin : qu'en pensent les riverains ? », Euronews, 26 mars 2019.

ÉTAPE 3 Conclure le débat

7. À la suite du débat en classe, exprimez votre point de vue personnel et argumenté sur la nouvelle liaison ferroviaire Lyon-Turin.
8. Les arguments échangés lors du débat vous ont-ils amené(e) à revoir votre position de départ ? Expliquez pourquoi.

THÈME 3

L'Union européenne dans la mondialisation : des dynamiques complexes

RÉVISER LE THÈME

Centre spatial guyanais, port spatial de l'Europe (Kourou, Guyane), mars 2018.

RÉVISER

SE TESTER

Vérifier ses connaissances

EXO Exercices interactifs

S'ENTRAÎNER POUR LE BAC

Aller plus loin

→ p. 232

Film · Musée / Expo · Sites internet · BD · Podcast

S'ORIENTER

→ p. 244

Stéphanie

→ Conseillère aux affaires européennes et internationales

Maryse

→ Directrice export et internationalisation des entreprises

SYNTHÈSE

→ THÈME 3
L'Union européenne dans la mondialisation : des dynamiques complexes

Podcast Synthèse à écouter

1 L'Union européenne : entre unité et diversité

● **L'Union européenne est un espace géographique pluriel.** Elle offre une mosaïque de territoires (urbains, ruraux, montagnards, littoraux, industriels...) à toutes les échelles. L'Allemagne et la France en sont les principales puissances économiques. La France et ses territoires, notamment frontaliers, sont des acteurs moteurs de l'Union européenne.

● **L'Union européenne est une organisation régionale intégrée.** Depuis sa création en 1957, l'UE s'est élargie à une grande partie de l'Europe et a renforcé ses institutions. Sa force repose sur la diffusion de ses valeurs culturelles, sur une monnaie unique (19 États dans la zone euro), sur un marché intégré et sur des réseaux de transport permettant de relier tous les territoires.

2 Un espace inégalement ouvert sur le monde

● **L'UE est un pôle économique mondial.** Elle représente 18 % de la richesse mondiale, derrière les États-Unis et devant la Chine. Elle s'est imposée dans de nombreux secteurs marchands : aéronautique, automobile, nucléaire, agroalimentaire.

● **La puissance de l'UE demeure limitée sur la scène mondiale.** La concurrence est de plus en plus forte de la part de la Chine et des autres pays émergents (Inde, Brésil, Russie...). La difficulté à établir des politiques communes (défense, immigration, fiscalité...) fragilise également l'UE face aux grandes puissances.

3 Entre compétitivité et cohésion des territoires

● **Les politiques européennes de cohésion valorisent des atouts des territoires face à la concurrence mondiale.** Grâce aux fonds structurels, les territoires agricoles productifs, les clusters industriels et urbains, les régions transfrontalières constituent des pôles productifs compétitifs et intégrés dans la mondialisation.

● **Ces politiques permettent également la réduction des inégalités territoriales.** Les régions les plus défavorisées bénéficient d'aides européennes afin de réduire leur retard avec les territoires dynamiques (métropoles, littoraux, régions transfrontalières...). Les pays d'Europe orientale (Bulgarie, Roumanie...) et d'Europe méridionale (Grèce) sont les plus exposés aux difficultés économiques et sociales.

Repères géographiques

- Les États de l'UE p. 204
- Les partenaires commerciaux de l'UE p. 202
- Les régions en retard de développement au sein de l'UE p. 205

Chiffres clés
L'UE en 2020

- **Superficie** 4,2 millions de km²
- **Population** 447 millions d'habitants
- **PIB** 14 000 milliards d'euros
- **Commerce extra-communautaire** 15 % du commerce mondial

Pour aller plus loin

Bande dessinée

- *L'Europe en BD,* Nathalie Loiseau et Nathalie Desforges, Casterman, 2019.

Site à visiter

- Parc Mini-Europe à Bruxelles
www.minieurope.com

Site internet

- Des informations variées et complètes sur l'UE
www.touteleurope.eu

NOTIONS

Cluster (écosystème)

Concentration sur un territoire (quartier, métropole, région) de plusieurs acteurs économiques et politiques en synergie (ou en « écosystème ») dans un même secteur d'activité (électronique, automobile, biotechnologies, mode...). Le mode d'organisation de la production repose sur une division étroite du travail entre plusieurs (petites) entreprises spécialisées. Ces acteurs coopèrent afin d'innover et sont également en compétition pour conquérir des marchés.

Le **cluster** repose sur quatre facteurs complémentaires : les ressources (main-d'œuvre, ingénieurs, capital financier, infrastructures de communication, centres de recherche...) ; l'environnement politique, législatif et économique permettant d'encourager l'investissement, l'innovation et la concurrence ; des marchés de qualité, et en quantité suffisante ; un tissu local riche de fournisseurs et de sous-traitants.

Les clusters visent à intégrer ces territoires et ces acteurs dans la mondialisation.

Vidéo
2 min pour comprendre le cluster

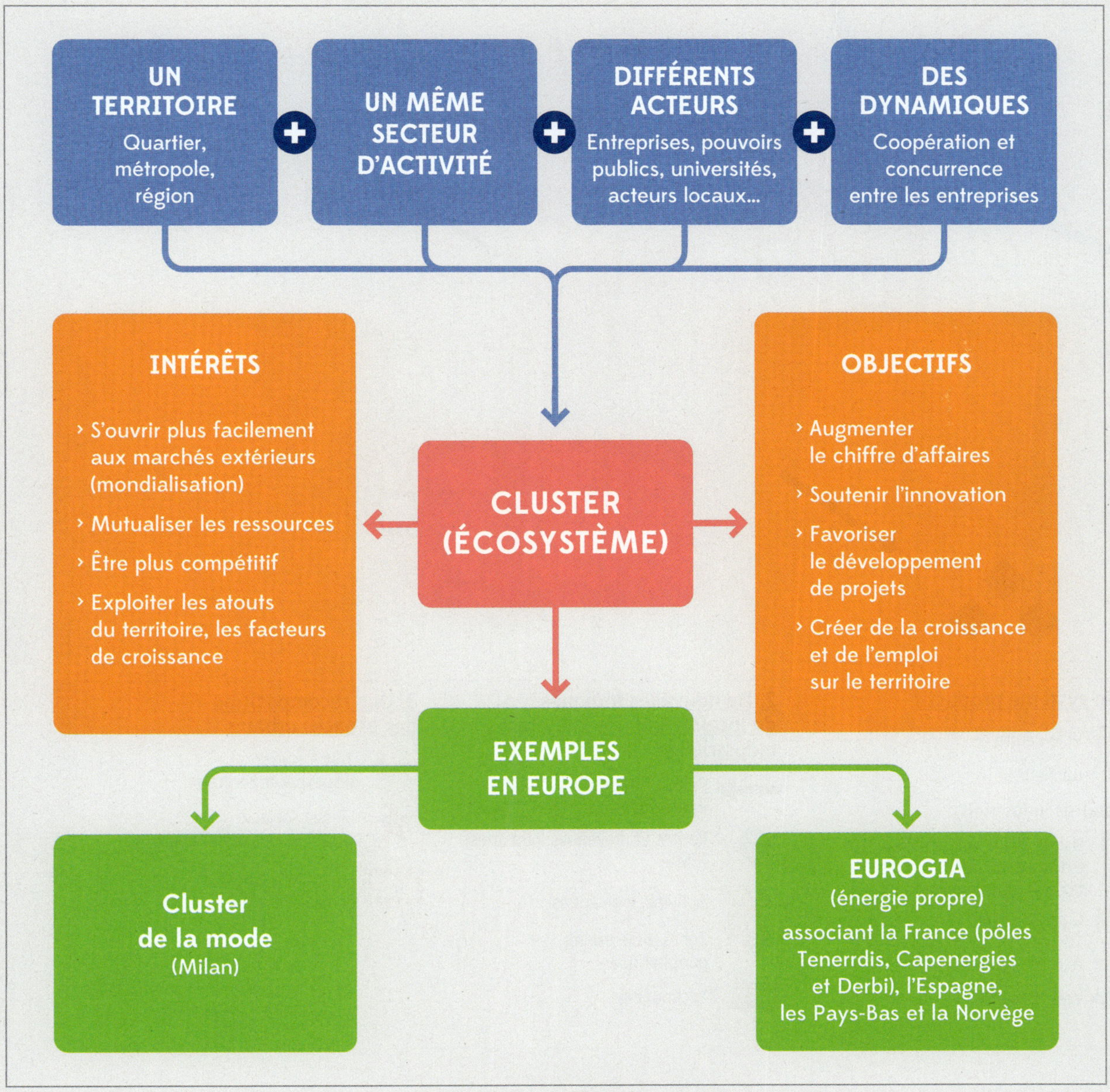

NOTIONS

Agglomération industrielle

Espace urbanisé en continu, comprenant une ville-centre et ses banlieues, dont le développement économique repose sur des activités de transformation en vue de la production de biens matériels.

L'**agglomération industrielle** peut avoir été créée entièrement par et pour l'industrie.

Elle peut également être préexistante au développement de l'activité industrielle et avoir accueilli des usines, par le développement de faubourgs industriels à proximité immédiate du noyau urbain ancien ou de zones industrielles périphériques.

Vidéo
2 min pour comprendre l'agglomération industrielle

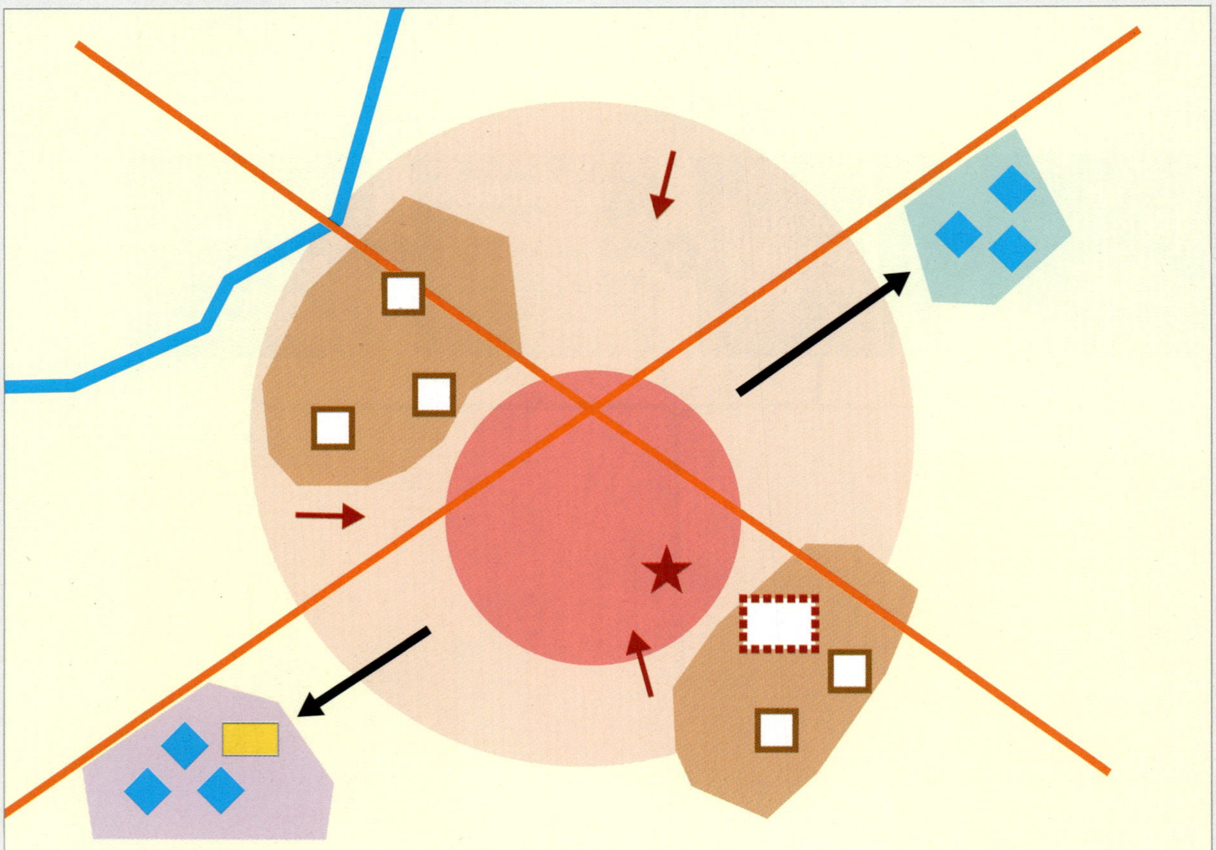

1. Un système productif
- Ville-centre
- Banlieue

Faubourgs industriels :
- Usines (liées aux activités extractives, sidérurgiques, textiles, automobiles…)
- Cités ouvrières
- Axes de communication
- Voie d'eau (fleuve, canal)

2. De nouvelles logiques de localisation des activités industrielles
- Relocalisation des activités industrielles
- Petites et moyennes industries (PMI)
- Activités logistiques
- Zones industrielles périphériques
- Technopôles

3. Une recomposition des espaces urbains
- Tertiarisation des espaces centraux
- Sièges sociaux (activités de commandement)
- Friches industrielles en reconversion

NOTIONS

Territoire transfrontalier

→ Territoire organisé autour d'une frontière ouverte entre deux pays. Le **territoire transfrontalier** se caractérise par des coopérations politiques (locales, régionales ou nationales), économiques, sociales et culturelles favorisant l'intensification des échanges et des mobilités de populations, souvent sur de courtes distances.

→ Ces coopérations et ces échanges contribuent à la constitution d'un espace homogène, intégré à différentes échelles.

Vidéo
2 min pour comprendre le territoire transfrontalier

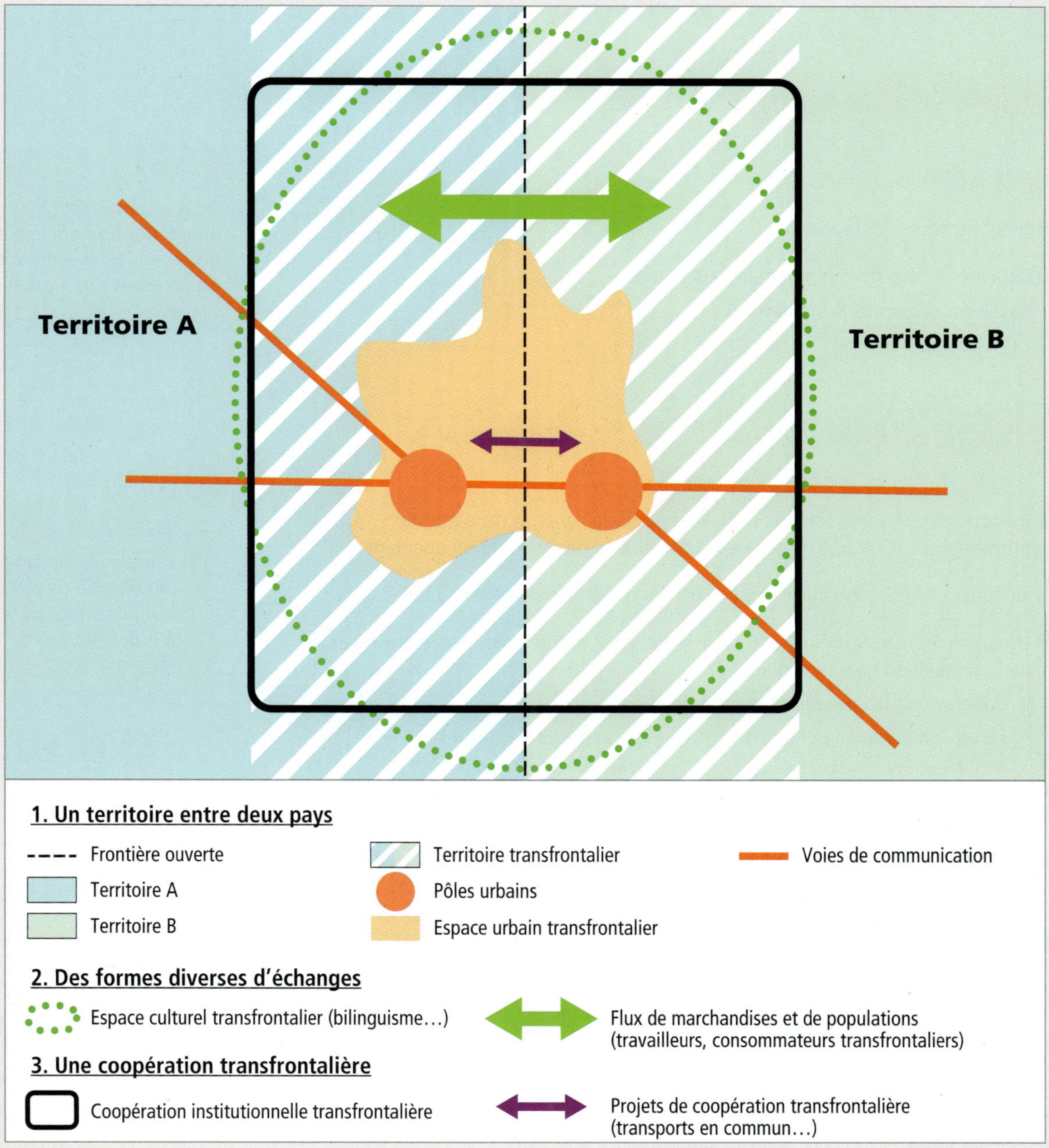

BAC Réponse à une question problématisée

▶ Description de l'épreuve p. 19 et méthode générale p. 20-21

SUJET GUIDÉ

→ **Pourquoi l'Union européenne est-elle une puissance inégale dans la mondialisation ?**

- Pourquoi : Mot interrogatif qui oriente l'étude et le type de réponse attendu : identifier une ou plusieurs causes.
- Union européenne : **Cadre géographique** à définir.
- puissance : **Notion** à définir.
- inégale : Ce terme indique l'existence de points forts et de points faibles.
- mondialisation : Notion à définir.

ÉTAPE 1 Analyser le sujet

a Identifier et définir les mots clés.

b Préciser le cadre géographique.

c Déterminer le sens de la question problématisée.

→ Que devra montrer votre devoir ?

Attention !

▶ Ne pas confondre la mondialisation qui est un processus, avec le monde qui est un espace géographique.

ÉTAPE 2 Faire un plan et mobiliser ses connaissances

a Dégager deux ou trois idées principales à partir de l'analyse de la question problématisée. Chacune de ces idées formera une partie du développement.

b Identifier deux ou trois idées secondaires qui constitueront les sous-parties.

c Organiser les idées principales et secondaires pour mettre en évidence une logique de raisonnement géographique.

▶ Élaborez un plan détaillé en classant les idées suivantes :

- L'UE est marquée par des disparités entre ses États membres.
- L'UE est une puissance dans la mondialisation.
- L'UE est concurrencée par d'autres puissances dans la mondialisation.
- L'UE est un centre d'impulsion économique majeur.
- L'UE présente des faiblesses internes et externes.
- L'UE est un carrefour de flux mondialisés.

d Mobiliser les connaissances utiles pour répondre à la question :

→ Le cours p. 206

→ Les cartes : « L'Union européenne, pôle et acteur de la mondialisation » p. 202 et « Les territoires de l'Union européenne dans la mondialisation » p. 204

→ L'étude de cas « L'Allemagne et ses territoires dans la mondialisation » p. 184-187

→ L'exemple « Le cluster de la mode à Milan » p. 198

→ Le vocabulaire : firme transnationale, investissements directs à l'étranger (IDE), pôle p. 296

→ Les notions : Puissance p. 302, Mondialisation p. IV

Conseil

▶ Faites toujours un plan détaillé. Ce travail au brouillon vous permet d'organiser votre raisonnement.

Conseil

▶ Notez au brouillon les faits géographiques, les notions, des statistiques, des exemples en rapport avec le sujet.

ÉTAPE 3

Rédiger la réponse à la question problématisée

a Vous pouvez rédiger une courte introduction présentant le sujet et le plan.

→ Exemple :

L'Union européenne est une organisation régionale comprenant 27 États. Par sa capacité d'influence sur l'espace mondial, elle est une puissance fortement intégrée dans les échanges mondiaux. L'Union européenne est une grande puissance mondiale, mais elle présente des faiblesses qui la pénalisent. Pourquoi l'Union européenne est-elle une puissance inégale dans la mondialisation ?

Conseil

▶ Définissez les mots clés du sujet : les notions, le cadre géographique.

b Rédiger la réponse à la question problématisée en suivant le plan défini.

▶ Identifiez l'idée principale, les arguments et les exemples dans le paragraphe suivant :

L'Union européenne est une puissance dans la mondialisation.

En premier lieu, elle polarise les flux mondialisés. Première puissance commerciale du monde, elle réalise près d'un tiers des échanges mondiaux de marchandises, ce qui la place à égalité avec la Chine et devant les États-Unis. Les places boursières de Paris et Francfort, parmi les plus influentes du monde, et l'euro, deuxième monnaie pour les transactions financières derrière le dollar, font de l'UE un pôle financier majeur. Elle est également le premier émetteur et destinataire des investissements directs à l'étranger. Elle est le pôle mondial du tourisme avec près de 500 millions de visiteurs par an et une des destinations principales des flux migratoires.

En second lieu, l'Union européenne est un centre d'impulsion économique majeur de la mondialisation. Avec 18 % du PIB mondial, elle demeure la deuxième puissance économique derrière les États-Unis. Trois de ses États membres (Allemagne, France, Italie) font partie des dix premières puissances économiques mondiales. L'UE est le siège de nombreuses firmes transnationales dont certaines figurent aux premiers rangs mondiaux dans leurs secteurs d'activité, comme Maersk (transport) ou Airbus (aéronautique).

Conseil

▶ Développez les différents aspects de la question en utilisant des arguments pour justifier les idées importantes. Vous devez illustrer ces arguments avec des exemples précis.

Idée — Argument — Exemple

▶ Rédigez la suite de la réponse à la question problématisée.

c Vous pouvez rédiger une courte conclusion.

▶ Parmi les propositions de conclusion suivantes, quelle est celle qui vous semble la plus adaptée pour répondre à la problématique ? Justifiez votre choix.

CONCLUSION 1

L'Union européenne présente toutes les caractéristiques d'une grande puissance économique mondiale. Cependant, elle est de plus en plus concurrencée dans de nombreux domaines et ses territoires semblent inégalement intégrés dans la mondialisation. L'Union européenne est une puissance inégale, confrontée à de nombreux défis, dont celui de la compétitivité de ses territoires dans la mondialisation.

CONCLUSION 2

L'Union européenne est une puissance inégale. Elle est une grande puissance dans la mondialisation, mais elle se caractérise par des inégalités de développement. Elle est confrontée aux difficultés de la mise en place de politiques communes.

Conseil

▶ Résumez votre devoir en reprenant les idées clés, puis formulez une réponse à la question problématisée.

BAC **Analyse de documents**

▶ Description de l'épreuve p. 19 et méthode générale p. 22-23

SUJET GUIDÉ

En analysant les documents, vous montrerez que l'Union européenne est une puissance confrontée à de nombreux défis.
L'analyse des documents constitue le cœur de votre travail, mais nécessite, pour être menée, la mobilisation de vos connaissances.

1 La politique européenne de défense

« On ne protégera pas les Européens si on ne décide pas d'avoir une vraie armée européenne », lance le président français Emmanuel Macron le 6 novembre 2018 […]. Le 13 novembre, dans un discours au Parlement européen, la chancelière allemande Angela Merkel appelle à « élaborer une vision nous permettant d'arriver un jour à une véritable armée européenne ». Elle renouvelle sa proposition de créer un « Conseil de sécurité européen », doté d'une présidence tournante, envisageant même dans ce cadre d'abandonner la prise de décision à l'unanimité.

L'« Europe de la défense » se limite actuellement à une simple coordination des efforts nationaux. Elle n'organise pas la protection du territoire – qui reste à définir, puisque l'Union semble devoir s'étendre sans cesse –, pas plus qu'elle ne dispose d'une force d'intervention tous azimuts, ni d'un commandement militaire opérationnel.

Partagée entre les inquiétudes des pays baltes, nordiques et de l'est à l'égard du voisin russe et les préoccupations de l'Ouest et du Sud face à la déstabilisation de l'Afrique et du Proche-Orient, l'Union ne peut guère définir de stratégie unique. […] Compte tenu des divergences politiques au sein de l'Union, aucune évolution institutionnelle majeure ne se dessine. Tout au plus pourrait-on voir se constituer, en marge des traités, une sorte d'Eurogroupe de la défense, à l'image de celui qui s'est formé autour de la monnaie unique.

Philippe Leymarie, « Europe de la défense, une armée de papier »,
Le Monde diplomatique, juillet 2019.

Tandem franco-allemand

Informations à expliquer

Institutions et fonctionnement politique fondés sur des traités qui doivent être ratifiés par les États membres = défi de l'union politique et d'une souveraineté supranationale.

Absence de souveraineté européenne dans le domaine de la défense = défi de l'autonomie stratégique.

Fragilités limitant la puissance.

Hétérogénéité des États membres = défi de l'unité.

L'UE, un ensemble uni (drapeau) et représenté (présidente de la Commission européenne).

Discussion, négociations. → Mettre cet élément en relation avec le paratexte.

Forum économique mondial = Forum de Davos (voir cours p.139, §3).

Les États-Unis.

2 La présidente de la Commission européenne et le président américain au Forum économique de Davos

La présidente de la Commission européenne, Ursula von der Leyen, et le président américain Donald Trump. Réunis au Forum économique de Davos le 21 janvier 2020, ils ont abordé les différends commerciaux entre l'UE et les États-Unis.

Utiliser les informations du paratexte.

ÉTAPE 1 Analyser le sujet

▶ Le sujet invite à montrer que l'Union européenne est confrontée à des défis qu'elle doit surmonter pour être une grande puissance sur la scène internationale.

ÉTAPE 2 Analyser les documents

Les questions à se poser :

- Quels sont les thèmes abordés dans les documents en rapport avec le sujet ?
- Quel est le sens général de cet ensemble de documents ?
- Comment les informations des deux documents se complètent-elles ou s'opposent-elles ?

Les éléments d'analyse à dégager :

- Ce travail préparatoire peut se faire au brouillon :

- À l'échelle de l'Europe : des institutions politiques communes (Parlement européen, Commission européenne) ; rôle du tandem franco-allemand ; divergences entre États membres et difficultés à établir des politiques communes (défense, zone euro).
- À l'échelle mondiale : une puissance incomplète (absence de défense commune) ; une puissance économique reconnue qui doit défendre ses intérêts dans les discussions internationales (Forum de Davos) ; une puissance commerciale mondiale en concurrence avec les États-Unis (différends commerciaux).

Conseil

- Expliquez les mots et les phrases importants du texte.
- Sur la photographie, identifiez les personnes, relevez les principaux éléments, expliquez l'événement représenté.
- Mettez en relation les informations des documents.

Les connaissances à mobiliser :

- Les notions : Mondialisation, Puissance
- Le vocabulaire : politique commune
- Le cours p. 206
- La carte : « L'UE, pôle et acteur de la mondialisation » p. 202

ÉTAPE 3 Répondre au sujet

a Rédiger l'introduction.

▶ Présentez les documents, annoncez la problématique et le plan.

b Rédiger l'analyse des documents.

▶ Rédigez les deux parties du plan suivant :

1re PARTIE

L'UE est un ensemble hétérogène qui présente des fragilités internes

- (1re sous-partie) Elle est dotée d'institutions communes, mais n'est pas une entité souveraine.
- (2e sous-partie) Elle a des difficultés à mettre en place des politiques communes.

2e PARTIE

L'UE est une grande puissance économique à l'échelle mondiale

- (1re sous-partie) Elle est une puissance commerciale majeure, mais concurrencée.
- (2e sous-partie) Elle est une puissante incomplète.

Conseil

- Organisez l'analyse en hiérarchisant les informations : énoncez d'abord l'idée principale de la partie, puis développez et expliquez les informations secondaires dans les sous-parties.
- Pensez à citer les documents.

c Rédiger la conclusion.

▶ Synthétisez les idées principales de l'analyse des documents.

Entraînez-vous !

Document

- « Le FEDER dans le Land de Saxe » (**doc. 8** p. 187)

Sujet

En analysant le document, vous montrerez comment l'Union européenne contribue au développement des territoires.

BAC Réalisation d'un croquis

▶ Description de l'épreuve p. 19 et méthode générale p. 24-25

SUJET GUIDÉ

L'espace transfrontalier France-Italie-Monaco : organisation du territoire, flux et coopérations

À partir du texte, vous construirez, à l'aide du fond de carte fourni, un croquis correspondant au sujet suivant : « L'espace transfrontalier France-Italie-Monaco : organisation du territoire, flux et coopérations », accompagné d'une légende organisée.

Fond de carte

ÉTAPE 1 Lire le sujet et la consigne

▶ La question à se poser :

→ Quelles indications l'énoncé du sujet fournit-il pour la réalisation du croquis ?

Le sujet indique trois thèmes qui pourront constituer les parties de la légende du croquis. Celui-ci devra montrer l'organisation du territoire, les différents types de flux qui l'animent et les coopérations mises en place.

ÉTAPE 2 Relever les informations dans le texte

Identifier les idées principales pour déterminer les thèmes de la légende du croquis.

Sélectionner les informations à cartographier pour répondre au sujet.

Relever les noms permettant de localiser les informations sur le croquis.

Les territoires bordant la frontière sont inégalement occupés. Ils sont dominés par le massif alpin dans leur partie nord et s'ouvrent au sud sur une étroite bande littorale. L'urbanisation se concentre sur le littoral azuréen qui comprend trois pôles majeurs : Nice (545 000 hab.), Monaco (38 000 hab.) et Menton (30 000 hab.). Elle se poursuit en Ligurie, côté italien, par les villes de Vintimille (25 000 hab.), Bordighera (11 000 hab.) et San Remo (55 000 hab.). Ces agglomérations sont reliées par un axe de communication littoral constitué d'une autoroute et d'une voie ferrée. L'arrière-pays, enclavé et faiblement peuplé, est marqué par les contraintes du relief alpin.

L'espace littoral concentre des flux variés. Ce sont des flux de proximité (loisirs, commerce) et des flux de travailleurs entre les pôles d'emplois azuréens (Nice, Menton), italien (Vintimille-San Remo) et monégasque. Monaco, second pôle d'emploi après Nice, draine une grande partie de ces travailleurs. La frontière entre la France et l'Italie, membres de l'espace Schengen, est également le lieu de transit des migrants en provenance d'Afrique et du Moyen-Orient. Vintimille, en Italie, est l'un point d'entrée des clandestins qui passent la frontière vers Menton ou dans les Alpes vers Breil-sur-Roya.

Ces territoires forment aussi un espace de coopération. Les Alpes-Maritimes et la Ligurie font partie de la vaste Eurorégion Alpes-Méditerranée. Dans le sud du massif alpin, le Groupement européen de coopération territoriale (GECT) Parc européen réunit le parc national du Mercantour (en France) et les aires protégées delle Alpi Marittime (en Italie) dans une coopération transfrontalière de gestion des espaces naturels protégés.

ÉTAPE 3 Classer les informations et choisir les figurés

▶ Recopiez le tableau ci-dessous pour vous aider à faire la légende du croquis ; complétez les informations et les figurés manquants.

Conseil
▶ Choisissez bien la taille et la forme de vos figurés pour représenter, hiérarchiser et différencier les informations.

Thème	Informations	Reformulation	Figurés	Lieux
1. Des espaces inégalement occupés	• …………… • …………… • ……………		 • …………… 	…………… …………… ……………
2. ……………	• Frontière • État membre de l'espace Schengen • …………… • …………… • ……………	Mobilités de populations	• …………… FRANCE • …………… • …………… • ……………	…………… …………… …………… …………… ……………
3. Un espace de coopérations	• …………… • ……………			…………… …………… ……………

Tableau à imprimer

ÉTAPE 4 Réaliser le croquis

▶ Compléter le croquis.
- ➔ Dessinez les figurés manquants.
- ➔ À l'aide du tableau, écrivez le nom des lieux indiqués dans le texte en respectant les localisations.
- ➔ Complétez la légende et mettez-la au propre.
- ➔ Donnez un titre au croquis.

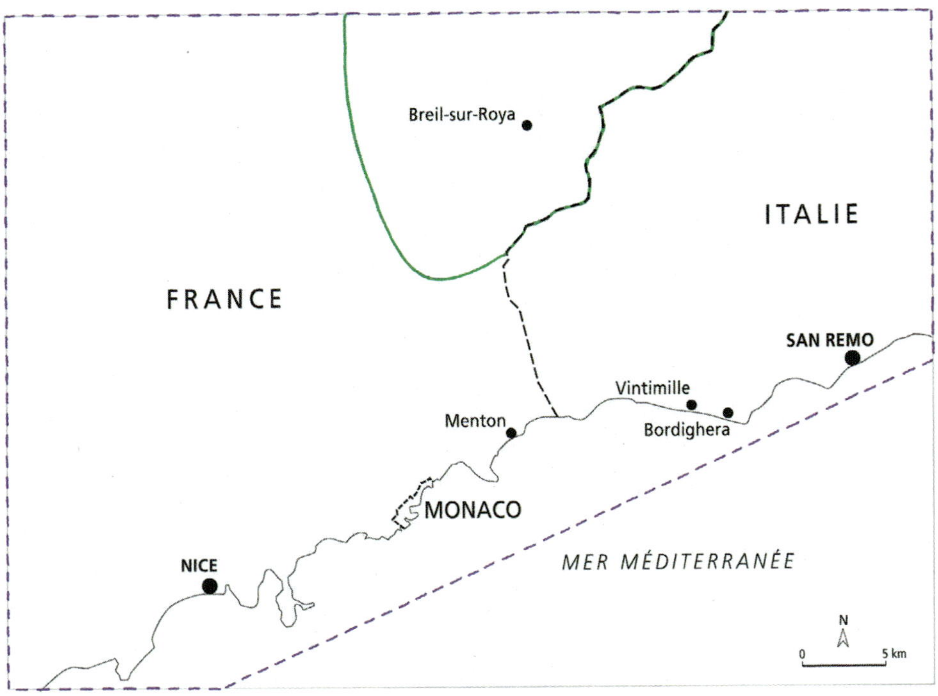

THÈME 3
SE PRÉPARER
CHAPITRE 5
CHAPITRE 6
RÉVISER

Description de l'épreuve p. 19
et méthode générale p. 20-25

Réponse à une question problématisée

SUJET

Comment l'Union européenne favorise-t-elle l'insertion de ses territoires dans la mondialisation ?

Réalisation d'un croquis

SUJET

L'Union européenne et ses territoires dans la mondialisation

À partir du texte, vous construirez, à l'aide du fond de carte fourni, un croquis correspondant au sujet suivant : « L'Union européenne et ses territoires dans la mondialisation », accompagné d'une légende organisée.

Fond de carte

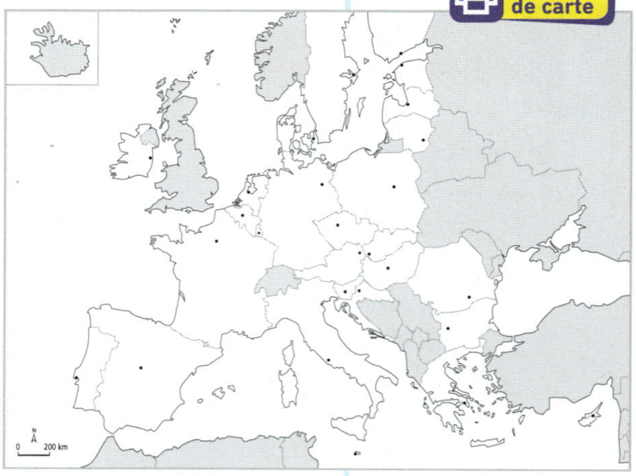

L'Union européenne est un espace ouvert sur le monde. Elle dispose d'interfaces très actives, terrestres (frontière orientale) et maritimes (mer Méditerranée, océan Atlantique, Manche, mer du Nord, mer Baltique) La « Northern Range » est un ensemble de treize ports, parmi lesquels celui de Rotterdam, qui s'étend sur 1 000 km entre Le Havre et Hambourg et constitue la deuxième façade maritime mondiale. Le trafic aéroportuaire témoigne également de l'ouverture européenne avec trois aéroports classés parmi les quinze premiers mondiaux : Paris, Amsterdam et Francfort ont cumulé un trafic de plus de 220 millions de passagers en 2019.

L'Union européenne est également un pôle attractif de l'économie mondiale. Elle est le premier destinataire mondial des investissements directs étrangers. En provenance de la Chine principalement, ces investissements sont réalisés dans des secteurs clés de l'économie européenne, comme le raffinage ou l'industrie pharmaceutique. Par ailleurs, l'intérêt pour le patrimoine et les cultures européennes fait de l'UE le premier pôle touristique mondial avec plus de 500 millions de visiteurs.

Cependant, les territoires de l'Union européenne sont inégalement intégrés dans la mondialisation. Le quadrilatère formé par Paris, Amsterdam, Francfort et Milan délimite la région centrale de l'UE : il s'agit de l'espace le plus dynamique, correspondant aux grandes concentrations urbaines, aux réseaux de transport les plus denses et cumulant les pouvoirs politique, économique et financier. Il est dominé par les métropoles mondiales de Paris et Francfort. En dehors de cet espace, les territoires européens constituent des périphéries plus ou moins intégrées dans la mondialisation. Les pays d'Europe de l'Est, les plus récemment admis dans l'UE, sont en cours d'intégration.

Analyse de documents

SUJET

En analysant les documents, vous montrerez les dynamiques des territoires frontaliers en France.
L'analyse des documents constitue le cœur de votre travail, mais nécessite, pour être menée, la mobilisation de vos connaissances.

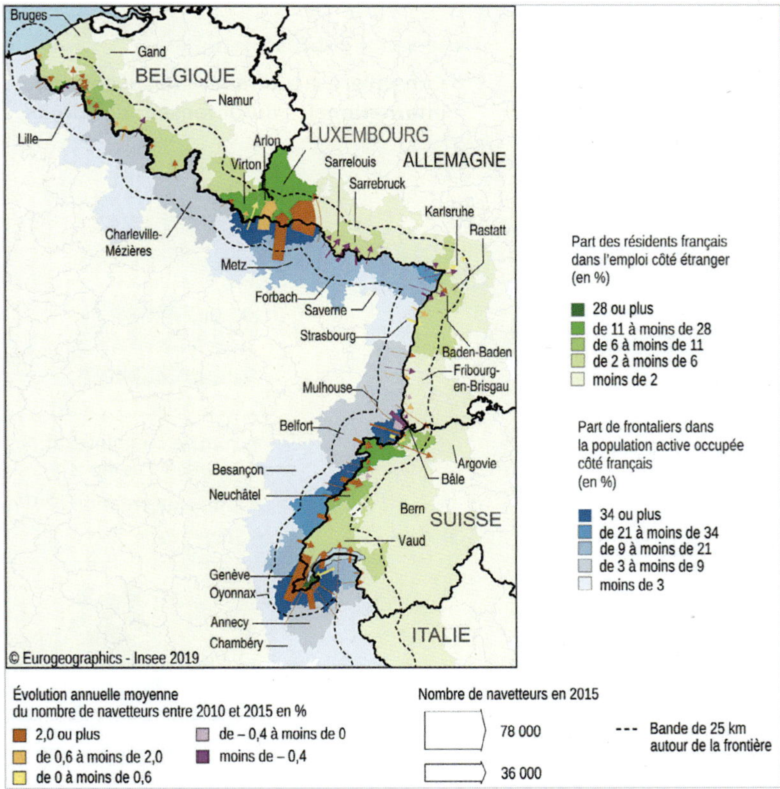

1 L'emploi dans les territoires transfrontaliers

Insee Première n° 1755, 4 juin 2019.

2 Strasbourg-Kehl[1] : une relation privilégiée

Travailleurs frontaliers, consommateurs, résidents, étudiants et apprentis mais aussi simples touristes : de nombreux flux relient les villes de Strasbourg et de Kehl. Malgré une population et des poids économiques très différents (Strasbourg compte 272 000 habitants et Kehl 35 000 dont près de 2 200 résidents français), les deux villes ont développé de longue date une coopération transfrontalière ambitieuse répondant aux besoins des populations qui vivent l'Europe au quotidien. Désormais reliées par quatre franchissements (pont routier de l'Europe, pont ferroviaire, passerelle des Deux-Rives, pont du tram Beatus-Rhenanus), Strasbourg et Kehl construisent un avenir commun où la frontière s'efface sous l'action de projets emblématiques, parmi lesquels : Le Jardin des Deux-Rives, parc urbain transfrontalier inauguré en 2004, la liaison de tramway ouverte en avril 2017. […] La richesse des relations entre Strasbourg et Kehl en fait un site pilote au niveau européen pour la construction d'une agglomération transfrontalière. Cette démarche bénéficie par ailleurs d'une attention particulière de la Mission opérationnelle transfrontalière qui est un organisme d'appui et de soutien aux projets transfrontaliers et leur prise en compte dans les politiques publiques.

Site Internet de Strasbourg, 2020.

1. Strasbourg, en France et Kehl, en Allemagne, sont situées de part et d'autre du Rhin, fleuve frontière.

Stéphanie, conseillère aux affaires européennes et internationales du Défenseur des droits

CV EXPRESS

Stéphanie, 34 ans, Saint-Ouen (Seine-Saint-Denis)

FORMATION
- Bac ES, Taverny (Val-d'Oise)
- Licence en droit, Cergy-Pontoise
- Master 1 en droit international public, Groningue (Pays-Bas)
- Master 2 en droits de l'homme et droit humanitaire (Évry)

Expérience professionnelle

→ **Conseillère aux affaires européennes et internationales du Défenseur des droits**

Fiche Métier → Conseillère aux affaires européennes et internationales

- **Niveau minimum d'accès :** BAC +5
- **Salaire d'un débutant :** 2 000 € net
- **Salaire en milieu de carrière :** 3 000 € net
- **Statut :** fonction publique
- **Compétences requises :**
  - ✓ sens de la diplomatie
  - ✓ adaptabilité
  - ✓ flexibilité
  - ✓ qualités rédactionnelles

PARCOURS D'ÉTUDES POSSIBLES

- Master en droit international
- Master en droits de l'homme et droit humanitaire
- Master en sciences politiques

L'employeur de Stéphanie

Défenseur des droits

- **Nom de l'administration :** Défenseur des droits
- **Année de création :** 2011
- **Siège :** Paris

Nombre de salariés : 220 agents, et plus de 530 délégués en métropole et en outre-mer

Environ 100 000 réclamations reçues par an

Le métier de Stéphanie

Témoignage complet

Que vous ont apporté vos études dans votre métier ?

Outre la compréhension du fonctionnement des organisations internationales comme l'ONU et l'UE, l'université m'a appris à acquérir des compétences rédactionnelles et à faire des recherches, notamment juridiques, ce qui est primordial pour la rédaction de notes à destination de mon employeur ou de mes interlocuteurs !

Quel est le rôle de votre institution ?

Le Défenseur des droits est une institution indépendante chargée de défendre les droits et libertés individuelles de toute personne (défense des usagers des services publics, défense et promotion des droits de l'enfant, lutte contre les discriminations, orientation et protection des lanceurs d'alerte et respect de la déontologie des professionnels de sécurité). Il rend compte à l'ONU de la mise en œuvre en France des droits des enfants et des droits des personnes en situation de handicap.

Votre métier vous offre-t-il l'opportunité de beaucoup voyager ?

Le Défenseur des droits est aussi le Secrétaire général de l'Association des Ombudsmans et Médiateurs de la Francophonie (AOMF). Je voyage environ une fois par mois pour organiser des réunions, formations et des conférences dans les pays de la francophonie : Belgique, Maroc, Sénégal, Burundi, Canada, Roumanie, Albanie, Mali, Luxembourg…

Présentez-nous un projet sur lequel vous travaillez actuellement.

L'AOMF met en place cette année un projet intitulé « Parlons jeunes », qui vise à mettre en œuvre l'article 12 de la Convention des droits de l'enfant sur le droit d'être entendu. Nous allons réunir des groupes de travail composés de jeunes francophones (Belgique, Bénin, Canada, France, Madagascar, Côte d'Ivoire) pour connaître leur avis sur « comment faire connaître les droits de l'enfant ».

Votre projet d'orientation

- Faites une recherche sur les études de droit et leurs débouchés.
- Le contenu des enseignements et les métiers auxquels ils donnent accès vous intéressent-ils ?

→ Maryse, directrice export et internationalisation des entreprises

Fiche Métier

→ Directrice export et internationalisation des entreprises

- **Niveau minimum d'accès :** BAC+3
- **Salaire d'un débutant :** 1 600 € net
- **Salaire en milieu de carrière :** 2 600 € net
- **Statut :** fonctionnaire ou contractuel
- **Compétences requises :**
  ✓ Connaissance du fonctionnement des collectivités territoriales, du droit public, du commerce international
  ✓ Anglais

PARCOURS D'ÉTUDES POSSIBLES

- Master Commerce international
- Écoles de commerce
- Master Droit international
- Master Économie

CV EXPRESS

Maryse, 47 ans, Saint-Denis de La Réunion

FORMATION

- BAC L, Saint-Denis de La Réunion
- Licence de droit public et privé, Saint-Denis de La Réunion
- Master (ex-DEA) Relations internationales économiques et juridiques, Saint-Denis de La Réunion
- Master Territoires Risques et Action publique, Saint-Denis de La Réunion

Expériences professionnelles

→ **Région Réunion, directrice export et internationalisation des entreprises, Saint-Denis**

→ Région Réunion, directrice du tourisme, Saint-Denis

→ Région Réunion, conseillère technique au cabinet du président de Région, Saint-Denis

→ CCI Réunion, responsable du service gestion du patrimoine, Saint-Denis

→ Commune du Tampon, chargée de mission Intercommunalité et Associations, Le Tampon

Le métier de Maryse

Témoignage complet

Que vous ont apporté vos études à l'université ?

Elles m'ont apporté un solide socle de connaissances théoriques, indispensable à l'exercice de ma profession, mais également des outils méthodologiques nécessaires à l'adaptation qu'exige le monde du travail. Les études universitaires laissent aux étudiants une grande autonomie que l'on se doit de gérer presque seul : être assidu aux cours, fournir un travail régulier, côtoyer les réseaux professionnels…

Quelles sont vos tâches au quotidien ?

Ma première mission est d'accompagner l'insertion de La Réunion dans la mondialisation conformément à la politique qui a été définie par les conseillers régionaux. Dans ce cadre, mon quotidien s'articule principalement autour de réunions, comités stratégiques ou techniques pour mener à bien nos projets. J'assure aussi un rôle dans l'accompagnement des entreprises souhaitant obtenir des informations, des conseils et des aides financières. Cela m'amène à recevoir et visiter des entreprises, à évaluer leurs besoins et à leur proposer un accompagnement adapté. Enfin, pour assurer des débouchés aux entreprises en quête d'internationalisation, nous mettons en œuvre des actions de promotion économique des filières réunionnaises. Il s'agit de participer à des salons à l'extérieur du territoire, de communiquer (médias, réseaux sociaux), d'organiser des événements autour des savoir-faire pour favoriser leur insertion dans les réseaux internationaux. Pour ce faire, je m'appuie sur sept collaborateurs et sur des antennes délocalisées dans plusieurs pays (Comores, Madagascar, Maurice, Seychelles, Chine, Mozambique). À côté de mon travail exercé localement, je suis donc amenée à voyager dans les pays que nous identifions comme marchés cibles.

Quels sont les aspects de votre métier qui vous plaisent le plus ?

J'exerce des missions qui revêtent des aspects stratégiques transversaux pour le territoire de La Réunion, en particulier et pour la France, en général. Cela permet d'avoir une hauteur de vue et de participer, à mon humble niveau, au développement socio-économique de mon île. Mon métier me conduit à rencontrer beaucoup de monde à La Réunion et à l'étranger, ce qui est très enrichissant professionnellement, mais aussi humainement.

L'employeur de Maryse

Région Réunion

Nom de l'administration : Conseil régional de La Réunion

Année de création : 1982

Siège social : Saint-Denis de La Réunion

Nombre de pays d'implantation : 7 pays

Nombre de salariés : 4 500

Votre projet d'orientation

- Identifiez d'autres métiers impliquant de fortes mobilités professionnelles.
- Considérez-vous ces voyages comme un atout ou une contrainte ?

THÈME 4

CHAPITRE 7 La France et ses régions dans l'Union européenne et dans la mondialisation

Comment l'aménagement des territoires contribue-t-il à intégrer la France et ses régions dans l'Union européenne et dans la mondialisation ?

Textes DYS
TOUS LES TEXTES EN VERSION DYS
lyceen.nathan.fr/geoterm-2020

SOMMAIRE

Zoom sur...

La LGV Sud Europe Atlantique

Longueur (Tours-Bordeaux)	302 km
Durée du trajet Paris-Bordeaux	2h04 min
Nombre de passagers par an	10 millions

Ligne à grande vitesse (LGV) Sud Europe Atlantique, mise en service en 2017, reliant Paris à Poitiers et Bordeaux. Photographie prise à Cubzac-les-Ponts (Gironde) en 2017.

Vidéo

Pour entrer dans le chapitre

« LGV Tours-Bordeaux : la vidéo des tests à 320 km/h »,
France 3 Régions Nouvelle-Aquitaine, octobre 2016.

Géolocalisation
Tours
FRANCE
Cubzac-les-Ponts
Bordeaux

Les Jeux olympiques de 2024 et l'intégration mondiale de la Région Île-de-France

Zoom sur…

▸ La Région Île-de-France

Population	12,2 millions d'hab. (2019)
PIB	709 milliards d'euros (1er rang européen)
Superficie	12 012 km² (13e rang des 18 régions françaises)

➔ **Les Jeux olympiques de 2024 peuvent-ils renforcer le développement des territoires de la Région Île-de-France ?**

A Paris 2024 et aménagement des territoires

Vidéo

1 Jeux olympiques et infrastructures

Carte interactive

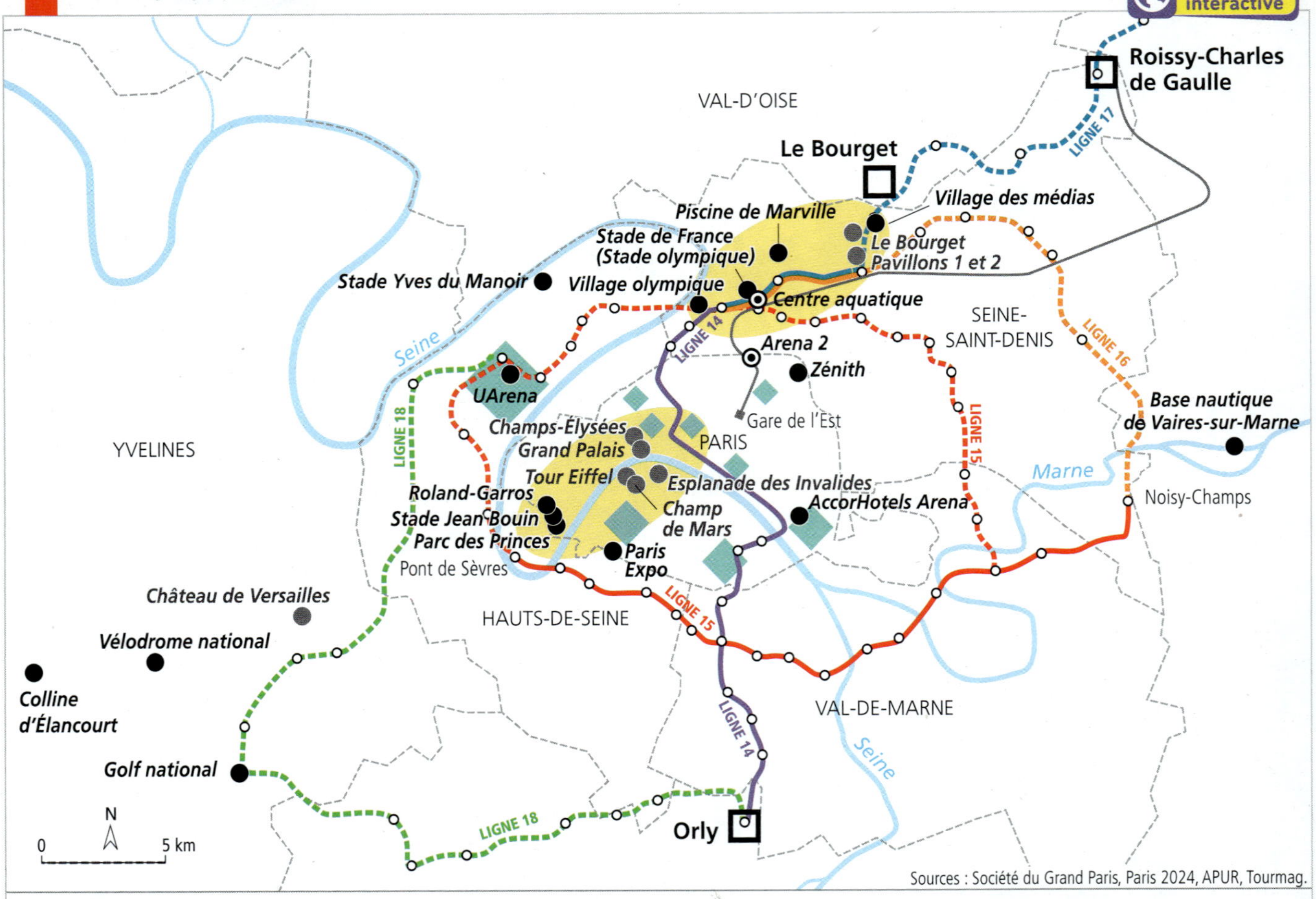

1. Les sites olympiques
- Pôles d'équipements sportifs
- Sites existants
- Sites construits pour les JO
- Sites temporaires

2. Les infrastructures de transport
- Aéroports
- Lignes du Grand Paris Express (GPE) : en service en 2024 ; en service après les JO
- Nouvelles stations de métro
- Projet de liaison rapide Paris-CDG Express (après 2025)

3. Les infrastructures hôtelières
- Entre 200 et 500 chambres prévues
- Entre 500 et 800 chambres prévues
- 2 500 chambres prévues

B Un rayonnement international renforcé

2 Des Jeux au service de l'attractivité de la Région Île-de-France

Parole d'acteur

L'attribution des Jeux olympiques et paralympiques à Paris en 2024 est une opportunité pour accroître l'attractivité de l'Île-de-France qui bénéficiera d'une exposition internationale importante et d'un impact économique conséquent. Certains secteurs sont particulièrement concernés comme la construction, le tourisme ou le sport. Il appartient à la région de maximiser les retombées économiques pour qu'elles bénéficient au plus grand nombre. […]

L'Île-de-France est une région mondiale, qui accueille 40 millions de touristes par an et où sont implantées de nombreuses multinationales. L'attractivité de son territoire passera également par un effort concernant la maîtrise par le plus grand nombre de langues étrangères, notamment l'anglais. […]

La Région Île-de-France, à travers le programme Smart Région Initiative, souhaite faire de la Région Île-de-France la première Smart Région[1] d'Europe. C'est pourquoi le fil directeur de la stratégie d'accompagnement des Jeux par la Région est l'innovation. L'ambition est de participer à l'organisation de Jeux novateurs, pour les visiteurs comme pour les athlètes [...]. La Région soutient l'émergence d'un cluster sport en s'appuyant sur un réseau de recherche dense. La préparation des Jeux doit permettre de structurer et de développer la filière économique sportive. Il sera proposé de créer un Village […] dédié aux projets des entreprises franciliennes.

« Stratégie d'accompagnement de la Région Île-de-France à l'organisation des Jeux olympiques et paralympiques 2024 », Rapport pour le conseil régional d'Île-de-France, septembre 2018.

1. Région utilisant les technologies du numérique pour améliorer la qualité des services urbains ou encore réduire ses coûts.

3 Paris 2024, une promotion internationale

Une du *New York Times* du 4 avril 2017, au moment de la présentation de la candidature parisienne. Les organisateurs parisiens ont acheté ce cahier spécial de quatre pages au quotidien américain.

4 Paris, un territoire au cœur des Jeux

Journée olympique, juin 2019. De nombreuses épreuves se dérouleront au cœur de Paris sur des sites emblématiques de la capitale, comme ici, place de la Concorde.

5 Un événement mondial

THÈME 4
CHAPITRE 7
RÉVISER

C Les Jeux olympiques, une chance pour les territoires ?

6 La Seine-Saint-Denis au cœur des Jeux (image de synthèse)

Aménagements temporaires :
1. Sites olympiques (badminton, tir, volley-ball)

Aménagements permanents :
2. Centre des médias (parc des expositions du Bourget, déjà existant)
3. Village des médias, transformé en logements et bureaux après les JO
4. Rénovation d'équipements sportifs et scolaires à l'occasion des JO
5. Nouvelle passerelle sur l'autoroute A1

7 Le projet olympique contesté

Images marquantes d'infrastructures abandonnées devenues symboles de la crise économique grecque en 2004, expulsion et destruction des favelas des Jeux olympiques de Rio : les récentes expériences olympiques s'apparentent bien plus à de grands projets catastrophiques écologiquement et socialement qu'à des événements porteurs d'une vision économique, sociale et écologique nouvelle. En Seine-Saint-Denis, territoire des principaux nouveaux sites olympiques de 2024, des habitants sont entrés en résistance contre les discours officiels […]. Le Comité de vigilance Saint-Denis, ensemble de dix-neuf collectifs de luttes citoyennes (pour l'enfouissement de l'autoroute A1, pour la défense et l'extension du parc de la Courneuve, pour le droit au logement, etc.) esquisse un aperçu des nombreux enjeux territoriaux. […]

La constitution de plusieurs zones d'aménagements concertées (ZAC) est prévue. Elles accueilleront le village olympique – transformé par la suite en logements et bureaux – et un écoquartier fluvial, qui suscitent de nombreuses interrogations. Des descriptions estampillées « écologique et solidaire » […], des toitures végétales pour un nouvel écosystème de biodiversité, des îlots producteurs d'énergie renouvelable, etc. Mais la reconversion de ces zones fait craindre la constitution d'enclaves gentrifiées en Seine-Saint-Denis. […] La part réduite de logements sociaux – entre 25 % à Saint-Ouen, et 40 % à Saint-Denis – met en doute les ambitions affichées.

Cyril Lecerf Maulpoix, « Qui va toucher l'héritage des JO 2024 » [en ligne], www.regards.fr, 6 mai 2019.

Questions

Itinéraire 1

Répondre aux questions

1. **Montrez** le lien entre construction des sites olympiques et aménagement des territoires. **doc. 1**
2. **Montrez** que les Jeux olympiques et paralympiques peuvent renforcer l'attractivité de l'Île-de-France. **doc. 1 à 5**
3. **Déterminez** les atouts et les limites de l'organisation des Jeux olympiques et paralympiques en Seine-Saint-Denis. **doc. 6 et 7**

Synthétiser

4. **Expliquez** les enjeux de l'organisation des Jeux olympiques et paralympiques pour l'Île-de-France et ses habitants. **doc. 1 à 7**

ou

Itinéraire 2

Participer à un débat ORAL

- L'organisation des Jeux olympiques à Paris en 2024 est-elle une chance pour les territoires d'Île-de-France ?
- Utilisez le corpus documentaire et menez des recherches personnelles afin de construire votre argumentation.

Croquis de l'étude de cas

Objectif BAC

Consigne : En vous aidant du texte ci-dessous, et en vous appuyant sur vos connaissances, complétez la légende et le croquis de synthèse.

Aide pour répondre à la consigne :

- Relevez les informations dans les trois paragraphes.
- Identifiez les figurés pouvant être utilisés pour cartographier ces informations.
- Rédigez la légende et réalisez le croquis.

Les Jeux olympiques de 2024 et l'intégration mondiale de la Région Île-de-France

L'Île-de-France accueillera l'essentiel des compétitions olympiques de 2024. L'organisation est caractérisée par une concentration des sites dans deux pôles sportifs. Le premier, en Seine-Saint-Denis, se structure autour de trois sites majeurs : le village olympique, le village des médias et le Stade de France dans lequel se tiendront les cérémonies d'ouverture et de fermeture. Le second s'anime autour de la Seine faisant la part belle à des infrastructures déjà existantes (AccordHotelsArena, Roland-Garros, parc des Princes) ou temporaires, en des lieux emblématiques de la capitale (Champ-de-Mars, tour Eiffel, Champs-Élysées, Invalides, Grand Palais). D'autres sites sont prévus (Zénith, château de Versailles, Saint-Quentin-en-Yvelines...).

L'organisation des JO pourra s'appuyer sur une excellente connexion internationale. Un réseau de transports dense assurera les mobilités de 15 000 athlètes, 20 000 journalistes et des spectateurs. Les axes routiers et autoroutiers (le boulevard périphérique, la rocade « Francilienne », l'A1, l'A4, l'A6…) polarisent et redistribuent les flux entre Paris et les territoires français et européens. Le réseau ferroviaire est équipé de hubs multimodaux parmi lesquels les gares du Nord et de l'Est, connectées à Londres, Bruxelles, Amsterdam et Francfort. Enfin, le hub de Roissy Charles-de-Gaulle (10e rang mondial), secondé par l'aéroport d'Orly, draine plus de 70 millions de passagers annuels.

L'Île-de-France concilie Jeux olympiques et développement des territoires. Les nouvelles lignes de métro 14, 15 et 16 du Grand Paris Express devraient ouvrir en 2024. Une nouvelle gare multimodale verra le jour à Saint-Denis-Pleyel. En revanche, la future ligne de train du Charles-de-Gaulle Express ne sera finalement pas en service pour les JO 2024. En Seine-Saint-Denis, deux nouveaux quartiers devraient bénéficier d'une reconversion des sites du village olympique et du village des médias en bureaux, en équipements scolaires et en logements en dépit des risques de gentrification.

Fond de carte

THÈME 4
CHAPITRE 7
RÉVISER

Exemple : le projet EuroRennes, une ambition européenne

Objectif

1. Préparez une sortie sur le terrain.
2. Votre travail consiste à étudier un projet récent ou en cours de réalisation au sein de votre région. Ce projet d'aménagement doit avoir pour vocation de renforcer l'attractivité et le rayonnement du territoire concerné afin de favoriser son intégration dans l'Union européenne et dans la mondialisation.
3. Réalisez un diaporama pour présenter votre travail.

Aide pour répondre à la consigne :

- Notion « Aménagement des territoires » : voir p. 267

Étudier un aménagement de proximité

ÉTAPE 1 Préparer le sujet et se documenter

A Choisir le territoire de proximité et l'aménagement

PRINCIPAUX TYPES D'AMÉNAGEMENTS

Territoires de vie

- Quartier d'habitation
- Gare
- Centre culturel ou sportif
- Zone commerciale
- Équipement de transport

Exemple : EuroRennes

Territoires de production

- Quartier d'affaires
- Pôle de haute technologie
- Région agricole
- Région industrielle
- Station touristique

Exemple : La Défense

Territoires de protection de la nature

- Parc naturel régional
- Parc national
- Forêt
- Littoral

Exemple : parc du Mercantour

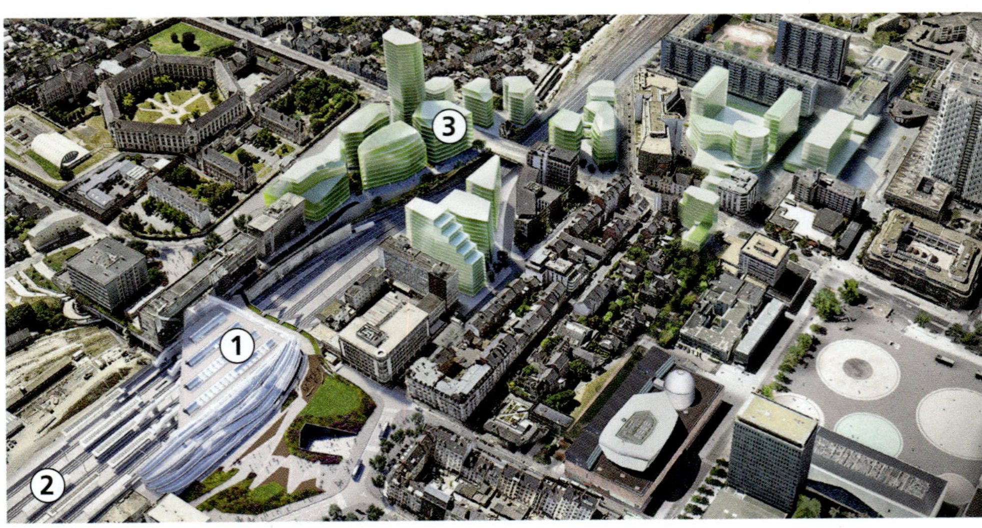

Le projet EuroRennes
Image de synthèse, juin 2019.
① Pôle d'échanges multimodal (gare SNCF, station de métro, gare routière, lignes de bus)
② Voies ferrées (reliées à la LGV Rennes-Paris)
③ Nouveaux immeubles (bureaux, logements, commerces)

B Élaborer une problématique

- Une enquête sur le terrain est toujours construite à partir d'une problématique. Une problématique est la formulation d'un questionnement pertinent autour du sujet que l'on veut traiter. Elle sert de fil conducteur au travail qui sera construit comme une réponse à cette interrogation préalable.

Problématique possible pour le cas d'EuroRennes :

Comment le projet d'aménagement d'EuroRennes affirme-t-il les ambitions européennes de Rennes ?

C Se documenter

- Après avoir défini le sujet et la problématique, il est nécessaire de préparer le travail de terrain en se documentant (par exemple, au CDI de votre lycée).

Sites Internet

- Sites des collectivités territoriales
- Sites des agences d'urbanisme
- SIG (Systèmes d'information géographique) : Géoportail, Google Earth
- Site de l'Insee

Livres - Publications

- Publications des collectivités territoriales
- Ouvrages de géographie
- Manuels scolaires
- Atlas
- Dictionnaires et encyclopédies

Films - Vidéos

- Vidéos produites par les collectivités territoriales
- Émission de télévision de la chaîne régionale
- Podcasts radio
- Films documentaires
- Archives de l'INA

Un article de presse sur le projet

Le quartier de la gare de Rennes est en train de connaître une complète métamorphose. La ligne à grande vitesse qui relie désormais Paris à la porte de la Bretagne en moins d'une heure et demie, la mise en service en 2020 de la nouvelle ligne B du métro et le développement du trafic TER devraient entraîner d'ici à 2025 un doublement du nombre de voyageurs. Le projet d'aménagement EuroRennes vise ainsi à répondre à la nécessité de renforcer les capacités d'accueil et la fluidité du hub rennais, devenu pôle d'échange multimodal (PEM), et s'inscrit dans une politique de développement des mobilités douces. Mais il a aussi pour dessein d'étendre le centre-ville vers le sud, et surtout de « recoudre » la ville, coupée en deux par les voies ferrées, « pour doter Rennes d'un centre-ville élargi, digne d'une vraie métropole, explique Emmanuel Couet, président de Rennes Métropole. La gare et son quartier, pôle d'entrée en Bretagne, doivent servir l'attractivité de la capitale bretonne et devenir un marqueur de la 10e métropole française ». […]

Rennes veut faire de ce nouveau quartier un pôle économique d'envergure nationale en accueillant notamment des sièges sociaux d'entreprises.

Laetitia Van Eeckhout, « Autour de sa nouvelle gare, Rennes se dote d'un nouveau centre-ville élargi et végétalisé », *Le Monde* [en ligne], 27 mars 2019.

Vidéo

Une vidéo sur le projet

« La gare de Rennes fait son show », film de Rennes Métropole, 5 juillet 2019.

Le projet EuroRennes, une ambition européenne

ÉTAPE 2 Mener l'enquête sur le terrain

L'enquête sur le terrain permet de collecter des données afin d'enrichir la recherche documentaire. C'est le temps de l'observation, de la rencontre avec les acteurs du projet (prise de rendez-vous, préparation d'un questionnaire), de la réalisation de croquis et de photos sur place.

D Localiser et caractériser l'aménagement

- **Localisez** l'aménagement dans la ville, la commune, le département et la région.
- **Indiquez** le territoire de proximité concerné par l'aménagement :
  – communauté de communes,
  – communauté d'agglomération,
  – communauté urbaine ou métropole.
- **Précisez** la nature de l'aménagement : transports, urbanisme, environnement, tourisme, santé, culture, sports, etc.
- **Déterminez** le type d'infrastructures ou de bâtiments.
- **Relevez** les caractéristiques principales de l'aménagement : date de décision, de réalisation, commanditaires, superficie, composantes, objectifs, etc.
- **Prenez** des photographies ou réalisez de courtes vidéos. Réalisez des schémas.

Parvis de la nouvelle gare de Rennes
Photographie prise en juillet 2019.

Vue du nouveau quartier d'affaires avec des immeubles en construction
Photographie prise en juillet 2019.

La réhabilitation d'un quartier à proximité
L'avenue Janvier, à proximité de la gare, et ses futurs aménagements dans le cadre du projet EuroRennes (image de synthèse).

E Identifier les acteurs du projet et collecter leurs propos

- **Identifiez** les différents types d'acteurs du territoire de proximité selon les catégories auxquelles ils appartiennent.

Acteurs publics

- Représentants des collectivités territoriales (commune, département, région)
- Représentants d'un EPCI (communauté de communes, communauté d'agglomération, communauté urbaine, Métropole)
- Maire
- Adjoint municipal
- Responsable de l'urbanisme
- Représentant d'une agence d'urbanisme

Acteurs privés

- Architectes
- Urbanistes
- Entreprises en bâtiment

Citoyens

- Habitants du quartier
- Acteurs économiques (commerçants)
- Association (protection de l'environnement)
- Comité de vigilance
- Comité de soutien

- **Réalisez** une interview d'un élu politique local. Exemples de questions
- **Enquêtez** auprès des habitants du quartier (leurs attentes, leurs critiques, leur implication dans le projet) et auprès des usagers.
- **Recherchez** des acteurs qui nuancent l'efficacité économique de ce projet ou qui le critiquent pour ses conséquences paysagères et/ou sociales.

Des acteurs à différentes échelles

Inauguration de la gare de Rennes, 3 juillet 2019.

Conseil

- Identifiez les logos situés sur les documents promotionnels en indiquant l'échelle à laquelle évolue chacun des acteurs.
- Consultez leur site internet pour comprendre le rôle de chacun.

Un projet controversé — Paroles d'acteurs

« Les métropoles sont le visage d'une France inventive et créative, et Rennes se veut à la pointe de ce mouvement », affirmait Emmanuel Couet, président de Rennes Métropole. Grâce aux investissements et aux filières économiques historiques de la ville (numérique, agroalimentaire, santé), les élus espèrent un « effet d'entraînement » dans toute la Bretagne.

Pour le géographe Guy Baudelle, professeur à l'université Rennes 2, il faut pourtant se garder de surestimer « l'effet LGV ». « L'arrivée de la LGV ne garantit pas seule de nouvelles implantations d'entreprises », analyse-t-il, notant que la hiérarchie des villes, en termes d'attractivité, « ne bouge que très lentement ». […]

Dans sa course au développement, Rennes essuie des critiques, notamment sur le sort réservé à son patrimoine. « Le petit patrimoine privé, comme les maisons du XIXe et XXe siècle, risque de disparaître », alerte Michel Coignard, président de l'association. […]

Le collectif « Place à défendre » dénonce une « gentrification » rampante du centre-ville. « Les logements sociaux sont assez importants mais surtout situés en périphérie », relève Laurent Gouet, membre du collectif. « Il y a une volonté de transformer l'hyper-centre en centre commercial réservé aux plus aisés. »

AFP, « Avec l'arrivée de la LGV, Rennes voit l'avenir en grand », 4 février 2017.

ÉTAPE 3 Faire la synthèse de l'enquête

F Rédiger le compte-rendu

- **Finalisez** votre travail par la rédaction d'un compte-rendu et la réalisation d'un diaporama dans lesquels vous montrerez les enjeux, les acteurs et les effets produits ou attendus sur le(s) territoire(s).

- Vous pouvez suivre la démarche suivante.

1. Présentez les enjeux du projet.
   - Quels sont le(s) territoire(s) concernés ?
   - Quels sont les objectifs ?
2. Synthétisez le rôle des acteurs du projet.
   - Distinguez les acteurs publics des acteurs privés. Indiquez leur rôle et leur position respective.
   - Montrez que les acteurs interviennent à différentes échelles du local au national.
   - Présentez les débats entre les divers acteurs, les limites du projet…
3. Montrez les effets de cet aménagement sur la région.
   - Répondez à votre problématique.
4. Accompagnez ce compte-rendu d'un diaporama comprenant :
   - des photographies,
   - des vidéos,
   - des extraits d'interviews et/ou de micro-trottoirs,
   - un schéma de l'aménagement (exemple ci-contre).

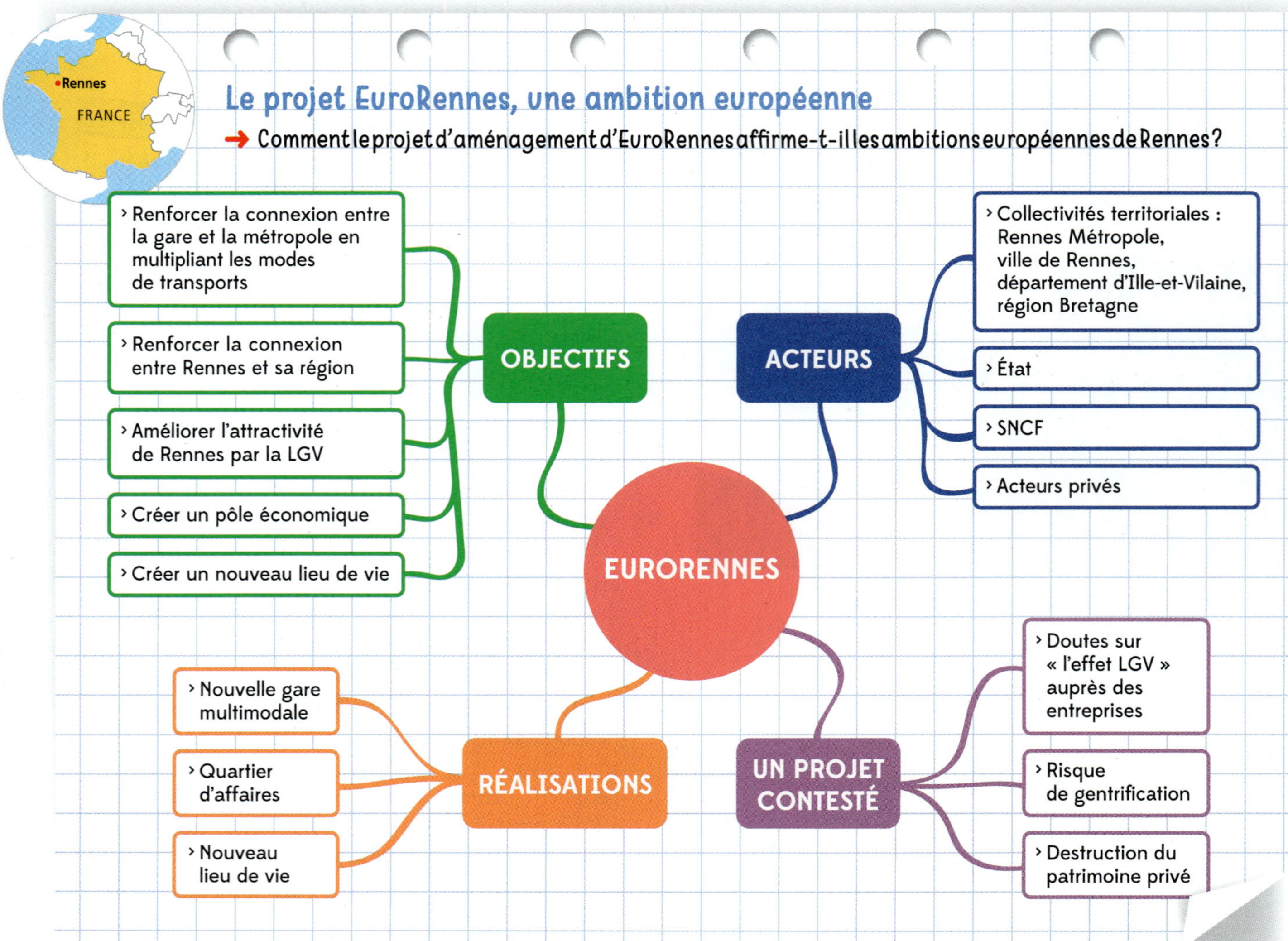

G Cartographier le projet

- **Produisez** un croquis du projet étudié à partir des données relevées sur le terrain.

Pour la légende :
- Repérez dans votre compte-rendu (voir étape 3-F) et dans vos schémas réalisés sur le terrain (voir étape 2-D) les éléments nécessaires à la cartographie du projet.
- Hiérarchisez les objectifs du projet : multimodalité, multifonctionnalité.

Pour le croquis :
- Ajustez l'échelle de votre croquis (2 cm = 100 m) et son orientation.
- Tracez le périmètre du projet.
- Placez au centre de votre croquis les principaux éléments. Par exemple, pour EuroRennes : la gare, puis les axes de transport.
- Montrez la multimodalité et la multifonctionnalité du quartier (pôle d'échanges multimodal, quartier d'affaires, lieu de vie).

EuroRennes, un projet multifonctionnel

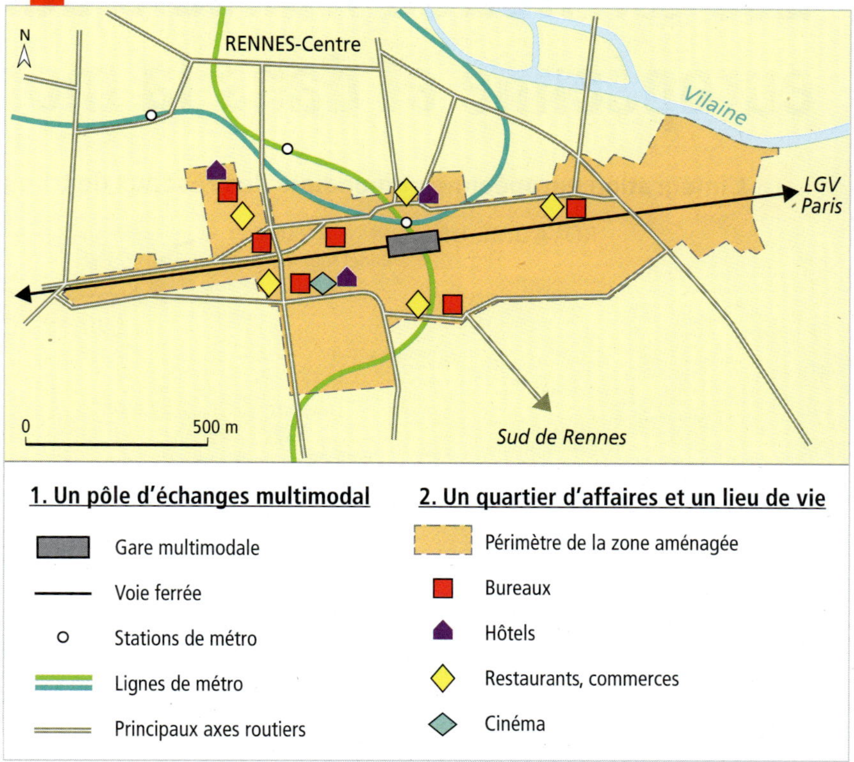

Rennes, une ambition européenne

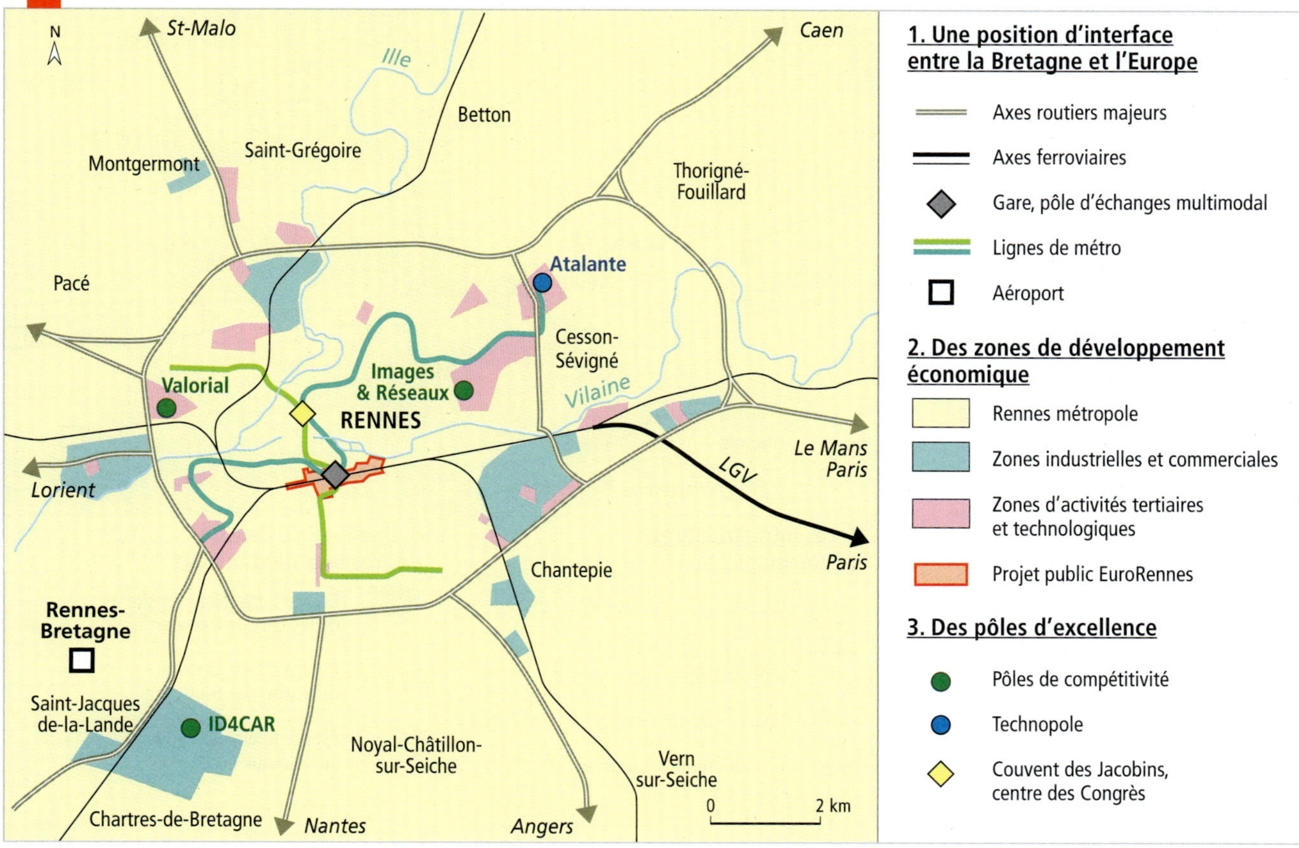

Les territoires français dans l'Union européenne et dans la mondialisation

1 L'intégration européenne et mondiale des réseaux de transport français

Carte interactive

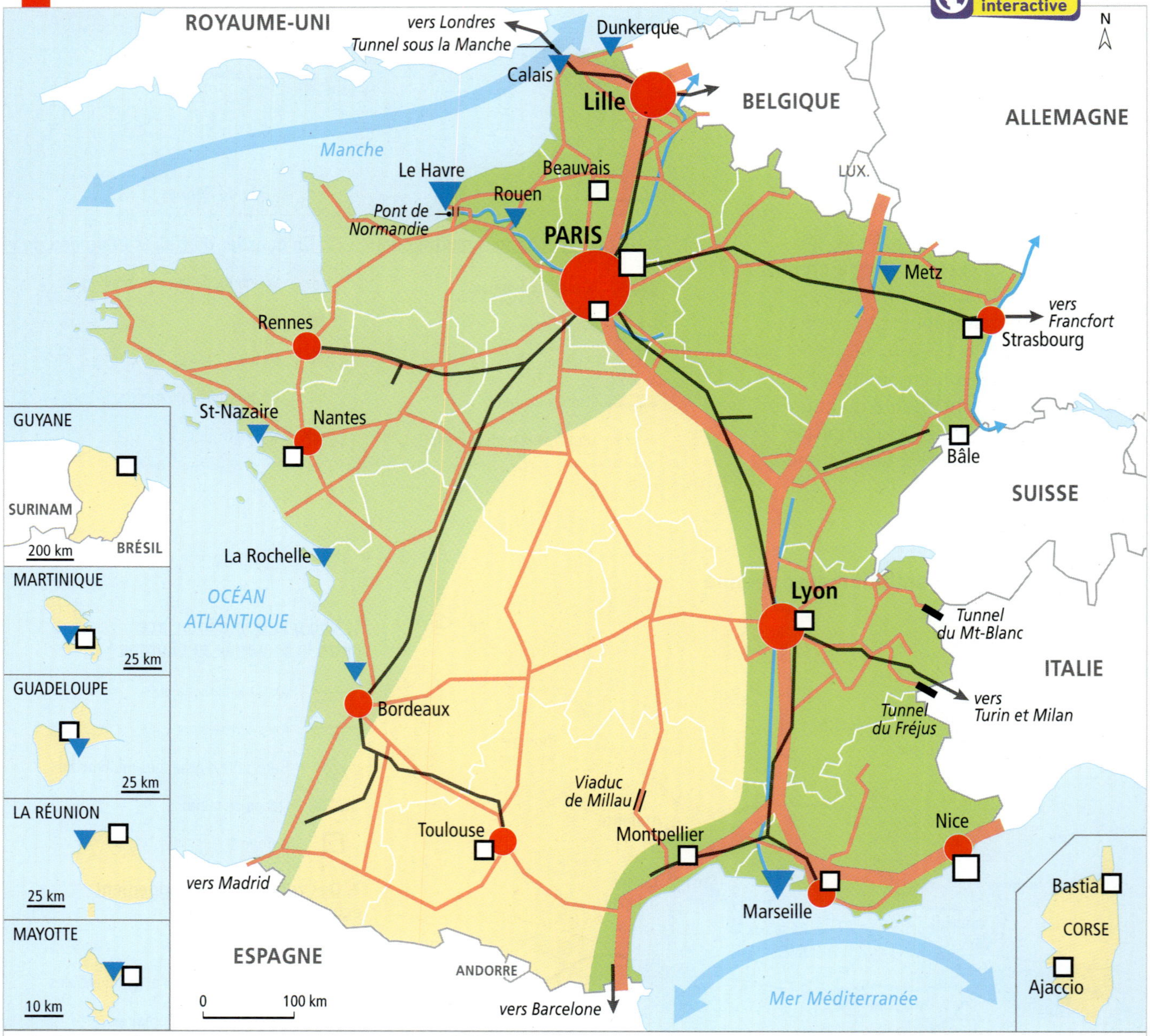

1. Des carrefours et des nœuds hiérarchisés

- Carrefour mondial
- Carrefours européens
- Carrefours régionaux
- Aéroports internationaux
- Principaux ports

2. Les infrastructures de communication

- Grands axes autoroutiers
- Lignes ferroviaires à grande vitesse ou en projet
- Voies navigables majeures ou en projet
- Grandes routes maritimes

3. Une inégale densité des réseaux de transport

- Espace à très forte densité de réseaux de transport
- Espace à forte densité de réseaux de transport
- Espace faiblement intégré aux réseaux européens

Sources diverses, 2020

2 Des territoires inégalement intégrés à l'Europe et dans le monde

Carte interactive

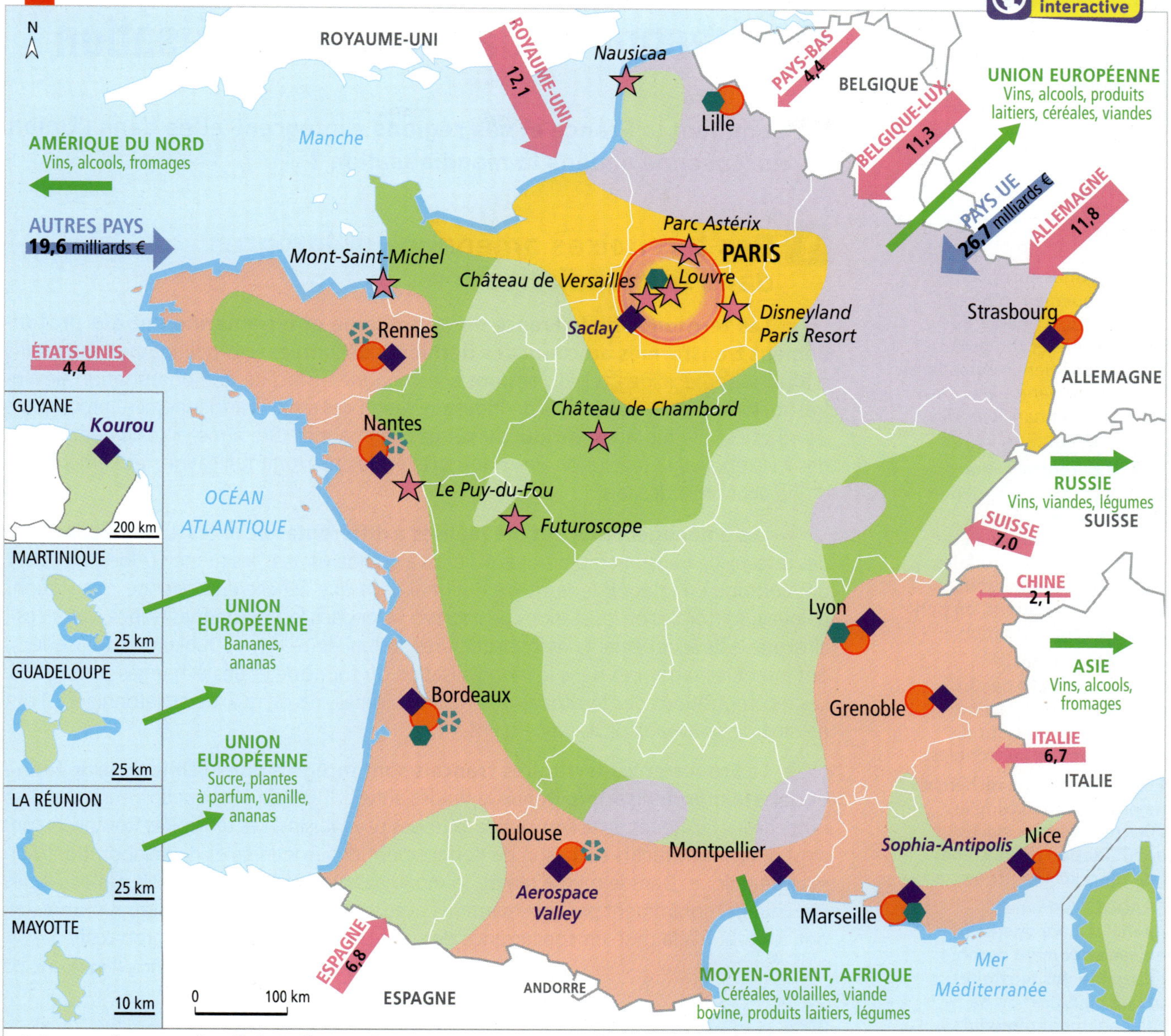

1. Des systèmes productifs inégalement intégrés

- Métropoles innovantes et intégrées dans la mondialisation
- Espaces dynamiques fortement intégrés
- Espaces dynamisés par le tourisme et les hautes technologies
- Anciennes régions industrielles en reconversion
- Espaces agricoles productifs et exportateurs
- Espaces ruraux peu intégrés

2. Des facteurs d'attractivité

- Quartiers d'affaires / en chantier
- Pôles de haute technologie
- Littoraux touristiques
- Sites et lieux touristiques majeurs

3. Des flux favorisant l'intégration

- 26,7 Investissements directs étrangers (en milliards d'euros)
- 6,7 Flux de touristes étrangers (en millions)
- Exportations agricoles

Sources diverses, 2020.

Questions

1. **Identifiez** les territoires français les mieux intégrés à l'Union européenne et au monde. **doc. 1 et 2**
2. **Montrez** le lien entre l'intégration des territoires et la localisation des activités productives. **doc. 1et 2**
3. **Justifiez** que les territoires les plus excentrés sont les moins bien intégrés à l'Europe. **doc. 1 et 2**
4. **Montrez** le lien existant entre l'intégration européenne et mondiale de la région de votre lycée et sa connexion aux réseaux de transport. **doc. 1 et 2**

THÈME 4 · CHAPITRE 7 · RÉVISER

Cours

Podcast Cours à écouter

Les territoires français dans l'Union européenne et dans la mondialisation

➔ **Comment la France et ses régions s'intègrent-elles dans l'Union européenne et dans la mondialisation ?**

Vocabulaire

- **FEDER** : Fonds européen de développement régional. Créé en 1975, il finance des infrastructures et des projets de développement locaux dans l'Union européenne grâce aux contributions financières des différents États.
- **Lois de décentralisation** : ensemble des lois qui, depuis 1982, ont transféré une partie des pouvoirs de l'État aux collectivités territoriales. Lorsque ces pouvoirs sont transférés aux régions, on parle aussi de « régionalisation ».
- **Loi MAPTAM** : loi du 27 janvier 2014 de modernisation de l'action publique territoriale et de l'affirmation des métropoles.
- **Productiviste** : qui recherche une production maximale et des rendements élevés par l'utilisation de machines et de produits industriels.
- **SRADDET (schéma régional d'aménagement, de développement durable et d'égalité des territoires)** : outil de planification de l'aménagement régional. Il est élaboré pour une période de cinq ans.

1 Des territoires aménagés et intégrés dans la mondialisation

● **Les territoires de la France métropolitaine et ultramarine ont été profondément transformés au cours des dernières décennies.** Les politiques et dispositifs d'aménagement des territoires ont accompagné et facilité la modernisation des infrastructures (ponts, ports…), la désindustrialisation des régions anciennement productives (Nord et Est), la mutation productiviste des campagnes (Bretagne), l'étalement urbain des métropoles, la révolution des transports et des télécommunications et l'émergence d'une économie des loisirs.

● **Les aménagements ont été réalisés à différentes échelles.** Le développement des réseaux de transport (autoroutes et lignes à grande vitesse), les tunnels (Alpes, Manche), ont contribué à intégrer le territoire national dans une échelle européenne. Les stations balnéaires littorales ou les stations de sports d'hiver dans les montagnes (Alpes, Pyrénées), ainsi que le développement des infrastructures portuaires (Le Havre, Dunkerque, Marseille…) ont inscrit les territoires dans la mondialisation du tourisme et des échanges marchands. Les recompositions des territoires de proximité (gares, parcs, quartiers piétonniers…) ont dessiné de nouveaux paysages urbains.

● **La France et les territoires français sont intégrés dans l'Union européenne et dans la mondialisation.** Depuis la fin des années 1950, la construction européenne a rattaché les territoires de la France à ceux de ses pays voisins. Les territoires frontaliers sont ainsi devenus attractifs en raison de l'effacement des frontières et de l'élaboration d'un marché unique. Dans le même temps, la mondialisation et l'intensification des échanges marchands, notamment par voie maritime, avec les autres pôles économiques mondiaux, ont contribué à la mise en concurrence des métropoles et des espaces productifs.

ÉTUDIER UN AMÉNAGEMENT DE PROXIMITÉ Le projet EuroRennes, une ambition européenne ➔ p. 252

2 Des acteurs multiples de l'intégration et de l'aménagement

● **L'État et l'Union européenne sont des acteurs déterminants.** L'État, longtemps acteur unique de l'aménagement, élabore les lois (lois Littoral et Montagne, loi MAPTAM…) et dirige des organismes (Conservatoire du littoral) qui définissent l'ensemble des règles permettant d'engager toute action sur les territoires. Il doit aujourd'hui composer avec la politique de cohésion des territoires menée par l'Union européenne dont l'objectif est de réduire les inégalités entre les territoires à l'échelle du continent.

● **Les collectivités territoriales sont également des acteurs importants.** Depuis le début des années 1980, les lois de décentralisation ont transféré de nombreuses compétences aux communes, départements, régions. Elles ont également permis des coopérations intercommunales dans des domaines divers : ramassage scolaire, réseaux de transport en commun, délimitation d'espaces de protection de la nature (parcs naturels). Ce sont des acteurs majeurs pour la recomposition des territoires de proximité.

● **Les acteurs économiques privés sont de plus en plus influents.** Avec la mondialisation des échanges et des investissements, de nombreuses entreprises étrangères participent à la transformation des territoires (Toyota près de Valenciennes). Les individus organisés en associations défendent ou s'opposent parfois aux projets locaux (rocade autoroutière, parc d'attractions, aéroport…). La participation des citoyens est définie par la loi dans tout projet au nom de la démocratie participative.

Les 5 régions les plus peuplées (2019)
En millions d'habitants

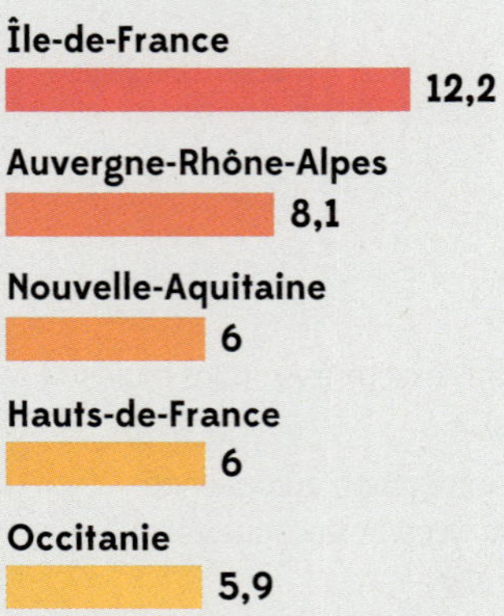

Source : Insee, 2019.

3 Les régions françaises : des acteurs majeurs en Europe et dans la mondialisation

● **Les régions françaises sont des acteurs économiques et territoriaux majeurs.** Depuis la réforme territoriale de 2015, la France compte 13 régions métropolitaines et 5 en outre-mer. Certaines d'entre elles (Nouvelle-Aquitaine, Occitanie, Hauts-de-France…) sont désormais plus grandes, plus peuplées et plus puissantes sur le plan économique. Elles ambitionnent de rivaliser avec les grandes régions allemandes ou britanniques et d'être des acteurs spatiaux compétitifs dans la mondialisation.

● **L'aménagement des territoires est au cœur du développement régional.** Les régions participent activement à l'action économique territoriale (formation professionnelle) et à l'organisation d'événements au rayonnement international (festivals de cinéma, compétitions sportives comme les JO 2024) qui contribuent à leur attractivité. Elles interagissent avec les autres collectivités territoriales et collaborent avec l'État sur le financement de projets importants (soutien à des filières innovantes…). Elles élaborent des schémas régionaux d'aménagement, de développement durable et d'égalité des territoires (SRADDET).

● **Les régions françaises s'intègrent dans l'espace communautaire européen.** Les régions bénéficient également des aides de l'Union européenne, à travers le FEDER (Fonds européen de développement régional) et le FSE (Fonds social européen, en charge de l'inclusion sociale). Les Eurorégions (Alpes-Méditerranée, Nouvelle-Aquitaine-Euskadi-Navarre) permettent des stratégies de développement transfrontalières.

ÉTUDE DE CAS Les JO de 2024 et l'intégration mondiale de la Région Île-de-France → p. 248

Les dépenses des régions (2018), en %

Source : www.collectivites-locales.gouv.fr, 2019.

Notions

Aménagement des territoires p. 267
Collectivité territoriale p. 268
Région p. 269

Du cours au schéma

EXO Exercice interactif

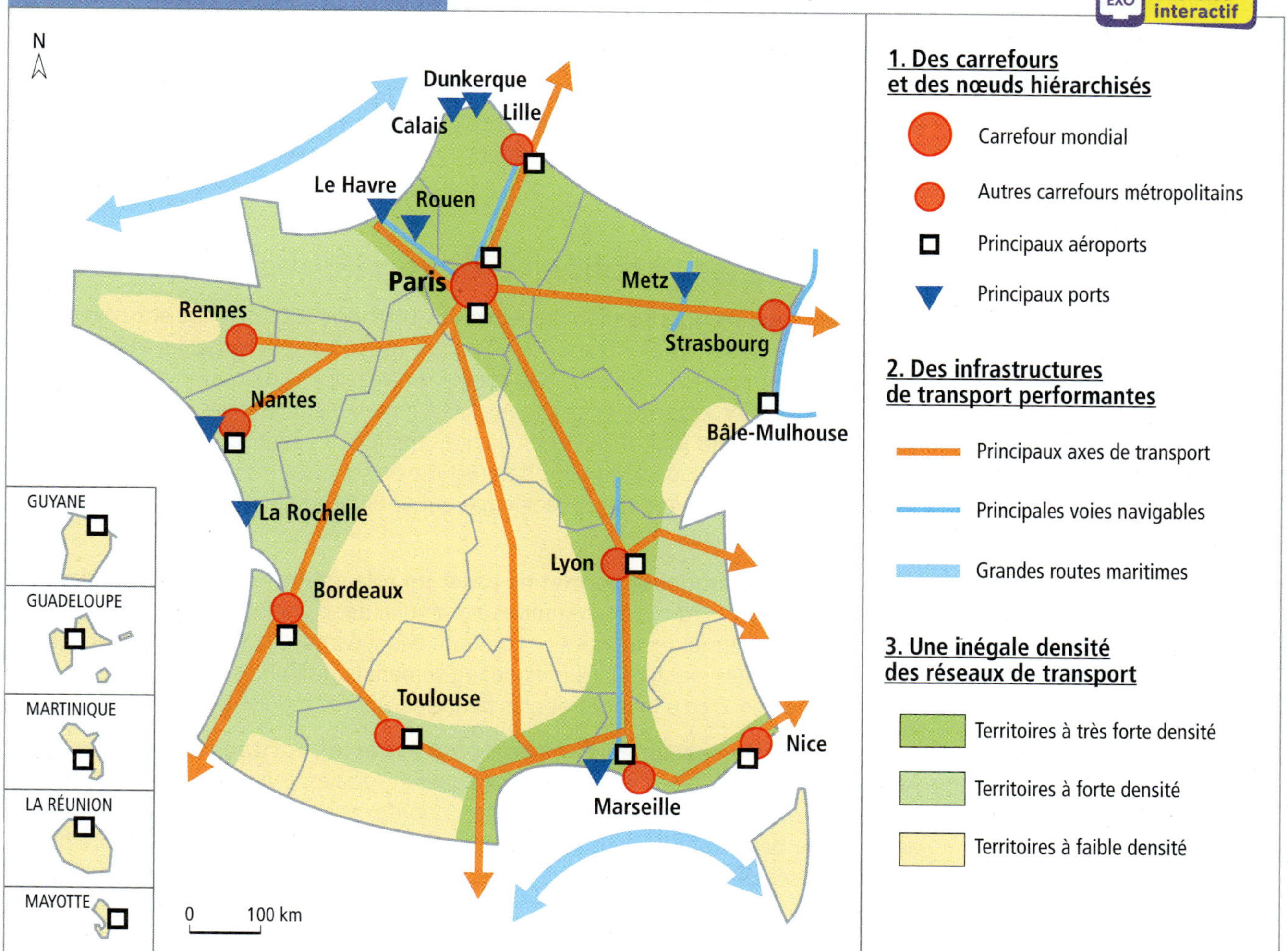

Cours

Podcast Cours à écouter

Des recompositions territoriales à toutes les échelles

Quels sont les enjeux de l'intégration des territoires français dans la mondialisation ?

1 Assurer l'attractivité des territoires

● **Plusieurs types de territoires sont très intégrés dans la mondialisation.** Les 22 métropoles sont les principaux moteurs de la croissance économique, de l'attractivité et de la compétitivité des territoires. Elles ont pour ambition de valoriser les fonctions économiques métropolitaines (finance, commerce, hautes technologies...), d'attirer les investisseurs internationaux, de développer les capacités universitaires de recherche et d'innovation, et d'assurer la promotion internationale de leur territoire. Les 56 pôles de compétitivité (Cosmetic Valley, Minalogic...) sont également des acteurs économiques d'ambition mondiale, tout comme les espaces touristiques.

● **Les facteurs de l'attractivité des territoires sont variés.** Certains territoires s'appuient sur le savoir-faire productif et sur l'innovation (Aerospace Valley dans le Sud-Ouest). Les espaces touristiques (littoral méditerranéen) bénéficient d'un patrimoine mondialement connu. Les métropoles régionales sont très accessibles, car bien reliées par des réseaux de transport rapide (aéroports, gares). Les aménagements (réhabilitation des quartiers urbains centraux à Marseille ou à Lyon) réalisés depuis plusieurs décennies renforcent leur attractivité en permettant la concentration des investissements, des entreprises et des services dans des quartiers d'affaires (la Part-Dieu à Lyon).

● **L'attractivité des territoires s'accompagne du développement durable.** La prise en considération des enjeux environnementaux constitue un enjeu majeur au service du développement local. Les actions de protection et de préservation (parcs régionaux), la multiplication des écoquartiers dans les métropoles doivent accompagner l'équilibre économique et social des territoires, au moyen des agendas 21. La protection des différents types de patrimoine et la labellisation contribuent également à leur valorisation touristique.

2 Favoriser la cohésion de territoires concurrents

● **Les concurrences sont fortes entre les territoires.** C'est le cas entre les métropoles régionales (Nantes, Bordeaux, Nice, Rennes) qui peuvent proposer les mêmes atouts (cadre de vie, marché de l'emploi, patrimoine, universités...) attirant investissements et entreprises, ou bien entre les régions touristiques, notamment littorales. À une échelle plus locale, les communes périurbaines des grandes métropoles sont souvent en compétition pour des projets nouveaux comme l'accueil de centres commerciaux, de plateformes logistiques... Dans l'outre-mer, Guadeloupe et Martinique sont également concurrentes dans le bassin caraïbe.

● **L'intercommunalité permet de jouer un rôle essentiel dans la cohésion des territoires.** Ces structures administratives (communautés d'agglomération, communautés de communes) permettent la mise en commun des services et la réduction des inégalités entre des territoires proches. La loi permet également la fusion des communes en « communes nouvelles », plus grandes et plus peuplées, afin de réduire les coûts.

● **La cohésion est un enjeu majeur pour éviter les fractures territoriales.** L'État soutient les territoires en difficultés économiques et sociales (espaces ruraux désertifiés ou en voie de désindustrialisation). Les quartiers prioritaires où se concentrent la pauvreté et le chômage bénéficient d'aides et de dispositifs d'exonération fiscale. La fracture numérique, le désenclavement sont au cœur des projets d'aménagement. Le risque majeur est celui d'un accroissement des inégalités entre territoires gagnants et territoires perdants dans la mondialisation.

Vocabulaire

- **Agenda 21 :** charte fixant un projet de territoire sur la base d'une gestion durable de ce dernier.
- **Compétitivité :** capacité d'une entreprise, d'un secteur économique ou d'un territoire à vendre ou à fournir durablement un ou plusieurs biens ou services sur un marché potentiel.
- **Développement durable :** mode de développement dont l'objectif est de concilier à la fois progrès économique, harmonie sociale et culturelle et préservation de l'environnement.
- **Métropole :** au sens large, grande agglomération urbaine qui concentre la population et les activités, dotée de fonctions de décision à différentes échelles. Au sens administratif du terme, structure intercommunale d'au moins 400 000 habitants ayant pour objet l'élaboration de projets communs de développement. On en compte 22 en France, dont 3 avec des statuts différents (Paris, Marseille et Lyon).
- **Pôle de compétitivité :** regroupement reconnu par l'État, sur un territoire donné, d'entreprises, d'organismes de formation et de centres de recherche publique ou privée, engagé autour de projets innovants dans un secteur d'activité donné.

Notions

- Attractivité p. 165
- Région p. 269

3 Des inégalités qui persistent

● **L'Île-de-France est une région très intégrée dans la mondialisation.** La Région concentre 31 % du PIB national et 4,5 % du PIB européen. Destination majeure du tourisme international, ville d'art et de culture, Paris est aussi une des capitales mondiales du luxe. Elle accueillera les Jeux olympiques de 2024 en s'appuyant sur son accessibilité à différentes échelles et ses réseaux de transport (Grand Paris Express).

● **Les pôles régionaux sont hiérarchisés.** Les régions et leurs principales métropoles ont des potentiels variés. Celles du Grand-Ouest (Bretagne, Pays de la Loire, Nouvelle-Aquitaine) peuvent s'appuyer sur des métropoles (Rennes, Nantes, Toulouse, Bordeaux) disposant de populations jeunes et dynamiques. Leurs pôles de compétitivité et d'innovation attirent des actifs hautement qualifiés et constituent l'archipel de la dynamique des territoires. D'autres métropoles sont aujourd'hui nettement plus en retrait (Poitiers, Limoges, Amiens…).

● **La France des marges reste sous-intégrée dans la mondialisation.** De nombreuses communes de banlieues des métropoles concentrent des taux de chômage élevés. Les régions rurales éloignées de l'influence des métropoles (Massif central) ont une démographie vieillissante et des activités productives insuffisantes. Elles sont confrontées à la désertification des services, tout comme de nombreuses villes, petites ou moyennes (Gap, Privas…). Les territoires ultramarins (Mayotte, La Réunion), malgré leurs paysages de carte postale, sont marqués par des déficits socio-économiques importants, et par l'éloignement des marchés européens.

ÉTUDE DE CAS Les JO de 2024 et l'intégration mondiale de la Région Île-de-France → p. 248

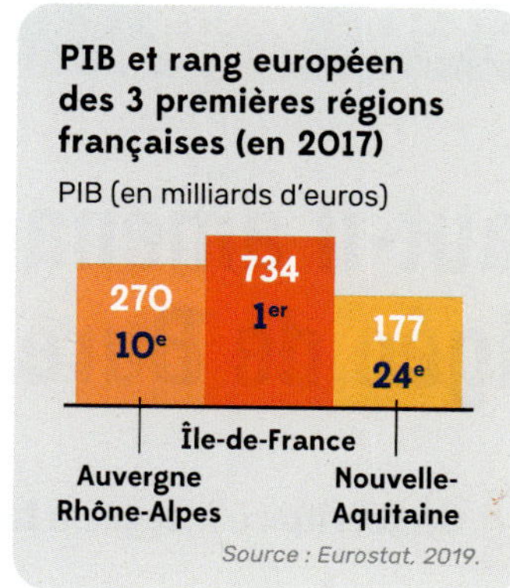

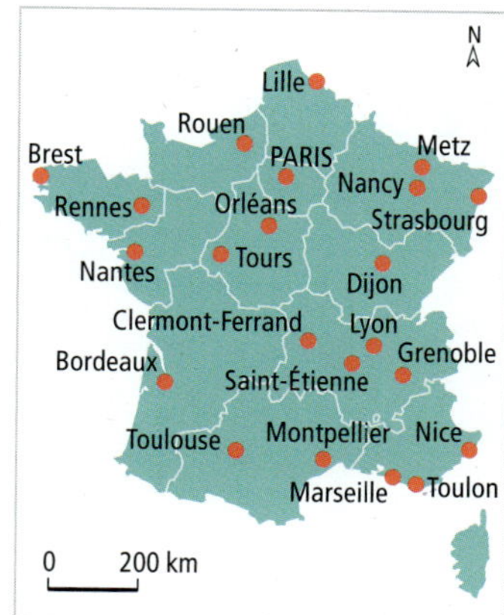

Du cours au schéma

EXO Exercice interactif

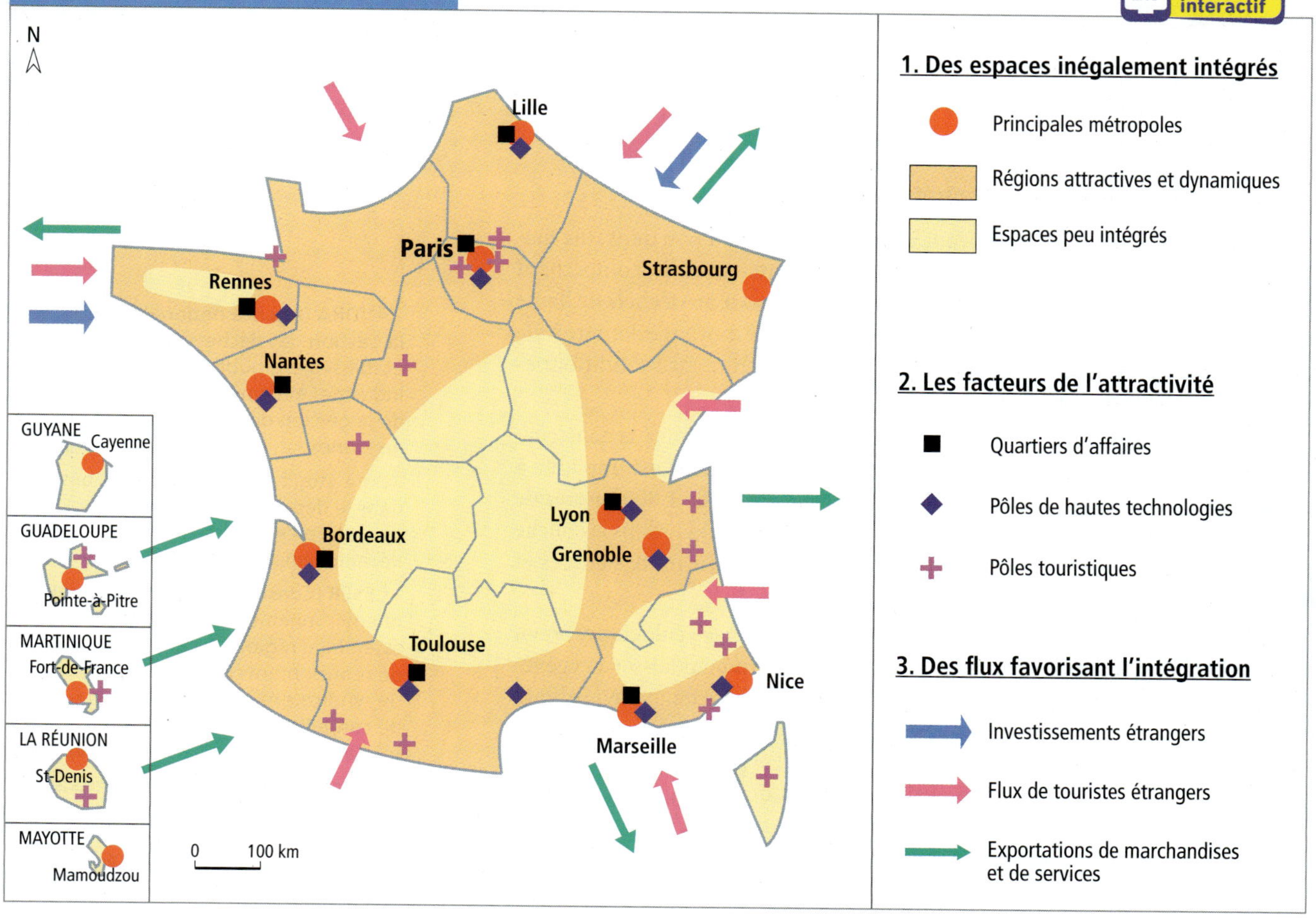

Faut-il aménager le centre de déchets radioactifs Cigéo de Bure (Meuse, Région Grand Est) ?

1 Un territoire intégré à la filière nucléaire

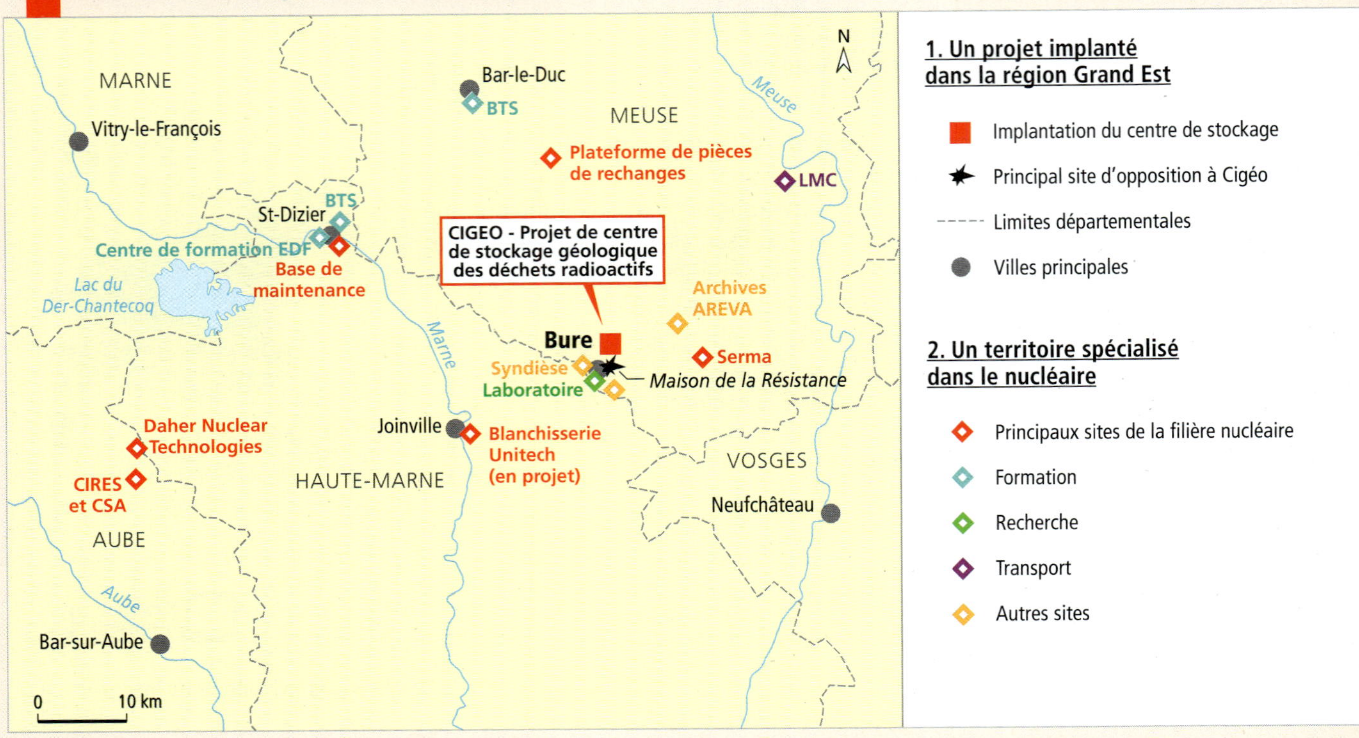

2 Gérer le stockage des déchets nucléaires

Colis de déchets. Les déchets radioactifs incorporés ou non dans une matrice (verre, béton, bitumes, ...) sont conditionnés dans un colis, comprenant le déchet et une enveloppe. Cette dernière est en inox, pour les déchets de haute activité (HA) et en béton ou en métal pour les déchets de moyenne activité à vie longue (MA-VL). Avant leur stockage à Cigéo, ils pourront être conditionnés dans un conteneur de stockage.

Laboratoire souterrain de Bure. En 2000, l'ANDRA a débuté la construction d'un laboratoire souterrain à Bure. Cet outil de recherche est implanté à 490 mètres de profondeur et constitué d'un réseau de plus de 1 800 mètres de galeries. Il a permis d'étudier la faisabilité du stockage géologique dans la couche d'argilite de cette région. Aujourd'hui, il est utilisé pour mener des études et essais nécessaires au projet Cigéo.

Réversibilité. Le Parlement a demandé que ce stockage géologique, prévu pour être définitif, soit réversible pendant au moins 100 ans pour laisser aux générations futures la liberté de faire évoluer les choix de gestion retenus aujourd'hui. La loi de 2016 définit la réversibilité comme : « la capacité, pour les générations successives, soit de poursuivre la construction puis l'exploitation des tranches successives d'un stockage, soit de réévaluer les choix définis antérieurement et de faire évoluer les solutions de gestion ».

Site du centre d'informations et de ressources sur Cigéo, www.cigeo.gouv.fr [consulté en mars 2020].

Vocabulaire

- **ANDRA (Agence nationale pour la gestion des déchets radioactifs) :** établissement public à caractère industriel et commercial chargé de la gestion des déchets radioactifs en France.
- **Bure Stop :** association locale, basée dans le département de la Meuse, opposée à l'enfouissement des déchets radioactifs à Bure.
- **CESER (Conseil économique, social et environnemental régional) :** assemblée régionale constituée de représentants d'entreprises, de syndicats et d'associations, chargés de conseiller les élus régionaux sur l'administration de leur région.
- **Cigéo (Centre industriel de stockage géologique) :** projet de stockage profond de déchets hautement radioactifs issus des centrales nucléaires.

3 Des contestations multiples

Parole de géographe

La communauté scientifique est divisée. Les opposants à Cigéo pointent plusieurs faiblesses du dossier : le caractère friable de la roche, la présence d'eau dans l'argile locale, générant une production d'hydrogène et donc des risques d'incendie et de corrosion des conditionnements en acier, les erreurs structurelles de conception du projet, « inspiré d'un entrepôt de surface ». Ils s'appuient sur un rapport de l'Institut de radioprotection et de sûreté nucléaire (IRSN) et les remarques formulées par l'ASN (Agence de sûreté nucléaire) en 2017, sur le risque d'incendie des colis de déchets bitumineux et les difficultés pour l'ANDRA, dans le schéma actuel, de les maîtriser et de retirer des colis accidentés. [...] Les associations locales opposées au projet – Bure zone libre, Bure Stop, les collectifs meusiens et haut-marnais contre l'enfouissement des déchets radioactifs, l'EODRA (élus locaux) – ont obtenu, dès le début le soutien de grandes fédérations écologistes nationales, comme le Réseau Sortir du nucléaire, Les Amis de la Terre et France Nature Environnement.

Philippe Subra, *Géopolitique de l'aménagement du territoire*, Armand Colin, 2018.

4 Manifestation contre le projet Cigéo de Bure
Photographie prise à Nancy, le 28 septembre 2019.

5 Un territoire de la diagonale des faibles densités

Parole d'acteur

L'Insee a publié début 2019 un diagnostic de la zone de proximité de Cigéo [...] à cheval sur les départements de la Meuse et de la Haute-Marne. C'est un territoire rural éloigné des grandes villes où le déclin démographique est important avec une diminution de 23 000 habitants depuis 1962. [...] Globalement, le solde migratoire est largement déficitaire et les jeunes quittent le territoire accentuant le phénomène de vieillissement. [...] Il y avait 71 700 emplois en 1975, il en reste 60 000 en 2014. Les pertes d'emplois ont notamment concerné l'emploi industriel (– 17 700) et l'emploi agricole (– 4 100). Ce mouvement n'est pas compensé par le tertiaire qui progresse pourtant de 11 300 emplois. [...] C'est un territoire qui cumule les fragilités. En 2006, des chefs d'entreprise du territoire ont créé Energic 52/55, grappe d'entreprises fédérées autour du projet Cigéo. L'objectif est de [...] pouvoir répondre aux appels d'offres et marchés.

CESER Grand Est, « Les avis et rapport du CESER : la gestion et le stockage des déchets radioactifs », juin 2019.

ÉTAPE 1 Comprendre et préparer le débat

1. Qu'est-ce que le projet Cigéo ? **doc.1 et 2**
2. Pourquoi est-il implanté à Bure ? **doc. 2, 3 et 5**
3. Pourquoi ce projet inquiète-t-il ? **doc. 3 et 4**

ÉTAPE 2 Participer au débat

4. Avant le débat, prélevez les arguments des différents acteurs. Reportez-les dans le tableau.
5. Avant le débat, en prenant appui sur les documents et votre point de vue personnel, notez vos arguments dans un tableau.
6. Pendant le débat, notez les arguments des autres élèves.

Tableau

ÉTAPE 3 Conclure le débat

7. À la suite du débat en classe, exprimez votre point de vue personnel et argumenté sur l'implantation du centre de déchets Cigéo à Bure. Les arguments échangés vous ont-ils amené(e) à revoir votre position de départ ? Expliquez pourquoi.

SYNTHÈSE

→ THÈME 4
La France et ses régions dans l'Union européenne et dans la mondialisation

Podcast Synthèse à écouter

1 Des territoires aménagés

● **Les territoires français ont été aménagés et sont intégrés aux échelles européenne et mondiale.** Tous les territoires sont concernés, à toutes les échelles. Les quartiers d'affaires, les espaces agricoles, les anciens foyers industriels, les espaces frontaliers, les territoires ultramarins, les régions touristiques ont été recomposés à la faveur de la mondialisation et de l'intégration européenne.

● **L'aménagement et l'intégration des territoires français répondent à plusieurs enjeux.** L'attractivité et la compétitivité sont des défis majeurs dans la mondialisation. Les métropoles, les pôles de compétitivité, les espaces productifs, les régions touristiques sont des atouts pour la France et attirent les investissements étrangers. Le développement durable accompagne les projets d'aménagement. La cohésion est également un enjeu important face à la concurrence et au risque de fragmentation des territoires.

2 Les acteurs de l'aménagement

● **Les régions sont des acteurs majeurs de l'aménagement des territoires de proximité.** Les 18 régions françaises sont des collectivités territoriales qui disposent de compétences en matière d'aménagement (routes, LGV) et d'action économique (formation professionnelle). Elles bénéficient des aides européennes (FEDER, FSE) et interagissent avec les autres acteurs de l'aménagement (État, communes…).

● **D'autres acteurs participent à l'aménagement des territoires.** L'État a longtemps été l'acteur unique. Depuis les lois de décentralisation, les compétences sont partagées avec les collectivités territoriales (communes, départements, régions). L'Union européenne participe également à l'aménagement au titre de la cohésion des territoires et contribue à l'intégration des territoires à l'échelle du continent.

3 Des territoires inégalement intégrés

● **Certains territoires sont très intégrés aux échelles européenne et mondiale.** La Région parisienne, les métropoles régionales, les espaces agricoles productivistes, les pôles de compétitivité, les régions touristiques sont des territoires gagnants dans la mondialisation.

● **Les territoires en marge sont sous-intégrés.** Les villes petites et moyennes marquées par le déclin démographique, les régions rurales éloignées des métropoles, les territoires ultramarins sont souvent marqués par des difficultés économiques et sociales qui en font des périphéries dans la mondialisation.

Repères géographiques

- Les régions françaises 293
- Les territoires très intégrés dans la mondialisation 259
- Les territoires en marge de la mondialisation 259
- Les métropoles 263

Chiffres clés

- **Population Île-de-France : 12,2 millions d'habitants**
- **Nombre de régions en France : 18 (dont 5 régions ultramarines)**
- **Nombre de métropoles : 22**
- **Nombre de pôles de compétitivité : 56**

Pour aller plus loin

Film

● *Mine de rien*, de Mathias Mlekuz, 2020.

Bande dessinée

● *Villes et territoires de demain*, une BD téléchargeable sur le site du CGET.

NOTIONS

Aménagement des territoires

Vidéo
2 min pour comprendre l'aménagement des territoires

→ Un **territoire** est un espace occupé, approprié et aménagé par les sociétés humaines. Le territoire n'a pas de dimension particulière, il peut être local, régional, national, etc. Il peut être délimité ou faire partie d'autres territoires. Il peut être composé de portions d'espaces continus (exemple : le quartier d'une ville) ou discontinus (exemple : un État insulaire).

→ L'**aménagement d'un territoire** repose sur sa mise en valeur et sa transformation volontaire et programmée menée par des acteurs spatiaux publics (État, région, commune) ou privés (entreprises).

→ L'aménagement d'un territoire est le résultat d'actions multiples, de plus ou moins grande envergure, menées à différentes échelles (nationale, régionale, locale) qui contribuent à façonner son paysage (espaces verts dans une ville...) et à réduire les inégalités (implantation d'un musée dans un quartier défavorisé...).

TERRITOIRE

ATOUTS ET CONTRAINTES
- Localisation
- Ressources
- Histoire
- Dynamiques
- Environnement

ACTIVITÉS
- Agriculture
- Industrie
- Commerce
- Services
- Transports

ESPACE APPROPRIÉ PAR LES INDIVIDUS
- Résidence principale
- Lieu de travail
- Déplacements quotidiens
- Loisirs et services

AMÉNAGEMENT DES TERRITOIRES

DES ACTEURS
- État
- Union européenne
- Collectivités territoriales
- Entreprises
- Citoyens

DES TENSIONS ET DES LIMITES
- Conflits d'usage

DES OBJECTIFS
- Réduire les inégalités
- Encourager l'attractivité
- Favoriser le développement durable
- Moderniser les infrastructures
- Entretenir la compétitivité aux échelles européenne et mondiale
- Favoriser la cohésion et la mixité sociale
- Protéger face aux risques

DES TERRITOIRES
- Quartiers
- Ports, routes, gares...
- Espaces touristiques
- Pistes cyclables
- Zones commerciales
- Parcs naturels régionaux

DES MOYENS
- FEDER
- Lois
- Financements public et privé

NOTIONS

Collectivité territoriale

→ Structure administrative qui prend en charge les intérêts de la population dans un territoire précis (commune, département, région). Elle dispose de représentants élus (conseils) ayant un pouvoir de décision et a des compétences dans de nombreux domaines (transport, social, éducation...).

→ Il existe différents types de **collectivités territoriales** : les communes, les départements, les régions, les collectivités à statut particulier (Métropole de Lyon), les collectivités d'outre-mer (Polynésie française, Saint-Pierre-et-Miquelon).

Vidéo 2 min pour comprendre les collectivités territoriales

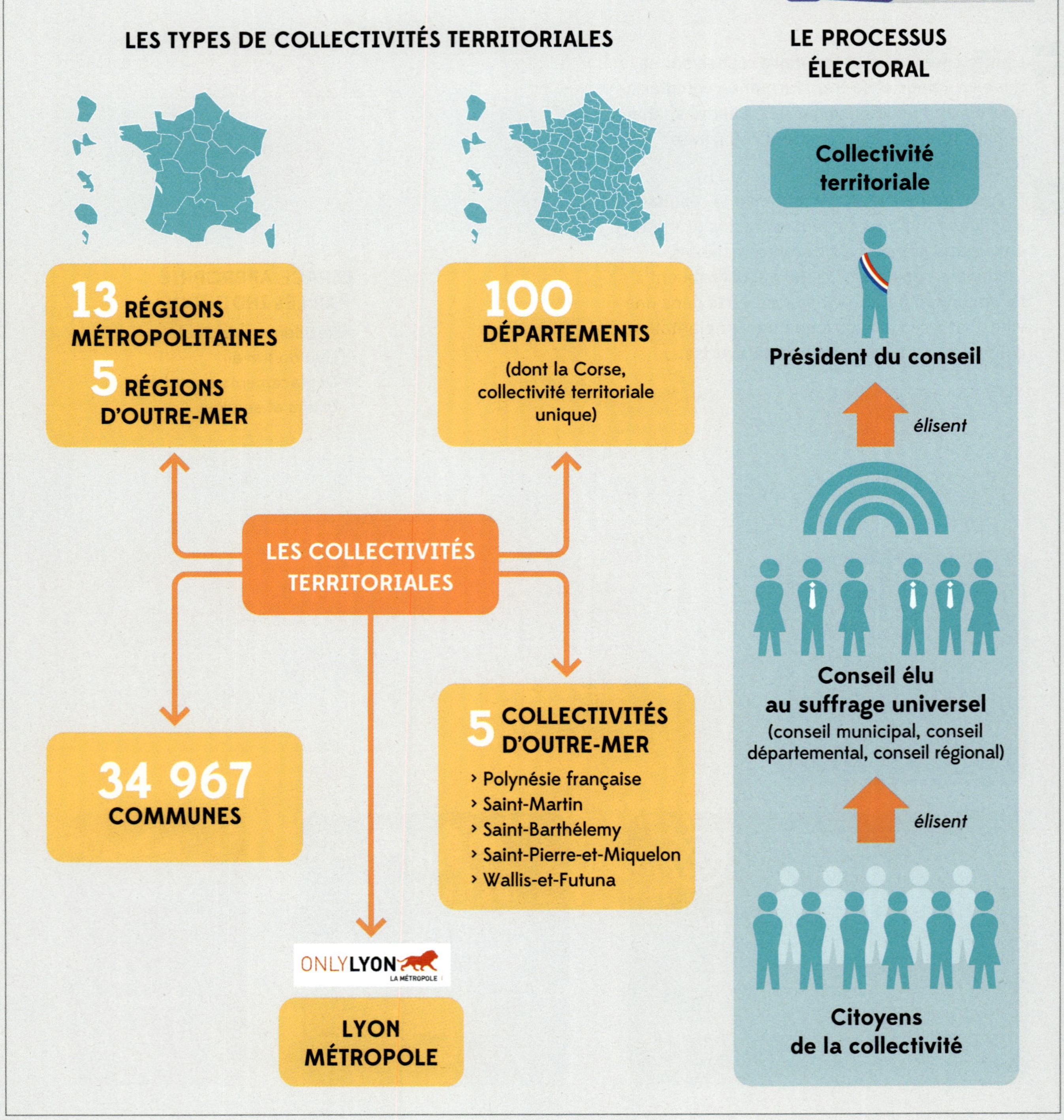

NOTIONS

Région

→ La **Région** est un territoire de vie (ou territoire de proximité) entre les échelles locale et nationale. Elle se caractérise par une certaine homogénéité et une identité.

→ Le terme a plusieurs sens : on parle de région historique (la Bourgogne qui fut autrefois un duché), de région naturelle (les Pyrénées), de région culturelle (le Pays basque). Aujourd'hui, on parle surtout de Région administrative (la Région Centre-Val de Loire) ou en référence aux aires d'influence des villes (la Région parisienne).

→ Créée en 1955, la Région est devenue une collectivité territoriale avec les lois de décentralisation en 1982. La carte des Régions administratives a été réorganisée à la faveur de la réforme territoriale de 2015. Elles sont désormais 18 (dont 5 en outre-mer) et disposent d'importants pouvoirs dans les domaines de l'aménagement du territoire, des transports, de l'enseignement, de la formation professionnelle, de l'action économique.

Vidéo
2 min pour comprendre la Région

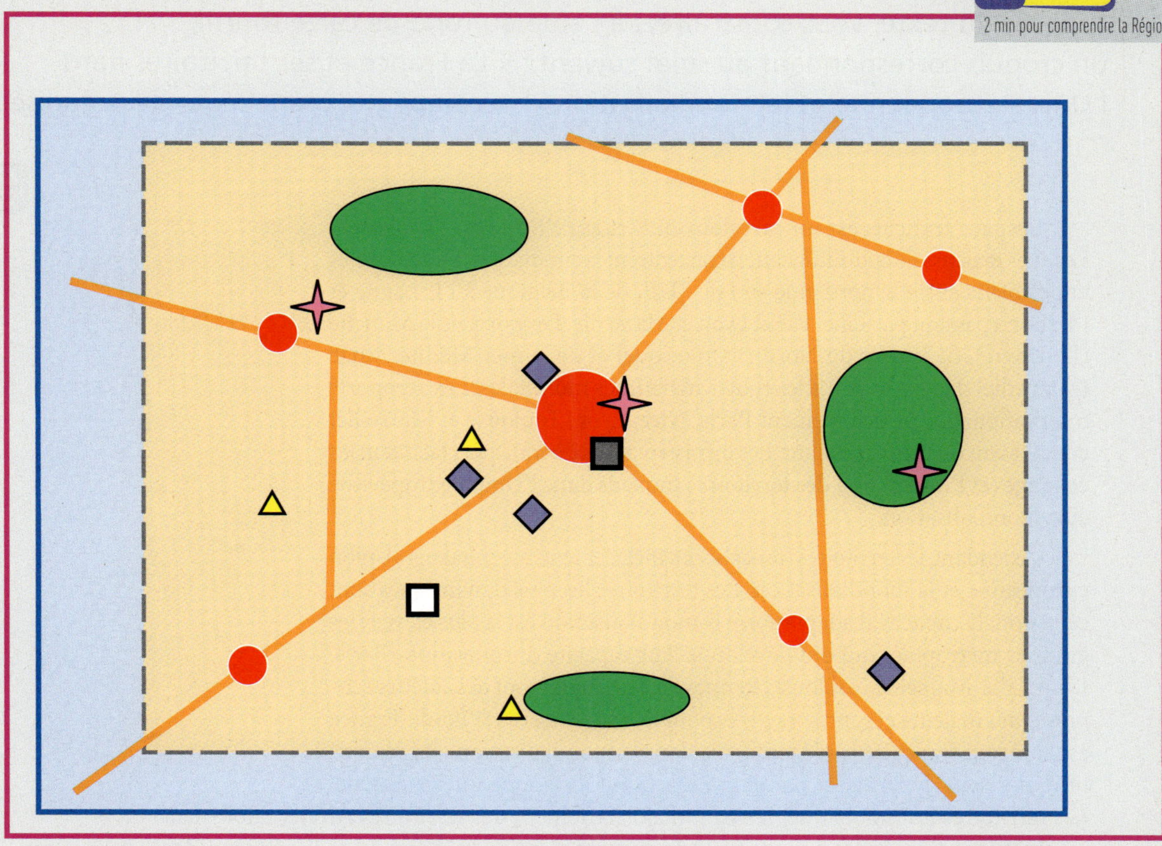

1. Un territoire de vie
- Limite administrative
- Capitale régionale
- Pôles urbains secondaires
- Espaces ruraux et agricoles

2. Un territoire aménagé
- Pôles d'activités
- Pôles de loisirs
- Espaces protégés (parcs naturels régionaux)
- Patrimoine culturel ou naturel

3. Un territoire intégré
- Territoire national
- Axes de communication
- Aéroport
- Gare (plateforme multimodale)
- Union européenne et monde

BAC Sujets blancs

▶ Description de l'épreuve p. 19
et méthode générale p. 20-25

Réponse à une question problématisée

SUJET

Quels sont les effets territoriaux de l'intégration de la France dans l'Union européenne et dans la mondialisation ?

Réalisation d'un croquis

SUJET

La France et ses territoires dans l'Union européenne et la mondialisation
À partir du texte, vous construirez, à l'aide du fond de carte fourni, un croquis correspondant au sujet suivant : « La France et ses territoires dans l'Union européenne et la mondialisation », accompagné d'une légende organisée.

Fond de carte

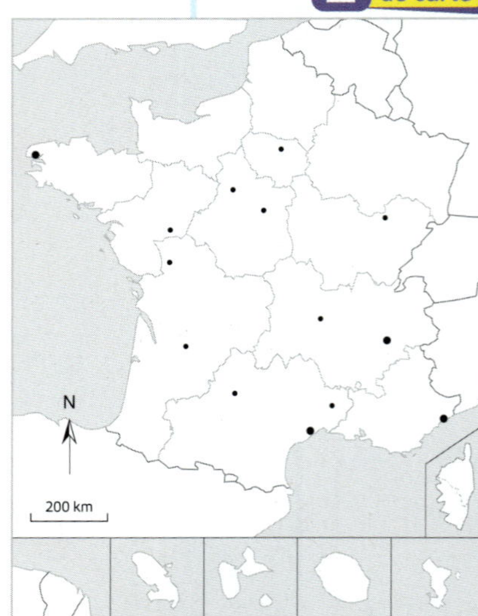

L'espace français est un carrefour ouvert sur l'Europe et le monde. Les axes majeurs de communication concentrent la circulation des personnes et des biens entre le nord et le sud de l'UE, de la Belgique à l'Espagne et l'Italie en passant par Lille, Paris, Lyon et Marseille. Les ports de la Manche (Le Havre), de la mer du Nord (Dunkerque) et de la mer Méditerranée (Marseille) débouchent sur les routes maritimes mondiales. Les aéroports internationaux (principalement Paris, Nice, Lyon, Toulouse et Marseille) connaissent un trafic croissant. Les infrastructures de transport facilitent les échanges et l'intégration des territoires français dans l'Union européenne et la mondialisation.

Cependant, les territoires français sont inégalement intégrés dans l'Union européenne et la mondialisation. Les territoires les plus dynamiques sont ceux dont la capacité d'adaptation à la mondialisation est la plus élevée : les grandes métropoles qui ont développé leur capacité d'innovation (Paris, Lyon, Lille, Marseille, Toulouse, Rennes, par exemple) sont des acteurs économiques majeurs et sont attractives pour les investisseurs ; l'Île-de-France est la région française la plus intégrée dans la mondialisation ; les régions littorales sont dynamisées par leur attraction touristique internationale. Les territoires les moins intégrés sont majoritairement des territoires ruraux faiblement productifs, à l'écart des grands axes de communication et éloignés de l'influence des métropoles (le Massif central, la Corse, Mayotte, La Réunion).

Analyse de documents

SUJET BLANC

En analysant les documents, vous mettrez en évidence le rôle des acteurs dans l'intégration européenne et mondiale des régions françaises et les effets de cette intégration.
L'analyse des documents constitue le cœur de votre travail, mais nécessite, pour être menée, la mobilisation de vos connaissances.

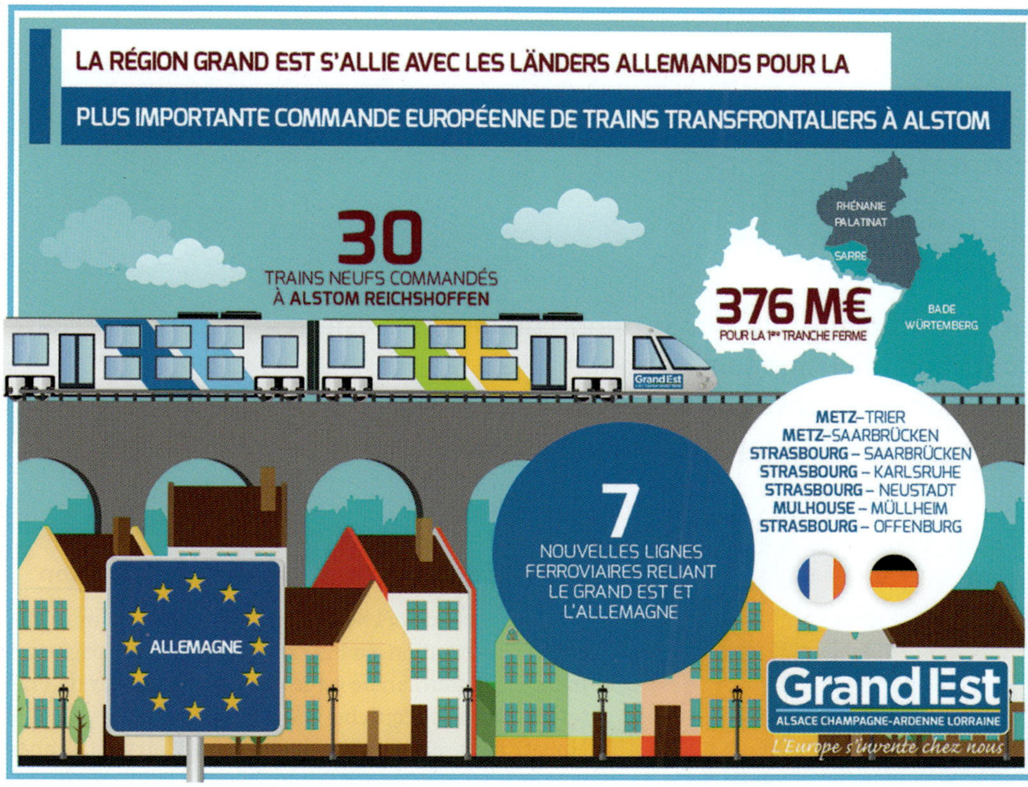

1 Le Grand Est, une Région connectée aux Länder allemands
Source : site Internet de la Région Grand Est, 2020.

2 Provence-Alpes-Côte d'Azur (Région Sud) : une région dynamique

Région dynamique et attractive, reconnue dans le monde entier pour ses technologies de pointe et son leadership dans les domaines de la biotechnologie, de l'Intelligence Artificielle (IA), de la sécurité et des solutions Smart City, Provence-Alpes-Côte d'Azur est riche d'un des plus importants viviers de start-up et de jeunes entreprises innovantes en France et en Europe. Son monde universitaire, en lien constant avec celui de la recherche, au service des entreprises de la Région, crée un tissu propice à l'innovation. Ainsi, la Région Sud, ce sont huit pôles de compétitivité, des universités reconnues et recherchées, des centres de recherche de renommée internationale, quatre communautés French Tech Région Sud, dont deux capitales sur les treize en France (Aix-Marseille, Côte d'Azur, Toulon et Grande Provence). Autant d'atouts qui font d'elle un territoire d'innovation et d'excellence, au rayonnement international, Région qui a fait de l'ambition de devenir première « Smart Région » d'Europe une priorité.

Depuis 2017, 3,3 milliards d'euros de financements européens ont déjà permis de soutenir une politique d'innovation compétitive. De grands projets structurants à des soutiens plus modestes, les actions qui ont contribué au développement économique de la Région et au bien-être de ses habitants ont été payants : financements importants dans le domaine des transports, aides en faveur d'équipements de communes rurales, en passant par l'innovation dans les entreprises.

Site Internet de la Région Sud, 2020.

THÈME 4 CHAPITRE 7 RÉVISER

BAC Bac blanc

▶ Description de l'épreuve p. 19
et méthode générale p. 20-25

Réponse à une question problématisée HISTOIRE

SUJET

Quelles sont les conséquences de la défaite de 1940 pour la France et les Français ?

Analyse de documents GÉOGRAPHIE

SUJET

En analysant les documents, vous montrerez comment les espaces maritimes contribuent à la mondialisation.
L'analyse des documents constitue le cœur de votre travail, mais nécessite, pour être menée, la mobilisation de vos connaissances.

1 Porte-conteneurs dans le port de Rotterdam (Pays-Bas)
Photographie prise en août 2019.

2 Ports de pêche bretons et mondialisation

Les ports de pêche bretons alimentent aujourd'hui la grande distribution, en France mais aussi en Espagne ou en Italie [...]. Intermarché est le principal armateur de France (grâce à la filiale Scapêche) et le premier mareyeur[1] (Capitaine Houat). La base lorientaise de Capitaine Houat est à Lanester près de la voie express Quimper-Nantes. Les transports routiers, les plates-formes de distribution des GMS (Grandes et Moyennes Surfaces), les importations, alliés à une mobilité des plus gros chalutiers ont accentué la transformation de la géographie halieutique. [...] Les enjeux financiers sont grandissants du fait de financements étrangers en Bretagne [...]. Depuis 1999, Saupiquet appartient à l'italien Bolton Alimentari qui domine le système thonier européen. [...] Les démarches d'intégration internationale portent également sur le conditionnement des produits par le rôle majeur des Japonais et des Thaïlandais. [...] L'usine Paulet appartient à Thai Union Frozen, un des gros conserveurs mondiaux de thon. Outre Paulet, les conserves sont diffusées en Europe sous des marques diverses (Mare Blu, Petit Navire, Parmentier...). Les entreprises cornouaillaises[2] complètent ainsi l'offre de Thai Union Frozen présent en Amérique, en Asie, en Afrique.

Jean-René Couliou, « Ports de pêche bretons et mondialisation, une adaptation permanente », *Géoconfluences*, juin 2019.

1. Grossiste qui achète sur place les produits de la pêche et les expédie aux marchands de poisson.
2. Originaires de la Cornouaille, région du Finistère en Bretagne.

Guide carto

- L'enseignement de la géographie s'accompagne de l'analyse et de la production de cartes. Il est important de savoir distinguer les différents types de cartes, d'en connaître le langage et les modes de représentation, afin de pouvoir y porter un regard critique.
- Les cinq premières doubles pages de ce guide carto permettent d'acquérir progressivement la maîtrise de cet outil de la géographie en proposant des approfondissements méthodologiques.
- Un atlas de sept cartes complémentaires aux thèmes du manuel est proposé dans ce guide carto.
- Une présentation d'un portfolio sur la France est proposée à la fin de ce guide.

SOMMAIRE

Carte, croquis, schéma

Les représentations cartographiques peuvent prendre des formes différentes. Il ne faut pas confondre carte, croquis et schéma.

- La **carte** est l'outil graphique qui permet de localiser et de repérer, avec le plus de précision possible, les lieux et les phénomènes géographiques. Les réalités spatiales sont transposables au moyen d'un langage propre avec des signes et des règles cartographiques (utilisation des pictogrammes : un petit avion pour symboliser un aéroport, par exemple). Les cartes sont généralement rassemblées dans un atlas. (**doc. 1**)
- Le **croquis** (qui correspond à la carte synthétique) présente, sur un fond de carte, des informations sélectionnées, hiérarchisées, qui sont mises en relation dans une perspective dynamique. L'essentiel doit être dit, en fonction de la problématique proposée. (**doc. 2**)
- Le **schéma** est plus simple que le croquis dans sa réalisation graphique. Il met en évidence les faits géographiques essentiels en éliminant les données secondaires. Contrairement à la carte ou au croquis, il ne cherche pas à localiser précisément.
Le fond de carte est simplifié et réduit à des formes géométriques simples.
Il peut être incorporé au sein d'une composition écrite. (**doc. 3**)

1 Une carte de Mumbai

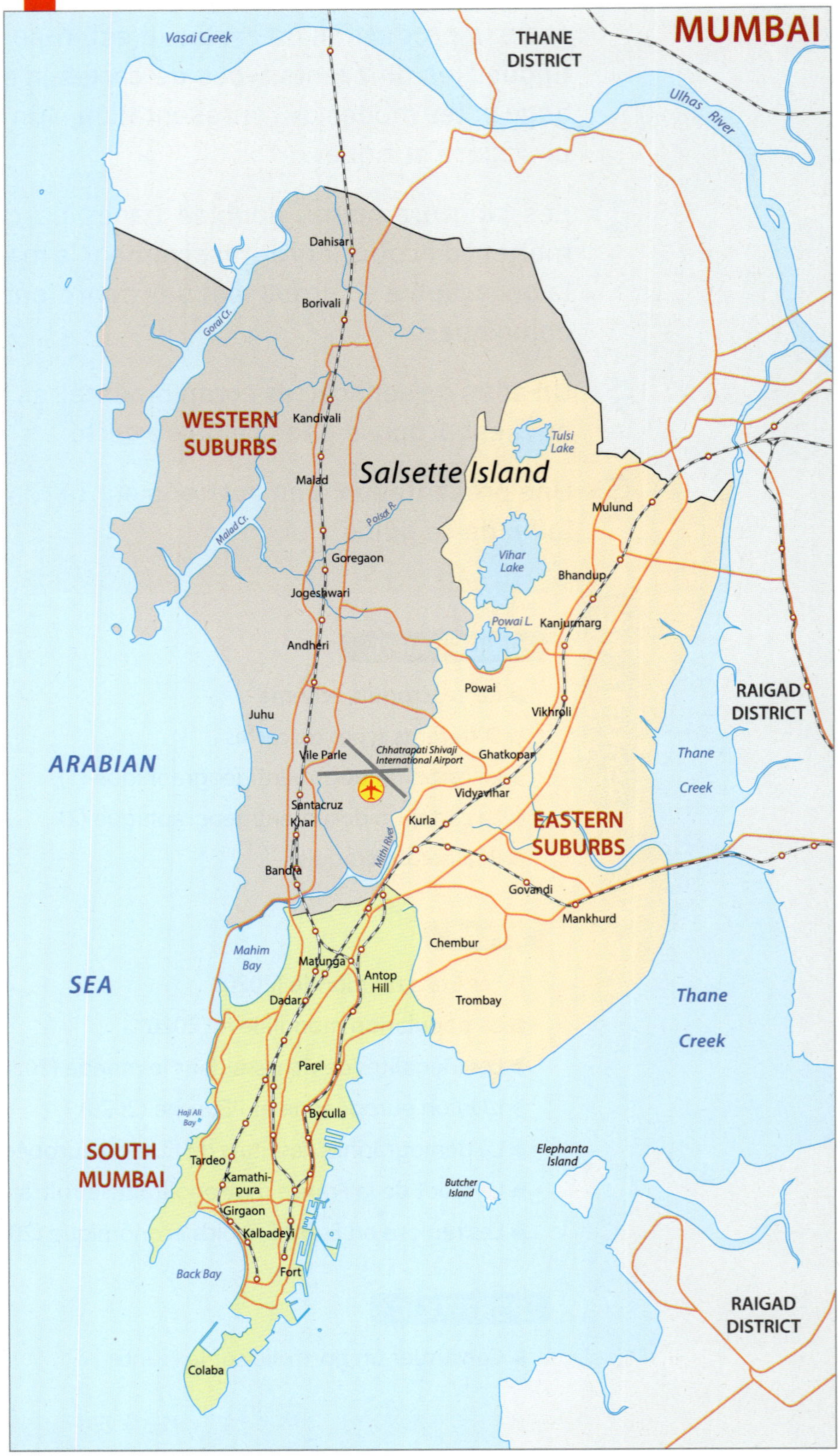

2 Un croquis : l'organisation spatiale du Grand Mumbai

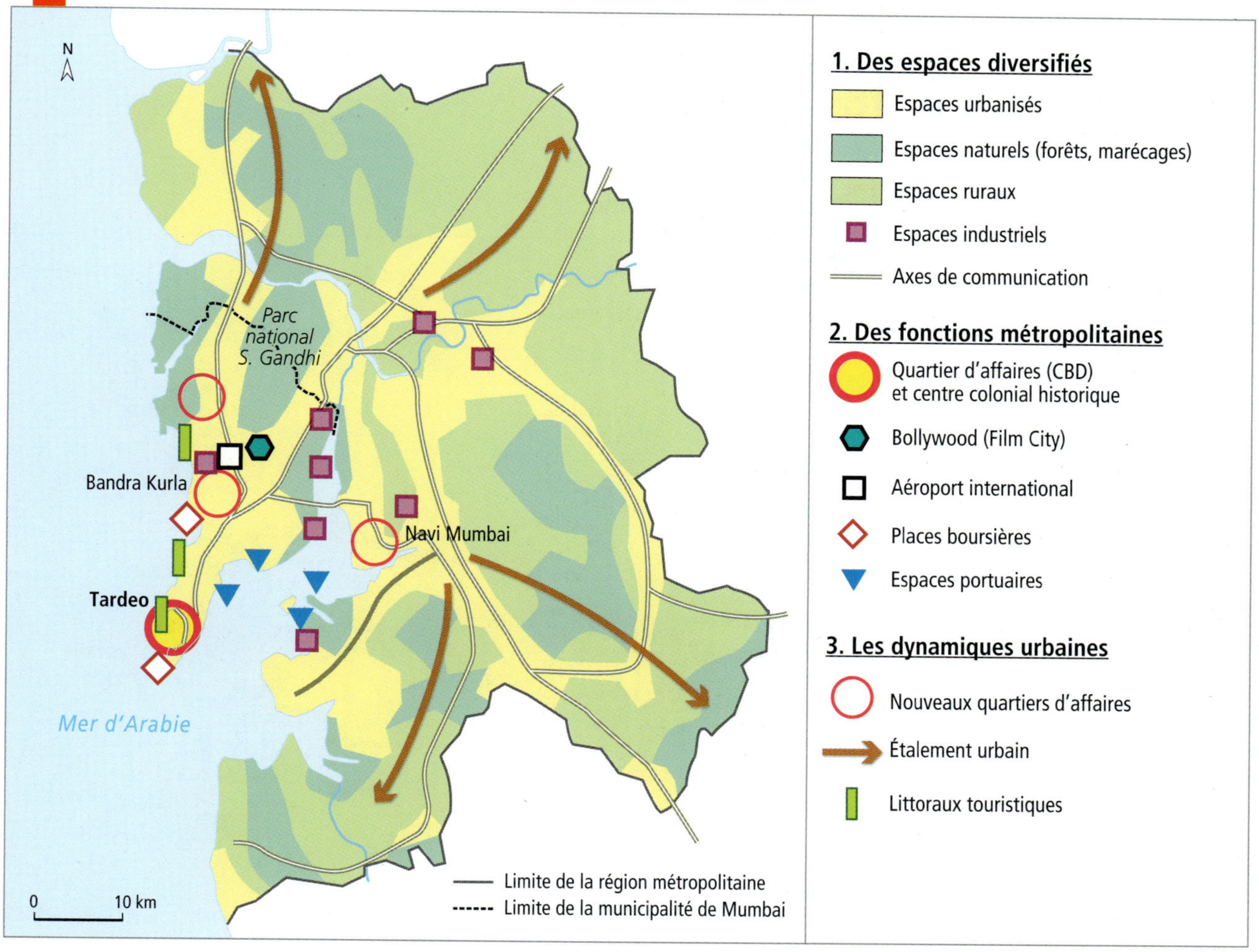

3 Un schéma : l'organisation spatiale du Grand Mumbai

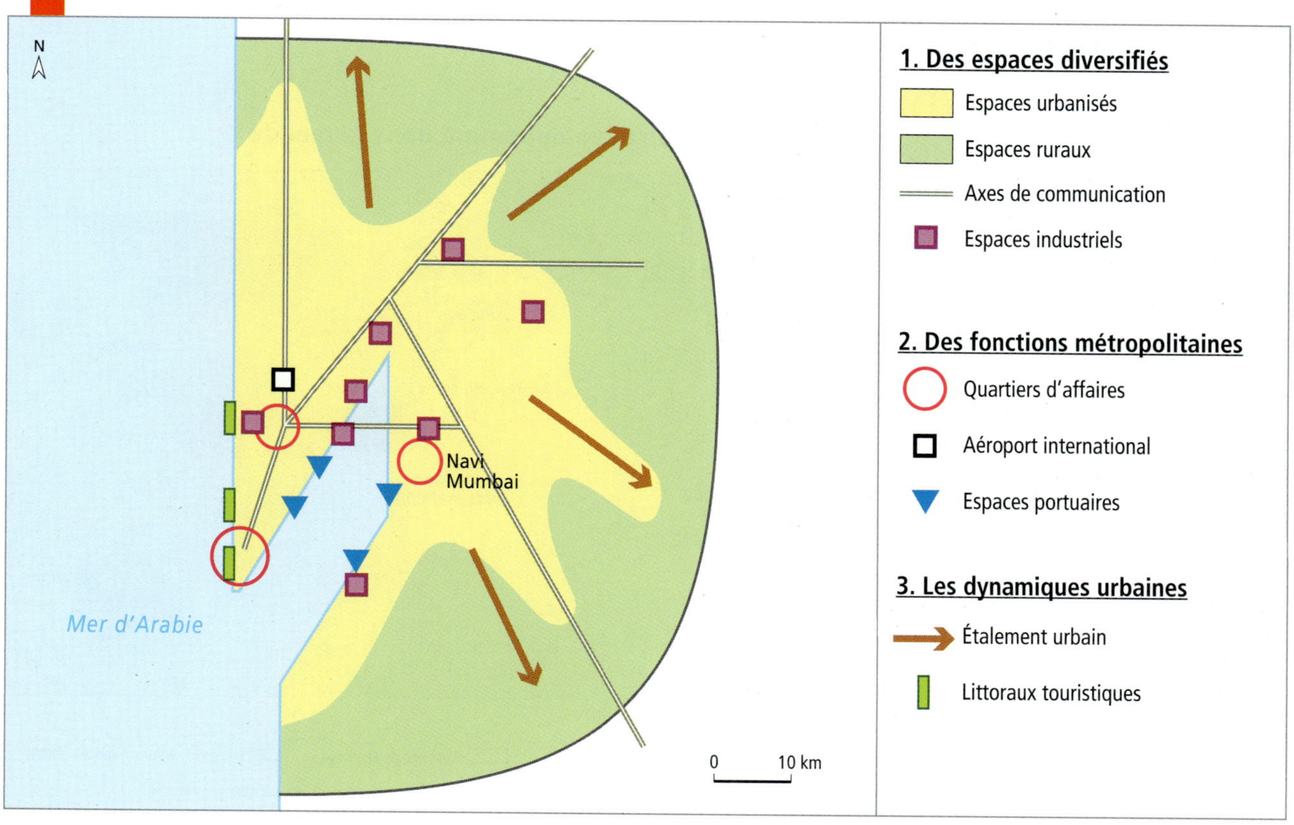

Guide carto

Différents types de cartes

1 La carte descriptive

● **Ce type de carte localise des phénomènes spatiaux identifiables sur le terrain.**

● Il peut s'agir de cartes du relief, de la végétation, des ressources naturelles, mais aussi de cartes montrant des villes, des infrastructures de communication (cartes routières), des territoires agricoles, etc. (**doc. 1**)

● La légende n'est pas soumise à des règles d'organisation précises ; il s'agit d'ordonner simplement les figurés utilisés sur la carte.

1 Le relief de la Chine

2 La carte analytique

● **La carte analytique représente un phénomène abstrait.** Elle est élaborée à partir de données statistiques : densité de population, IDH, etc. (**doc. 2**)

● Le territoire cartographié devient le support de cette information statistique et permet d'apprécier les différences, les inégalités dans l'espace.

● La légende propose des figurés qui hiérarchisent la variable cartographiée en plusieurs classes. Les cartes par plages de couleurs, les cartes de flux, les cartes à symboles proportionnels… sont des cartes analytiques.

2 Les inégalités de développement dans le monde

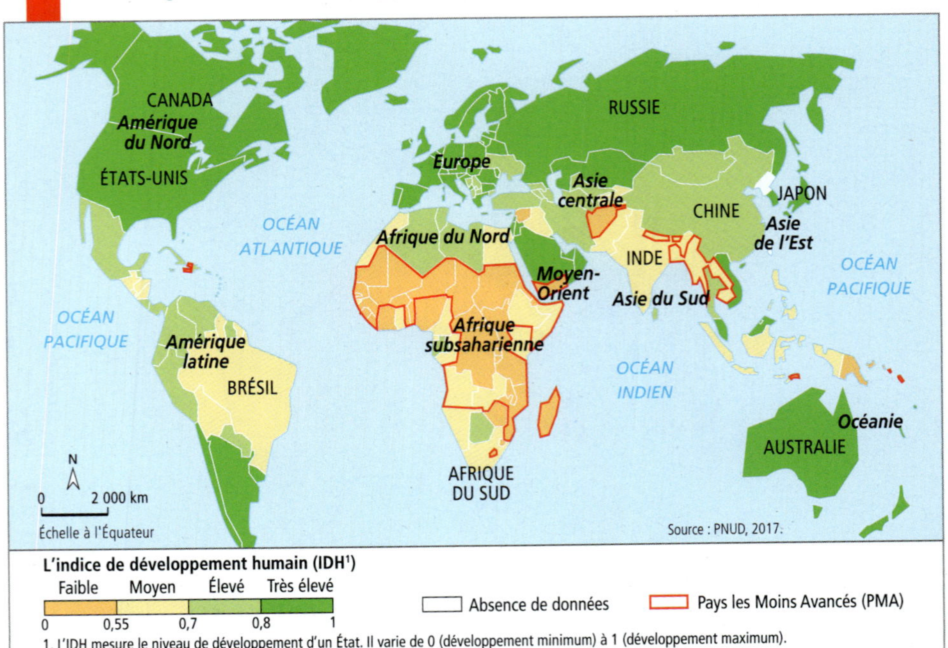

3 La carte de synthèse

3 La RUP (Région ultrapériphérique) de Mayotte

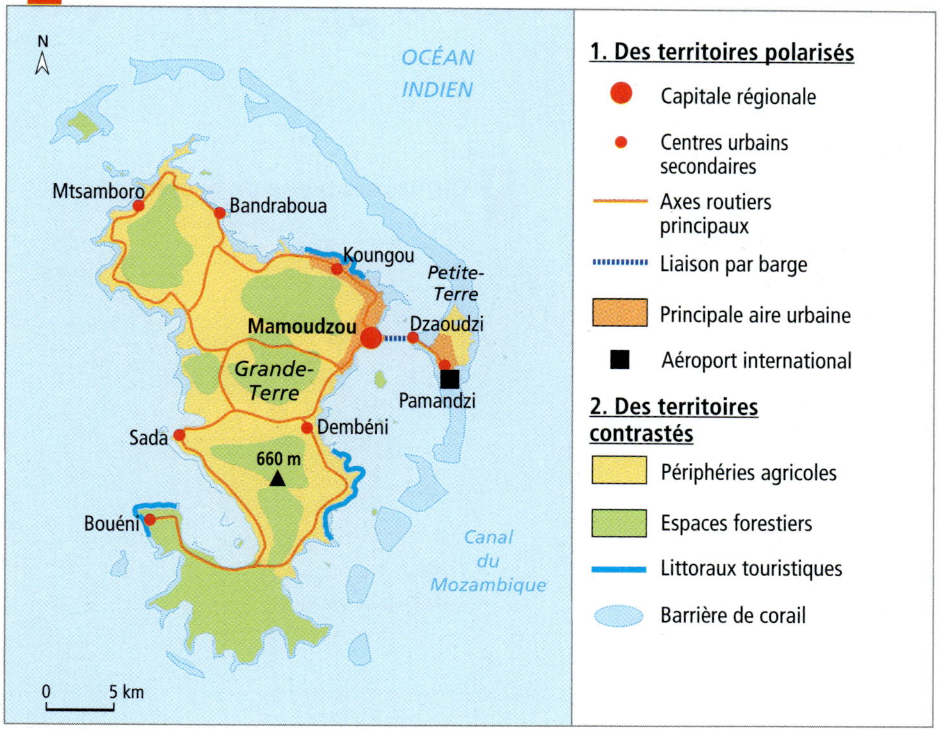

- **La carte de synthèse sert à représenter des ensembles géographiques à partir de thèmes ou de problématiques énoncés dans la légende : espaces centraux, périphéries, dynamiques des territoires, etc.** (**doc. 3**)
- La carte de synthèse est le résultat d'une réflexion, d'un raisonnement ou d'une problématique définis au préalable. Elle permet de combiner plusieurs faits géographiques sur un seul support.
- Elle s'accompagne d'une légende organisée.

4 Le cartogramme

4 Les agriculteurs en France

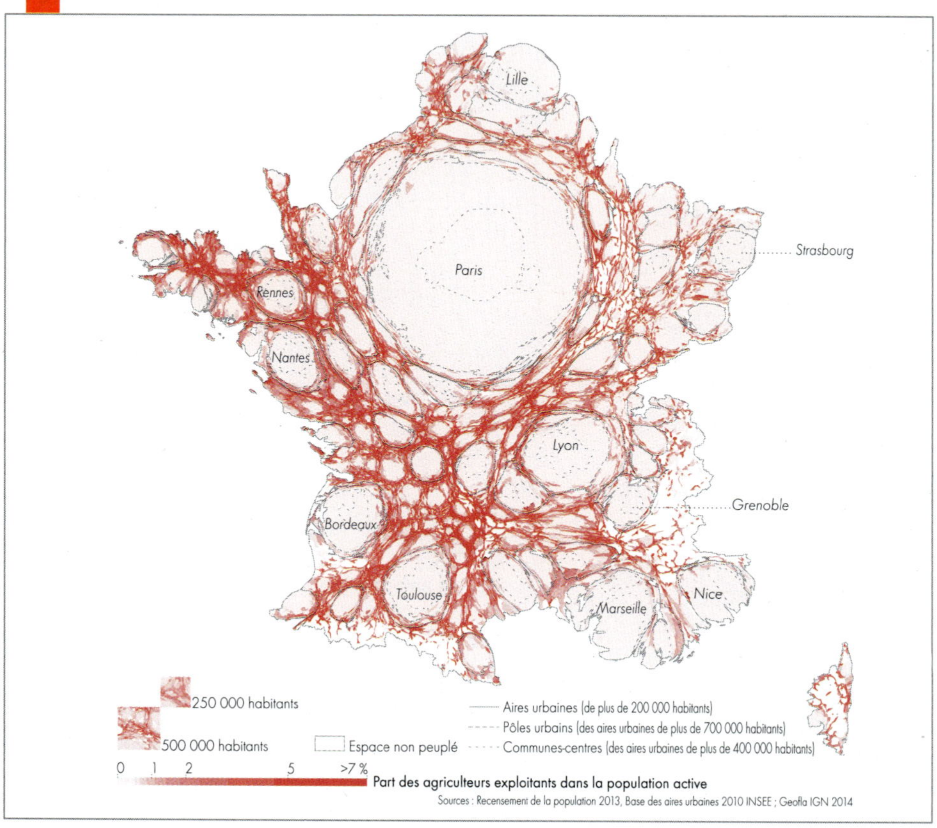

- Le cartogramme (dont le type le plus couramment utilisé est l'anamorphose) est une représentation graphique qui repose sur une modification de la forme initiale du territoire cartographié et du tracé de ses limites. (**doc. 4**)
- Le cartogramme a pour objectif de représenter des réalités perçues. Les superficies des unités spatiales sont transformées (réduites, agrandies, déformées) de manière proportionnelle à ce qu'elles représentent.

« Les agriculteurs » in *Atlas politique de la France, Les révolutions silencieuses de la société française*, sous la direction de Jacques Lévy, Ogier Maitre, Ana Póvoas, Jean-Nicolas Fauchille, cartographie Laboratoire Chôros © Editions Autrement, 2017.

La carte, un document géographique (1)

1 Une projection

● **Une carte est une représentation graphique, en réduction, d'un espace géographique.** Elle représente sur une surface plane (deux dimensions) ce que la réalité propose en volume (trois dimensions). Elle est toujours une version corrigée de la réalité.

● **Pour représenter le monde, une carte dépend d'une projection.** On distingue les planisphères (ou projections cylindriques), les projections polaires… (**doc. 1**)

1 Différents types de projections

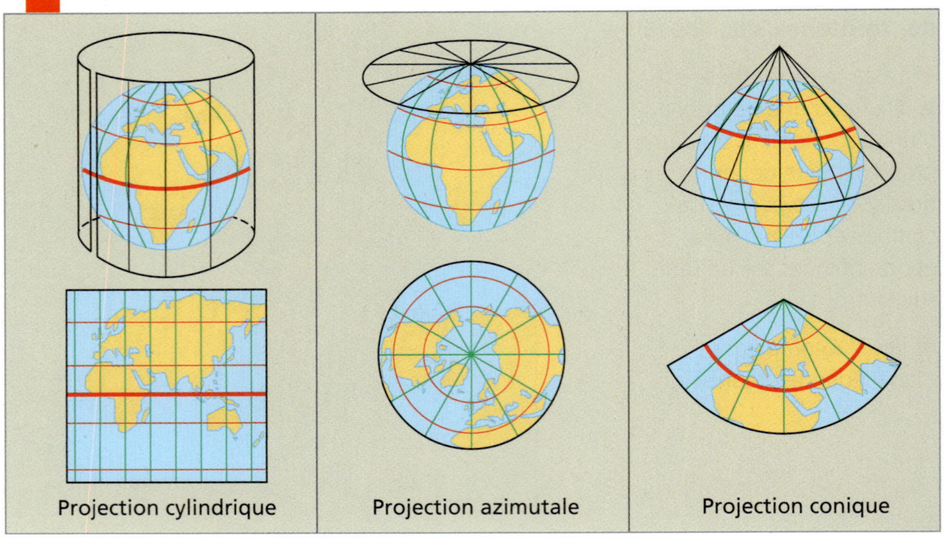

2 Une échelle

● **La carte s'accompagne d'une échelle.** Il s'agit du rapport entre une distance mesurée entre deux points sur la carte et la distance réelle sur le terrain. Elle est représentée soit :

– de manière graphique (ex. : segment gradué) (**doc. 2**)

– de manière numérique (exemple : 1/25 000, soit 1 cm sur la carte représente 25 000 cm ou 250 m sur le terrain).

● **L'échelle de la carte détermine l'espace représenté.** À petite échelle (planisphère), la carte représente des espaces vastes à faible degré de précision. À moyenne échelle (pays, régions), les espaces représentés sont plus restreints et plus précis.
À grande échelle (villes), l'espace cartographié est peu étendu, mais le degré de précision est très important.

2 Les infrastructures électriques de l'Afrique australe

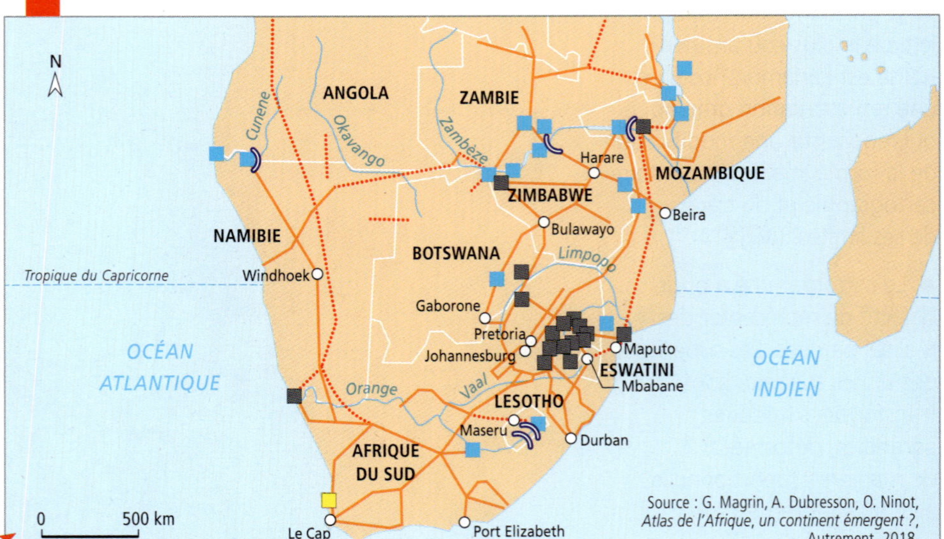

Source : G. Magrin, A. Dubresson, O. Ninot, *Atlas de l'Afrique, un continent émergent ?*, Autrement, 2018.

Échelle graphique

1. Les aménagements électriques

- Barrages et centrales hydroélectriques
- Centrales à charbon
- Centrale nucléaire
- Lignes à haute tension existantes
- Lignes programmées

2. L'organisation régionale du secteur électrique

- États membres du SAPP (Southern African Power Pool)*

* Organisation régionale qui a pour but de développer la coopération entre les sociétés nationales d'énergie, afin de mettre en place un réseau et un marché communs d'électricité dans le Sud de l'Afrique.

3 Un habillage

- **Une carte est toujours accompagnée :** d'un titre ; d'une légende ordonnée ; d'une échelle ; d'une source.

3 Évolution projetée de la population et grandes métropoles au Japon

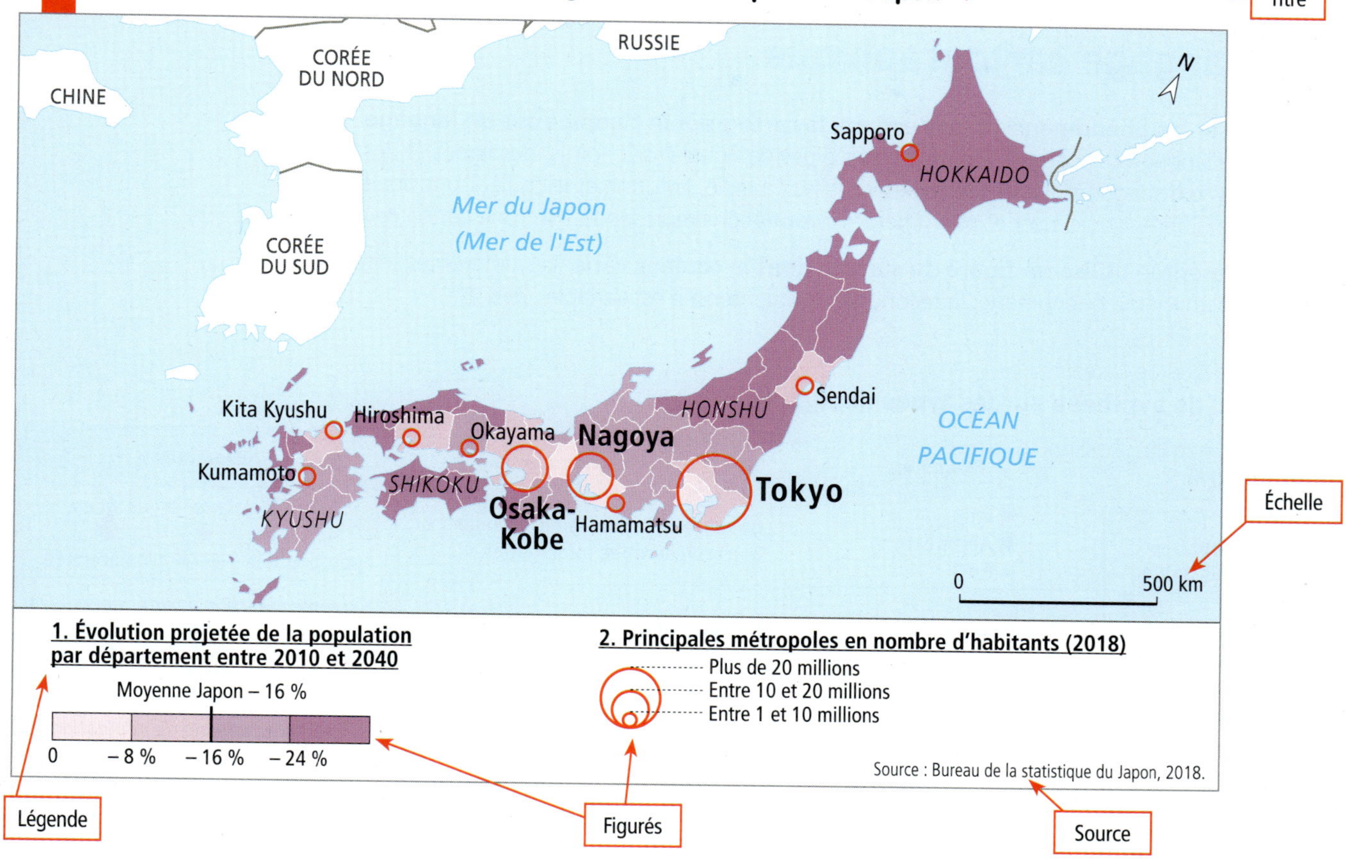

4 Un message

- **La carte sert à localiser, à identifier et à expliquer des réalités géographiques, à diffuser des informations.**
- La carte diffuse une information géographique. Par son type de projection, son échelle, ses figurés, elle privilégie une vision au détriment d'une autre. La carte suppose un projet et exprime des choix de la part de celui qui la réalise. (**doc. 4**)

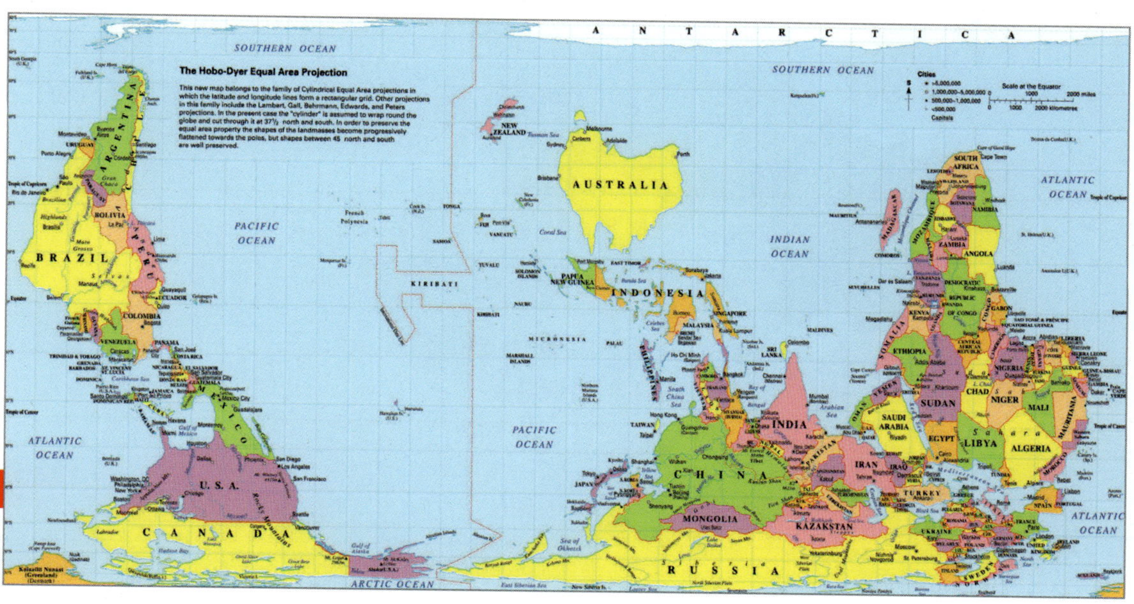

4 **Le monde vu d'Australie**

Guide carto

La carte, un document géographique (2)

5 Le langage cartographique

● **Pour localiser les phénomènes dans l'espace, la cartographie s'appuie sur un langage spécifique.** Ce langage cartographique utilise trois types de figurés (des points, des lignes et des surfaces) qui eux-mêmes se distinguent par des variables visuelles (la taille, la forme et la couleur principalement). Cela permet de différencier, classer et quantifier les informations représentées sur une carte. (**doc. 1**)

● **La carte présentée utilise un figuré de surface dont la couleur varie.** Les différentes teintes de vert présentent un même phénomène, la fécondité, dont l'intensité est variable. (**doc. 2**)

1 Tableau de synthèse sur les types de figurés

Types de figurés	Exemples	Représentation des figurés	Exemples
Ponctuels (ronds, carrés, etc.) pour représenter un lieu	● Ville ■ Aéroport ▲ Port	**La taille et la forme** différencient et hiérarchisent les informations.	*Exemple : la taille des villes* peu peuplée ——► très peuplée
Linéaires (traits, flèches, etc.) pour représenter des axes ou des flux	Flux migratoire Axe de communication	**La taille et la forme** hiérarchisent les informations.	*Exemple : le trafic des marchandises* faible / moyen / fort
De surface (aplats de couleur) pour représenter des territoires	Espace peuplé	**La couleur** hiérarchise les informations	*Exemple : densité de population* – ——► +

2 La fécondité en Europe

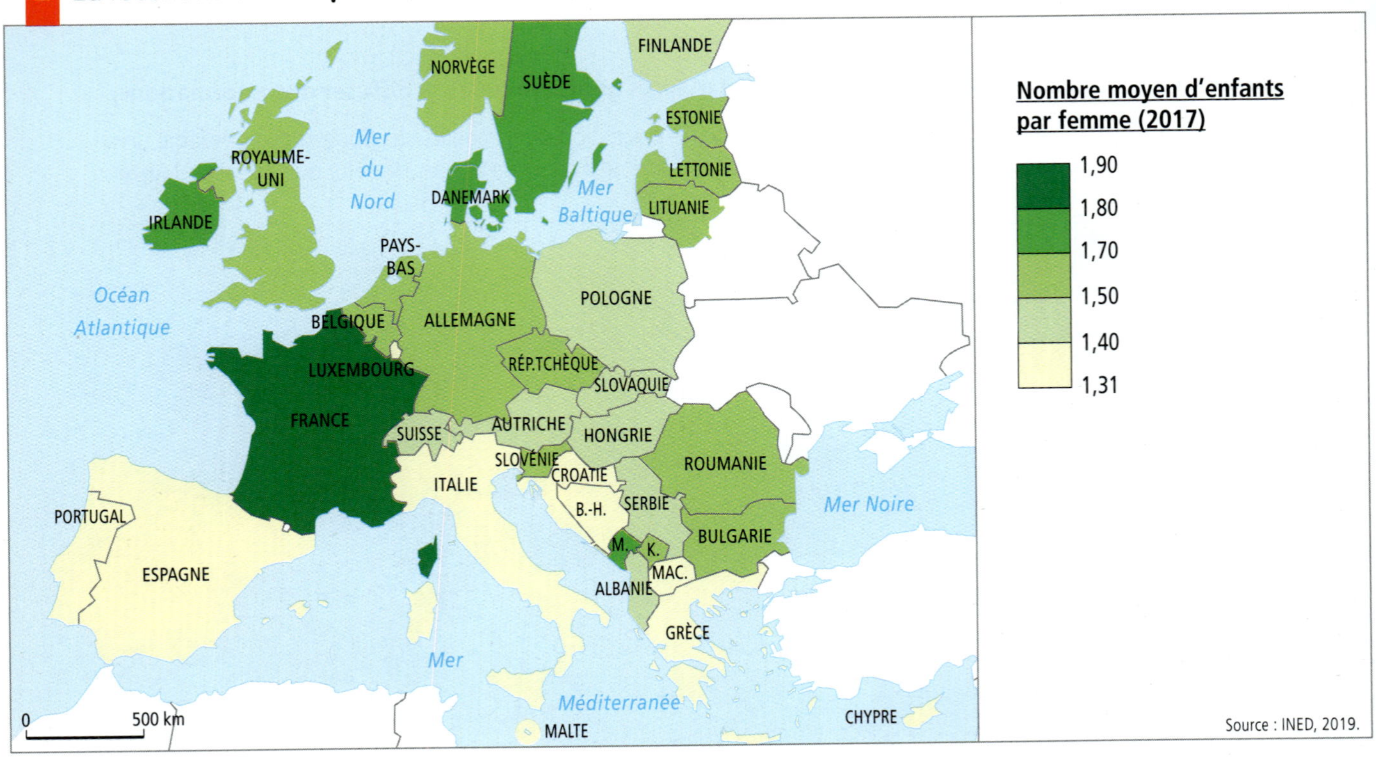

Source : INED, 2019.

6 Les figurés ponctuels

● **Ils distinguent des quantités :** les petits figurés ponctuels représentent une faible quantité tandis que les gros figurés ponctuels indiquent une forte quantité.

● **Ils distinguent des phénomènes par leurs formes :** une forme différente sur la carte correspond à un phénomène différent dans la réalité.

● **Les couleurs des figurés ponctuels hiérarchisent ou différencient des phénomènes.**

Des différences (information qualitative)	**Des classements** (information ordonnée)	**Des tailles** (information quantitative)
• **variation de forme**  Attention : au-delà d'un certain nombre de formes, l'œil ne perçoit plus les différences. • **variation de couleur** 	• **variation de couleur** 	• **variation de taille** 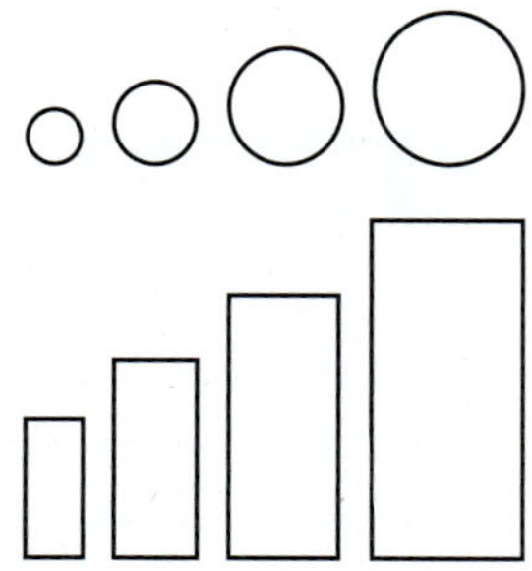

7 Les figurés linéaires

● **Les lignes permettent principalement de figurer des mises en relation ou des limites.**

● Leurs tailles hiérarchisent les informations : plus la ligne est épaisse, plus le phénomène est important.

● Leurs formes (pleine ou pointillée, par exemple) et leurs couleurs différencient les informations représentées.

Des différences (information qualitative)	**Des classements** (information ordonnée)	**Des tailles** (information quantitative)
• **variation de forme** 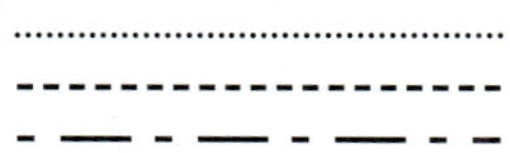 • **variation de couleur** 	• **variation de couleur** 	• **variation de taille** 

8 Les figurés de surface

● **Des couleurs pour différencier.** Les couleurs utilisées sur une carte peuvent représenter, symboliser des phénomènes différents.

Exemple :
l'agriculture

Élevage Vignes Céréales

● **Des couleurs pour hiérarchiser.** Un dégradé de couleurs – des couleurs froides vers des couleurs chaudes – permet de représenter une transition progressive.

Exemple :
la densité de population

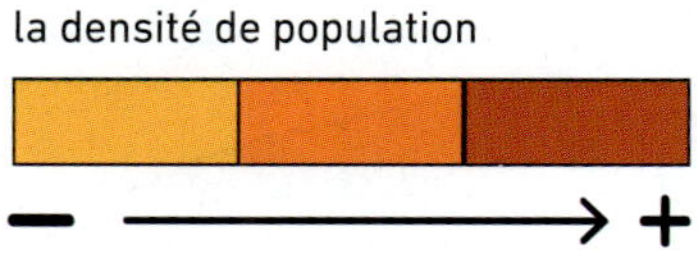

Guide carto

Réaliser un croquis

1 Le croquis et la nomenclature

Matériel

- Crayons de couleur
- Règle normographe (avec des formes prédécoupées, très utiles pour les cercles)
- Feutres noirs : une mine épaisse et une plus fine
- Feutres de couleur : rouge, bleu et vert
- Stylo 4 couleurs

Évitez les surligneurs, le crayon à papier et le blanc correcteur !

Étapes

1. Écrire la légende
2. Dessiner les figurés de surface
3. Dessiner les figurés linéaires et ponctuels
4. Écrire la nomenclature
5. Ajouter le titre et l'orientation du croquis

Placer le titre en lettres capitales au-dessus du croquis

Indiquer l'orientation

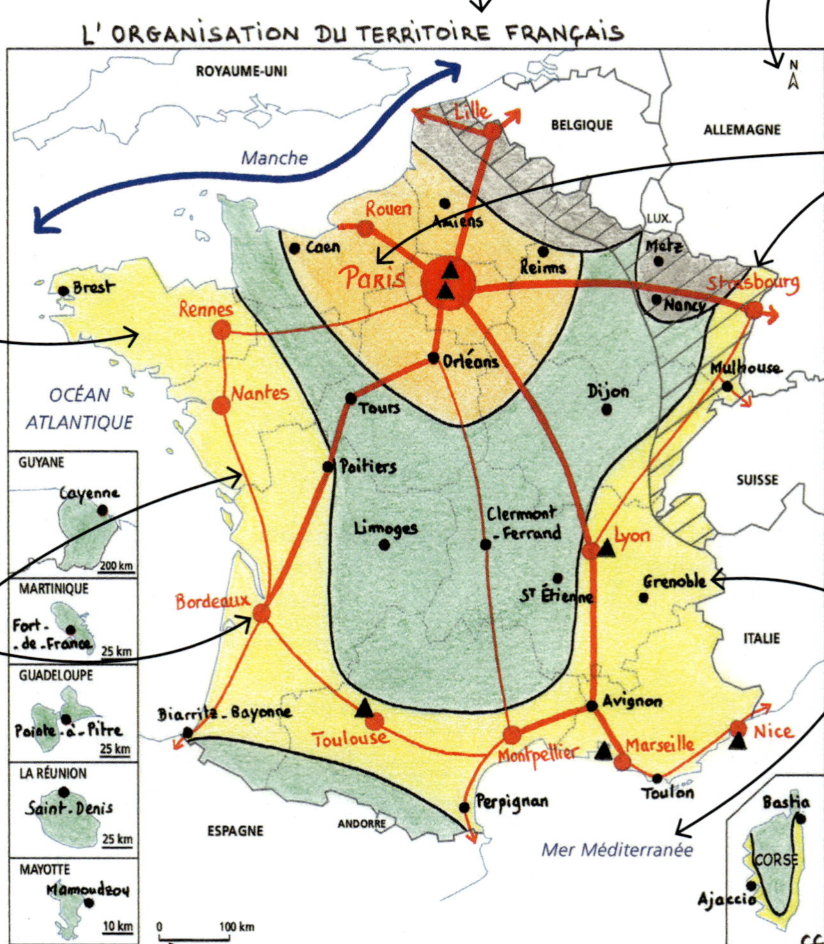

Hiérarchiser les lieux

- Avec la taille des lettres (océans en majuscules, fleuves en minuscules…).
- Avec l'épaisseur des feutres (par exemple, noms de pays au feutre épais, noms de villes au stylo…).

Les figurés de surface

- Colorier les aplats de couleur au crayon.
- Tracer les hachures à la règle.

Les figurés linéaires et ponctuels

- Tracer les points et les lignes avec des feutres.
- Utiliser une règle normographe pour reproduire facilement les figurés.

Distinguer les noms grâce aux couleurs

- Bleu pour les mers et les cours d'eau.
- Noir ou rouge pour les villes.

Indiquer l'échelle

2 La légende

Écrire la légende
- Rédiger la légende sur une autre page que le croquis.
- Écrire en noir.
- Aligner le texte à gauche.

Faire apparaître un plan
Souligner ou écrire les titres des parties en lettres capitales.

Choisir et dessiner les figurés
- Respecter le langage cartographique (voir rabat de couverture V).
- Choisir des figurés faciles à reproduire plusieurs fois (des formes géométriques simples).
- Harmoniser leurs tailles (à l'aide d'une règle).
- Vérifier leur compatibilité : si deux surfaces se superposent, on peut utiliser des hachures.

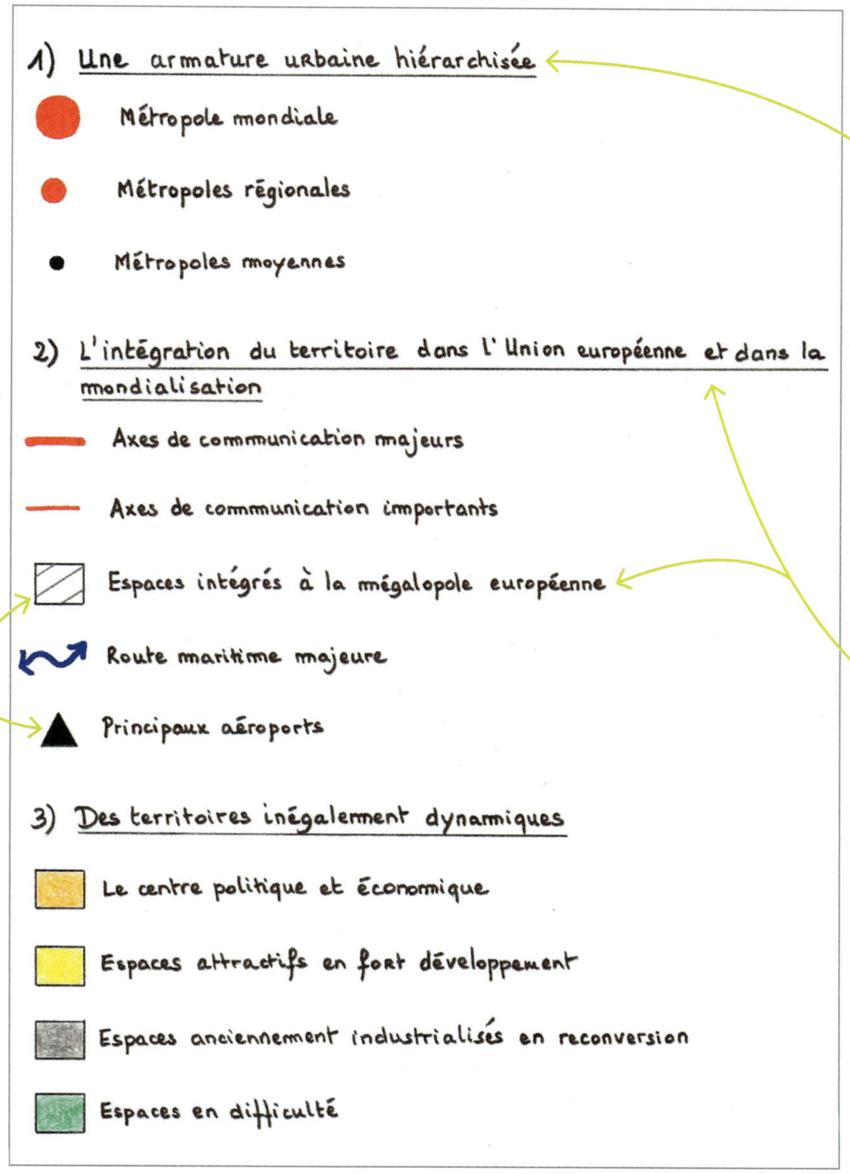

Organiser la légende
- Harmoniser les parties.
- Déterminer au moins deux informations par partie.
- Être synthétique.

Vérifier la réalisation du croquis

		OUI	NON
Dans la légende	• Les figurés sont remplis	☐	☐
	• Une information est associée à chaque figuré	☐	☐
Dans le croquis	• Les informations de la légende sont reportées	☐	☐
	• La nomenclature est complète	☐	☐
	• Le croquis est complet (titre, orientation, légende, échelle)	☐	☐
Dans l'ensemble	• Les notions du programme apparaissent	☐	☐
	• Le travail est soigné, il n'y a pas de fautes d'orthographe	☐	☐

Les États du monde (2020)

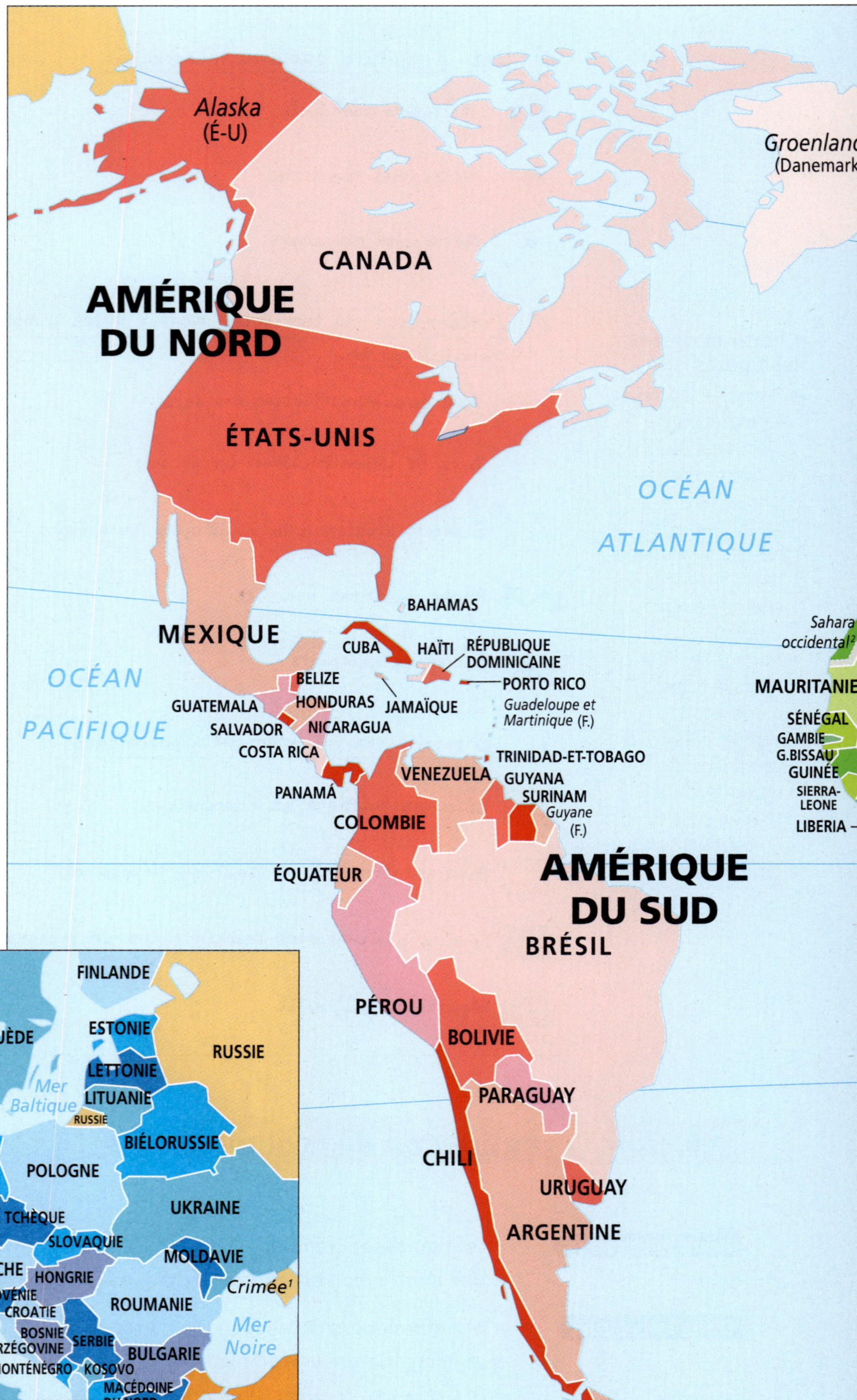

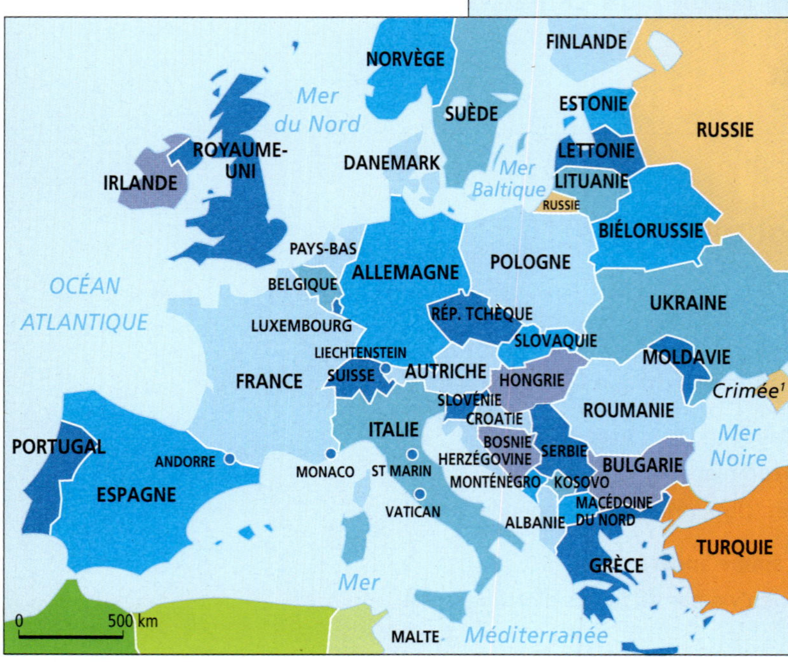

1. La région ukrainienne de Crimée a proclamé son rattachement à la Russie par référendum au printemps 2014. Ce rattachement, validé par la Russie, n'est pas reconnu par les autorités ukrainiennes ni par la communauté internationale.

2. Territoire revendiqué par le Maroc, contrôlé par les autonomistes sahraouis. Un référendum doit y être organisé par l'ONU.

La population mondiale en 2020

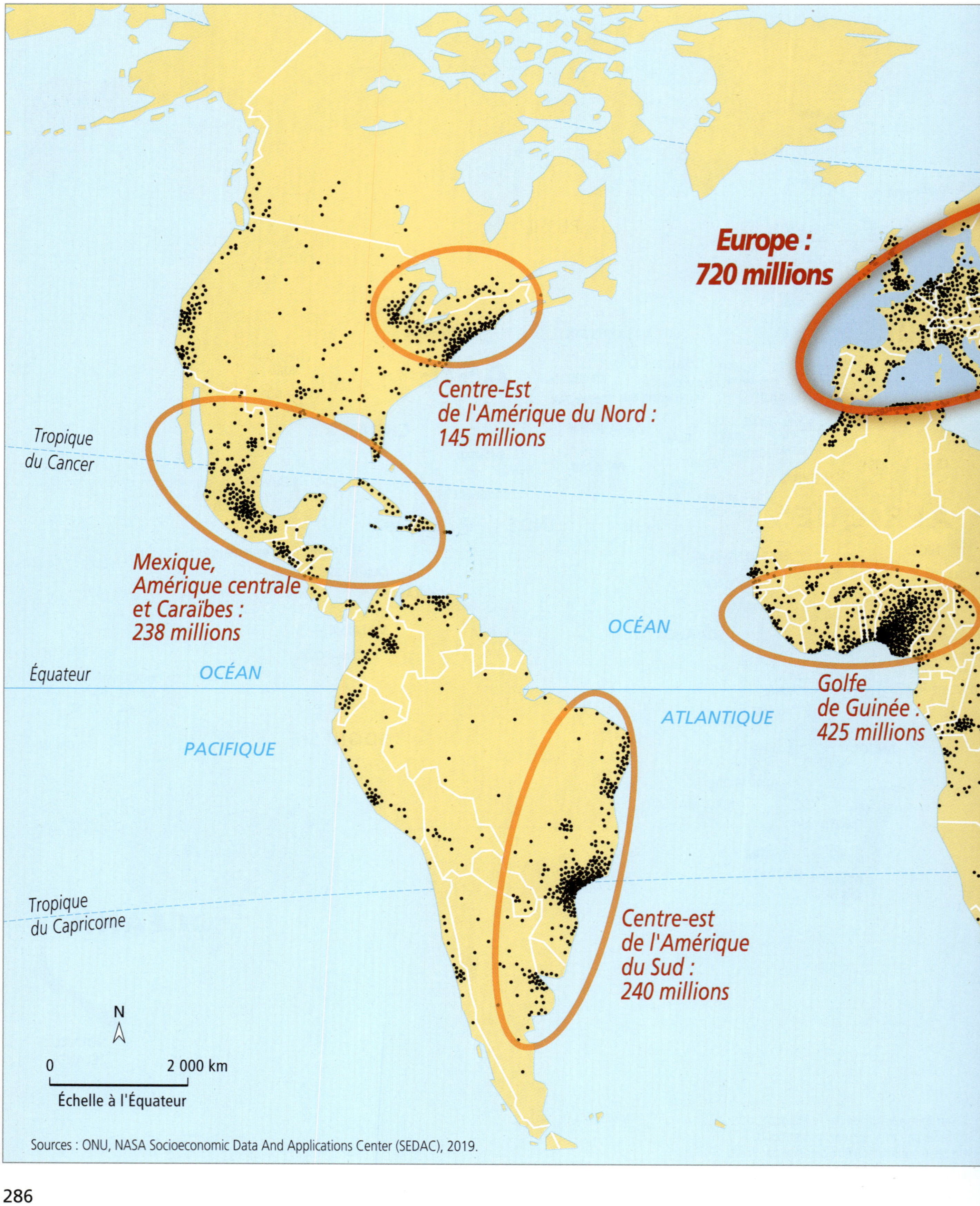

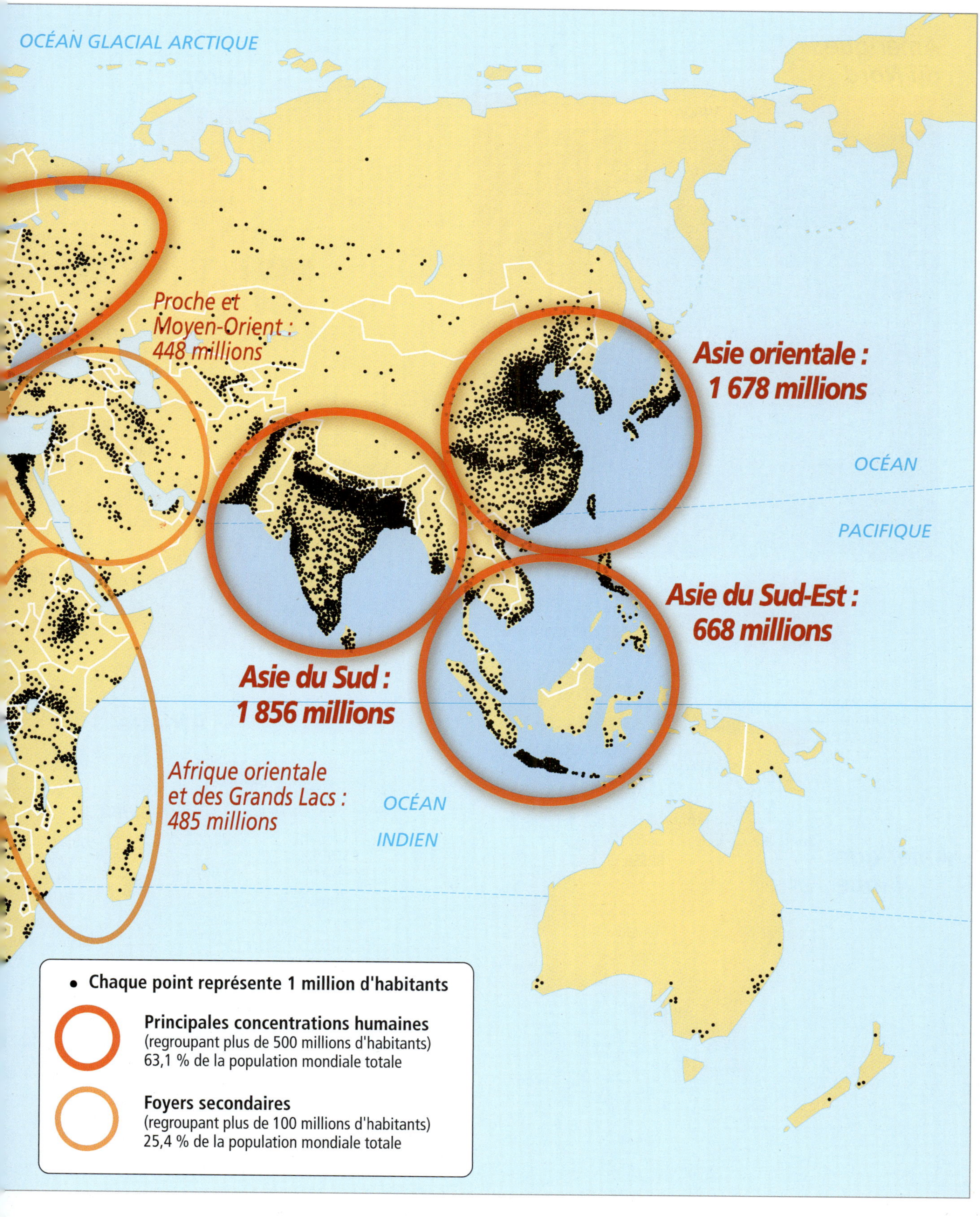
OCÉAN GLACIAL ARCTIQUE
Proche et Moyen-Orient : 448 millions
Asie orientale : 1 678 millions
OCÉAN PACIFIQUE
Asie du Sud-Est : 668 millions
Asie du Sud : 1 856 millions
Afrique orientale et des Grands Lacs : 485 millions
OCÉAN INDIEN
• Chaque point représente 1 million d'habitants
Principales concentrations humaines (regroupant plus de 500 millions d'habitants) 63,1 % de la population mondiale totale
Foyers secondaires (regroupant plus de 100 millions d'habitants) 25,4 % de la population mondiale totale

Les inégalités de richesse dans le monde (2020)

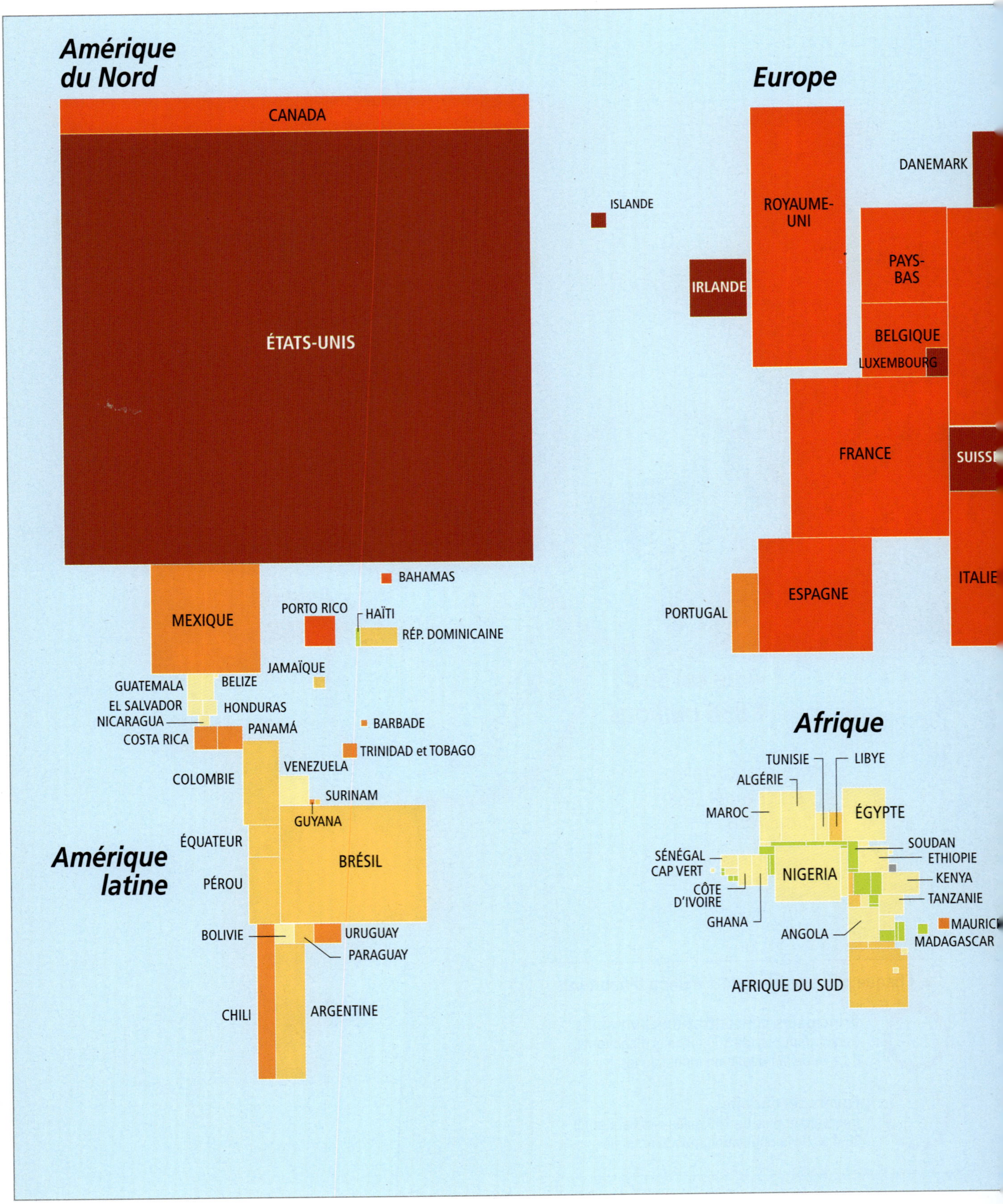

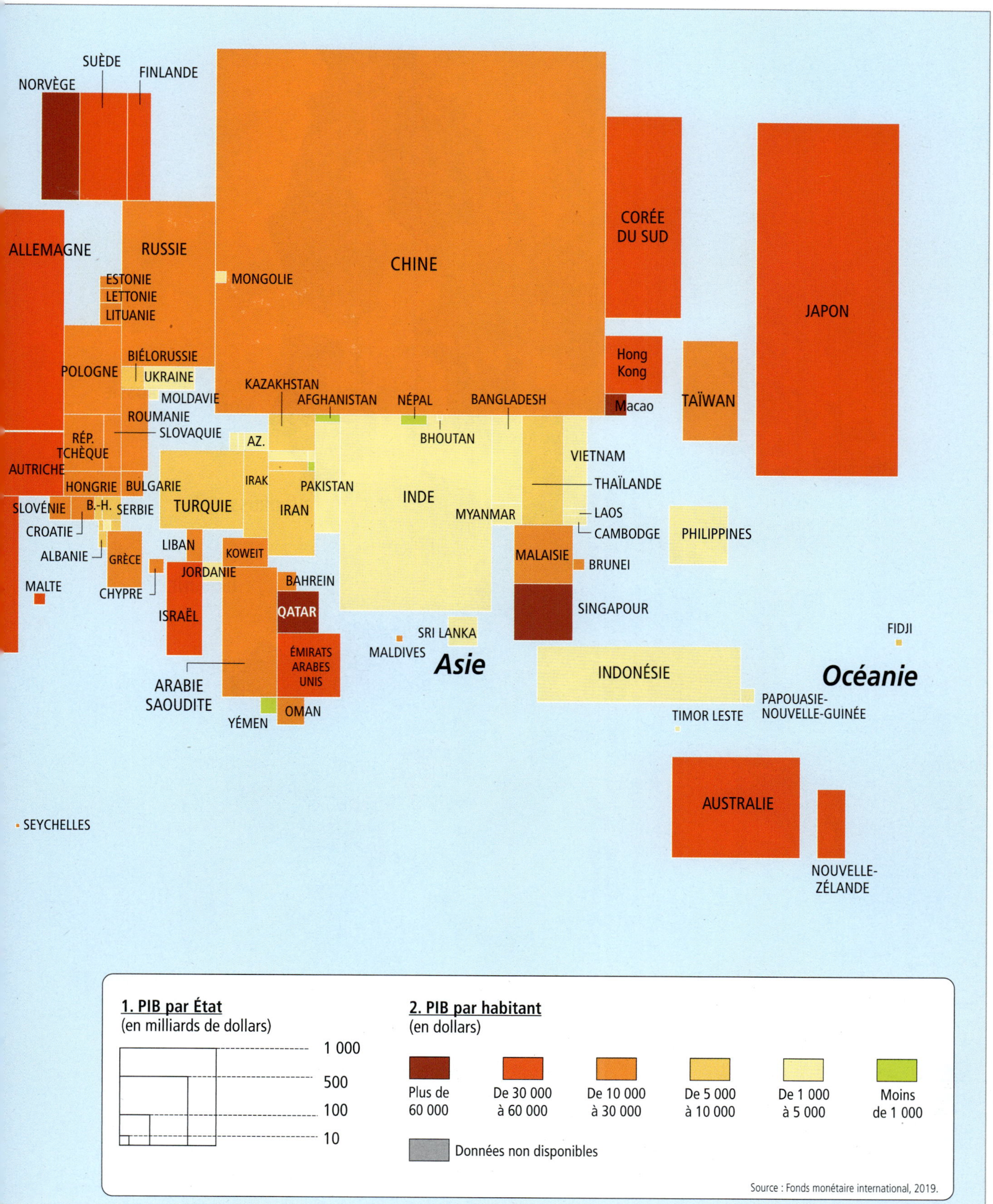

Source : Fonds monétaire international, 2019.

L'Union européenne et l'Europe (2020)

1. L'UE et les États associés

- 27 États membres
- Ancien État membre de l'UE
- États non membres de l'UE mais fortement intégrés à son influence

2. Les États candidats à l'UE

- Candidatures acceptées, négociations en cours
- Candidatures officielles
- Candidatures potentielles

1. Crimée : région ukrainienne ayant proclamé son rattachement à la Russie par référendum au printemps 2014. Ce rattachement, validé par la Russie, n'est pas reconnu par les autorités ukrainiennes ni par la communauté internationale.

La démographie des États de l'Union européenne (2020)

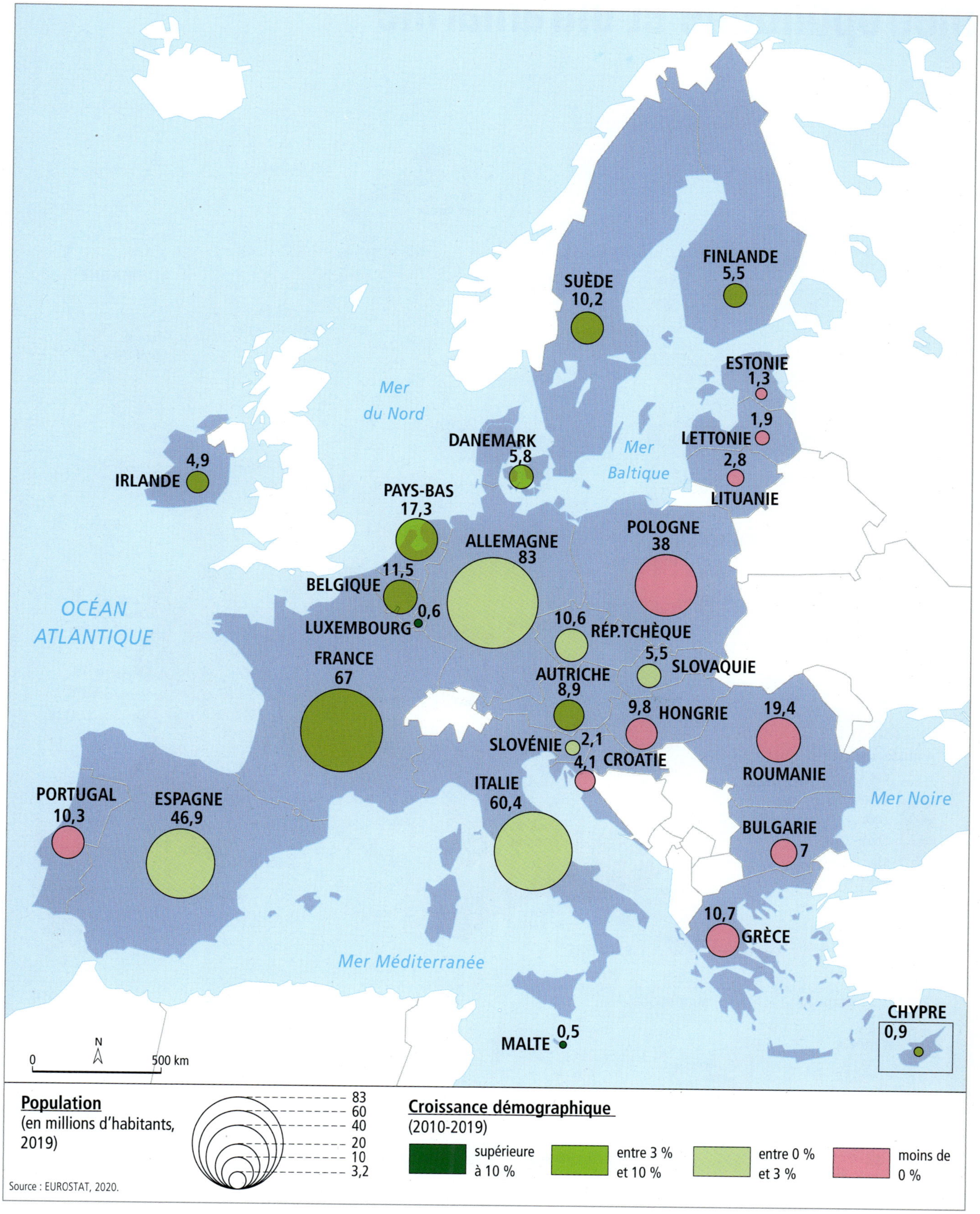

Le relief de la France métropolitaine et ultramarine

Les régions en France : poids économique (2020)

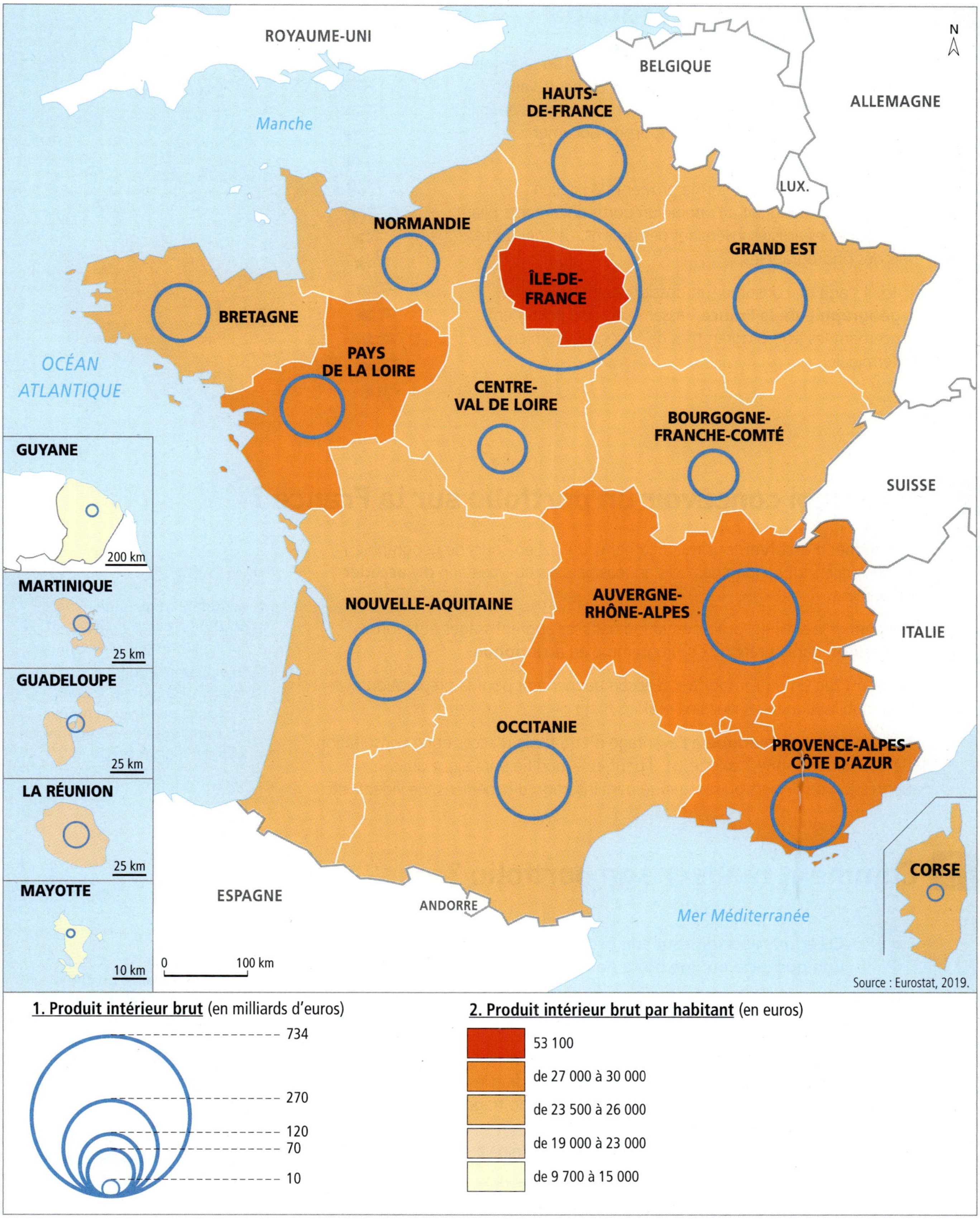

Portfolio

Constituer un portfolio sur la France

1 Qu'est-ce qu'un portfolio ?

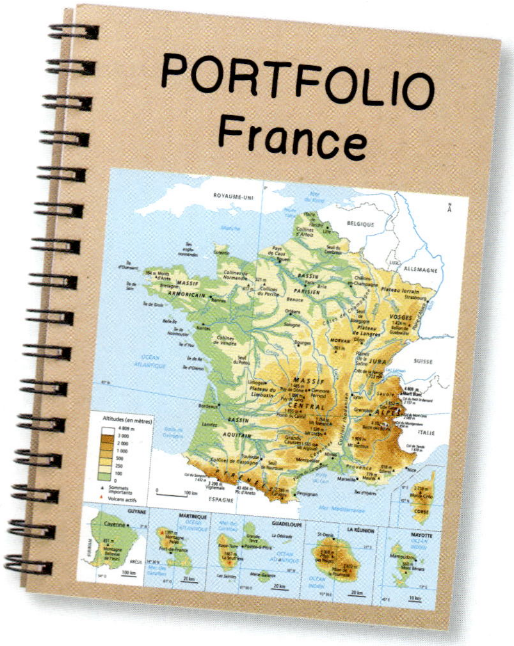

- Un **portfolio** est un classeur, une pochette, un répertoire (numérique ou non), qui regroupe des documents variés concernant un thème précis. Son contenu s'élargit, s'enrichit, au fil de son élaboration et de l'apport de documents supplémentaires.
- Étymologiquement, le terme provient de l'italien (*portafogli*). Il désignait à l'origine un porte-documents pliant dans lequel les artistes inséraient des dessins, des peintures, puis des photographies.
- Ici, il s'agit de constituer un dossier personnalisé sur la **géographie de la France**, rassemblant des documents concernant les trois programmes de Seconde, Première et Terminale.

2 Pourquoi concevoir un portfolio sur la France ?

- Il permet d'**archiver** tous les documents utilisés en cours de géographie sur la France tout au long des trois années passées au lycée afin d'y **accéder** rapidement.
- Il permet le suivi et l'auto-évaluation dans les apprentissages et favorise la **réflexion** par la pratique du programme en **autonomie**.
- Il constitue un outil important d'accompagnement pour la préparation de la mobilisation des savoirs à l'oral.
- Le **portfolio numérique** a l'avantage d'être facile d'accès et de consultation (clé USB, smartphone, tablette…). Il peut être modifié par l'ajout ou la suppression de fichiers ou réorganisé par l'insertion d'hyperliens, de vidéos, etc.

Conseils

- Consultez fréquemment votre portfolio : notamment avant des épreuves de contrôle continu.
- Travaillez en équipe ! Répartissez-vous les thèmes, échangez des documents avec vos camarades de classe afin d'enrichir votre portfolio.

3 Comment réaliser son portfolio ?

ÉTAPE 1 **Créer un répertoire sur son ordinateur, préparer un classeur, une pochette ou une boîte de rangement.**

ÉTAPE 2 **Organiser des sous-répertoires ou des pochettes pour chaque thème étudié sur la France.**

Par exemple :
- Sociétés et environnements, des équilibres fragiles (Seconde – thème 1)
- Les espaces ruraux : multifonctionnalité ou fragmentation ? (Première – thème 3)
- La France, une puissance maritime ? (Terminale – thème 1)

ÉTAPE 3 **Rassembler les documents pour chaque thème afin de pouvoir les consulter aisément.**

Conseils

- Commencez votre portfolio le plus tôt possible (dès la classe de Seconde).
- Classez les documents au fur et à mesure de la progression.
- Veillez à bien dater ou numéroter les documents incorporés dans le portfolio.
- Mettez à jour régulièrement votre portfolio.

4 Quels types de documents intégrer dans un portfolio ?

Plusieurs types de documents peuvent être intégrés et archivés dans un portfolio.

- **Des documents écrits :** fiches de cours, exposés, textes étudiés en classe, téléchargés sur Internet et imprimés, photocopies, interrogations écrites, devoirs corrigés, tests de connaissances…
- **Des productions graphiques :** cartes, croquis, schémas à différentes échelles…

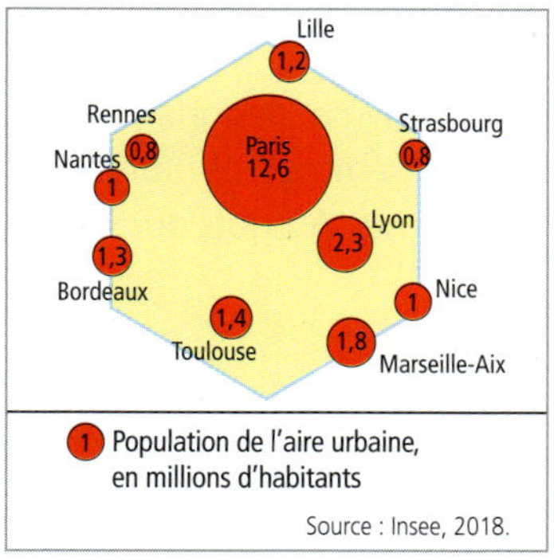

Population de la France métropolitaine

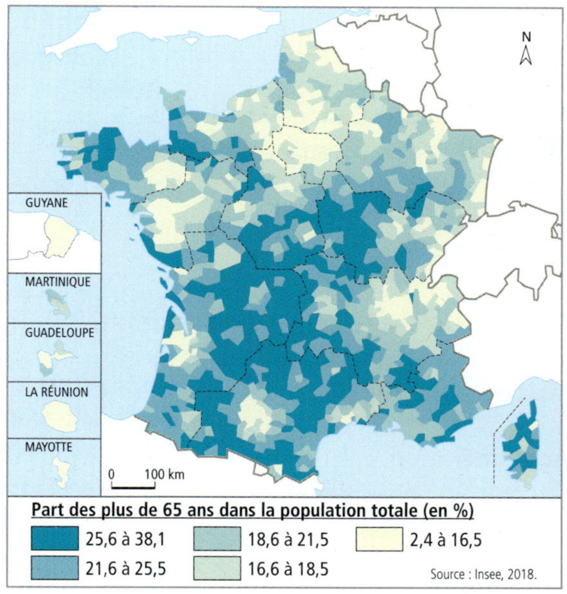

Le vieillissement de la population française

- **Des documents iconographiques** (photographies).

Le clos-masure, ferme typique du pays de Caux (Seine-Maritime)

Vue aérienne de Saint-Denis (La Réunion)

- **Des documents statistiques, des infographies, des tableaux de données…**

Les réseaux de transports français : chiffres clés

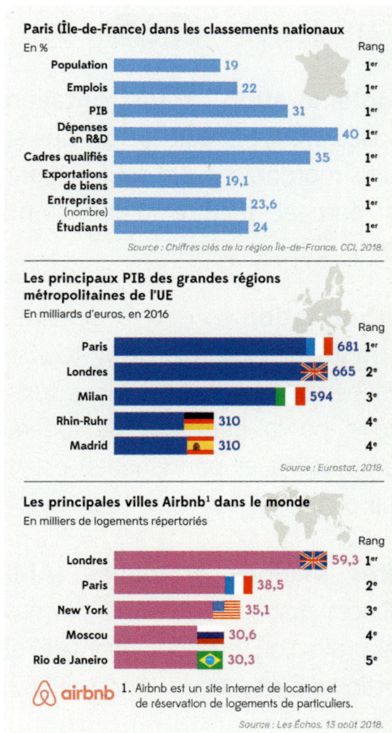

Paris (Île-de-France) dans les classements nationaux et internationaux

Conseil

Si vous réalisez un portfolio numérique, pensez à ajouter :
- des liens vers des podcasts,
- des sites internet,
- des vidéos.

Lexique

A

ACEUM (Accord Canada-États-Unis-Mexique) : accord destiné à remplacer l'ALENA suite à la renégociation du traité exigée par les États-Unis et signé en 2018. Voir p. 130.

Agenda 21 : charte fixant un projet de territoire sur la base d'une gestion durable de ce dernier. Voir p. 262.

Agglomération : ensemble urbanisé comprenant une ville-centre et ses banlieues. Voir p. 215.

Agglomération industrielle : espace urbanisé en continu, comprenant une ville-centre et ses banlieues, dont le développement économique repose sur des activités de transformation en vue de la production de biens matériels. Voir p. 215, 227, 234. Notion p. 301.

Agglomération transfrontalière : espace urbain caractérisé par une continuité morphologique ou fonctionnelle de part et d'autre d'une frontière. Voir p. 225.

Airbnbisation : accroissement de la mise en location à but touristique d'hébergements privés dans un territoire où la demande de logements (temporaires et permanents) est forte. Voir p. 160.

Aires marines protégées (AMP) : espaces maritimes relevant de mesures de protection environnementale et de gestion des ressources. Voir p. 58, 62, 82.

ALENA (Accord de libre-échange nord-américain) : accord entré en vigueur en 1994 afin d'accroître les échanges commerciaux entre le Canada, les États-Unis et le Mexique. Il est remplacé par l'ACEUM en 2018. Voir p. 130.

Alliance bolivarienne pour les Amériques : organisation politique et économique d'inspiration socialiste, hostile à « l'impérialisme » des États-Unis. Voir p. 113.

Alliance française : organisation française dont l'objectif est de faire rayonner la langue française et la culture française à l'extérieur de la France. Voir p. 155, 158.

Altermondialisme : courant de pensée défendant une alternative à la mondialisation néolibérale, plus respectueuse de l'environnement et des droits humains. Voir p. 138.

ANDRA (Agence nationale pour la gestion des déchets radioactifs) : établissement public à caractère industriel et commercial chargé de la gestion des déchets radioactifs en France. Voir p. 264.

Aquaculture : élevage industriel de poissons, de coquillages, de crustacés, d'algues dans les eaux maritimes ou fluviales. Voir p. 55, 60.

Arrière-pays (*hinterland*) : zone d'influence et d'attraction économique d'un port, reliée à lui par les réseaux de transport. Voir p. 73, 81.

Association des États de la Caraïbe (AEC) : organisation régionale favorisant la coordination des politiques économiques et environnementales. Voir p. 70, 113.

Avant-pays (*foreland*) : espace outre-mer relié à un port. Voir p. 73.

B

Biotechnologie marine : application de la science et de la technologie aux organismes vivants, à d'autres matériaux vivants ou non vivants, pour la production de savoirs, biens et services. Voir p. 82.

Blockchain : technologie de stockage et de transmission d'informations, sécurisée mais sans organe de contrôle (ex. : monnaie numérique « bitcoin »). Voir p. 131.

Brexit : contraction de *British Exit*. Sortie du Royaume-Uni de l'Union européenne, approuvée par référendum le 23 juin 2016 et officiellement entrée en vigueur le 31 janvier 2020. Voir p. 206.

BRICS : acronyme désignant les principaux pays émergents (Brésil, Russie, Inde, Chine, Afrique du Sud). Voir p. 133, 136.

C

CARICOM (Caribbean Community) : zone de libre-échange. Voir p. 113.

CESER (Conseil économique, social et environnemental régional) : assemblée régionale constituée de représentants d'entreprises, de syndicats et d'associations, chargés de conseiller les élus régionaux sur l'administration de leur région. Voir p. 264.

Cigéo (Centre industriel de stockage géologique) : projet de stockage profond de déchets hautement radioactifs issus des centrales nucléaires. Voir p. 264.

Cluster maritime français (CMF) : organisation créée en 2006 par et pour les professionnels afin de rassembler tous les acteurs du secteur maritime. Voir p. 82.

COM (Collectivités d'Outre-Mer) : territoires d'outre-mer disposant d'institutions et de statuts particuliers. Voir p. 68.

Compétitivité : capacité d'une entreprise, d'un secteur économique ou d'un territoire à vendre ou fournir durablement un ou plusieurs biens ou services sur un marché concurrentiel. Voir p. 158, 262.

Connectivité aérienne : ensemble des connexions d'un territoire à d'autres territoires par voie aérienne. Voir p. 110.

Conteneur : caisse métallique pour le transport de marchandises de dimensions standardisées, soit 6,05 mètres de longueur ou « Équivalent vingt pieds » (EVP). Voir p. 82.

Convergence : fait de tendre vers un objectif commun. Le traité de Maastricht en 1992 définit des critères de convergence que chaque État de l'UE doit respecter (maîtrise de la dette, de l'inflation, etc.). Voir p. 208.

Coopération transfrontalière : partenariat entre des acteurs privés ou publics, séparés par une frontière d'État, et dont les actions interviennent aux échelles régionales et locales, de part et d'autre de cette frontière. Voir p. 226.

Corridor de développement : projet d'intégration régionale reposant sur l'aménagement d'axes de transports (route, rail, voie navigable, port) visant à interconnecter des territoires. Voir p. 118.

« Crise requin » : expression désignant l'incapacité des pouvoirs publics à gérer le « risque requin » face à l'augmentation des attaques de requins à La Réunion. Voir p. 84.

Crypto Valley : zone de concentration de start-ups spécialisées dans les monnaies virtuelles (cryptomonnaies) entre Zurich et Zoug (Suisse). Voir p. 131.

D

Demandeur d'asile : personne qui sollicite une protection internationale hors des frontières de son pays d'origine, mais qui n'a pas encore obtenu le statut de « réfugié ». Voir p. 200.

Développement durable : mode de développement dont l'objectif est de concilier à la fois progrès économique, harmonie sociale et culturelle et préservation de l'environnement. Voir p. 262.

Diaspora : communauté ethnique dispersée à l'échelle mondiale, mais conservant des liens sociaux et commerciaux très intenses avec son pays d'origine. Voir p. 136.

District industriel : concentration, sur un territoire donné, de petites et moyennes entreprises, spécialisées dans un secteur d'activité reposant sur des savoir-faire hérités. Voir p. 158, 206.

Droit de la mer : composante du droit international qui règle les relations entre États concernant l'utilisation de la mer et l'exercice de leurs pouvoirs sur les espaces maritimes. Voir p. 62.

DROM (Départements et Régions d'Outre-Mer) : collectivités territoriales disposant du même statut qu'un département ou une région métropolitaine : les lois et règlements français et européens s'y appliquent. Voir p. 68.

Dumping social : mise en concurrence des travailleurs des pays développés avec la main-d'œuvre moins rémunérée des pays en développement. Voir p. 138.

E

Économie maritime : économie reposant sur l'ensemble des activités liées aux océans, mers et côtes, du secteur primaire (pêche et aquaculture), secondaire (agroalimentaire, construction navale, production énergétique…), et tertiaire (commercialisation des produits de la mer, transport…). Voir p. 82.

Enclavement : situation d'un territoire mal connecté aux autres. Voir p. 136.

Énergies marines renouvelables (EMR) : ensemble des technologies permettant de produire de l'électricité à partir de différentes forces ou ressources du milieu marin : la houle, les courants, les marées, les températures des eaux. Voir p. 60.

Espace Schengen : espace regroupant 26 États européens (22 de l'UE et 4 associés) et permettant la libre circulation des personnes. Voir p. 206.

Eurorégion : structure territoriale transfrontalière dont l'objectif est de créer un espace cohérent pour faire de la frontière non plus une contrainte, mais un atout. Voir p. 225.

EVP (Équivalent vingt pieds) : unité de mesure des conteneurs correspondant à environ 6 mètres de long. Voir p. 56.

Expatrié : individu résidant dans un autre pays que le sien. Voir p. 155, 158.

F

Façade maritime : espace littoral concentrant plusieurs ports permettant de mettre en relation l'espace continental de l'arrière-pays avec le reste du monde. Voir p. 60, 136, 206.

FEDER (Fonds européen de développement régional) : fonds structurel créé en 1975. Son objectif est de renforcer la cohésion économique et sociale dans l'UE en réduisant les inégalités et déséquilibres entre les régions. Voir p. 186, 205, 208, 217, 226, 260.

Filiale : entreprise contrôlée par une autre entreprise appelée société mère. Voir p. 158.

Firme transnationale (FTN) : entreprise implantée dans de nombreux pays et qui réalise la majeure partie de son chiffre d'affaires en dehors de son pays d'origine. Voir p. 136, 203, 206.

Flux : circulation de biens, de personnes, de capitaux ou d'informations. Voir p. 60, 203.

Fonds de cohésion : créé en 1992 avec le traité de Maastricht, il s'adresse aux pays dont le PIB par habitant est inférieur à 90 % de la moyenne de l'UE, l'Europe de l'Est en particulier. Voir p. 208.

Lexique

FSE (Fonds social européen) : créé en 1957. Son objectif est de réduire les inégalités de développement entre les régions européennes, de promouvoir la croissance et de soutenir la création d'emplois. Voir p. 205, 208.

G

G20 : groupe de 20 États réunissant chaque année pays industrialisés et puissances émergentes dans un but de coopération économique et financière. Voir p. 135, 138.

GAFAM : acronyme désignant les « géants américains du Web » (Google, Apple, Facebook, Amazon et Microsoft). Voir p. 135, 138.

Groupement européen de coopération territoriale (GECT) : organisation transfrontalière visant à surmonter les obstacles liés aux différences de législation. Voir p. 223, 226.

Gouvernance : manière de gouverner ou d'exercer un pouvoir, impliquant plusieurs acteurs à différentes échelles. Voir p. 138.

Gouvernance mondiale : ensemble de règles, de lois et de normes mises en place pour réguler les flux économiques, migratoires et informationnels, ainsi que les relations internationales dans un contexte de mondialisation. Voir p. 158.

Gouvernance transfrontalière : dispositif institutionnel permettant de faire coopérer divers acteurs publics et privés par-delà des frontières. Voir p. 226.

Grand port maritime (GPM) : statut créé en 2008 et attribué aux plus grands ports français dont l'envergure est européenne et qui se positionnent sur le marché mondial. Voir p. 73, 81, 82.

Granulats marins : matériaux extraits de la mer (sable, graviers). Voir p. 81.

Groupement européen d'intérêt économique (GEIE) : instrument juridique visant à développer la coopération transfrontalière entre entreprises grâce à la mise en commun de services. Voir p. 218.

H

Halieutique : qui concerne la pêche. Voir p. 56, 60, 81, 82.

Haute mer : espace maritime situé au-delà des ZEE, non soumise à la souveraineté des États côtiers. Voir p. 36, 62, 83. Notion p. 301.

I

IDE (investissements directs à l'étranger) : sommes d'argent investies par des entreprises étrangères sur un territoire (création, rachat d'entreprise). Voir p. 133, 136, 155, 206.

Industrie : ensemble des activités de transformation en vue de la production de biens matériels. Voir p. 215.

Insularité : ensemble des caractéristiques qui donnent à un territoire et à sa population les aspects typiques d'une île en fonction de son isolement et/ou de son éloignement. Voir p. 110.

Interface : zone de contact entre deux espaces géographiques distincts. Elle génère le plus souvent des flux, mais parfois aussi des tensions. Voir p. 60.

Interreg : programmes pluriannuels lancés par l'UE en 1990 et financés par le FEDER pour soutenir les projets de coopération territoriale entre les collectivités des États membres. Voir p. 208, 223, 226.

L

Land (pluriel : Länder) : division administrative (région). L'Allemagne compte 16 Länder. Voir p. 186.

Lobbying : stratégie menée par un acteur pour défendre ses intérêts auprès des décideurs politiques. Voir p. 138.

Loi MAPTAM : loi du 27 janvier 2014 de modernisation de l'action publique territoriale et de l'affirmation des métropoles. Voir p. 260.

Lois de décentralisation : ensemble des lois qui, depuis 1982, ont transféré une partie des pouvoirs de l'État aux collectivités territoriales. Lorsque ces pouvoirs sont transférés aux régions, on parle aussi de « régionalisation ». Voir p. 260.

M

Marché commun du Sud ou MERCOSUR (*Mercado Común del Sur* en espagnol ; *Mercosul* en portugais) : alliance économique des pays d'Amérique du Sud créée en 1991. Voir p. 118.

Mégalopole : grande région urbaine concentrant des métropoles reliées entre elles et exerçant un rayonnement mondial. Voir p. 133, 136, 206.

Métropole : au sens large, grande agglomération urbaine qui concentre la population et les activités, dotée de fonctions de décision à différentes échelles. Au sens administratif du terme, structure intercommunale d'au moins 400 000 habitants ayant pour objet l'élaboration de projets communs de développement. On en compte 22 en France, dont 3 avec des statuts différents (Paris, Marseille et Lyon). Voir p. 206, 262.

Métropole mondiale : centre d'impulsion majeur de la mondialisation qui concentre des fonctions décisionnelles économiques et politiques, un fort rayonnement culturel et un rôle de carrefour de communication. Voir p. 133, 136.

Migrant international : individu quittant durablement (durée égale ou supérieure à un an) son pays pour se rendre dans un autre pays, de façon volontaire (activité professionnelle) ou forcée (guerre, pauvreté…). Voir p. 200.

Mobilités pendulaires : déplacements quotidiens des individus entre leur domicile et leur lieu de travail. Voir p. 226.

Multilatéralisme : système de relations internationales privilégiant les négociations et les coopérations. Voir p. 138.

N

Néolibéralisme : doctrine prônant une limitation du rôle de l'État en matière économique, sociale et juridique, ainsi que l'extension des règles du marché à tous les secteurs d'activité (culture, santé, éducation). Voir p. 138.

Nodules polymétalliques : petites accumulations rocheuses très riches en minerais (manganèse, fer, silicium, aluminium ou cobalt) utilisées dans la production de produits électroniques (smartphones…). Ces nodules tapissent les fonds marins dans certains océans. Voir p. 77.

Nouvelles « routes de la Soie » maritimes : voies maritimes développées par les autorités chinoises au XXIe siècle. Voir p. 43.

OCDE (Organisation de coopération et de développement économiques) : organisation internationale d'études économiques regroupant 36 pays développés. Voir p. 135.

Offshore : terme anglais qui désigne une activité se déroulant en pleine mer, ainsi que le placement de capitaux dans un paradis fiscal. Voir p. 56, 60.

Organisation des États de la Caraïbe orientale (OECO) : organisme de coopération entre plusieurs pays des Antilles orientales en matière de commerce, de transport, de tourisme durable et de gestion des catastrophes naturelles. Voir p. 70.

Organisation internationale de la francophonie (OIF) : institution créée en 1970, dont les 88 membres (États ou gouvernements) partagent ou ont en commun la langue française et certaines valeurs comme la diversité culturelle, la paix ou la gouvernance démocratique. Voir p. 157, 158.

P

PAC (Politique agricole commune) : politique européenne mise en place en 1962 pour moderniser et développer l'agriculture des pays membres de la CEE, puis de l'UE. Voir p. 206, 208.

Paradis fiscal : territoire à la fiscalité avantageuse par rapport à d'autres pays (impôts inexistants ou réduits, législation empêchant l'échange d'informations avec les autres États, tolérance envers les sociétés écrans ayant une activité fictive). Voir p. 110, 126.

Parc national : territoire de protection de la nature géré par l'État dans un but de conservation. Voir p. 144.

Patrimonialisation : politique qui consiste à protéger un espace et à en faire un élément de patrimoine. Voir p. 62.

Pavillon de complaisance : immatriculation d'un navire sous une juridiction nationale différente de celle du ou des propriétaire(s), généralement choisie pour son caractère peu contraignant, en matière de fiscalité, de sécurité du navire ou de droit du travail auquel est soumis l'équipage, par exemple. Voir p. 58, 60.

Périphérie : espace sous l'influence d'un centre. Voir p. 133.

Pôle : lieu qui exerce une influence sur l'espace qui l'entoure. Voir p. 203.

Pôle de compétitivité : regroupement reconnu par l'État, sur un territoire donné, d'entreprises, d'organismes de formation et de centres de recherche publique ou privée, engagé autour de projets innovants dans un secteur d'activité donné. Voir p. 215, 262.

Politique commune (UE) : politique adoptée dans un domaine précis par l'ensemble des États membres de l'UE et mise en œuvre par les institutions de l'Union. La politique agricole et la politique monétaire sont des politiques communes. Voir p. 206.

Politique de cohésion : politique de l'Union européenne qui vise à corriger les inégalités régionales et à améliorer la compétitivité des territoires. Voir p. 208.

Productiviste : qui recherche une production maximale et des rendements élevés par l'utilisation de machines et de produits industriels. Voir p. 260.

Protectionnisme : politique interventionniste d'un État pour protéger le marché national (barrières douanières, quotas d'importation, normes contraignantes de qualité). Voir p. 135, 138.

Puissance halieutique : pays qui dispose d'une importante économie de la pêche. Voir p. 55.

R

Reconversion : réorientation des activités d'une entreprise ou d'un espace vers un secteur plus compétitif suite au déclin d'une production. Voir p. 215.

Réfugié : personne reconnue en danger dans son pays d'origine et qui a obtenu l'asile politique dans un autre pays. Voir p. 200.

Région ultrapériphérique (RUP) : territoire ultramarin faisant partie intégrante de l'Union européenne. L'UE compte 9 RUP (îles Canaries, Guyane, Guadeloupe, Martinique, Mayotte, La Réunion, Saint-Martin, les Açores, Madère). Voir p. 205, 208.

Régulation : moyens d'action dont dispose un État ou une organisation internationale pour assurer le bon fonctionnement de l'économie. Voir p. 138.

Lexique

Réseau transeuropéen de transport (RTE-T) : programme de développement des infrastructures de transport pour faciliter les échanges et l'intégration de tous les territoires dans l'Union européenne. Voir p. 190.

« Risque requin » : expression désignant l'exposition d'individus à une menace représentée par la présence de requins. Voir p. 84.

S

Société écran : entreprise fictive visant à dissimuler les transactions financières d'une ou de plusieurs autres entreprises. Voir p. 126.

SRADDET (schéma régional d'aménagement, de développement durable et d'égalité des territoires) : outil de planification de l'aménagement régional. Il est élaboré pour une période de cinq ans. Voir p. 260.

T

Technopôle : parc d'activités regroupant entreprises et centres de formation supérieure ou de recherche, spécialisés dans les activités de haute technologie. Voir p. 144.

Terres australes et antarctiques françaises (TAAF) : ensemble de territoires ultramarins français inhabités et dispersés dans l'océan Indien et dans l'océan glacial Antarctique. Leur fréquentation est réservée aux scientifiques et aux militaires. L'ensemble des TAAF est classé réserve naturelle depuis 2006. Depuis 2007, les îles Éparses ont été intégrées à la collectivité d'outre-mer des TAAF. Voir p. 76, 78.

Territoire transfrontalier : Territoire organisé autour d'une frontière ouverte entre deux pays. Voir p. 227, 235. Notion p. 302.

Territoires ultramarins : territoires français situés en dehors du continent européen. Voir p. 78, 82.

Territorialisation : processus d'appropriation d'un espace par un État. Voir p. 36.

Travailleur transfrontalier (navetteur transfrontalier) : individu dont le lieu de résidence et le lieu de travail sont situés dans deux États contigus différents. Voir p. 226.

U

Ubérisation : nouveau mode d'économie collaborative reposant sur la mise en relation directe des clients avec des prestataires de services grâce aux nouvelles technologies. Voir p. 138.

Unesco : l'Organisation des Nations unies pour l'éducation, la science et la culture. Elle gère en particulier le classement au patrimoine mondial. Voir p. 157.

Z

ZEE (Zone économique exclusive) : espace maritime délimité par la Convention des Nations unies sur le droit de la mer qui s'étend sur 200 milles marins (370 km) à partir du littoral. Il accorde à l'État côtier la souveraineté sur les ressources qui s'y trouvent. Voir p. 36, 56, 58, 62, 78, 83, 90. Notion p. 302.

Zone de fracture : longue et étroite faille sous-marine, séparant des zones océaniques de profondeurs différentes. Voir p. 77.

Zone franche : territoire dans lequel la législation économique nationale ne s'applique pas (droits de douane, fiscalité) et où les marchandises entrent et sortent librement. Voir p. 110.

Zone industrialo-portuaire (ZIP) : espace portuaire aménagé afin d'accueillir des activités industrielles (sidérurgie, pétrochimie). Voir p. 81.

Notions

Agglomération industrielle – p. 234

Espace urbanisé en continu, comprenant une ville-centre et ses banlieues, dont le développement économique repose sur des activités de transformation en vue de la production de biens matériels.

L'agglomération industrielle peut avoir été créée entièrement par et pour l'industrie.

Elle peut également être préexistante au développement de l'activité industrielle et avoir accueilli des usines, par le développement de faubourgs industriels à proximité immédiate du noyau urbain ancien ou de zones industrielles périphériques.

Aménagement des territoires – p. 267

Un territoire est un espace occupé, approprié et aménagé par les sociétés humaines. Le territoire n'a pas de dimension particulière, il peut être local, régional, national, etc. Il peut être délimité ou faire partie d'autres territoires. Il peut être composé de portions d'espaces continus (exemple : le quartier d'une ville) ou discontinus (exemple : un État insulaire).

L'aménagement d'un territoire repose sur sa mise en valeur et sa transformation volontaire et programmée menée par des acteurs spatiaux publics (État, région, commune) ou privés (entreprises).

L'aménagement d'un territoire est le résultat d'actions multiples, de plus ou moins grande envergure, menées à différentes échelles (nationale, régionale, locale) qui contribuent à façonner son paysage (espaces verts dans une ville…) et à réduire les inégalités (implantation d'un musée dans un quartier défavorisé…).

Attractivité – p. 165

L'attractivité est la capacité d'un territoire à polariser, à différentes échelles, des flux de personnes (touristes, immigrés) et de capitaux (investissements). Les acteurs publics (États, collectivités locales) développent souvent des stratégies destinées à renforcer l'attractivité de leur territoire : avantages fiscaux, financement des infrastructures, de la formation et de l'innovation…

L'attractivité est un facteur de recompositions spatiales (développement économique, croissance démographique, métropolisation, inégalités spatiales).

Cluster (écosystème) – p. 233

Un **cluster** est la concentration sur un territoire (quartier, métropole, région) de plusieurs acteurs économiques et politiques en synergie (ou en « écosystème ») dans un même secteur d'activité (électronique, automobile, biotechnologies, mode…). Le mode d'organisation de la production repose sur une division étroite du travail entre plusieurs (petites) entreprises spécialisées. Ces acteurs coopèrent afin d'innover et sont également en compétition pour conquérir des marchés.

Le cluster repose sur quatre facteurs complémentaires : les ressources (main-d'œuvre, ingénieurs, capital financier, infrastructures de communication, centres de recherche…) ; l'environnement politique, législatif et économique permettant d'encourager l'investissement, l'innovation et la concurrence ; des marchés de qualité, et en quantité suffisante ; un tissu local riche de fournisseurs et de sous-traitants.

Les clusters visent à intégrer ces territoires et ces acteurs dans la mondialisation.

Collectivité territoriale – p. 268

La **collectivité territoriale** est une structure administrative qui prend en charge les intérêts de la population dans un territoire précis (commune, département, région). Elle dispose de représentants élus (conseils) ayant un pouvoir de décision et a des compétences dans de nombreux domaines (transport, social, éducation…).

Il existe différents types de collectivités territoriales : les communes, les départements, les régions, les collectivités à statut particulier (Métropole de Lyon), les collectivités d'outre-mer (Polynésie française, Saint-Pierre-et-Miquelon).

Haute mer – p. 90

La **haute mer** (ou eaux internationales) est l'espace maritime situé au-delà des ZEE, non soumis à la souveraineté des États côtiers. Elle couvre 64 % des mers et des océans. La navigation y est libre, ainsi que l'exploitation des ressources vivantes ou la pose de câbles sous-marins ou de conduites d'hydrocarbures. Les sols marins et leurs richesses minérales y sont considérés comme un « bien commun de l'humanité » à préserver.

Intégration territoriale – p. 165

L'intégration territoriale est le processus de renforcement des relations entre différents territoires plus ou moins éloignés. Cette intensification des échanges (marchandises, capitaux) et des mobilités (touristes, travailleurs) peut être spontanée ou liée à une volonté d'harmonisation économique et politique entre différents États ou collectivités territoriales (accords commerciaux, coopérations…).

Notions

Maritimisation - p. 89

La **maritimisation** est le processus de dépendance croissante des sociétés, des économies, des territoires envers les mers et les océans. Elle s'exprime par l'intensification des échanges internationaux de marchandises par voie maritime (abaissement du coût et des temps du transport maritime, augmentation de la taille des navires…), par l'exploitation des ressources (pêche, hydrocarbures, sable…) et par la concentration des populations et des activités sur les littoraux.

La maritimisation constitue également un enjeu géopolitique, une source de rivalités entre États, et un enjeu environnemental (diminution de la biodiversité, surpêche, pollutions).

Puissance (maritime) - p. 91

Une **puissance** est un État (ou union d'États) qui se distingue par sa capacité d'influence sur l'espace mondial dans les domaines économique, culturel, militaire et diplomatique.

Une **puissance maritime** exerce son influence sur les mers et les océans. La notion de « puissance maritime dominante » a été théorisée en 1890 par l'amiral américain, Alfred Thayer Mahan, en se fondant sur l'exemple de la Grande-Bretagne.

Région - p. 269

La **Région** est un territoire de vie (ou territoire de proximité) entre les échelles locale et nationale. Elle se caractérise par une certaine homogénéité et une identité.

Le terme a plusieurs sens : on parle de région historique (la Bourgogne qui fut autrefois un duché), de région naturelle (les Pyrénées), de région culturelle (le Pays basque). Aujourd'hui, on parle surtout de Région administrative (la région Centre-Val de Loire) ou en référence aux aires d'influence des villes (la Région parisienne).

Créée en 1955, la Région est devenue une collectivité territoriale avec les lois de décentralisation en 1982. La carte des Régions administratives a été réorganisée à la faveur de la réforme territoriale de 2015. Elles sont désormais 18 (dont 5 en outre-mer) et disposent d'importants pouvoirs dans les domaines de l'aménagement du territoire, des transports, de l'enseignement, de la formation professionnelle, de l'action économique.

Route maritime - p. 91

Une **route maritime** est un itinéraire suivi par des navires de commerce assurant le transport sur des distances longues. Il s'agit de tracés rectilignes, même si certaines routes doivent tenir compte de contraintes : détroits, canaux, glaces hivernales, tracés des côtes, excès météorologiques (tempêtes), voire zones de piraterie.

Les routes maritimes les plus importantes sont généralement transocéaniques et relient les ports aux trafics les plus importants.

Territoire transfrontalier - p. 235

Territoire organisé autour d'une frontière ouverte entre deux pays.

Le **territoire transfrontalier** se caractérise par des coopérations politiques (locales, régionales ou nationales), économiques, sociales et culturelles favorisant l'intensification des échanges et des mobilités de populations, souvent sur de courtes distances.

Ces coopérations et ces échanges contribuent à la constitution d'un espace homogène, intégré à différentes échelles.

ZEE - p. 90

La **ZEE (zone économique exclusive)** est l'espace maritime d'un État côtier qui s'étend sur 200 milles marins (370 km) à partir du littoral et sur lequel l'État est souverain en matière d'exploitation et d'exploration des ressources de la mer. Les autres États y jouissent du « droit de passage inoffensif » (navires, avions) et de la pose de conduites d'hydrocarbures et de câbles sous-marins. Dans certains cas, les États peuvent étendre leurs droits sur les fonds marins jusqu'à 350 milles marins.

CRÉDITS ICONOGRAPHIQUES

Couverture : (h) Andrey Armyagov/Shutterstock ; **(b)** Noppawat Tom Charoensinphon/Getty Images

4 : Daniel Bockwoldt/DPA via ZUMA Press/REA ; **5 :** Stan Fautré/Onlyworld ; **6 :** Fred Marie/Hans-Lucas ; **7 :** Sébastien Ortola/REA ; **26-27 :** Daniel Bockwoldt/DPA via ZUMA Press/REA ; **30** (de haut en bas et de gauche à droite) : Franz Massard/Adobe Stock ; Paskaran.T/Shutterstock ; Petrobras/ITH-REA ; EvrenKalinbacak/Adobe Stock ; Matej Kastelic/Shutterstock ; **31 :** Anthony Penel ; **32-33 :** Jochen Knobloch/Plainpicture ; **32 :** BFMTV ; **34 :** Les Echos/ISNA/AFP ; **36h et 36b :** Photo DigitalGlobe via Getty Images via Getty Images ; **38 :** Gregor McDougall/Shutterstock ; **39 :** Mark Knight ; **40h :** Jovannig/Adobe Stock ; **40b :** GPMDLR – Eric D'ZOAO ; **42 :** Muhammad Yousuf/AP Images/Sipa ; **44 :** Peter Novacco/Polymu/Getty Images ; **51** : Taylor Weidman/Bloomberg via Getty Images ; **52 :** Alexander Ryumin\TASS via Getty Images ; **64 :** JeffHK ; **65 :** Lucie Mach ; **66 :** Les Echos ; **67 :** Olivier Dugornay/Ifremer 2015 ; **69 :** Franck Guiziou/Hémis.fr ; **70 :** Guadeloupe Port Caraïbes ; **73 :** Eric Houri/HAROPA-Port du Havre ; **77 :** Caroline Seidel/DPA/MaxPPP ; **85 :** Richard Bouhet/AFP ; **86 :** AFP Reportage ; **87 :** Daniel Bockwoldt/DPA via ZUMA Press/REA ; **94 :** Diplomatie Maggazine/Areion Group/Capri ; **100 :** Jean-Philippe C. ; **101 :** Usha R. ; **102-103 :** Stan Fautré/Onlyworld ; **106hg :** e55evu/Istock ; **106hd :** Phbcz/Istock ; **106bg :** Tuul & Bruno Morandi/Hémis.fr ; **106bd :** No-Limit-Pictures/Istock ; **108 :** France Télévisions ; **109** : Dszc/Istock ; **111** : Jason Bryan/Alamy/Photo12 ; **113** : Caribbean Community, Carifesta 2019 ; **115 :** Nchutchikov/Shutterstock ; **116** : Dila, La Documentation Française 2020 ; **119 :** Reisegraf.ch/Shutterstock ; **121 :** Tatiana Nurieva/Shutterstock ; **127 :** Paresh Nath/Caglecartoon.com ; **128 :** Mike Segar/Reuters ; **130 :** Paresh Nath/Caglecartoon.com ; **140h :** Caiozzama 2015 ; **140b :** Avec l'aimable autorisation d'Aurélie Delage et de la revue Urbanités ; **141 :** Simon Dack/Alamy/Photo12 ; **142-143 :** Patrick Kovarik/AFP ; **142 :** France Télévisions ; **144 :** Thierry Suzan/Hemis.fr ; **145 :** CAPG – Photo : Alain Issock ; **146 :** Team Côte d'Azur, agence de promotion économique de la Côte d'Azur ; **147 :** Ian Hanning/REA ; **149 :** Tim de Waele/Getty Images ; **152 :** Leonid Serebrennikov/Alamy/Hemis.fr ; **153 :** Daniel Valla FRPS/Alamy/Hemis.fr ; **160 :** Benoit Hasse/Le Parisien/PhotoPQR/MaxPPP ; **162 :** LCI ; **163 :** Stan Fautré/Onlyworld ; **173 :** Deligne/Iconovox ; **174 :** Pierre-Emmanuel C. ; **175 :** Johanna P. **; 176-177, reprise 6, 231h** : Fred Marie/Hans-Lucas ; **180hg :** Pkazmierczak/Istock ; **180hd :** Olrat/Shutterstock ; **180bg :** Lydie Lecarpentier/RÉA ; **180bd :** Guillaume Feuillet/Naturimages ; **181g :** Goran_Sajarek/Shutterstock ; **181m :** Kokouu/Istock ; **181d :** Jan Peter Boening/Laif/RÉA ; **182 :** Les Echos ; **183 :** Zhang Shu/Imaginechina/AFP ; **185 :** Jan Peter Boening/Laif/RÉA ; **187 :** Sächsisches Staatsministerium für Wirtschaft, Arbeit und Verkehr, Dresden ; **189 :** Bart Maat/ANP/AFP ; **193 :** Cédric Pasquini/Hémis.fr ; **196 :** Asociación de Organizaciones de Productores de Plátano de Canarias (ASPROCAN) ; **197 :** Juan Carlos Cantero/AGE ; **198 :** Google Earth ; **199 :** Pierre Jacques/Hémis.fr ; **201 :** Erasmus Student Network France ; **210g :** Une du Daily Express du 31 janvier 2020, Express Newspapers ; **210d :** Une de The Guardian du 31 janvier 2020, Guardian News & Media Limited ; **211g :** Une de L'Express du 30 janvier 2020 ; **211m :** Une de Polityka du 22 juin 2016 ; **211d :** Une de L'Espresso du 17 mars 2019 ; **212-213 :** Patrick Bogner ; **212 :** SPL Deux-Rives ; **216 :** Agence de l'Eurométropole Lille-Kortrijk-Tournai ; **217 :** Eurometropolitan e-Campus et Stocked House Studio/Adobe Stock ; **219 : (h)** www.ibardin.net ; **(b) :** euroregion-naen.eu/Getty Images ; **223 :** Parco naturale Alpi Marittime ; **229 :** Vivre et Agir en Maurienne ; **230 :** Euronews ; **231 :** Fred Marie/Hans-Lucas **; 238 :** Anna Moneymaker/The New York Times-REDUX-REA ; **243 :** www.insee.fr ; **244 :** Stéphanie C. ; **245 :** Maryse D. ; **246-247 :** Sébastien Ortola/REA ; **246 :** France Télévisions ; **249 : (g)** Bertrand Gardel/Hemis.fr ; **(d)** paris2024.org ; **250** : Paris2024.org ; **252** : FGP urbanistes (Philippe Gazeau et Louis Paillard) ; **253 :** Rennes métropole ; **254 : (h)** Marc Ollivier/Ouest-France/PhotoPQR/MaxPPP ; **(m)** Christophe Recoura/Fotoreso ; **(b)** Artefacto/Rennes Métropole ; **255 :** Mathieu Pattier/Sipa ; **265 :** Olivier Saint-Hilaire/HaythamREA ; **271 :** Région Grand Est ; **272 :** Joachim Affeldt/Alamy/Hemis.fr ; **277 :** Autrement 2017 ; **279 :** odt.org ; **295h** : François Levalet ; **295b** : Bertrand Rieger/Hémis.fr

Crédits textes

Compléments aux sources des textes présents dans le manuel :

52-2 : Article s'inspirant des travaux suivants : R.K. Headland, « *Transits of the Northwest Passage to End of the 2017 Navigation Season, Atlantic Ocean, Arctic Ocean, Pacific Ocean* », Papier révisé, Scott Polar Research Institute, University of Cambridge, Royaume-Uni, 2018 [consulté le 31 mai 2018] ; T. Hopper, « *Declaring itself a 'near-Arctic state, China to build a Polar Silk Road' off Canada's north* », *National Post*, 30 janvier 2018 [consulté le 30 juin 2018] ; R. Fife et S. Chase « *Chinese ship making first voyage through Canada's Northwest Passage*», *The Globe and Mail*, 31 août 2017, [consulté le 25 juin 2018] et R. Huebert, « *Climate change and Canadian sovereignty in the Northwest Passage* », pp. 383-399 dans *Canadian Arctic Sovereignty and Security: Historical Perspectives*, sous la direction de P. W. Lackenbauer, Calgary Papers in Military and Strategic Studies, Occasional Paper n° 4, 2011.

Fermes aquacoles pour l'élevage du saumon en Norvège, 2018.

Les cartes p. 97, 171, 241, 282-283 ont été réalisées à la main par Christophe Chabert, cartographe indépendant. Il est le fondateur du site internet www.mindthemap.fr, dédié à la compréhension des phénomènes mondiaux par les cartes. Il enseigne la géopolitique à l'ILERI.

MIND THE MAP

Réplique de la tour Eiffel érigée devant le Casino Parisian Macao, quartier de Cotai, île de Macao, Chine, 2019.

Édition : Séverine Bulan, avec l'aide de Guénaëlle Lumalé et Clara Jaguenet
Direction éditoriale : Carole Greffrath
Responsable artistique : Pierre-Yves Skrzypczak
Conception graphique (intérieur et couverture) : Élise Launay
Mise en pages : Anne-Danielle Naname
Iconographie : Geoffroy Mauzé et Valérie Delchambre (Electron libre)
Charte graphique des schémas : WeDoData
Cartographie : AFDEC
Infographies, schémas, graphiques : Renaud Scapin
Fabrication : Kévin Magar
Gravure : IGS
Relecture : Laurence Petit

Contenus éditoriaux fournis par l'ONISEP (p. 12 à 15) : Emmanuel Percq (coordination), Isabelle Dussouet (édition).

Contenus éditoriaux pour l'oral : Olivier Jaoui, directeur de Mission-Admission et spécialiste de la préparation des étudiants à l'oral et aux entretiens.

FSC MIXTE Papier issu de sources responsables FSC® C022030 www.fsc.org

Nathan est un éditeur qui s'engage pour la préservation de son environnement et qui utilise du papier composé de fibres naturelles, renouvelables, fabriquées à partir de bois provenant de forêts gérées de manière responsable et contrôlée.

IMPRIM'VERT

N° éditeur : 10277726 - Dépôt légal : Avril 2020
Imprimé en Juin 2022 par Vincenzo Bona S.p.A. à Turin en Italie